国家出版基金项目
NATIONAL PUBLICATION FOUNDATION

"十三五"国家重点图书

网络信息服务与安全保障研究丛书

丛书主编 胡昌平

国家安全体制下的
网络化信息服务标准体系建设

Study on Networking Information Service Standard System under
National Security System

胡吉明 梁孟华 著

WUHAN UNIVERSITY PRESS
武汉大学出版社

图书在版编目(CIP)数据

国家安全体制下的网络化信息服务标准体系建设/胡吉明,梁孟华
著.—武汉:武汉大学出版社,2022.1
"十三五"国家重点图书 国家出版基金项目
网络信息服务与安全保障研究丛书/胡昌平主编
ISBN 978-7-307-22905-1

Ⅰ.国… Ⅱ.①胡… ②梁… Ⅲ.互联网络—情报服务—标准体
系—体系建设—研究—中国 Ⅳ.G252.8

中国版本图书馆 CIP 数据核字(2022)第 021708 号

责任编辑:李 琼   责任校对:汪欣怡   版式设计:马 佳

出版发行:**武汉大学出版社**   (430072 武昌 珞珈山)
        (电子邮箱:cbs22@ whu.edu.cn 网址:www.wdp.com.cn)
印刷:武汉中远印务有限公司
开本:720×1000 1/16 印张:26.25 字数:486 千字 插页:5
版次:2022 年 1 月第 1 版   2022 年 1 月第 1 次印刷
ISBN 978-7-307-22905-1   定价:98.00 元

作者简介

胡吉明，武汉大学信息管理学院教授，博士生导师，首批湖北省青年拔尖人才。获湖北省社会科学优秀成果奖、湖北省优秀博士学位论文奖。主持国家自然科学基金面上项目、教育部人文社会科学基金规划项目等20余项。出版专著5部；发表国内外核心期刊及以上级别论文80余篇，包括SCI&SSCI源刊论文20余篇、顶刊及一区期刊论文10余篇、中文重要期刊论文10余篇。兼任国家自然科学基金函评专家、中国博士后基金评审专家。

网络信息服务与安全保障研究丛书

主　编：胡昌平

副主编：曾建勋　胡　潜　邓胜利

著　者：胡昌平　贾君枝　曾建勋

　　　　胡　潜　陈　果　曾子明

　　　　胡吉明　严炜炜　林　鑫

　　　　邓胜利　赵雪芹　邰杨芳

　　　　周　知　李　静　胡　媛

　　　　余世英　曹　鹏　万　莉

　　　　查梦娟　吕美娇　梁孟华

　　　　石　宇　李枫林　森维哈

　　　　赵　杨　杨艳妮　仇蓉蓉

总　　序

　　"互联网+"背景下的国家创新和社会发展需要充分而完善的信息服务与信息安全保障。云环境下基于大数据和智能技术的信息服务业已成为先导性行业。一方面，从知识创新的社会化推进，到全球化中的创新型国家建设，都需要进行数字网络技术的持续发展和信息服务业务的全面拓展；另一方面，在世界范围内网络安全威胁和风险日益突出。基于此，习近平总书记在重要讲话中指出，"网络安全和信息化是一体之两翼、驱动之双轮，必须统一谋划、统一部署、统一推进、统一实施"。① 鉴于网络信息服务及其带来的科技、经济和社会发展效应，"网络信息服务与安全保障研究丛书"按数字信息服务与网络安全的内在关系，进行大数据智能环境下信息服务组织与安全保障理论研究和实践探索，从信息服务与网络安全整体构架出发，面对理论前沿问题和我国的现实问题，通过数字信息资源平台建设、跨行业服务融合、知识聚合组织和智能化交互，以及云环境下的国家信息安全机制、协同安全保障、大数据安全管控和网络安全治理等专题研究，在基于安全链的数字化信息服务实施中，形成具有反映学科前沿的理论成果和应用成果。

　　云计算和大数据智能技术的发展是数字信息服务与网络安全保障所必须面对的，"互联网+"背景下的大数据应用改变了信息资源存储、组织与开发利用形态，从而提出了网络信息服务组织模式创新的要求。与此同时，云计算和智能交互中的安全问题日益突出，服务稳定性和安全性已成为其中的关键。基于这一现实，本丛书在网络信息服务与安全保障研究中，强调机制体制创新，着重于全球化环境下的网络信息服务与安全保障战略规划、政策制定、体制变革和信息安全与服务融合体系建设。从这一基点出发，网络信息服务与安全保障

---

① 习近平. 习近平谈治国理政[M]. 北京：外文出版社，2017：197-198.

作为一个整体，以国家战略和发展需求为导向，在大数据智能技术环境下进行。因此，本丛书的研究旨在服务于国家战略实施和网络信息服务行业发展。

大数据智能环境下的网络信息服务与安全保障研究，在理论上将网络信息服务与安全融为一体，围绕发展战略、组织机制、技术支持和整体化实施进行组织。面向这一重大问题，在国家社会科学基金重大项目"创新型国家的信息服务体制与信息保障体系""云环境下国家数字学术信息资源安全保障体系研究"，以及国家自然科学基金项目、教育部重大课题攻关项目和部委项目研究成果的基础上，以胡昌平教授为责任人的研究团队在进一步深化和拓展应用中，申请并获批国家出版基金资助项目所形成的丛书成果，同时作为国家"十三五"重点图书由武汉大学出版社出版。

"网络信息服务与安全保障丛书"包括 12 部专著：《数字信息服务与网络安全保障一体化组织研究》《国家创新发展中的信息资源服务平台建设》《面向产业链的跨行业信息服务融合》《数字智能背景下的用户信息交互与服务研究》《网络社区知识聚合与服务研究》《公共安全大数据智能化管理与服务》《云环境下国家数字学术信息资源安全保障》《协同构架下网络信息安全全面保障研究》《国家安全体制下的网络化信息服务标准体系建设》《云服务安全风险识别与管理》《信息服务的战略管理与社会监督》《网络信息环境治理与安全的法律保障》。该系列专著围绕网络信息服务与安全保障问题，在战略层面、组织层面、技术层面和实施层面上的研究具有系统性，在内容上形成了一个完整的体系。

本丛书的 12 部专著由项目团队撰写完成，由武汉大学、华中师范大学、中国科学技术信息研究所、中国人民大学、南京理工大学、上海师范大学、湖北大学等高校和研究机构的相关教师及研究人员承担，其著述皆以相应的研究成果为基础，从而保证了理论研究的深度和著作的社会价值。在丛书选题论证和项目申报中，原国家自然科学基金委员会管理科学部主任陈晓田研究员、国家社会科学基金图书馆、情报与文献学学科评审组组长黄长著研究员、武汉大学彭斐章教授、严怡民教授给予了学术研究上的指导，提出了项目申报的意见。丛书项目推进中，贺德方、沈壮海、马费成、倪晓建、赖茂生等教授给予了多方面支持。在丛书编审中，丛书学术委员会的学术指导是丛书按计划出版的重要保证，武汉大学出版社作为出版责任单位，组织了出版基金项目和国家重点图书的论证和申报，为丛书出版提供了全程保障。对于合作单位的人员、学术委员会专家和出版社领导及詹蜜团队的工作，表示深切的感谢。

　　丛书所涉及的问题不仅具有前沿性，而且具有应用拓展的现实性，虽然在专项研究中丛书已较完整地反映了作者团队所承担的包括国家社会科学基金重大项目以及政府和行业应用项目在内的成果，然而对于迅速发展的互联网服务而言，始终存在着研究上的深化和拓展问题。对此，本丛书团队将进行持续性探索和进一步研究。

胡昌平

于武汉大学

前　言

随着互联网技术的不断发展，传统产业与互联网迅速融合，为信息服务提供了良好的渠道和为公众日常生活带来了便利，也对网络安全建设提出了挑战。目前，我国网络安全保障制度建设不断完善，网络化信息服务在服务业中的地位越来越重要，需要从根本上规范其标准体系，以此维护网络安全以及保障国家安全。基于此，本书在国家安全体制建设背景下，针对网络化信息服务标准体系构建展开了系统论述，以契合当前我国维护网络安全、保障国家安全的现实需求。

本书从当前我国国家安全体制建设的大背景入手，立足于网络化信息服务标准体系构建和服务质量提升需求，从理论联系实际的角度出发，按理论梳理—现状调研—内涵分析—标准体系设计与构建—推广实施—质量评估的技术路线展开，探索网络化信息服务标准体系构建策略。

首先，本书梳理了网络化信息服务标准体系的研究现状，引出研究内容、结构、目标、方法与特色等，为后续研究指明方向，强调充分结合国家安全体制不断完善和网络技术创新发展的背景，探索网络化信息服务标准体系的建设思路。本书从网络化信息服务标准化的相关理论入手，明确了标准化理论和国家安全理论的内容、对象、原则和方法等；梳理了网络化信息服务标准化的发展历程，指出网络化信息服务的标准化契合了日益复杂的网络环境，以及国家安全保障的政策精神；分析了当前网络化信息服务标准化的现状，总结了国内外已有的标准建设经验；阐释了网络化信息服务标准体系的内涵与范围、类型与作用、目标与特征及其体现的基本思想原则，明确了标准体系构建的基本问题；探究了网络化信息服务标准体系的功能结构，提出了标准体系的基准性、公认性、公益性、知识性、普适性特点，及其对信息服务业健康良好发展的重要作用，并从内在契合性、经济可行性和社会可行性三方面提出标准体系构建所具备的可行性。

1

其次，本书遵循目的性、系统性、层次性和科学性的原则，在网络化信息服务标准体系需求分析、子维度选取和一级指标选取的基础上，将网络化信息服务标准体系划分为基础标准、数据标准、安全标准、管理标准、技术标准和应用领域标准六个子标准，并分析了各子标准的含义与目标、内容与特征和具体作用。其中，基础标准是所有网络化信息服务标准的共同基础，能够有效阐述网络化信息服务原理、业务分类、服务质量评价方法、服务成本度量要求、服务工具要求、服务从业人员要求、网络信息发布要求、服务术语规范以及服务流程等。数据标准按照统一性、实际性、经济性和包容性的要求，为整合数据资源、推动数据共享以及信息服务智能化进程作出指导。安全标准定义了网络化信息服务所使用信息系统的规章制度、信息周期规范和安全保护技术，有助于保障网络化信息服务的自主可控及相关产品、设施安全技术的先进性、可靠性和一致性。管理标准在标准体系中往往用以支撑和连接其他关键标准，是标准体系中重要的组成部分，对网络化信息服务的规划、筹备、运行、监控与改进等环节所需的管理要求与管理活动进行规范。技术标准对机构在提供网络化信息服务或支持第三方网络化信息服务过程中，提供和规范应用技术的描述、要求、规范程序、方法和指导建议。技术标准紧密围绕相关信息技术展开，其制定和实施有助于实现信息服务质量目标化、服务方法规范化、服务过程程序化，以及确立竞争优势。应用领域标准是国家安全体制下网络化信息服务标准体系落地的主要目标，为网络化信息服务供给方和参与方提供了应用拓展依据。

最后，本书在梳理网络化信息服务标准体系推广与实施指导思想的基础上，针对标准体系实施的不同阶段，提出对应的推广与实施步骤，并从政治、经济、社会、技术及人员等方面探讨标准体系推广与实施的条件和策略；进一步，围绕国家安全体制下网络化信息服务标准体系评估的基本原理、意义、目标、方法、具体步骤等方面阐述评估策略，为后续研究提供参考。

总体而言，本书从整体角度出发，在国家安全体制视角下进行网络化信息服务标准体系探索，有助于拓展网络化信息服务理论，形成国家安全保障下的网络化信息服务标准体系，营造良好的网络化信息服务环境。此外，本书通过标准化手段加强对通用组件、支撑系统的规范建设，对其信息资源整合共享、数据和信息安全保障、网络化信息服务内容规范和服务提供部门形象提升等具有重要作用，有助于在实践上提升网络化信息服务质量，实现网络化信息服务建设的快速、高效和平稳运行。

本书参阅和引用了诸多作者的研究成果，进行脚注引用或作为参考文献列于书末(或有因疏忽而遗漏的)，对于这些我们由衷感谢。在本书撰写过程中，得到丛书负责人胡昌平教授的指导，我所指导的研究生郑翔、阳巧英、钱玮、付文麟、尹书仪、陈晔、宋雨荷、王佩华、曾思程共同参与了书稿的完善工作，以及得到了杨金庆、管茜、段文豪等的协助，感谢同学们的辛劳付出。本书需要在结构与内容等方面继续提升和探索，对于书中存在的疏漏甚至错误，也恳请同行和读者不吝批评指正。

胡吉明

目　　录

1 绪　　论

国家安全是安全领域最根本的安全，也是总体安全观的根本要义。当前发展迅速、变幻莫测的国际形势要求我国不断提升识别和应对重大风险挑战的能力，从而抵御各类风险挑战，保障国家安全。

网络安全是国家安全体系的重要组成部分，具有内容丰富和内涵广泛的双重特点。中国工程院院士倪光南在演讲中表示"网络空间已成为国家继陆、海、空、天四个疆域之后的第五疆域，与其他疆域一样，网络空间也须体现国家主权，保障网络空间安全就是保障国家主权"①。网络安全保障在国家安全中至关重要，是当今互联网时代国家安全的重要基础。维护网络安全、保障国家安全的现实需求对网络化信息服务的标准化开展提出了更为严格的要求。

网络化信息服务通常借助物联网、区块链、云计算、大数据、人工智能等互联网技术连接信息源和信息用户，通过信息整合与处理后，在广度、深度、时效性、准确性和关联性等方面，显著提升与改进面向用户的信息服务水平，使用户更为方便、快捷和准确地获取信息和服务。网络技术的发展为网络化信息服务带来了更大的发展空间，也对其服务过程中的网络安全保障提出了挑战。

同时，网络环境的复杂化影响了网络化信息服务的均等性。不同地区、应用领域的网络化信息服务质量与效率存在显著差异，严重制约了我国网络化信息服务的均衡发展，存在造成信息资源浪费、信息共享困难等后果。

随着我国网络安全保障制度的不断完善和互联网技术的不断发展，网络化信息服务在服务业中占据日益重要的地位。唯有构建网络化信息服务标准体

---

① 倪光南：网络空间是国家安全"第五疆域"［EB/OL］.［2020-7-2］. http://www.cae.cn/cae/html/main/col35/2014-12/05/20141205111519624743907_1.html.

系，才能从根本上规范网络化信息服务，提升其服务质量，维护网络安全以及保障国家安全。因此，在国家安全体制背景下，规范网络化信息服务、构建网络化信息服务标准体系已成为网络化信息服务发展与研究的重要工作。

1.1　研究背景与意义

当前国家安全体制下的网络化信息服务标准体系研究是在强劲的内在动力和坚实的现实基础上展开的，是顺应时代发展的产物。在国家安全体制下进行网络化信息服务标准体系研究，具有深远的现实背景和重大的理论与实践意义。

1.1.1　研究背景

在互联网急速发展的今天，信息化、数字化被大力推广，传统产业与互联网行业迅速融合。物联网、区块链、云计算、大数据、人工智能、电子政务、电子商务、手机移动支付等网络化信息服务的开展，在为信息化服务提供良好渠道和为公众日常生活带来便利的同时，也对网络安全建设提出挑战。

各类网络安全问题与日俱增，对国家主权、国家安全和社会发展构成了现实威胁，并直接影响到我国的政治安全和社会稳定。网络安全突破了传统的安全领域范畴，并向政治、经济、文化、国防等领域拓展和渗透。维护网络安全迫在眉睫，网络安全保障建设成为维护国家安全和国家利益的新工作重点。

（1）国家安全体制完善的内在驱动

国际关系学院李文良教授指出，"中国国家安全体制是指国家安全管理具体制度和行为规范的总和，其目的是为国家拥有安全状态和能力提供制度支撑"①。

日益复杂的安全环境要求国家安全体制不断创新与完善。党的十八大以来，以习近平同志为核心的党中央对网络安全的重视程度日益上升。2013 年十八届三中全会提出设立国家安全委员会，完善国家安全体制和国家安全战略，加快完善互联网管理领导体制，确保国家网络和信息安全。② 2014 年 2

---

① 李文良. 中国国家安全体制研究[J]. 国际安全研究，2014，32（5）：40-52.

② 中华人民共和国中央人民政府. 中共中央关于全面深化改革若干重大问题的决定［EB/OL］. ［2020-7-2］. http://www.gov.cn/jrzg/2013-11/15/content_2528179.htm.

月 27 日，中央网络安全和信息化领导小组正式成立，进一步突出了网络完全的重要性。中共中央总书记、国家主席、中央军委主席、中央国家安全委员会主席习近平在中央网络安全和信息化领导小组第一次会议上讲话指出，"没有网络安全就没有国家安全，没有信息化就没有现代化"①。他强调"网络安全和信息化是一体之两翼、驱动之双轮，必须统一谋划、统一部署、统一推进、统一实施。做好网络安全和信息化工作，要处理好安全和发展的关系，做到协调一致、齐头并进，以安全保发展、以发展促安全"②。同年 4 月 15 日，习近平总书记在主持召开中央国家安全委员会第一次会议时，首次提出总体国家安全观的概念，强调坚持总体国家安全观，走出一条中国特色国家安全道路，并提出要构建集政治安全、国土安全、军事安全、经济安全、文化安全、社会安全、科技安全、信息安全、生态安全、资源安全、核安全等于一体的国家安全体系。③ 信息安全被明确纳入国家安全体系。2014 年，"维护网络安全"首次被写入《政府工作报告》④，维护网络安全在维护国家安全中的重要作用日益凸显。2015 年 1 月 23 日，在"总体安全观"的指导下，中央政治局召开会议审议通过《国家安全战略纲要》⑤，提出要做好各领域国家安全工作，大力推进国家安全各种保障能力建设。2015 年 7 月 1 日，第十二届全国人大常委会第十五次会议表决通过了新版《中华人民共和国国家安全法》⑥，该法律将每年的 4 月 15 日定为全民国家安全教育日，并明确了信息安全等重要领域的国家安全任务，将宏观设计的总体国家安全观落实到微观实践层面，这意味着新时

① 中华人民共和国国家互联网信息办公室，中共中央网络和信息化委员办公室. 中央网络安全和信息化领导小组第一次会议召开 习近平发表重要讲话[EB/OL].［2020-7-2］.http：//www.cac.gov.cn/2014-02/27/c_133148354.htm? from=timeline.
② 中华人民共和国国家互联网信息办公室，中共中央网络和信息化委员办公室. 习近平：网络安全和信息化是一体之两翼 必须统一谋划［EB/OL］.［2020-7-2］.http：//www.cac.gov.cn/2014-02/28/c_126205866.htm.
③ 人民网. 坚持总体国家安全观，走中国特色国家安全道路［EB/OL］.［2020-6-14］.http：//cpc.people.com.cn/xuexi/n/2015/0720/c397563-27331861.html.
④ 中华人民共和国中央人民政府.《政府工作报告》——2014 年 3 月 5 日在第十二届全国人民代表大会第二次会议上［EB/OL］.［2020-6-14］. http://www.gov.cn/guowuyuan/2014-03/14/content_2638989.htm.
⑤ 中华人民共和国中央人民政府. 中共中央政治局召开会议审议通过《国家安全战略纲要》等［EB/OL］.［2020-7-2］.http://www.gov.cn/xinwen/2015-01/23/content_2809373.htm.
⑥ 中华人民共和国中央人民政府. 中华人民共和国国家安全法［EB/OL］.［2020-7-2］.http://www.gov.cn/xinwen/2016-11/07/content_5129723.htm.

代中国特色社会主义的国家安全体制及工作机制正不断完善。

2016 年 8 月 22 日，《关于加强国家网络安全标准化工作的若干意见》（中网办发文〔2016〕5 号）①发布，推动了网络强国战略落实和标准化工作改革深化，为构建统一权威、科学高效的网络安全标准体系和标准化工作机制提供依据，也有效支撑了网络安全发展。2016 年 12 月 27 日，经中央网络安全和信息化领导小组批准，国家互联网信息办公室发布《国家网络空间安全战略》②，明确了国家网络空间安全工作的战略任务，即坚定捍卫网络空间主权、坚决维护国家安全、保护关键信息基础设施、加强网络文化建设、打击网络恐怖和违法犯罪、完善网络治理体系、夯实网络安全基础、提升网络空间防护能力、强化网络空间国际合作。2017 年 6 月 1 日，《中华人民共和国网络安全法》③正式实施，全面而系统地提出了网络安全规范措施，如网络安全支持与促进、网络运行安全、关键信息基础设施的运行安全、网络信息安全、监测预警与应急处置等，对维护国家网络空间主权、保护个人隐私信息、建设关键基础设施、明确网络安全义务具有支撑作用。除此之外，随着国家安全体制的日渐完善，工业互联网安全建设愈发得到重视。为推动工业控制系统网络安全建设，2017 年 9 月 1 日《工业控制系统信息安全防护能力评估工作管理办法》④正式实施，规范了相关评估工作中的组织、机构和人员、工具、工作程序和监督管理等细节。随后，《工业和信息化部关于印发〈工业控制系统信息安全行动计划（2018—2020 年）〉的通知》（工信部信软〔2017〕316 号）⑤发布，有助于深入落实国家安全战略、加快管控安全保障体系建设、促进工业信息安全产业发展。

---

① 中华人民共和国国家互联网信息办公室，中共中央网络和信息化委员办公室. 关于加强国家网络安全标准化工作的若干意见［EB/OL］.［2020-7-2］. http://www.cac.gov.cn/2016-08/22/c_1119430337.htm.

② 中华人民共和国国家互联网信息办公室，中共中央网络和信息化委员办公室. 《国家网络空间安全战略》全文［EB/OL］.［2020-7-2］. http://www.cac.gov.cn/2016-12/27/c_1120195926.htm.

③ 中华人民共和国中央人民政府. 中华人民共和国网络安全法［EB/OL］.［2020-7-2］. http://www.gov.cn/xinwen/2016-11/07/content_5129723.htm.

④ 中华人民共和国工业和信息化部. 工业和信息化部关于印发《工业控制系统信息安全防护能力评估工作管理办法》的通知［EB/OL］.［2020-8-4］. http://www.miit.gov.cn/n1146295/n1652858/n1652930/n3757016/c5761045/content.html.

⑤ 中华人民共和国工业和信息化部. 工业和信息化部关于印发《工业控制系统信息安全行动计划（2018—2020 年）》的通知［EB/OL］.［2020-8-4］. http://www.miit.gov.cn/n1146285/n1146352/n3054355/n3057656/n4699766/c5995061/content.html.

国家安全逐渐向透明化、公开化发展，各行业安全保障体系与管理制度不断健全完善。习近平总书记在党的十九大报告中指出"国家安全是安邦定国的重要基石，维护国家安全是全国各族人民根本利益所在"，同时要"健全国家安全体系，加强国家安全法制保障，提高防范和抵御安全风险能力"①，以确保国家长治久安和人民安居乐业。当前各种可以预见和难以预见的安全风险挑战前所未有，维护网络安全是保障国家安全的重要环节，也是完善中国特色社会主义制度、推进国家治理体系和治理能力现代化的必然要求。2020 年 4 月 27 日，国家互联网信息办公室、国家发展和改革委员会、工业和信息化部、公安部、国家安全部、财政部、商务部、中国人民银行、国家市场监督管理总局、国家广播电视总局、国家保密局、国家密码管理局联合制定了《网络安全审查办法》②，有效规范了网络安全审查程序，有利于保障关键信息基础设施供应链安全、完善国家安全体制、维护国家安全。

以总体国家安全观为主要内容的国家安全体制对建设网络强国提出了更高要求，而其中的关键一环就是规范丰富全面的网络化信息服务。③ 国家安全体制的不断完善为构建网络化信息服务标准体系提供了内在驱动，从根本上起到了提升网络安全防御能力和保障总体国家安全的作用。在此基础上的网络化信息服务标准体系研究不仅为我国网络化信息服务标准的制定提供思路，也为国家安全维护提供参考。

（2）网络技术创新发展的现实基础

互联网技术的发展为网络化信息服务发展提供了技术支撑，也为网络化信息服务标准体系研究提供了现实基础。

2015 年 3 月 5 日，李克强总理首次在《政府工作报告》中提出"互联网+"行动计划。他指出要制订"互联网+"行动计划，推动移动互联网、物联网、区

---

① 共产党员网. 习近平：决胜全面建成小康社会 夺取新时代中国特色社会主义伟大胜利——在中国共产党第十九次全国代表大会上的报告[EB/OL]. [2020-8-4]. http://www. 12371.cn/2017/10/27/ARTI15091036565574313.shtml.

② 中华人民共和国国家互联网信息办公室，中共中央网络和信息化委员办公室. 网络安全审查办法 [EB/OL]. [2020-7-2]. http://www.cac.gov.cn/2020-04/27/c_1589535450769077.htm.

③ 中华人民共和国国家互联网信息办公室，中共中央网络和信息化委员办公室. 中央网络安全和信息化领导小组第一次会议召开 习近平发表重要讲话 [EB/OL]. [2020-7-2]. http://www.cac.gov.cn/2014-02/27/c_133148354.htm? from＝timeline.

块链、云计算、大数据、人工智能等与现代制造业结合，促进电子商务、工业互联网和互联网金融健康发展，引导互联网企业拓展国际市场。随后，"互联网+"融入各行各业，引领着传统产业的深刻重塑和新兴产业的蓬勃发展，也推动了网络化信息服务的逐渐兴起。同年 7 月 4 日，《国务院关于积极推进"互联网+"行动的指导意见》(国发〔2015〕40 号)①从网络基础、应用基础、产业基础和安全基础四方面为网络化信息服务的开展提供了保障，促进了各行业网络化信息服务的全面健康发展。党的十九大提出，要推动互联网、大数据、人工智能和实体经济深度融合，加快数字中国、网络强国和智慧社会的建设。② 2019 年《政府工作报告》③和中央经济工作会议④分别提出要拓展"智能+"和大力发展数字经济。2020 年 5 月 22 日，李克强总理在 2020 年国务院《政府工作报告》⑤中提出，要全面推进"互联网+"，打造数字经济新优势。在相关政策的指引下，当前及今后一段时间内，我国网络化信息服务将随着网络技术的创新发展进入崭新阶段。

"互联网+"概念的提出与发展促进了信息服务的全面数字化转型。互联网的普遍安装和应用、移动通信技术和软硬件设备集成能力的全面提升为网络化信息服务发展提供了条件，也带来了网络化信息服务类型与形式的拓展创新。电子政务、电子商务、在线服务、移动应用等成为网络化信息服务的重要形式，它们全面融入各类网络化信息服务中，推动了网络化信息服务模式的全面创新发展。同时，数字中国和"互联网+政务服务"的加速推进、智慧社会和智能城市的全面发展，以及物联网、区块链、云计算、大数据、人工智能等技术的创新应用，不仅深化了数据挖掘和分析技术的创新改革，也提升了网络化信息服务的场景应用和服务能力，起到了综合驱动其质量提升与技术创新的作

---

① 中华人民共和国中央人民政府. 国务院关于积极推进"互联网+"行动的指导意见[EB/OL]. [2020-7-10]. http://www.gov.cn/zhengce/content/2015-07/04/content_10002.htm.

② 央广网. 习近平：决胜全面建成小康社会 夺取新时代中国特色社会主义伟大胜利——在中国共产党第十九次全国代表大会上的报告[EB/OL]. [2020-7-2]. http://news.cnr.cn/native/gd/20171027/t20171027_524003098.shtml.

③ 中国政府网. 2019 年《政府工作报告》全文[EB/OL]. [2020-7-2]. http://www.gov.cn/zhuanti/2019qglh/2019lhzfgzbg/.

④ 新华网. 中央经济工作会议在北京举行 习近平李克强作重要讲话 栗战书汪洋王沪宁赵乐际韩正出席会议[EB/OL]. [2020-7-2]. http://www.xinhuanet.com/politics/leaders/2019-12/12/c_1125340392.htm.

⑤ 中国政府网. 《政府工作报告》[EB/OL]. [2020-8-7]. http://www.gov.cn/premier/2020-05/29/content_5516072.htm.

用。电子证照库、电子签章、电子认证等服务基础设施有力支撑了网络化信息服务建设，自助终端、系统网站、手机软件、微信小程序等成为网络化信息服务的重要载体。在此基础上，网络化信息服务的全面推进，不仅有助于服务提供部门的在线服务、实时感知、在线监管、预警预测等能力的全面提升，而且能够促进网络化信息服务相关数据的汇集共享，推动"数据说话、数据决策"的数字社会建设。

在互联网日益发展的背景下，日益复杂的信息环境和海量数据形势为网络化信息服务的开展提供了技术条件，但也为其带来了严峻的挑战。目前，我国网络化信息服务标准体系尚不完善，各行业信息服务标准各不相同。这一现状成为网络化信息服务提供者准确运用海量数据、保障网络化信息服务质量的障碍，也使其难以抵御国外对数据权的控制和争夺，无法保障相关服务的安全。具体来说，一方面，标准体系的不统一影响了网络化信息服务基础数据的互联互通，为整体网络安全建设带来困难，国内数据资源迅速增长，信息环境数字化、多元化和智能化趋势明显，各网络化信息服务标准，如基础、数据、安全、管理、技术、应用领域等标准，未以体系形式呈现，网络化信息服务无法保持一致，影响了数据的互联互通与网络安全的建设维护。另一方面，标准体系薄弱也会造成网络安全防御能力下降。在网络安全威胁主体构成日趋复杂的现实情况下，其他国家、军队、政治集团，以及恐怖组织、极端组织、犯罪团伙、黑客组织甚至个人都有可能成为威胁我国网络安全的主体。① 薄弱的网络化信息服务标准体系影响了信息化服务网络安全防御系统的建设与完善，为不法分子提供了可乘之机。

因此，在国家安全体制日益完善和网络技术不断发展的背景下，有必要建立科学、完整的网络化信息服务标准体系，以规范网络化信息服务、保障网络化信息服务的质量与安全，使网络化信息服务有规可依、有章可循，促进我国网络化信息服务系统健康发展，更好地维护我国网络安全，从而构建网络强国。

1.1.2 研究意义

在国家安全体制视角下，对网络化信息服务标准体系进行研究，理论上完善了网络安全保障下的信息化服务体系，实践上提升了大数据环境下的网络化

---

① 周德旺，杨国辉. 增强网络防御能力 保卫网络边界安全[J]. 新华文摘，2012 (21)：138-141.

信息服务的质量。

（1）理论上完善网络安全保障下的信息服务标准体系

标准体系的构建是指导网络化信息服务的必要条件。本书从整体角度出发，在国家安全体制视角下进行网络化信息服务标准体系探索，有助于拓展国家安全体制下的网络化信息服务理论、形成网络安全保障下的网络化信息服务标准体系、营造良好的网络化信息服务环境。

①拓展国家安全体制下的网络化信息服务理论。互联网技术的发展改变着社会的运行方式，也对网络化信息服务提出更高要求。在"互联网+"环境下，网络化信息服务理论得到拓展，服务内容与形式不断更新。网络化信息服务不仅涉及服务提供方所提供的服务本身，而且涉及技术与工具层面的服务实施和国家安全体制的整体规划。本书从基础理论出发，梳理了相应标准化工作的发展历程与现状，明确了网络化信息服务标准的基本问题与结构功能，有助于拓展国家安全体制下的网络化信息服务理论，为网络化信息服务标准体系建设打下坚实基础。

②构建国家安全保障下的网络化信息服务标准体系。不同于传统信息服务，网络化信息服务的迅速发展和便捷提供既依托于互联网的技术支撑，也受到了网络安全的威胁制约。随着互联网的发展，网络安全威胁多样化趋势日益明显，ITC1奥地利委员会联合主席、恩智浦公司NFC安全专家莱茵哈德·迈因德尔呼吁"我们现在面临着全球的网络安全威胁，更要统一安全标准，在物理上、数字上都保证'安全'"①。对于网络化信息服务而言，仅依靠传统防护技术已无法全面保障其服务环境与服务内容的安全。本书在国家安全体制的背景下，探索网络化信息服务标准体系构建，以期更好地指导网络化信息服务的开展。

③营造良好的网络化信息服务环境。健康的服务环境不仅有利于网络化信息服务水平的提升，而且能够有效优化服务资源配置、降低资源浪费。当前我国网络化信息服务标准体系的缺失影响着其发展环境的完善，容易带来高昂的经济与社会成本，导致网络化信息服务市场运行失调、发展无序，造成服务行为无章可循，最终侵犯被服务者的权益。而优化网络化信息服务环境的重要一环就是制定相关标准体系。通过系统地规范网络化信息服务，明确其准入领域

---

① 转引自杨林林. 构建网络安全标准体系[EB/OL]. [2020-7-2]. http://www.cac.gov.cn/2016-12/26/c_1120189223.htm.

与条件、数据安全维护、技术设施以及管理监督方法，从而营造良好的网络化信息服务环境，保障网络化信息服务健康、有序发展。

(2) 实践上提升大数据环境下的网络化信息服务质量

互联网技术的发展在为我国网络化信息服务提供便利平台的同时，也对网络化信息服务的质量提出了更高要求。目前，我国网络化信息服务具体建设过程中技术支撑不足，配套设施不够完善，服务实施机构内部保障服务技术的能力也需要加强。因此，通过标准化手段加强对通用组件、支撑系统的规范建设，对其信息资源整合共享、数据和信息安全保障、网络化信息服务内容规范和服务提供部门形象提升等具有至关重要的作用，有助于在实践上提升网络化信息服务质量，实现网络化信息服务建设的快速、高效、平稳运行。

①促进信息资源整合共享。当前我国网络化信息服务中，数据孤岛现象依然存在，信息资源难以整合利用，信息共享水平有待提升，业务协同机制尚不完善，一体化服务平台亟待建设。而国家安全体制下的网络化信息服务标准体系研究可以有效解决当前各组织内技术规范不统一的问题。采用统一的标准体系对信息资源进行整合、共享、开发与优化，可以有效促进各应用领域内的信息共享，完善业务协同，节省人力物力，更有助于为部门精准服务提供数据支撑，从而提升信息服务质量。

②保障数据和信息安全。国家安全体制下的网络化信息服务标准体系构建需要信息基础建设、软硬件设施、物联网技术、区块链、云计算、大数据、人工智能等多种技术手段和信息资源开发、数据安全保障等多种开发策略的协同配合。在此环境下，各组织投入和保障力度得以加强，配套设施逐步完善，数据和信息安全得到重视。

③规范网络化信息服务。当前网络化信息服务存在着责权不明、手续繁琐、监管不到位等多种问题，影响了服务事项的管理、运行、监察。而单个部门根据其独特业务需求，单方面制定的网络化信息服务标准，容易带来信息不对称、办事繁琐等问题。因此，需要通过标准化手段规范网络化信息服务提供过程，为公众提供高效服务。

④提升网络化信息服务提供部门形象。国家安全体制下的网络化信息服务标准体系构建与研究加快了不同部门间的信息共享与整合速度，有效提升了部门的服务效率。同时，标准化的信息服务提升了服务部门的专业程度，有助于提供统一化服务，从而提升信息服务质量与效率，加强服务提供者与公众间的密切程度，提升公众满意度，最终提升服务部门形象。

1.2　国内外研究现状

　　围绕网络化信息服务质量评价、信息服务标准构建、实施推广等问题，国内外研究机构与学者纷纷展开一系列研究，在框架、技术、标准等方面取得了诸多成果，推进了以国家安全为核心的网络化信息服务标准建设。本书通过文献调研，梳理总结国内外网络化信息服务质量评价、标准建设等相关研究成果，在已有基础上总结当前国家安全体制下网络化信息服务标准体系研究所存在的问题，为本书研究内容、结构与实施策略等奠定基础。

1.2.1　国外研究现状

　　网络化信息服务在不同领域的应用与推广为服务提供者带来了更多的商机与发展空间，但同时也对信息服务质量、数据安全与信息交换等提出更高要求。国外学者从网络化信息服务应用推广和标准探索两方面入手，推动了网络化信息服务标准化的发展。

　　（1）网络化信息服务应用推广

　　互联网逐渐成为人们日常生活中重要的基础设施，网络化信息服务逐渐渗透到人们生活的方方面面。为更好地推广网络化信息服务应用，国外学者探索了诸多网络化信息服务应用的新场景。

　　随着网络化信息服务场景逐渐拓展和数字化背景不断深化，诸多学者展开了对网络化信息服务应用模型及推广和提升策略的探索。Kondo 等（2014）[①]提出网络化信息服务需要使用新的管理方法以提升其服务质量，并建立了随时间轴变化的多价值结构分层商业模型，一方面保障信息交换过程中的数据存储，另一方面充分考虑网络化信息服务提供者的声誉及经营模式。Zhao 等（2014）[②]

---

① Kondo A., Kosaka M., Kondo N. Consideration of Model of Service Value Structure for Internet Information Providing Services: Proposed Multi-value Structure Layered Business Model for Services[A]. Kocaoglu D. F., Anderson T. R., Daim T. U., et al. Portland International Conference on Management of Engineering & Technology [C]. New York: IEEE, 2014: 3294-3299.

② Zhao Y., Zhao Y., Lin R., Zou H. Mining Service Tags with Enriched Information from the Internet[A]. Zhang L. J., Bahsoon R. IEEE World Congress on Services [C]. New York: IEEE, 2014: 265-270.

提出一种利用网络信息获取服务标签，该方法通过检索与服务相关网页，基于向量空间模型(Vector Space Model，VSM)分析页面结构和内容，结合 Web 服务描述语言(Web Services Description Language，WSDL)挖掘服务相关标签，从而辅助网络化信息服务的开展。Li 等(2019)①在信息管理数字化、电子化、"互联网+"等背景下，以国家自然科学基金为例，探索科研信息服务的策略，认为科研管理与服务要深度融合信息技术，借助对科研信息的科学分析，建立科研管理的长效机制，从而在网络化背景下不断提高科研信息服务水平。Youn(2019)②辨析了我国网络化信息服务的概念、政策和制度框架，并分析了互联网视频平台服务、互联网新闻信息服务、社交网络服务等网络化信息服务发展现状，提出我国网络化信息服务通过加强准入壁垒来增强对网络化信息服务的监管。为使服务水平协议(SLA)适应不断变化的网络服务提供方式所提出的需求，Peoples 等(2019)③在物联网环境中提出了新的 SLA 模型和度量标准，并从消费者角度探讨了数据及信息服务提供者与消费者之间的复杂关系和度量调整对 SLA 的影响和解决方案。

同时，物联网、农业、电力、航天等网络化信息服务具体应用领域也成为关注热点。Qu 等(2015)④采用多种信息技术手段，基于 Web 服务 RFID 集成技术，设计了面向服务的物联网港口信息平台体系结构，为物联网港口建设提供重要支撑。Sun 等(2016)⑤针对果园信息服务成本高、服务渠道不畅等问题，探讨了果园网络化信息服务平台建设的关键问题，建立了一个包括网络化感知传输层、存储层、服务层和应用层的"物联网云服务"模式果园网络化信息服务平台，不仅介绍了基础信息管理的人力与财力投入，也为农业技术推广

---

① Li D., Liu K., Bi J. Research on Internet Plus Scientific Research Information Service：A Case of NSFC[J]. Bulletin of National Natural Science Foundation of China, 2019, 33：356-362.

② Youn S. Y. A Study on Regulation of Internet Information Service in China[J]. Korean-Chinese Social Science Studies, 2019, 17(2)：77-103.

③ Peoples C., Abu-Tair M., Wang B., et al. Building Stakeholder Trust in Internet of Things (IoT) Data Services using Information Service Level Agreements (SLAs)[A]. 5th IEEE World Forum on Internet of Things (IEEE WF-IoT)[C]. New York：IEEE, 2019：454-459.

④ Qu L. L., Hou J. H. Port Information Platform Service Design Based on Internet of things Technologies[A]. 2nd International Conference on Communication and Information Systems (ICCIS)[C]. New York：ACM, 2015：164-169.

⑤ Sun X., Wu H., Li Q., Hao P. Research on the Agro-technique Information Service Cloud Platform of Orchard Based on the Internet of Things (IOT)[A]. Zhang F., Lin X. AER-Advances in Engineering Research[C]. Pairs：Atlantis Press, 2016：349-355.

提供知识服务，为果园的科学管理提供技术支持。Cui 等（2017）①将电力需求响应与互联网、大数据等技术相结合，制定需求响应策略与智能执行实施方案，构建电力需求响应信息平台，从而促进需求响应负荷侧资源的有效利用，提高其网络化信息服务水平。Li 等（2017）②认为，为满足大数据时代的地理空间信息服务需求，必须构建与地面网络互连的"互联网+"天基信息服务系统，并结合航天信息技术的发展，探讨了相应的层次结构及实现思路，对地理信息学及其重要支撑技术的发展提出展望。Sim 等（2018）③提出了基于物联网的网络化信息服务搜索系统，该系统基于用户物联网信息采集，根据用户需求，发现和提供针对个人用户的个性化网络化信息服务。Yue（2020）④针对农业经济管理的现实问题，将网络化信息管理与服务思想运用于农业发展的各个环节，尝试使用云计算这一新兴的网络技术平台作为网络信息传输的有效通道，保障农业发展过程中信息技术的可持续性，从而辅助农业发展。

（2）网络化信息服务标准探索

随着网络化信息服务类型与内容的逐渐增多，网络化信息服务标准化逐渐引起国外学者的重视。诸多学者针对网络化信息服务过程中的信息安全、数据交换、应用领域等方面展开标准化探索。

针对不同领域的网络化信息服务，各个国家及组织机构制定了大量相关标准，如信息安全标准、数据标准等。但不同国家或组织所构建的不同标准间存在共性，因此诸多学者尝试探索通用性较高的网络化信息服务标准。

---

① Cui G., Fan J., Qin Y., Wang D., Chen G. Y. Design and Implementation of Demand Response Information Interactive Service Platform Based on "Internet Plus" Smart Energy［A］. International Symposium on Resource Exploration and Environmental Science［C］. Bristol：IOP Publishing, 2017：64.

② Li D., Shen X., Chen N., Xiao Z. F. Space-based Information Service in Internet Plus Era［J］. Science China-Information Sciences, 2017, 60(10)：102308.

③ Sim S., Choi H. A Study on Web Services Discovery System Based on the Internet of Things User Information［J］. Cluster Computing-the Journal of Networks Software Tools and Applications, 2018, 21(1SI)：1151-1160.

④ Yue M. Analysis of the Information Service Levels of the Agricultural Economy in the Environment of the Internet of Things and the Cloud Computing［A］. Xu Z., Choo K., Dehghantanha A, et al. Advances in Intelligent Systems and Computing［C］. Cham：Springer International Publishing AG, 2020：332-338.

Rycroft 等(2007)①提出各组织机构分别采用大量标准及框架,以实现对信息系统的安全控制,并认为尽管探索统一标准会花费更多的预算和精力,但对各组织内互联网信息安全的保障有重要意义。Simmon 等(2011)②指出,信息系统的日益复杂使得支持其运行的数据标准也愈加复杂。为面对复杂的系统需求,标准制定机构在完善相关标准的同时,也需不断变革其标准开发过程,以自动化创建标准文档的形式,减少数据交换等标准的开发时间,简化修订过程。Lee 等(2015)③提出了互联网公开信息的分级标准,该标准通过分级来保护网民在互联网上自由表达和被遗忘的权利。Kirinić(2016)④分析了有关信息技术的标准、模型和框架,着力提升网络化信息内容创建过程中的网络访问性,从而通过无障碍的网络化数字信息辅助残疾人提升其融入社会所需的技能与知识。Olmedo(2017)⑤在回顾数字立法信息服务相关国际标准的基础上,提出了基于结构化文档、元数据和本体论技术的数字立法语义网络,构建相关法律内容表达、组织与分配的最佳平台模型,从而有效提升立法效率、规避立法污染现象。

同时,诸多研究也针对具体网络化信息服务行业领域展开,如详细探讨电信、医疗、气象等领域网络化信息服务标准的制定。Nabi 等(2010)⑥针对巴基斯坦电信行业,从涵盖机密性与完整性的信息安全管理问题入手,探讨了信

---

① Rycroft S., Tully M. Building an Information Security Meta Standard[J]. BT Technology Journal, 2007, 25(1): 37-40.

② Simmon E., Dana S., Griesser A. Automation Tools Supporting the Development of Information Standards for Complex Systems[A]. Frey D. D., Fukuda S., Rock G. Advanced Concurrent Engineering[C]. Surrey: Springer-Verlag London LTD, 2011: 11-19.

③ Lee H. J., Yun J. H., Yoon H. S., Lee K. H. The Right to be Forgotten: Standard on Deleting the Exposed Personal Information on the Internet[J]. Communications in Computer and Information Science, 2015, 330: 883-889.

④ Kirinić V. Accessibility of Digital Information: Standards, Frameworks, and Tools Related to Information Literacy and Information Technology[A]. ECIL 2016: Information Literacy: Key to an Inclusive Society[C]. Cham: Springer International Publishing, 2016, 676: 179-189.

⑤ Olmedo P. R. Technical-legal Management Standards for Digital Legislative Information Services[J]. Revista Chilena De Derecho Y Tecnologia, 2017, 6(2): 57-95.

⑥ Nabi S. I., Nabi S. W., Tipu S. A. A., Haqqi B., Abid Z., Alghathbar K. Data Confidentiality and Integrity Issues and Role of Information Security Management Standard, Policies and Practices — an Empirical Study of Telecommunication Industry in Pakistan[A]. Kim T. H., Fang W. C., Khan M. K., et al. Security Technology, Disaster Recovery and Business Continuity [C]. Berlin: Springer-Verlag Berlin, 2010, 122: 47-56.

息安全管理标准、策略和实践对信息安全的影响；结果表明，人们认为信息安全措施对减少数据机密性和完整性破坏具有积极影响，但仍未达到要求；结论认为，信息安全标准及策略的提出有助于增强高层管理人员及非技术人员对信息安全的重视，保障数据的机密性与完整性。Hakim Suhaimi 等（2011）①提出了基于国际标准化组织（International Organization for Standardization，IOS）信息安全标准的信息安全环境管理系统，在为系统组件提供安全保障的同时，也能够确保软件生命周期的安全性。Wiltz 等（2017）②认为电子信息标准有助于保障公共卫生和医疗系统间信息交换过程中的数据安全，通过开发国际健康体重的数据标准，为电子信息技术提供了常见的定义，从而完善电子信息标准的构建。Veintimilla-Reyes 等（2018）③将多个网络化信息服务标准应用于水文气象监测领域，构建了相应的网络化信息服务标准化系统，整合、存储来自不同基础设施的水文气象信息，并实现水文气象传感器远程控制、早期警报生成等多种功能。Arevalo 等（2019）④在定义互操作性模型的基础上，构建了医疗机构网络化信息服务标准，从而促进医疗信息的电子交换，完善面向服务的体系结构。

1.2.2 国内研究现状

纵观国家安全体制下我国网络化信息服务标准体系研究的情况，可发现其研究主题多集中于网络化信息服务质量评价和网络化信息服务标准构建方面，

---

① Hakim Suhaimi A. I., Manji T., Goto Y., Cheng J. A Systematic Management Method of ISO Information Security Standards for Information Security Engineering Environments [A]. AbdManaf A., Zeki A., Zamani M., et al. Informatics Engineering and Information Science, PT I [C]. Berlin: Springer-Verlag Berlin, 2011, 251: 370-384.

② Wiltz J. L., Blanck H. M., Brian L. Kocot S. L., Seeff L., McGuire L. C., Collins J. Electronic Information Standards to Support Obesity Prevention and Bridge Services Across Systems, 2010-2015[J]. Preventing Chronic Disease, 2017, 14: 160299.

③ Veintimilla-Reyes J., Vanegas P., Estrella R. Application of Standard Web Services for the Automatic Hydrometeorology Monitoring, Integrating Information from Diverse Sensors Using Ontologies[J]. Enfoque UTE, 2018, 9(1): 34-42.

④ Arevalo J. G., Gonzales A., Arevalo L. Model for the Interoperability Between Health Service Providers (IPS), Based on the Electronic Clinical Information Standard (HL7) and Architecture to Design and Develop Distributed Systems (SOA) [A]. Suarez J. R. C. Expotecnologia 2018 Research, Innovation and Development in Engineering [C]. Bristol: IOP Publishing LTD, 2019: 519.

力图从当前服务质量评价中寻找网络化信息服务存在的问题，从而更好地构建与完善相应标准。

（1）网络化信息服务质量评价

网络核心应用之一是信息服务，网络化信息服务质量评价是网络化信息服务的基础环节，也是标准体系研究开展的前提条件。在"互联网+"政策大力推进的基础上，准确评价网络化信息服务质量对标准体系构建具有指导性作用。

网络化政务信息服务质量评价一直是诸多专家学者关注的重点。陈岚（2015）[1]以政务微博为例，指出应结合政府发展阶段和政务服务功能定位，以公众为导向，制定科学合理的政府网络化信息服务质量标准体系和评估指标体系，严格按照标准体系规范政府网络化信息服务的信息内容、服务过程、平台运营、服务结果。邹凯等（2016）[2]构建了基于网络舆情的政府信息服务公众满意度指数模型，并通过实证研究指出要合理管理公众期望，提高政府应对网络舆情的响应速度与处理能力，保障危机发生后的秩序恢复，严格制定危机事件问责制度。同杨萍等（2017）[3]基于公众期望需求、公众体验、公众满意度及公众持续使用四个视角，认为公众基于需求获取政务信息服务，并在此过程中对政务信息服务做出评价，公众满意度直接影响其对政务信息服务的信任，并影响其是否将会持续使用政务信息服务。华欣（2018）[4]在实证分析的基础上指出，应建立统一的基础信息平台，融合多元信息，并倡导网络安全责任制，全面提升政府网络化信息服务质量。

此外，公共信息服务平台也是信息服务质量评价的重要研究对象。宋振超（2017）[5]从主观和客观两种角度建立了评价网络信息提供商的评价指标，分析了信息需求过程中用户的自我保护心理等。江彦等（2017）[6]运用专家调查

---

① 陈岚. 基于公众视角的地方政府微博信息服务质量评价及差距分析[J]. 现代情报，2015，35（6）：3-8.

② 邹凯，左珊，陈旸，等. 基于网络舆情的政府信息服务公众满意度评价研究[J]. 情报科学，2016，34（2）：45-49.

③ 同杨萍，高洁. 公众视角的政府电子信息服务质量评价概念模型构建[J]. 情报理论与实践，2017，40（8）：1-7.

④ 华欣. "互联网+政务服务"背景下政府网站信息服务能力提升研究[D]. 苏州大学，2018.

⑤ 宋振超. 信息服务质量评价体系指标研究[J]. 情报科学，2017，35（6）：25-28.

⑥ 江彦，李进华. 老年网站信息服务质量评价研究[J]. 现代情报，2017，37（6）：43-47.

法和层次分析法构建了老年网站信息服务质量评价指标体系，认为提升其网络化信息服务质量，可从完善网站交流互动功能、加强网站监督管理及加强网站信息组织三方面入手。王剑等（2019）①在构建网络化信息服务评价模型的基础上，指出应制定严格有效的信息质量控制制度，加强信息服务安全机制建设，在有效获取用户特征的同时，保障用户的个人信息安全。谢子浩（2019）②从信息生态视角和智慧城市公共信息服务特征出发，构建了公共信息服务评价框架，提出信息技术是公共信息服务发展过程中必不可少的工具，要加大技术投入力度，推动不同平台间的协同与整合。

（2）网络化信息服务标准及体系构建

物联网、区块链、云计算、大数据、人工智能等技术的发展推动了网络化信息服务标准的构建，诸多学者针对不同领域探索了如何创造性地将标准化的理念、原理、原则和方法引入网络化信息服务中，从而优化服务流程、提升服务效率。

在"互联网+"发展背景下，"互联网+政务服务"标准成为研究重点。刘建华等（2014）③针对网络统一身份认证服务应用范围不广的问题，参考国内外服务标准，基于公众网络制定了统一身份认证服务标准体系，并明确了每项服务标准的基本内容，对该网络化信息服务的实施和发展提供了一定的标准基础。张媛等（2017）④梳理了网络化政务信息服务标准体系建设的现状和问题，从用户服务标准、政务服务事项标准、政务服务平台标准、支撑保障标准和交换共享标准五方面构建了"互联网+政务服务"标准体系框架。柴德华（2019）⑤认为，标准建设是"互联网+政务服务"的基础。他以电子证照为例，指出应加快构建电子证照基础标准，如健全完善电子证照关键技术标准和跨地区互认共

---

①　王剑，马健. 数据驱动的网络信息服务评价模型研究[J]. 农业图书情报，2019，31(2)：30-35.

②　谢子浩. 信息生态视角下智慧城市公共信息服务质量评价研究[D]. 湘潭：湘潭大学，2019.

③　刘建华，梁俊杰. 公众网络统一身份认证服务标准体系研究[J]. 西安邮电大学学报，2014，19(1)：111-114.

④　张媛，逄锦山，史丛丛，等. "互联网+政务服务"标准体系探索与研究[J]. 信息技术与信息化，2017(7)：123-125.

⑤　柴德华. 以标准为基础 推动"互联网+政务服务"[J]. 信息技术与标准化，2019(Z1)：14-15.

享标准,并推动相关标准在试点城市实施应用。毛振鹏等(2020)①认为,标准建设应与时俱进,引入"持续改进"理念来优化"互联网+政务服务"标准建设,同时应实施好政务平台的信息集成和数据共享、监督考评等配套举措,推动政务服务全流程改革,营造更具竞争力的营商环境。

而针对不同领域的现实需求,诸多学者纷纷展开了面向具体领域的网络化信息服务标准及体系构建的探讨。黄骞等(2013)②在梳理地理信息服务的服务功能、技术类型和接口协议的基础上,针对地理信息服务标准化存在的问题,提出云计算时代地理信息服务标准体系构建的建议。赵彬等(2015)③在总结临床药学信息服务的具体工作及模式的基础上,制定了临床药学信息服务标准流程,规范并提升了药学信息服务质量,并设计了相应的信息服务系统,保障药学信息服务的开展。肖心民等(2016)④综合分析了核能行业中信息服务技术的特点,并在借鉴前期试点工作的基础上,提出要从指导思想、组织体系、实现机制、指南编制四方面全面应用信息技术服务标准(ITSS),并从人员、过程步骤、资源保障、技术能力方面提出推广 ITSS 应用的规划方案。刘琳琳(2017)⑤从标准数量、内容和发布机构等方面对比分析了国内外图书馆网络化信息服务标准,提出网络化信息服务标准应具有全面详细的内容、不断增强的实用性和持续修订的制度。陈丹(2019)⑥指出,在智慧城市的背景下,档案领域的信息服务存在着标准滞后、重建设轻标准等问题,应在前瞻设计的基础上,构建以人为本的智慧城市档案信息服务标准。卢耀恩等(2020)⑦基于精准医疗服务的现实需要,从系统性、实用性和动态性的角度出发,构建了以基础类标准、管理类标准、数据类标准、技术类标准、数据融合标准、安全

① 毛振鹏,慕永通."持续改进"视域下优化"互联网+政务服务"标准研究[J]. 社科纵横,2020,35(3):53-56.

② 黄骞,王尔琪,梁军. 地理信息软件标准体系建设与发展分析[J]. 地球信息科学学报,2013,15(3):362-368.

③ 赵彬,都丽萍,张波,等. 临床药学信息服务标准流程及系统开发[J]. 临床药物治疗杂志,2015,13(2):81-83.

④ 肖心民,沙睿. 核能行业推广应用信息技术服务标准建议[J]. 信息技术与标准化,2016(9):39-41.

⑤ 刘琳琳. 国内外高校图书馆数字化信息服务标准规范比较研究[J]. 河南图书馆学刊,2017,37(6):51-52,55.

⑥ 陈丹. 智慧城市建设中的档案信息服务研究[J]. 黑龙江档案,2019(3):35.

⑦ 卢耀恩,赵杰,石金铭,等. 面向精准医疗服务的信息标准体系框架构建[J]. 中国卫生资源,2020,23(1):19-22,32.

与隐私类标准六类标准为主的标准体系，以规范精准医疗信息系统的建设。

1.2.3　国内外研究现状评述

互联网的发展为信息服务带来更多可能，国外学者针对网络化信息服务标准化的相关研究表明，网络化信息服务在地理信息、农业、科研管理、电力等多方面具有良好的发展空间与推广前景。只有保障网络化信息服务过程中的数据存储、信息交换、信息服务等多个环节的质量与安全，才能更好地实现网络化信息服务的应用。我国学者针对不同领域的网络化信息服务构建了质量评价体系，并以案例分析形式探究了我国网络信息化服务中存在的问题。文献梳理表明，在网络信息化服务过程中，标准体系的不完善影响着其服务质量，也无法保障服务提供者后台数据与用户个人信息的安全，最终影响网络化信息服务效果与用户使用满意度。

当前，国家安全体制建设日渐完善，网络技术不断创新。而在此背景下，我国对国家安全体制下的网络化信息服务标准的研究较少，相关标准体系的研究更待深入。大多数研究仅从某类网络化信息服务入手，探究其服务应用推广及质量评价与提升策略，但并未结合当前国家安全体制建设的现实背景，系统性地探索网络化信息服务标准体系的构建方案。这不仅影响国家安全体制建设、有碍信息安全保障，还限制了网络化信息服务的规范化提供。

日益复杂的网络环境对国家安全体制下的网络化信息服务提出了更高要求。网络化信息服务标准化研究及标准体系构建刻不容缓。只有充分结合国家安全体制不断完善和网络技术创新发展的背景，系统全面地探索网络化信息服务标准体系建设，才能够保障网络化信息服务质量、提升网络安全防御能力。

1.3　研究内容与目标

网络化信息服务标准体系构建是国家安全体制下网络化信息服务提升的前提条件，也是规范网络化信息服务的必然要求。

1.3.1　研究内容与结构

本书在研究结构上结合逻辑分析方法和系统分析方法，从整体、局部以及统一的角度分析并构建国家安全体制环境下的网络化信息服务标准体系。按照提出问题—分析问题—解决问题的逻辑思路，本书从当前我国国家安全体制建设的大背景入手，立足于网络化信息服务标准体系构建和服务质量提升需求，探索网络化信息服务标准体系构建策略。本书共分3个部分，主要内容如下：

（1）研究背景与现状

国家安全体制的不断完善与网络技术的不断发展，对网络化信息服务的质量提出了更高要求。而网络化信息服务质量提升的关键一环就是构建系统的网络化信息服务标准体系。基于此，本书梳理了网络化信息服务标准体系的研究现状，在对研究现状进行评述的基础上，引出本书的研究内容、结构、目标、方法与特色等，为后续研究指明方向。

（2）理论基础

本书从网络化信息服务标准化的相关理论入手，明确了标准化理论、信息服务理论和国家安全理论的内容、对象、原则和方法等；梳理了网络化信息服务标准化的发展历程，指出"互联网+"战略下日益复杂的网络环境迫切需要网络化信息服务的标准化，国家安全体制背景下的网络化信息服务标准化工作契合国家的相关政策精神，有利于网络化信息服务的高质量开展；介绍了当前网络化信息服务标准化现状，列举了国内外已有网络化信息服务相关标准，为后续标准化研究提供基础；分析了网络化信息服务标准体系的内涵与范围、类型与作用、目标与特征及其体现的基本思想原则，明确了网络化信息服务标准体系构建的基本问题；探究了网络化信息服务标准的功能结构，从技术标准、工作标准和管理标准入手，分析了网络化信息服务标准体系结构，在此基础上提出网络化信息服务标准体系的基准性、公认性、公益性、知识性、普适性特点，及其对信息服务业健康良好发展的重要作用，并从内在契合性、经济可行性和社会可行性三方面提出网络化信息服务标准体系构建具备可行性。

（3）标准体系构建研究

本书遵循目的性、系统性、层次性和科学性的原则，在网络化信息服务标准体系需求分析、子维度选取和一级指标选取的基础上，从基础标准、数据标准、安全标准、管理标准、技术标准和应用领域标准方面构建了我国网络化信息服务标准体系。

本书将网络化信息服务标准体系划分为基础标准、数据标准、安全标准、管理标准、技术标准和应用领域标准六个子标准，并分析了各子标准的含义与目标、内容与特征和具体作用。其中，基础标准是所有网络化信息服务标准的共同基础，能够有效阐述网络化信息服务原理、业务分类、服务质量评价方法、服务成本度量要求、服务工具要求、服务从业人员要求、网络信息发布要求、服务术语规范以及服务流程等。数据标准通过统一性、实际性、经济性和包容性的要求，为整合数据资源、推动数据共享、推动信息服务智能化进程做出指导。安全标准定义了网络化信息服务所使用信息系统的规章制度、信息周期规范和安全保护技术，有助于保障网络化信息服务的自主可控及相关产品、设施安全技术的先进性、可靠性和一致性。管理标准在标准体系中往往用以支撑和连接其他关键标准，是标准体系中重要的组成部分，对网络化信息服务的规划、筹备、运行、监控与改进等环节所需的管理要求与管理活动进行规范。技术标准为机构在提供网络化信息服务或支持第三方网络化信息服务过程中，提供和规范应用技术的描述、要求、规范程序、方法和指导建议。技术标准紧密围绕相关信息技术展开，其制定和实施有助于实现信息服务质量目标化、服务方法规范化、服务过程程序化，以及确立竞争优势。应用领域标准是国家安全体制下网络化信息服务标准体系落地的主要目标，为网络化信息服务供给方和参与方提供应用拓展依据。

　　本书在梳理网络化信息服务标准体系推广与实施指导思想的基础上，针对标准体系实施的不同阶段，提出对应的推广与实施步骤，并从政治、经济、社会、技术及人员等方面探讨标准体系推广与实施的条件，提出相应推广与实施策略；围绕国家安全体制下网络化信息服务标准体系评估的基本原理、意义、目标、方法、具体步骤等方面阐述评估策略，为后续研究提供参考。

　　本书研究结构安排如图 1-1 所示。

1.3.2 研究目标与关键问题

　　为更好地完成网络化信息服务标准体系研究工作，本书在背景梳理、研究现状调研、研究内容分析与研究结构确定的基础上，明确本书的研究目标与拟解决的关键问题，为后续研究的开展打下基础。

　　(1)研究目标

　　本书结合国家安全体制的背景，以网络化信息服务为研究对象，一方面构建国家安全体制下的网络化信息服务标准，另一方面探索网络化信息服务标准体系构建实施策略。具体研究目标为：

　　①构建国家安全体制下的网络化信息服务标准。国家安全体制的不断完善对网络化信息服务提出了更高要求，网络化信息服务标准的明确势在必行。对

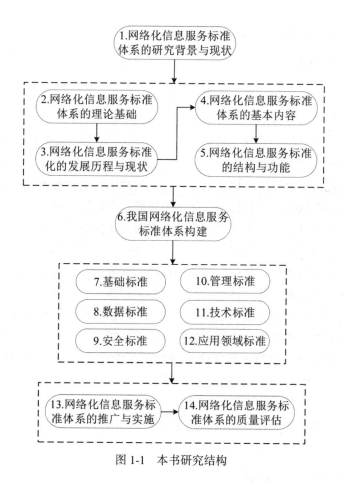

图 1-1　本书研究结构

规范网络化信息服务流程、保障网络化信息服务数据安全、消除各领域间的信息壁垒、提升服务管理质量,本书立足于国家安全战略推动的大背景,针对网络化信息服务中的具体环节,从基础、数据、安全、管理、技术和应用领域六方面入手,分别探索了相关标准的含义目标、内容特征及其作用,从而为网络化信息服务建设及后续相关标准体系构建实施提供有力保障和支撑。

　　②探索网络化信息服务标准体系构建策略。网络化信息服务标准的构建策略为其标准体系的构建、实施与优化提供了前提条件。在明确网络化信息服务标准的基础上,本书从标准体系的构建原则和目标选择等方面入手,构建了网络化信息服务标准体系。为使网络化信息服务标准体系落到实处并发挥最大作用,本书在网络化信息服务标准体系构建完成后,继续探索网络化信息服务标准体系的实施与优化策略,力图更好地推广并完善网络化信息服务标准体系,

真正发挥其功能效用。

（2）关键问题

在网络化信息服务标准化过程中，既要充分考虑标准体系涵盖的要素，设计适宜的子标准构建策略，又要重点关注标准体系的质量评估方案，从而归纳出标准体系的质量提升措施，以便更好地完善网络化信息服务标准体系。因此，本书拟解决的关键问题为：

①网络化信息服务标准体系设计。传统的网络化信息服务标准多集中于不同专门领域，在数据安全和技术设施等方面尚未形成统一标准，为不同部门间的信息交互与共享带来困难。因此，本书将网络化信息服务看作一个整体，从系统角度构建网络化信息服务标准体系，从基础、数据、安全、管理、技术、应用领域等方面设计网络化信息服务子标准，并逐一分析各子标准的具体内容与作用，从而更好地构建一体化的网络化信息服务标准体系。

②网络化信息服务标准体系评估。网络化信息服务体系构建及子标准设计完成后，需要有合理的方法来评估该标准体系的质量。因此，本书梳理了国家安全体制下网络化信息服务标准体系评估的基本原理（包括基本概念、类型、原则），明确相关标准体系评估的意义和目标，从定性和定量两个角度介绍相关评估方法，并具体分析网络化信息服务标准体系评估的步骤，以此阐述网络化信息服务标准体系的评估，从而提升网络化信息服务标准体系质量。

1.4　研究方法与创新

本书拟从理论联系实际的角度出发，按理论梳理—现状调研—内涵分析—标准体系设计与构建—推广实施—质量评估的技术路线开展。

1.4.1　研究方法

本书拟采取的研究方法主要有：

①文献述评法。在搜集国内外网络化信息服务相关研究文献的基础上，分析、归纳研究资料，辨析研究方向和研究视角，跟踪该领域的最新研究进展，把握研究的发展动态和前沿。从研究不足和趋势入手，结合国家安全体制完善和网络技术发展的现实背景，展开本书研究规划。

②系统分析法。考虑到网络化信息服务涉及诸多因素，本书将网络化信息

服务视为一个完整、开放、动态、复杂的体系，依照其构成要素分析标准体系涵盖内容和构建方案，并进行标准体系的实施推广与质量评估。

③相关分析法。根据当前国家安全体制下的网络化信息服务情况，在前期子标准分析的基础上，明确网络化信息服务原则，选择其服务主体，构建网络化信息服务标准体系，为后期标准体系的实施推广与质量评估提供基础。

④实证分析法。根据本书研究框架，选取典型的网络化信息服务标准体系作为案例与实证分析对象，依据本书设计的理论框架与技术实现方案，针对当前国家安全体制下，网络化信息服务标准体系存在的问题提出优化策略。

⑤综合评价法。在现有评价理论的基础上，基于模糊评价法和层次分析法，设计针对网络化信息服务标准体系评价的多层次评价指标体系，确定评价指标及路径权重，调整和优化评价模型。

本书依托我国国家安全体制建设的独特背景，梳理标准化、信息服务和国家安全研究的相关理论；明确网络化信息服务标准化的内涵与发展阶段，分析其发展现状与发展趋势；探究网络化信息服务标准体系的基本问题；分析网络化信息服务体系的结构、功能与性质，分析其构建的可行性；构建基于国家安全体制的网络化信息服务标准体系；探索网络化信息服务各子标准的具体内容，从基础、数据、安全、管理、技术、应用领域标准角度，分析各子标准的详细内涵；分析网络化信息服务标准体系的推广与实施的步骤与条件，提供推广与实施策略；构建网络化信息服务标准体系的质量评估方案。（如图1-2所示）

1.4.2　研究创新点

本书研究特色与创新之处集中于以下两个方面：

①国家安全体制下的网络化信息服务标准构建。本书从国家安全体制入手，结合我国网络化信息服务标准化政策与实施的发展过程，梳理标准体系研究中的基本问题，明确相应的结构功能，分别从基础、数据、安全、管理、技术和应用领域六方面梳理不同标准的含义、目标、内容与特征，并指出不同标准的作用，从而全方位地揭示网络化信息服务标准的基本内涵，指导我国网络化信息服务标准建设。

②网络化信息服务标准体系探索。结合网络化信息服务标准，本书探索国家安全体制下的网络化信息服务标准体系建设问题，明确标准体系构建原则与方法，从不同子标准出发探索核心标准构建方案；从标准体系推广实施的指导思想出发，设计标准体系的推广实施步骤，从不同维度分析其推广实施的条件

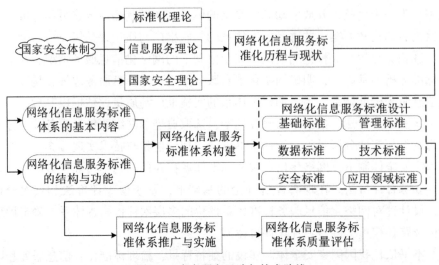

图 1-2　本书研究思路与技术路线

与策略；梳理标准体系质量评估的原理与意义，明确评估目标与评估方法，从阶段性角度设计标准体系质量评估步骤，从而实现对网络化信息服务标准体系的全方位探索。

2 面向信息服务的标准化与国家安全理论

21世纪以来，标准化活动是国家治理体系和治理能力现代化的重要推动力量，而国家安全体制下信息服务的网络化发展更需要标准化的保障和支撑。我国国家层面的标准体系初步形成，且产业化发展迅速。目前，我国大多数领域的标准化适用范围持续扩大，推动了整体社会的标准化水平，形成了较有影响力的国家话语权。本章从国家安全理论出发，梳理网络化信息服务标准体系的理论基础。

2.1 标准化理论

标准一词在学习、工作和生活中被广泛使用，不同的领域需要相适应的标准。深层把握和理解标准的概念，需要厘清标准概念的内涵和外延，包括标准的分类和分级以及标准化的基本原则、特点和功能。标准的概念在标准化理论中占有重要地位。随着经济和技术的飞速发展，标准化研究越来越受到世界各国的重视。国内标准化研究虽然起步较晚，但已逐渐形成了具有中国特色的标准化理论体系。本节将从标准和标准化的概念、标准的分类和分级、标准化基本原理、标准化的特点和标准化的作用等方面梳理标准化理论。

2.1.1 标准和标准化的概念

在标准化发展过程中，标准和标准化的概念一直处于演变之中。了解这一演变过程对标准化理论的学习和研究具有一定的指导意义。

（1）标准的概念

早在1934年，约翰·盖拉德就对标准的定义进行了较为全面的阐释。他认为，"标准是一种构想/规划（formulation），其建立可以是口头的、书面的或任何其他图形方法，或用模型、样品的办法，或其他物理表达方法，用以在一段时间内定义(defining)、指定(designating)或详细说明(specifying)一个测量单位或基准、一个物理对象、一个活动、一个过程、一个方法、一个实践、一种能力、一个功能、一个性能、一项措施、一项安排、一个条件、一项责任、一个权力、一项职责、一个行为、一个态度、一个概念或构想的某些特征"①。此后，盖拉德在上述定义的基础上进行补充："……概念或构想或前述各项的任意组合的某些特征，以便通过在生产者和经销商、消费者、客户、技术专家以及其他相关方之间建立共同的理解基础，来达到促进生产、处理、规制和/或使用商品及服务的经济性与效率的目的"②。桑德斯认为"标准是经公认的权威当局批准的一个个标准化工作成果。它可以采用多种文件形式记述一整套必须达到的条件或规定的基本单位或物理常数，如安培、米、绝对零度等"。

国际组织或机构也对"标准"进行了多角度的阐释。国际标准化组织将标准定义为"适用于公众的、由有关各方合作起草并一致或基本上一致同意，以科学、技术和经验的综合成果为基础的技术规范或其他文件，其目的在于促进共同取得的最佳效益，它由国家、区域或国际公认的机构批准通过"③。同时国际电工委员会将标准定义为"以科学、技术和经验的综合成果为基础，为在一定范围内获得最佳秩序，经协商一致建立并由公认机构批准，为共同使用和重复使用，对活动及结果提供规则、指导或给出特性的文件"。

我国在采纳上述定义的基础上，将标准定义为"为了在一定的范围之内获得最佳秩序，经过协商一致制定且由公认机构批准、共同使用的和重复使用的一种规范性文件"④。而在2001年正式加入世界贸易组织后，我国也将《世界贸易组织技术性贸易壁垒协定》(WTO/TBT协定)作为所有技术法规、标准和合格评定程序等的指导性文件。该协定指出，"标准是经公认机构批准的、规定非强制执行的、供通用或重复使用的产品或相关工艺和生产方法的规则、指南或特性的文件。该文件还可包括或专门涉及适用于产品、工艺或生产方法的

---

① Gaillard J. Industrial Standardization: Its Principles and Development [M]. H. W. Wilson Company, 1934: 33.

② Verman L. C. Standardization: A New Discipline [M]. Archon Books, 1973: 22.

③ 赵全仁，崔壬午. 标准化词典[M]. 北京: 中国标准出版社, 1990: 12.

④ 中国标准化协会. 标准化工作指南 第1部分标准化和相关活动的通用词汇: GB/T20000.1-2002[S]. 北京: 中国标准出版社, 2009: 1.

术语、符号、包装、标志或标签要求"①。

综合来看，标准化组织的定义侧重标准的"自愿性"属性。WTO/TBT 给出的定义较为宽泛，不仅包括已达到协商一致的文件，而且包括未协商一致的文件，例如一些联盟标准、论坛标准等。

（2）标准化的概念

标准化的定义在 20 世纪 70 年代就由国际标准化组织 ISO 提出，即"标准化是为了所有相关方面的利益，特别是为了促进最佳的全面经济效果，并适当考虑产品使用条件与安全要求，在所有相关方面的协作下，为进行有秩序的特定活动所制定并实施各项规则的过程"②。

国际标准化组织联合国际电工委员会发布的 ISO/IEC 第 2 号指南《标准化和相关活动的通用词汇》将标准化定义为"为了在一定范围内获得最佳秩序，对潜在问题或现实问题制定重复使用和共同使用的条款的活动"③。制定、发布及实施标准是标准化活动的主要过程。

学者 De Vires H. 将标准化阐述为"对于实际的或潜在的匹配问题建立并记录一套有限解决方案的活动，平衡参与方的需要和利益，在一定的时期内重复使用或连续使用所建立的解决方案"④。

2.1.2 标准的分类和分级

在现实学习、工作和生活中，为了不同的目的制定的各种各样的标准，可以参照不同的依据将其分类和分级。

（1）标准的分类

第一，强制性和自愿性是标准的两个基本类型。

①强制性标准。标准的强制性要求依据强制性权力，如法律或行政等，对标准进行一定范围内的强制采用和保证实施。因此，标准实施的相关方对强制性标准必须绝对贯彻执行。具体来说，人身安全、健康、环保、卫生等方面的标准是世界各国强制执行的标准，不得违反，否则会受到法律或行政制裁。

---

① 沈明其. WTO 概论[M]. 北京：北京理工大学出版社，2010：144.

② 赵全仁，崔壬午. 标准化词典[M]. 北京：中国标准出版社，1990：12.

③ 中国标准化协会. GB/T20000. 1-2002 标准化工作指南 第 1 部分标准化和相关活动的通用词汇[S]. 北京：中国标准出版社，2009：1.

④ De Vries H. Standardization: A Business Approach to the Role of National Standardization Organizations [M]. Kluwer Academic Publishers，1999.

②自愿性标准。标准的自愿性也称推荐性，指由市场推动和企业自主或自由选择采用，而非国家强制。在非强制情况下，标准相关方在没有声明选择使用的前提下，如果违反不需承担法律或经济责任。但是，如果对标准承诺或声明采用，就必须严格执行。一般情况下，自愿性标准适用于产业竞争和市场调节领域，多数国家对自愿性标准的制定和实施进行了体制上的保证。

第二，技术、管理和工作作为标准化的对象，也具有相应的标准分类。

①技术标准。从事生产、建设及商品流通所共同遵守的技术依据便是技术标准，它协调统一了标准化领域中的技术事项。也可以说，相关方总结生产技术活动的经验，并要求共同遵守而形成技术上的法规，即技术标准。一般情况下，在技术工作(包括科研、设计、工艺、检验等)中，对基础性技术、工艺、产品、检测试验、设备、原材料和半成品及外购件、安全卫生环境保护进行标准化，以此保证产品或工程的技术质量。

②管理标准。在协调统一管理事项中所形成的标准即管理标准，管理标准旨在有效发挥管理职能，使管理机构更好地达到管理目标。管理标准对管理的目标、项目、程序、方法和组织作出规定，对管理基础、技术、生产经营、经济和行政等实施管理标准。

③工作标准。协调统一生产和生活实践中的工作事项所制定的标准即工作标准，其对象主要是人，涉及工作的范围和目的、组织和构成、程序和措施、监督和质量要求、效果与评价、协作关系等，对其中的范围、构成、程序、要求、效果和检验方法等进行明确规定。一般情况下，岗位是工作标准制定的依据，其主要内容包括岗位目标、工作程序和工作方法、业务分工与业务联系(信息传递)方式、职责与权限、质量要求与定额、对岗位人员的基本技能要求、检查与考核办法等。因具体的岗位繁杂，依据岗位制定的标准主要包括生产(操作)岗位和管理(工作)岗位。生产岗位标准称为作业标准或操作标准，可按不同的生产岗位制定。管理岗位标准是针对某种固定的管理岗位或某种管理职务而制定的，称为管理(工作)标准；前一种包括调度员、收发员、会计员、出纳员等管理岗位；后一种则包括厂长、人事处长、办公室主任、总会计师、总工程师等管理职务。

第三，从外在形态来看，可以分为文字或图表形态的标准和实物形态的标准。用文字或图表统一规定标准化对象，即文字图表标准。当难以用文字准确地描述标准化对象的某些特性时，可采用实物标准。

第四，标准化也会直接针对不同的对象或领域展开，如材料、元件、器件、设备、系统、接口、协议、程序、性能、方法或活动等，这些事物或概念被概括为"产品、过程或服务",《标准质量管理体系 基础和术语》更进一步将上述标准化对象分为"过程及其结果",而"产品、服务"则合并为"结果"。因此,按对象将标准化划分为"过程"和"结果"两大类。"过程"的标准化是限制"人"行为的,从如何做、怎么做两个方面进行规定。"结果"的标准化是限制"物"的但不限制人的行为,对需要什么样的"物"(硬件或软件)进行规定。从总体上看,"过程"标准多与组织生产有关,而"结果"标准多与贸易提供有关,它在产品标准中占大多数。

第五,依据其他分类方法,还可将标准分为正式标准和事实标准。

①正式标准。经公开的征求意见和完整的协商一致程序后而制定的标准,即正式标准。它由公认的标准机构批准发布,公正、无歧视和达到广泛的协商一致在其制定过程中必须做到,因此也称为法定标准或文本标准。正式标准融合了利益相关方的意见,包括消费者、学术界、特殊利益团体、政府和工业界等。国际上典型的正式标准有 ISO、IEC、ITU 等组织制定的标准;区域层面的正式标准有 CEN、CENEIEC、EISI 等组织制定的标准;同时也存在国家层面的正式标准,如中国国家标准 GB、英国国家标准 BSI、美国国家标准 ANSI。标准机构为了满足市场和技术的快速发展需求,将积极吸取各标准的优点,达成多方面的协商一致。

②事实标准。在市场驱动下,一个机构或多个利益相关的机构制定能够被市场广泛接受的标准,即事实标准。相对于传统的正式标准,为了满足市场和技术的紧急需要和快速变化,事实标准的制定周期一般较短且程序更加灵活。一般情况下,事实标准更多的是代表与其相关的主要生产商或服务商的利益,而其他相关方,如政府、特殊利益组织甚至消费者,没有参与其制定过程,因此限制了其开放性,不利于其广泛应用,特别是内部技术或专利许可等更是如此。

(2)标准的分级

《中华人民共和国标准化法》①(以下简称《标准化法》)将我国标准划分为国家标准、行业标准、地方标准和企业标准。

①国家标准。其标准化对象关系到全国经济和技术发展,适用于全国各行业、各地方。为了保证科学性、权威性和统一性,国务院标准化行政主管部门主管制定和发布国家标准。作为标准体系中的主体,国家标准的基础性、通用

---

① 中华人民共和国中央人民政府. 中华人民共和国标准化法[EB/OL]. [2020-8-11]. http://www.rmzxb.com.cn/c/2017-11-05/1859883.shtml.

性较强。国家标准一经批准发布实施后，与国家标准相重复的行业标准、地方标准、企业标准则即行废止。同时，为了切实保障人体健康、人身及财产安全，国家标准须强制执行，且需动态更新来满足人们生产、生活的需要。

在编号规则上，国家标准由代号、发布顺序号和发布年号组成。标准代号由大写的汉语拼音字母构成，"GB"表示强制性标准，"GB/T"表示推荐性标准。标准顺序号用阿拉伯数字、"-"及发布年号表示，如 2022 年发布的 GB/T20000-2022 标准。

②行业标准。其标准化对象为全国某个行业，由国务院有关行政主管部门主持制定和审批发布，并报国务院标准化行政主管部门备案。行业范围包括农业、林业、水利、轻工、纺织、机械、交通、建筑、电子、化工、冶金、能源等。

在编号规则上，行业标准由代号、顺序号和发布年号组成。标准代号由国务院标准化机构规定，行业不同代号也不同。强制性和推荐性行业标准编号规则与国家标准一致。

③地方标准。在国家标准和行业标准的基础上，省、自治区、直辖市范围内也需要制定标准，即地方标准；它由省级（含自治区、直辖市）标准化行政主管部门组织制定，同时报国家标准化管理委员会和国务院有关行政主管部门备案。地方标准的制定须遵守《标准化法》且满足一定条件，该条件为其标准化对象缺失相应的国家标准或行业标准，并需要在省自治区、直辖区范围内统一的事或物等。

在编号规则上，地方标准由代号、顺序号和发布年号组成。代号由汉语拼音字母"DB"加上省、自治区、直辖市行政区划代码前两位数字组成，推荐性地方标准加/T，强制性地方标准不加/T。

④企业标准。产品、技术要求和管理、工作要求等需要企业内部协调统一而制定的标准即企业标准。凡在我国境内取得法人资格的企业均在《标准化法》的适用范围内，且在没有相应的国家标准和行业标准的条件下，对其生产的产品都应依法制定标准，并按规定上报有关部门备案。如果已有相应的国家标准或行业标准，那么企业应制定更加严格的、在企业内部适用的企业标准，且一般在企业内部强制使用。

在编号规则上，企业标准的编号由代号、顺序号和发布年号组成，代号可用汉语拼音字母或用阿拉伯数字或两者兼用。

除我国国内标准外，国际共同使用的标准主要分为国际标准和国际区域性标准。

①国际标准，即全球性的国际组织所制定的标准，主要是指国际标准化组织(ISO)和国际电工委员会(IEC)等专业组织制定的标准。此外，经过国际标准化组织认可、由世界卫生组织(WHO)、国际计量局(BIPM)等专业组织所制定的标准也是国际标准，被各国所承认且通用。

②国际区域性标准，即因地理上毗邻、政治和经济上有共同利益而形成的区域性国家(地区)集团的标准化组织制定、发布的标准，其适用范围主要为集团内各成员方，如欧洲标准化委员会(CEN)制定的标准。

2.1.3 标准化的原理与特点

在研究和实践中，标准化形成了一系列基本原则和原理。首先，标准化的基本原则包括优化、动态、超前、反馈以及宏观控制和微观自由相结合等原则;① 其次，标准化的基本原理包括统一、简化、互换性、协调、选优、阶梯等原理，同时也发展出标准系统管理的原理，即系统效应、结构优化、有序发展和反馈控制原理。②

（1）标准化的原理

目前统一、简化、协调和最优化是得到普遍认可的标准化基本原理。

①统一，即在标准化中，因秩序和效率是事物发展的必要因素，在一定时期内和一定条件下，需要针对事物的形成、功能或其他特性确定适合的一致性规范，即统一原理，在功能上使这种一致性规范与被取代的对象达到相等。统一原理的要点包括：目的是保证事物必要的效率和秩序，旨在确定一组对象的规范一致；原则是从一组对象中选择确定的一致性规范以保证功能等效；标准的统一不是永久的，是针对一定时期和一定条件的，如果条件发生变化，新的统一就会替代旧的统一。

②简化。标准的简化是在经济有效的前提下，筛选提炼标准化对象的结构、形式、规格或其他性能，发现其中多余的、低效能的、可替换的环节并加以剔除，而必要、高效能的环节则被精炼出来，最终得到的标准整体上精简合理、功能效率最高。简化原理的要点主要包括：目的是经济有效地满足需要；原则是精简合理，功能效率最高，具备满足全面需要的能力；基本方法是科学地筛选提炼处于自然状态的对象，剔除上述不合理环节，精炼出必要、高效能的环节；实质是精炼化而非简单化，结果是以少胜多而非以少

---

① 陈文祥. 标准化原理与方法[M]. 北京：技术标准出版社，1974：10-13.

② 李春田. 标准化概论[M]. 北京：中国人民大学出版社，1995：61-74.

替多。

③协调。标准的协调是在达到最佳整体功能和实际效果的前提下，选择有效手段处理好系统内外相关因素间的关系，保证系统的一致性和平衡性。协调原理的要点主要包括：目的是建构整体功能达到最佳和具有实际效果的标准系统；对象是系统内外相关因素的关系；因素间关系主要包括相互一致、相互适应、相互平衡；协调的方式有协商一致多方需求、最优化多因素综合效果以及综合平衡多因素矛盾等。

④最优化。在综合运用上述原理的基础上，针对特定的限制条件，选择、设计或调整标准系统的构成因素及其关系，使之达到特定目标和最理想的效果。

(2)标准化的特点

在标准化原理实施的过程中，标准化形成了鲜明的特点并发挥了相应的作用。标准化的特点由其固有属性决定，也随社会发展而发展。

①科学性。标准统一规定了管理要求、检测方法、产品性能、质量安全指标等，对生产实践和技术进步的成果进行总结，经协商一致和科学验证最终形成技术文件。因此，标准能够从技术上保证产品的质量和管理的科学性，如目前在生产实践中广泛运用的产品标准和系列管理标准。均比行政管理规定的科学性更强。

②兼容性。目前越来越细的产业分工，产生了越来越多的产品规格，这是专业化协作发展的结果。而整个产业链或产品生产的全部环节不可能也不需要某一个独立的企业完成，而是需要产业和产品间的协作配套，这就需要制定相应的标准，达到整个产业和产品互连对接的最终目的，如数据通信接口标准。

③经济性。上述简化原理指出，标准通过对技术指标(产品的种类、规格等)进行范围限定，使产品品种简化和产品规格统一，原材料投入、生产过程和产品流通规模化，从而达到单位产品成本降低的最终目的。同时，标准的互联互通也可以减少产品、产业因重复生产和资源浪费带来的经济损失。

④可验证性。标准的可验证性与上述科学性相辅相成。标准是检验和认证认可的依据，它使用一定的技术和管理手段进行量化判断，检验现实对象和标准之间的差距并找出原因，从而实现在技术上持续改进品质。

全球经济一体化和现代化大生产，催生了现代标准化的新特点[1]：

---

[1] 邝兵. 标准化战略的理论与实践研究[D]. 武汉：武汉大学, 2011.

①系统性。在手工业时代，不发达的分工产生了类似标准的规范，且多存在于手工业者的脑中，社会产品的标准往往是师徒间相传的绝技，仅有非常重大的事项才有全国统一的标准。此时，因形式和内容简单，标准虽重要但涉及面较窄，标准间较为独立而无需过多协调。到了大机器工业时代，专业化协作程度越来越高，生产过程中的联系与协调问题也越发突出，标准作为联系的重要纽带就显得尤为重要。但这一时期产品的综合程度和复杂程度还较低，协作范围并不广，部分问题可以由个别标准解决，这导致了标准化的系统性较弱。

现代标准化的发展，是对传统标准的扩充、完善和提高，要求创新理论基础、实施方法以及具体内容，现代的标准较之传统的标准已有很大差异。产业的现代化和综合化发展，要求产品生产或工程施工由多种行业、多个企业以及多门学科协同完成，因此系统分析已成为现代标准化研究和应用的主要方法，即从系统的整体化出发制定与当前技术和生产发展相适应的标准体系。

②广泛性和国际性。国民经济各行业和各方面都需要现代化的标准，标准的覆盖范围非常广泛，如工农商等行业，以及学校、医院、党政机关。自经济全球化以来，大多数国家积极参加国际标准化活动，普遍采用国际标准，标准的国际化已成为共识。

③动态性和前瞻性。现代市场经济的迅速变化和高速发展，推动了高新技术的不断升级及产品的更新换代，作为主导的现代标准也将动态化发展，即标准具备动态性。同时，社会经济和发展的动态性也会带来难以预测的潜在问题，现代化的标准也应动态适应这种情况，能够预见未来可能出现的新情况、新问题以避免损失，即具备前瞻性。

目前，生产的社会化程度逐渐加深，生产的规模越来越大，对技术的复杂性要求也越来越高，分工越来越精细，协作越来越广泛，必须通过标准的使用确保生产活动的正常运行。标准化的首要作用是科学管理，即依据客观经济规律和生产技术的发展规律对组织如企业进行管理，进而促进经济的全面发展。在产品设计方面，标准化可以缩短设计周期。在生产方面，标准化使生产更加科学和有秩序。在管理方面，标准化有利于统一、协调、高效率等。在科学研究方面，随着科学技术的发展，科研、生产、使用三者之间需要标准化作为桥梁，标准化有利于避免重复的研究工作，从而使纳入相应标准的科研成果和新技术能够快速得到推广和应用。

综上，科技进步、保证质量、提高管理水平、加强国际贸易与合作，以及发展社会主义市场经济都要依靠标准化，标准化在其中发挥着重要作用。

2.2 国家安全理论

习近平总书记指出"当前,我国面临对外维护国家主权、安全、发展利益,对内维护政治安全和社会稳定的双重压力,各种可以预见和难以预见的风险因素明显增多。而我们的安全工作体制机制还不能适应维护国家安全的需要"①。因此,必须建立和完善我的国家安全体制。

作为国家安全中的重要组成部分,信息安全是学术界一直关注的话题。信息安全的实践早已在世界各国出现,但在20世纪40年代学术界才开始关注通信保密的相关工作。② 到了20世纪50年代,"信息安全"一词在科技文献中开始出现;至20世纪90年代,"信息安全"一词的使用增多,在各国和地区的政策文献中陆续出现,相关的学术研究也逐步增加。根据权威组织国际信息系统安全认证协会的划分,信息安全主要包括十大领域:安全结构和模式、安全管理实践、通信和网络安全、访问控制、应用和系统开发、密码学、物理安全、操作安全、商务连续和灾害重建计划以及法律侦察和道德规划。③ 从中可以发现,信息安全的涉及面广,既包含各类物理安全,也包括通信和网络安全的相关内容。1990年,德国联邦信息技术安全局(BSI)成立,这是在机构名称中首次使用"信息安全"一词。1992年,欧盟理事会通过了《关于信息系统安全领域的第92/242/EEC号决定》,这是欧盟较早的信息安全政策,也是"信息安全"一词出现在政策文件中较早的例子。④ 我国则在1994年2月,由国务院出台了第一部有关计算机信息安全的法规——《中华人民共和国计算机信息系统安全保护条例》⑤;

---

① 中华人民共和国中央人民政府. 中共中央关于全面深化改革若干重大问题的决定[EB/OL]. [2020-8-2]. http://www.gov.cn/jrzg/2013-11/15/content_2528179.htm.
② 王世伟. 论信息安全、网络安全、网络空间安全[J]. 中国图书馆学报, 2015, 41(2): 72-84.
③ 卢新德. 构建信息安全保障新体系[M]. 北京: 中国经济出版社, 2007: 15-21.
④ 马明虎. 欧盟信息安全法律框架: 条例、指令、决定、决议和公约[M]. 北京: 法律出版社, 2009: 341-353.
⑤ 中华人民共和国计算机信息系统安全保护条例(国务院令第147号)[EB/OL]. [2020-8-2]. http://www.mps.gov.cn/n16/n1282/n3493/n3778/n492863/493042.html.

1996 年 2 月，法国成立了"法国信息系统安全服务中心"①。以上名称中均使用了"信息系统安全"。

结合网络化信息服务与信息安全的总体目标，本节从国家安全的概念、国家安全体制等方面阐释国家安全理论。

2.2.1 国家安全的概念

"国家安全"一词首次出现在中国官方文件中是在 1983 年，而在中共中央文件中首次出现是在 1986 年。② 1983 年 6 月 6 日召开的第六届全国人民代表大会第一次会议提出成立国家安全部，以确保国家安全。③ 1986 年 9 月召开了中国共产党十二届六中全会，会上通过的《中共中央关于社会主义精神文明建设指导方针的决议》指出，公民面临国家安全威胁和社会公共安全危害时要采取积极应对措施。④

在 20 世纪 90 年代初期，我国国家安全观较为传统，传统的国家安全观限制了人们对国家安全发展的认识。⑤ 1999 年我国将"互信、互利、平等、合作"作为国家安全观的核心，⑥ 2001 年 7 月又将国家安全观的核心修订为"互信、互利、平等、协作"⑦。

中国共产党十六大以后，"国家安全"一词已越来越普遍地在社会各领域中使用，官方越来越重视政治安全、经济安全、文化安全、信息安全等传统的和非传统的国家安全构成要素、影响因素和威胁因素，仍强调军事、政治等传统的国家安全保障力量，更加重视经济、文化、科技等因素在国家安全保障中

---

① 上海社会科学院信息研究所. 信息安全辞典[M]. 上海：上海辞书出版社，2013：183.

② 刘跃进. 非传统的总体国家安全观[J]. 国际安全研究，2014，32(6)：3-25，151.

③ 新华网. 赵紫阳. 政府工作报告——九八三年六月六日在第六届全国人民代表大会第一次会议上[EB/OL].［2020-8-2］. http://news.xinhuanet.com/ziliao/2004-10/19/content_2108881.htm.

④ 人民网. 中共中央关于社会主义精神文明建设指导方针的决议[EB/OL].［2020-8-2］. http://www.people.com.cn/GB/shizheng/252/5089/5104/5201/20010429/455518.html.

⑤ 刘跃进. 非传统的总体国家安全观[J]. 国际安全研究，2014，32(6)：3-25，151.

⑥ 人民网. 江泽民. 推动裁军进程 维护国际安全——在日内瓦裁军谈判会议上的讲话［EB/OL］.［2020-8-2］. http://www.people.com.cn/item/ldhd/Jiangzm/1999/jianghua/jh0005.html.

⑦ 新华网. 江泽民. 在庆祝中国共产党成立八十周年大会上的讲话[EB/OL].［2020-8-2］. http://news.xinhuanet.com/ziliao/2001-12/03/content_499021.htm.

的作用。① 2004 年中国共产党十六届四中全会发布的《中共中央关于加强党的执政能力建设的决定》和 2006 年中国共产党十六届六中全会发布的《中共中央关于构建社会主义和谐社会若干重大问题的决定》，都充分反映了上述发展态势。这两个决定集中论述了国家安全问题，并强调要增强国家安全意识，完善国家安全战略，健全科学、协调、高效的工作机制，有效应对各种传统和非传统安全威胁，严厉打击境内外敌对势力的渗透、颠覆、破坏活动，确保国家政治安全、经济安全、文化安全、信息安全。②

更进一步，《中华人民共和国国家安全法》③在其第 2 条中对国家安全做了明确阐述："国家安全是指国家政权、主权、统一和领土完整、人民福祉、经济社会可持续发展和国家其他重大利益相对处于没有危险和不受内外威胁的状态，以及保障持续安全状态的能力"。刘跃进也对国家安全概念进行阐释："国家安全就是一个国家处于没有危险的客观状态，也就是国家既没有外部的威胁和侵害又没有内部的混乱和疾患的客观状态"④。李文良则认为国家安全即国家免受各种干扰、侵蚀、威胁和颠覆的状态和能力。⑤ 到了 2017 年，我国的"总体国家安全观"得到确立，即以人民安全为宗旨，以政治安全为根本，以经济安全为基础，以军事、文化、社会安全为保障，以促进国际安全为依托，兼顾传统与非传统安全、兼顾国内与国际安全的国家安全价值理念。具体包括 12 个方面：国民安全、政治安全、社会安全、经济安全、文化安全、生态安全、科技安全、信息安全、国土安全、军事安全、资源安全以及核安全。⑥

2.2.2 国家安全体制

国家安全理论是国家安全体制的思想根基，国家安全体制是国家安全战略的制度基础；国家安全战略的实施带来思想理论的变革，变革的思想理论又进

---

① 刘跃进. 非传统的总体国家安全观[J]. 国际安全研究, 2014, 32(6): 3-25, 151.
② 新华网. 中共中央关于构建社会主义和谐社会若干重大问题的决定[EB/OL]. [2020-8-2]. http://news.xinhuanet.com/politics/2006-10/18/content_5218639.htm.
③ 中华人民共和国中央人民政府. 中华人民共和国国家安全法[EB/OL]. [2020-8-2]. http://www.gov.cn/ziliao/flfg/2005-08/05/content_20927.htm.
④ 刘跃进. 国家安全学[M]. 北京：中国政法大学出版社, 2004: 51.
⑤ 李文良. 国家安全管理学[M]. 长春：吉林大学出版社, 2014: 2.
⑥ 中央国家安全委员会第一次会议召开习近平发表重要讲话[EB/OL]. [2018-12-15]. http://www.gov.cn/xinwen/2014-04/15/content_2659641.htm.

一步影响国家安全体制的重新设计与改革，如此循环。

国家安全管理的具体制度和行为规范隶属于国家安全体制，在制度层面有力保证了国家的安全状态和支撑了国家的安全保卫能力，安全职能、机构管理、人力资源管理、权责机制与法律保障等是当前我国开展国家安全管理的基础。[①]

（1）安全职能

在国家安全管理过程中，国家的安全职能体现在国家安全机构及其工作人员所履行的职责和作用方面。国家安全职能旨在解决国家安全目标达成中的关键问题，价值取向和基本任务是其基本体现，同时它也对国家安全机构建设和国家安全人员配置具有重要意义。

（2）机构管理

向社会提供国家安全产品是国家安全机构的基本任务，而国家安全产品的公共属性是非排他的，个人无法购买，由政府或国家安全机构免费提供给社会，这就需要国家安全机构对其进行科学管理。国家安全机构管理的制度化建设是完善国家安全体制的重要内容，即规定国家安全机构设置、运行、效率等的规则、程序和方式，发挥国家安全管理主体和国家安全职能的重要作用。同时，我国也形成了以中央国家安全委员会、中央军事委员会、国防部、安全部、公安部、武装警察部队总部等为核心，融合涉及国家安全有关方面的其他国家机构的国家安全管理机构体系。

（3）人力资源管理

众所周知，作为一种特殊的人力资源，国家安全工作人员既是国家安全机构的管理者，也是国家安全职能的具体实施者。规划、获取、维持和开发国家安全相关的人力资源，形成合理的规则、程序和方式，是当前国家安全体制中人力资源管理的主要内容，具体体现为以下四个方面：第一，坚持公开、平等、竞争和择优录取国家安全工作人员的原则；第二，逐步完善国家安全工作人员的任免、升降、交流、回避、辞职和辞退等制度；第三，加强国家安全工作人员的工资保险福利制度建设，在物质上有力保障国家安全工作人员的生活水平和战斗力；第四，开展多元化的国家安全工作人员培训工作，通过职前培训、任职培训、业务培训和知识培训等，不断提高国家安全工作人员的国家安全知识和业务技能。

---

① 李文良. 中国国家安全体制研究[J]. 国际安全研究，2014，32（5）：40-52，156-157.

（4）权责机制

权责一致是国家安全体制运行的必备条件。权责机制是指一系列国家安全职权、责任的规则和程序的有机结合。无论是建立安全机构还是配备国家安全工作人员，都要遵循权责一致的原则。国家安全权责要分明及对等，应厘清不同层级和部门以及每个职位的职权以及相应的责任，做到权力和责任的相辅相成。国家安全工作人员因故意或失职而导致损害国家安全后果的，必须承担相应的政治、工作、法律和道德等责任。

（5）法律保障

国家安全体制的建立、完善和实施必须有完善的法律提供保障。第一，对国内外安全形势进行实时追踪，与国家安全有关的法律、法令、条例、决议、命令和地方性法规等要及时出台，在《中华人民共和国国防法》《中华人民共和国国家安全法》《中华人民共和国国家安全法实施条例》的基础上，进一步法律化、制度化推进国家安全体制的建立、运行和完善等工作，做到有法可依。第二，国家安全机构设置、国家安全人力资源管理等工作必须按法律规定执行，国家安全机构和工作人员都必须做到守法及有法必依。第三，在使用法律维护国家安全时，必须依据法律且不得超出法律规定范围，更不允许滥用执法权，应严格保护公民的合法权利，做到执法必严。第四，国家安全工作中任何人只要存在违法、犯法，都应依法承担应有的法律责任。

3 网络化信息服务标准化的发展历程与现状

传统的信息服务主要借助纸质资料，通过人工方式为用户提供服务。而计算机和网络通信技术的产生和发展改变了信息的产生、收集、加工、存储、传递和维护方式，为信息服务提供了全新思路与便捷媒介。在网络化信息服务范围日益扩大、网络安全边界逐渐模糊的背景下，梳理网络化信息服务标准化的发展历程与现状，有助于更好地了解网络化信息服务标准化历史沿革，明确网络化信息服务标准化发展趋势。

3.1 网络化信息服务标准化的含义与形式

本章首先明确网络化信息服务标准化的含义与形式，增进对网络化信息服务标准化的理解，为后续网络化信息服务发展阶段、现状与趋势的梳理打下基础，也为网络化信息服务标准体系构建提供参考。

3.1.1 网络化信息服务标准化的含义

从信息资源开发利用的角度出发，网络化信息服务主要是指"针对用户信息需求，以现代信息技术为手段，依托计算机通信网络，向用户提供原始信息以及经加工整理的有效信息、知识与智能的活动"[①]。

标准化是实现网络化信息服务的重要手段。网络化信息服务标准化是指针对网络化信息服务过程中管理、数据、技术、安全等方面存在的实际问题或潜在问题，通过运用标准化的原则和方法，规范网络化信息服务过程各个环节，制定、发布和实施普遍适用且可重复使用的网络化信息服务标准，统一网络化

---

① 毕强，史海燕. 网络信息服务现状分析[J]. 情报科学，2003(5)：452-454.

信息服务过程中的重复项事物和概念，以提升服务质量、规范服务方法、明确服务过程，从而提供优质网络化信息服务的过程。

网络化信息服务标准化通过维护服务对象权益、提升管理水平与服务质量，为服务提供者开展与管理信息服务提供了一种科学、系统的解决思路。同时，网络化信息服务标准化增强了数据安全、技术设施、服务过程等方面的适用性，从而消除不同应用领域间网络化信息服务的壁垒，促进信息共享与交流合作，有助于网络化信息服务的效率提升与均等化推进。

3.1.2　网络化信息服务标准化的形式

网络化信息服务标准化的形式由其内容决定，并随内容的变化不断发展，主要包括六种形式：简化、统一化、通用化、系列化、组合化、模块化。① 在表现形态与内容要素上，这六种形式互相区别又有所联系，共同作用于网络化信息服务标准化过程。

①简化，是指在一定范围内缩减标准化对象，即网络化信息服务的类型数目，使之在既定时间内足以满足一般需要的标准化形式。② 简化是最早出现的标准化形式。其实质是利用标准化手段控制标准化对象的类型和规模，化繁为简，去劣选优，最终实现用最少的类型和规模满足最大需求的目的。

②统一化，是指把同类网络化信息服务两种或两种以上的表现形态归并为一种或限定在一定范围内的标准化形式。③ 统一化着眼于一致性，它的实质是使网络化信息服务的形式、功能或其他技术特征具有一致性，并通过标准确定一致性。不同于简化，统一化从个性中提炼共性。统一化与简化相辅相成、互相联系，在实际操作中往往难以区分。

③通用化，是指在互相独立的网络化信息服务中，选择和确定具有功能互换性或尺寸互换性的功能单元的标准化形式。④ 通用化是标准化过程中的重要阶段，它以互换性为前提，通过选定具有互换性特征的通用单元，并将其用于新定义的网络化信息服务中，以达到扩大网络化信息服务的适用范围，减少该

① 李春田. 现代标准化前沿——"模块化"研究报告(2)第二章 模块化——标准化的高级形式——标准化形式的与时俱进[J]. 上海标准化, 2007(3)：64-70.

② 谭福有. 标准化的形式(一)：简化和统一化[J]. 信息技术与标准化, 2005(7)：51-54.

③ 谭福有. 标准化的形式(一)：简化和统一化[J]. 信息技术与标准化, 2005(7)：51-54.

④ 谭福有. 标准化的形式(二)：通用化[J]. 信息技术与标准化, 2005(8)：56-58.

网络化信息服务设计或提供过程中的重复劳动的目的。

④系列化，是指从发展规律和使用需求的角度出发，① 结合网络化信息服务发展现状，对同类网络化信息服务的结构功能、服务管理和技术设施等进行科学规划，从而有目的地指导该类网络化信息服务发展的标准化形式。系列化是标准化高度发展的产物，也是标准化走向成熟的标志。

⑤组合化，是指按照统一化、系列化原则，设计并整理出若干组通用性较强的标准单元，根据需要拼合成不同领域的网络化信息服务的标准化形式。② 其特点是"以少变求多变，以组合求创新"③，即通过可互换标准单元的组合利用，应对不断发展变化的网络化信息服务的规范化需求。

⑥模块化，是指以模块为基础，综合通用化、系列化、组合化的特点，解决网络化信息服务系统结构复杂、类型多样、功能多变问题的标准形式。它通过将复杂的网络化信息服务系统划分为具有特定功能及可兼容、互换的独立单元(模块)，并通过模块组合，有效减少网络化信息服务的复杂性，增加功能多样性，并适应变化。与组合化相似，模块化也具有"组合"的特征。但不同的是，模块化所组合的是经过典型化、优化并具有通用意义的模块，而非组合化中仅具有通用性的标准单元。因此，模块化是对其他标准化形式的继承和发展，是标准化的高级形式。

网络化信息服务所涵盖的范围较广，类型复杂多样，且随互联网技术的革新而发展。在其标准化过程中，必须充分根据标准化对象的自身特点，综合利用上述标准化形式，梳理网络化信息服务过程，规范网络化信息服务，在减少标准体系复杂度的同时，提升其应对变化的能力。

然而不加选择地对网络化信息服务过程中的每个环节运用上述标准化形式，不仅会加大标准化的工作强度与难度，也会影响整体标准化效果，造成资源浪费，不利于网络化信息服务标准化工作的开展。因此，在网络化信息服务标准化过程中，要以解决网络化信息服务过程中存在的问题为前提，以提升国家安全体制下网络化信息服务标准化建设为目的，根据标准化对象选择适宜的网络化信息服务标准化形式，加大网络化信息服务标准化工作的市场参与度，

---

① 谭福有. 标准化的形式(三)：系列化[J]. 信息技术与标准化，2005(9)：54-57.

② 标准化方法和形式[EB/OL]. [2020-7-4]. http://www.gdsjxjy.com/courses/gdxxw/GDZY20160200605/lecture/lecture.html.

③ 李春田. 现代标准化前沿——"模块化"研究报告(2)第二章 模块化——标准化的高级形式——标准化形式的与时俱进[J]. 上海标准化，2007(3)：64-70.

从而推动网络化信息服务工作无差别、高质量地开展。

3.2 网络化信息服务标准化的发展阶段

标准作为社会发展和经济建设的技术支撑，是国家治理体系和治理能力现代化的基础性制度。自互联网技术与信息服务相结合以来，我国网络化信息服务标准化经历了漫长的发展过程。从探索起步到开放发展再到全面提升，我国网络化信息服务标准化的措施越来越有力，成效越来越显著。

3.2.1 起步探索阶段

互联网的出现为信息服务的迅猛发展与根本变革提供了广阔舞台。1994年4月20日，中国教育科研网正式连入因特网，实现了与因特网的全功能连接。① 此后我国互联网应用逐渐拓展，互联网与信息服务的结合越来越紧密。伴随着标准化事业的蓬勃发展，全社会对标准化服务的需求愈发旺盛，网络化信息服务标准化进入起步探索阶段。

1998年，我国出台了标准化工作的基本法——《中华人民共和国标准化法》②，标准化工作开始纳入法制管理轨道，为网络化信息服务标准的制定与实施提供了依据。为规范网络化信息服务活动、促进网络化信息服务健康有序发展，2000年9月20日中华人民共和国国务院第31次常务会议通过了《互联网信息服务管理办法》③，定义了网络化信息服务的范围，明确规定了网络化信息服务的备案许可、前置许可、违禁内容、网络记录和违规处罚等内容，并提出要健全包括网站安全保障措施、信息安全保密管理制度、用户信息安全管理制度在内的网络与信息安全保障措施。该文件为网络化信息服务的开展提供了指导，也为国家安全体制下的网络化信息服务标准化工作打下基础。随后，

① 全国人民代表大会. 中华人民共和国标准化法［EB/OL］. ［2020-7-11］. http://www.npc.gov.cn/wxzl/gongbao/1988-12/29/content_1481259.htm.

② 中华人民共和国中央人民政府. 互联网信息服务管理办法［EB/OL］. ［2020-7-9］. http://www.gov.cn/gongbao/content/2011/content_1860864.htm.

③ 中华人民共和国中央人民政府. 互联网信息服务管理办法［EB/OL］. ［2020-7-11］. http://www.gov.cn/gongbao/content/2000/content_60531.htm.

《2006—2020 年国家信息化发展战略》①指出，要"大力发展以数字化、网络化为主要特征的现代信息服务业，促进信息资源的开发利用"，推进面向"三农"的信息服务，加快服务业信息化，改善公共文化信息服务，加强医疗卫生信息化建设，完善就业和社会保障信息服务体系，从而推进网络化信息服务建设。2011 年 5 月，中华人民共和国国家互联网信息办公室成立，它起到有效指导、协调、督促有关部门加强互联网信息内容管理、保障网络安全的作用。同年 12 月，国家工业和信息化部发布了《规范互联网信息服务市场秩序若干规定》，有助于规范网络化信息服务市场秩序，保护网络化信息服务提供者和用户的合法权益，促进网络化信息服务的健康发展。

在相关政策法规的引导下，各级机关对国家安全体制下的网络化信息服务标准化工作展开了探索。国家标准与行业标准纷纷构建，从基础、管理、技术和应用领域等多个层面对网络化信息服务进行了规范。这是我国网络化信息服务标准化工作的良好开端，也为标准化工作的全面提升打下基础。

3.2.2 全面提升阶段

党的十八大以来，标准化工作受到党中央、国务院的高度重视，被纳入国家基础性制度建设范畴，上升到国家战略层面，成为促进经济社会健全发展和推进国家治理体系、治理能力现代化的重要手段。国家、地方、行业和企业紧密协作、勇于开拓、积极创新，推动网络化信息服务标准化的全面提升。

2015 年 3 月，国务院出台了《深化标准化工作改革方案》(国发〔2015〕13 号)②，指出标准化工作改革的必要性与迫切性，并提出标准化改革工作的具体措施，为网络化信息服务标准研制及标准体系构建提供了参考。随后，为做好信息技术服务标准化工作，工业和信息化部、国家标准化管理委员会于 2015 年 11 月 30 日共同印发《信息技术服务标准化工作五年行动计划(2016—2020)》(工信厅联信软〔2015〕164 号)③，形成政府主导、企业主体、产学研用共同推进的信息技术服务标准化管理机制和工作格局，得到了行业内的积极

---

① 中华人民共和国中央人民政府.2006—2020 年国家信息化发展战略[EB/OL].[2020-7-11]. http://www.gov.cn/test/2009-09/24/content_1425447.htm.

② 中华人民共和国中央人民政府.深化标准化工作改革方案[EB/OL].[2020-7-10]. http://www.gov.cn/zhengce/content/2015-03/26/content_9557.htm.

③ 中华人民共和国工业和信息化部.信息技术服务标准化工作五年行动计划(2016—2020)[EB/OL].[2020-7-10]. http://www.miit.gov.cn/n1146285/n1146352/n3054355/n3057656/n3057666/c4564938/content.html.

响应。同年 12 月，国务院办公厅印发了《国家标准化体系建设发展规划
（2016—2020 年）》（国办发〔2015〕89 号）①，在维护国家安全与网络安全的同
时，网络化信息服务标准体系建设的重要作用日益凸显。2017 年 11 月 4 日，
习近平主席签署第 78 号主席令，正式公布新修订的《中华人民共和国标准化
法》②，对促进网络化信息服务标准化发展具有里程碑意义。

　　与此同时，"互联网+"战略的推进拓宽了网络化信息服务范围，也对网络
化信息服务标准化提出更高要求。《国务院关于积极推进"互联网+"行动的指
导意见》（国发〔2015〕40 号）③指出要不断完善"互联网+"融合标准体系，同步
推进国际国内标准化工作，增强在国际标准化组织（ISO）、国际电工委员会
（International Electrotechnical Commission，IEC）和国际电信联盟（International
Telecommunication Union，ITU）等国际组织中的话语权，为网络化信息服务及
其标准化工作的推进提供了有力保障。随后，《工业和信息化部关于印发贯彻
落实〈国务院关于积极推进"互联网+"行动的指导意见〉行动计划（2015—2018
年）的通知》（工信部信软〔2015〕440 号）④指出，要充分发挥互联网在信息化和
工业化融合中的平台作用，鼓励传统产业树立互联网思维。2016 年，中共中央
办公厅、国务院办公厅印发《国家信息化发展战略纲要》⑤，指出要以信息化驱
动现代化，建设网络强国。信息化在现代化建设全局中的引领作用日益凸显，
成为驱动现代化建设的先导力量。《"十三五"国家战略性新兴产业发展规划》⑥

---

　　① 中华人民共和国中央人民政府. 国务院办公厅关于印发国家标准化体系建设发展
规划（2016—2020 年）的通知［EB/OL］.［2020-7-10］. http：//www. gov. cn/zhengce/content/
2015-12/30/content_10523. htm.

　　② 中华人民共和国中央人民政府. 中华人民共和国标准化法［EB/OL］.［2020-7-11］.
http：//www.gov.cn/xinwen/2017-11/05/content_5237328.htm.

　　③ 中华人民共和国中央人民政府. 国务院关于积极推进"互联网+"行动的指导意见
［EB/OL］.［2020-7-10］. http：//www.gov.cn/zhengce/content/2015-07/04/content_10002.htm.

　　④ 中华人民共和国中央人民政府. 工业和信息化部关于印发贯彻落实《国务院关于积
极推进"互联网+"行动的指导意见》行动计划（2015—2018 年）的通知［EB/OL］.［2020-7-
10］. http：//www.gov.cn/zhengce/2015-11/25/content_5042926.htm.

　　⑤ 中华人民共和国教育部. 授权发布：中共中央办公厅、国务院办公厅印发《国家信
息化发展战略纲要》［EB/OL］.［2020-7-10］. http：//www. moe. cn/s78/A16/s5886/xtp_
left/s5895/201608/t20160801_273556.html.

　　⑥ 中华人民共和国中央人民政府. 国务院关于印发"十三五"国家战略性新兴产业发
展规划的通知［EB/OL］.［2020-7-10］. http：//www. gov. cn/zhengce/content/2016-12/19/
content_5150090.htm.

指出，要加快建设"数字中国"，推动物联网、云计算和人工智能等技术向各行业全面融合渗透，构建万物互联、融合创新、智能协同、安全可控的新一代信息技术产业体系。《"十三五"国家信息化规划》①提出，要推进"互联网+"行动，促进互联网深度广泛应用，形成网络化、智能化、服务化、协同化的产业发展形态。作为信息化建设一部分的网络化信息服务标准化迫在眉睫、刻不容缓。2018 年 4 月，中国电子技术标准化研究院发布了《大数据安全标准化白皮书(2018 版)》②，提出大数据安全标准化的体系框架和开展大数据安全标准化的工作建议。2019 年 5 月 13 日，国家市场监督管理总局、国家标准化管理委员会宣布网络安全等级保护制度 2.0 标准体系正式发布③，实现了对传统信息系统、基础信息网络、云计算、大数据、物联网、移动互联和工业控制信息系统等保护对象的全覆盖。与之相关的 GB-T 22239-2019《信息安全技术 网络安全等级保护基本要求》④、GB/T28448-2019《信息安全技术 网络安全等级保护测评要求》⑤、GBT 25070-2019《信息安全技术 网络安全等级保护安全设计技术要求》⑥等国家标准，有效指导了网络运营者、网络安全企业、网络安全服务机构开展网络安全等级保护安全技术方案的设计和实施，有助于全面提升我国网络安全防护能力。随后，2019 年 7 月我国互联网信息服务投诉平台⑦

---

① 中华人民共和国中央人民政府. 国务院关于印发"十三五"国家信息化规划的通知 [EB/OL]. [2020-7-10]. http://www. gov. cn/zhengce/content/2016-12/27/content _ 5153411. htm.

② 中国电子技术标准化研究院. 大数据安全标准化白皮书(2018 版)[EB/OL]. [2020-8-4]. http://www. cesi. cn/201804/3789. html.

③ 人民网. 网络安全等级保护制度 2.0 标准正式发布[EB/OL]. [2020-8-4]. http:// m.people.cn/n4/2019/0516/c157-12710457.html.

④ 全国标准信息公共服务平台. GB-T 22239-2019 信息安全技术 网络安全等级保护基本 要 求 [S/OL]. [2020-8-4]. http://std. samr. gov. cn/gb/search/gbDetailed？ id = 5DDA8BA2139318DEE05397BE0A0A95A7.

⑤ 全国标准信息公共服务平台. GB/T28448-2019 信息安全技术 网络安全等级保护测 评 要 求 [S /OL]. [2020-8-4]. http://std. samr. gov. cn/gb/search/gbDetailed？ id = 88F4E6DA63424198E05397BE0A0ADE2D.

⑥ 全国标准信息公共服务平台. GBT 25070-2019 信息安全技术 网络安全等级保护安 全设计技术要求[S /OL]. [2020-8-4]. http://std. samr. gov. cn/gb/search/gbDetailed？ id = 88F4E6DA63444198E05397BE0A0ADE2D.

⑦ 中华人民共和国国家互联网信息办公室，中共中央网络和信息化委员会办公室. 网 络音视频信息服务管理规定[EB/OL]. [2020-7-10]. http://www.cac.gov.cn/2019-11/29/c_ 1576561820967678.htm

正式运行，成为保护用户合法权益的重要途径、行业自律和社会监督的重要组成部分以及政府监管的强劲支撑力量。

此外，《互联网信息搜索服务管理规定》（2016）①、《互联网新闻信息服务管理规定》（2017）②、《互联网群组信息服务管理规定》（2017）③、《微博客信息服务管理规定》（2018）④、《区块链信息服务管理规定》（2019）⑤、《网络音视频信息服务管理规定》（2019）⑥等多种信息服务管理规定的出台，为有序发展网络化信息服务、培育积极健康的网络文化、营造风清气正的网络空间提供了导向，也为网络化信息服务标准化工作提供了参考。

"互联网+"战略的提出推动了网络化信息服务的开展，复杂的网络环境也对网络安全下的网络化信息服务标准化提出了迫切需要。在上述政策的保障和引导下，我国网络化信息服务不断深化和完善，其标准化工作也在全方位、多层次地实施开展，这为网络化信息服务标准体系建设打下了良好基础。

3.3　网络化信息服务标准化的现状

网络化信息服务标准化是信息化建设的重要部分，关系到数据安全与国家

---

① 中华人民共和国国家互联网信息办公室，中共中央网络和信息化委员办公室. 互联网信息搜索服务管理规定［EB/OL］.［2020-7-10］. http://www.cac.gov.cn/2016-06/25/c_1119109085.htm.

② 中华人民共和国国家互联网信息办公室，中共中央网络和信息化委员办公室. 互联网新闻信息服务管理规定［EB/OL］.［2020-7-10］. http://www.cac.gov.cn/2017-05/02/c_1120902760.htm.

③ 中华人民共和国国家互联网信息办公室，中共中央网络和信息化委员办公室. 互联网群组信息服务管理规定［EB/OL］.［2020-7-10］. http://www.cac.gov.cn/2017-09/07/c_1121623889.htm.

④ 中华人民共和国国家互联网信息办公室，中共中央网络和信息化委员办公室. 微博客信息服务管理规定［EB/OL］.［2020-7-10］. http://www.cac.gov.cn/2018-02/02/c_1122358726.htm.

⑤ 中华人民共和国国家互联网信息办公室，中共中央网络和信息化委员办公室. 区块链信息服务管理规定［EB/OL］.［2020-7-10］. http://www.cac.gov.cn/2019-01/10/c_1123971164.htm.

⑥ 中华人民共和国国家互联网信息办公室，中共中央网络和信息化委员办公室. 网络音视频信息服务管理规定［EB/OL］.［2020-7-10］. http://www.cac.gov.cn/2019-11/29/c_1576561820967678.htm.

安全，对网络化信息服务提供和国家服务保障体系建设起到重要支撑作用。在迫切的现实需要下，国内外纷纷展开了对网络化信息服务标准化的探索。

3.3.1 国际网络化信息服务标准化现状

国际标准化组织（ISO）是国际标准化专门机构，主要负责制定国际标准，协调目前绝大部分领域（包括军工、石油、船舶等垄断行业）的标准化工作。在网络化信息服务标准化方面，目前已有的国际标准定义了网络化信息服务过程中涉及的各种协议、模型和系统，制定了统一化的数据质量标准，维护了网络信息和信息安全管理系统的数据安全，规范了互操作或具体技术装置结构。

ISO 从基础角度定义了各种协议、模型、系统所提供的服务，如 ISO/IEC 9066-1：1989《信息处理系统 文本通信 可靠传送 第 1 部分：模型和服务定义》①、ISO/IEC 9072-1：1989《信息处理系统 文本通信 远距离操作 第 1 部分：模型、记数法和服务定义》②、ISO/IEC 10731：1994《信息技术 开放系统互连基本参考模型 OSI 服务定义约定》③、ISO/IEC 13712-2：1995《信息技术 远程操作：OSI 实现 远程操作服务元素（ROSE）服务定义》④、ISO/IEC 10166-1 AMD 1-1995《信息技术 文本和办公系统 文件归档和检索（DFR） 第 1 部分：抽象服务定义和规程 修改 1：较少增强》⑤、ISO/IEC 8072：1996《信息技术

---

① ISO. ISO/IEC 9066-1：1989 Information Processing Systems-Text Communication-Reliable Transfer-Part 1：Model and Service Definition［S/OL］．［2020-7-29］. https://www.iso.org/standard/16639.html.

② ISO. ISO/IEC 9072-1：1989 Information Processing Systems-Text Communication-Remote Operations-Part 1：Model，Notation and Service Definition［S/OL］．［2020-7-29］. https://www.iso.org/standard/16648.html.

③ ISO. ISO/IEC 10731：1994 Information Technology-Open Systems Interconnection-Basic Reference Model-Conventions for the Definition of OSI Services［S/OL］．［2020-7-29］. https://www.iso.org/standard/18824.html.

④ ISO. ISO/IEC 13712-2：1995 Information Technology-Remote Operations：OSI Realizations-Remote Operations Service Element（ROSE）Service Definition［S/OL］．［2020-7-29］. https://www.iso.org/standard/22302.html.

⑤ ISO. ISO/IEC 10166-1：1991/AMD 1：1995 Information Technology-Text and Office Systems-Document Filing and Retrieval（DFR）-Part 1：Abstract Service Definition and Procedures-Amendment 1：Minor Enhancements ［S/OL］．［2020-7-29］. https://www. iso. org/standard/23962.html.

开放系统互连　运输服务定义》①等。

　　网络化信息服务的数据及其质量也是 ISO 标准化的重点。为促进不同国家、组织间的数据统一管理，ISO 制定了 ISO8000 数据质量标准系列，从而提升了数据存储、传递与共享效率，为组织高效管理数据、解决数据冗杂、防止数据缺失、提升数据兼容性等提供方案。该系列标准主要包含 ISO/TS8000-110：2008《主数据的语法、语义和数据规范》②、ISO/TS8000-120：2016《主数据的数据来源》③、ISO/TS8000-130：2016《主数据的准确性》④、ISO/TS8000-140：2016《主数据的完整性》⑤、ISO/TS8000-150：2011《质量管理框架》⑥。此外，ISO 还构建了 ISO 37156：2020《智慧城市基础设施数据交换与共享指南》⑦，以建设智慧城市基础设施的数据交换及共享模型、搭建相应框架，为网络化信息服务数据标准提供参考。

　　在病毒与黑客肆虐、系统瘫痪与资料丢失频繁的背景下，ISO 针对网络信息安全和信息安全管理系统（Information Security Management System，ISMS）制定了 ISO/IEC 27000 系列标准。该系列标准涵盖了网络信息安全和信息安全管理系统的术语、规则、要求、实践规范、实施指南、风险管理等多方面内容，其现行标准主要包括 ISO/IEC 27000：2018《信息安全管理体系 概述与词汇》⑧、

---

　　①　ISO. ISO/IEC 8072：1996 Information Technology-Open Systems Interconnection-Transport Service Definition［S/OL］.［2020-7-29］. https://www.iso.org/standard/27497.html.

　　②　ISO. ISO/TS8000-110：2008 Data Quality-Part 110：Master Data：Exchange of Characteristic Data：Syntax, Semantic Encoding, and Conformance to Data Specification［S/OL］.［2020-7-29］. https://www.iso.org/standard/50800.html.

　　③　ISO. ISO/TS8000-120：2016 Data Quality-Part 120：Master Data：Exchange of Characteristic Data：Provenance［S/OL］.［2020-7-30］. https://www.iso.org/standard/62393.html.

　　④　ISO. ISO 8000-130：2016 Data Quality-Part 130：Master Data：Exchange of Characteristic Data：Accuracy［S/OL］.［2020-7-30］. https://www.iso.org/standard/62394.html.

　　⑤　ISO. ISO 8000-140：2016 Data Quality-Part 140：Master Data：Exchange of Characteristic Data：Completeness［S/OL］.［2020-7-30］. https://www.iso.org/standard/62395.html.

　　⑥　ISO. ISO/TS8000-150：2011 Data Quality-Part 150：Master Data：Quality Management Framework［S/OL］.［2020-7-30］. ISO/TS8000-150：2011 Data Quality-Part 150：Master Data：Quality Management Framework［S/OL］.［2020-7-30］. https://www.iso.org/standard/54579.html.

　　⑦　ISO. ISO 37156：2020 Smart Community Infrastructures-Guidelines on Data Exchange and Sharing for Smart Community Infrastructures［S/OL］.［2020-7-30］. https://www.iso.org/standard/69242.html.

　　⑧　ISO. ISO/IEC 27000：2018 Information Technology-Security Techniques-Information Security Management Systems-Overview and Vocabulary［S/OL］.［2020-7-30］. https://www.iso.org/standard/73906.html.

ISO/IEC 27001：2013《信息安全管理体系要求》①、ISO/IEC 27002：2013《信息安全控制实践指南》②、ISO/IEC 27003：2017《信息安全管理体系指南》③、ISO/IEC 27004：2016《信息安全管理 监视、测量、分析和评价》④、ISO/IEC 27005：2018《信息安全风险管理》⑤、ISO/IEC 27006：2015《信息安全管理体系审核和认证机构要求》⑥、ISO/IEC 27007：2020《信息安全、网络安全和隐私保护——信息安全管理系统审计指南》⑦、ISO/IEC TS 27008：2019《信息技术—安全技术—信息安全控制评估指南》⑧、ISO/IEC 27010：2015《信息技术—安全技术—跨领域沟通的信息安全管理》⑨、ISO/IEC 27017：2015《信息技术—安全技术—基于 ISO/IEC 27002 的云服务信息安全控制的实用规则》⑩等。

---

① ISO. ISO/IEC 27001：2013 Information Technology-Security Techniques-Information Security Management Systems-Requirements ［S/OL］. ［2020-7-30］. https：//www. iso. org/standard/54534.html.

② ISO. ISO/IEC 27002：2013 Information Technology-Security Techniques-Code of Practice for Information Security Controls［S/OL］. ［2020-7-30］.

③ ISO. ISO/IEC 27003：2017 Information Technology-Security Techniques-Information Security Management Systems-Guidance ［S/OL］. ［2020-7-30］. https：//www. iso. org/standard/63417.html.

④ ISO. ISO/IEC 27004：2016 Information Technology-Security Techniques-Information Security Management-Monitoring, Measurement, Analysis and Evaluation ［S/OL］. ［2020-7-30］. https：//www.iso.org/standard/64120.html.

⑤ ISO. ISO/IEC 27005：2018 Information Technology-Security Techniques-Information Security Risk Management ［S/OL］. ［2020-7-30］. https：//www.iso.org/contents/data/standard/07/52/75281.html.

⑥ ISO. ISO/IEC 27006：2015 Information Technology-Security Techniques-Requirements for Bodies Providing Audit and Certification of Information Security Management Systems ［S/OL］. ［2020-7-30］. https：//www.iso.org/contents/data/standard/06/23/62313.html.

⑦ ISO. ISO/IEC 27007：2020 Information Security, Cybersecurity and Privacy Protection-Guidelines for Information Security Management Systems Auditing［S/OL］. ［2020-7-30］. https：//www.iso.org/standard/77802.html.

⑧ ISO. ISO/IEC TS 27008：2019 Information Technology-Security Techniques-Guidelines for the Assessment of Information Security Controls ［S/OL］. ［2020-7-30］. https：//www.iso.org/standard/67397.html.

⑨ ISO. ISO/IEC 27010：2015 Information Technology-Security Techniques—Information Security Management for Inter-sector and Inter-organizational Communications ［S/OL］. ［2020-7-30］. https：//www.iso.org/standard/68427.html.

⑩ ISO. ISO/IEC 27017：2015 Information Technology-Security Techniques-Code of Practice for Information Security Controls Based on ISO/IEC 27002 for Cloud Services ［S/OL］. ［2020-7-30］. https：//www.iso.org/standard/43757.html.

ISO 还围绕互操作或具体技术装置结构构建了规范性标准，如 ISO/IEC 29361：2008《信息技术　网络服务互操作性　Web 服务互操作性（WS-I）基础概要版本 1.1》①、ISO/IEC 29362：2008《信息技术　网络服务互操作性　Web 服务互操作性（WS-I）附件概要版本 1.0》②、ISO/IEC 29363：2008《信息技术　网络服务互操作性　Web 服务互操作性（WS-I）简单 SOAP 绑定概要版本 1.0》③、ISO/IEC 29341-9-12：2008《信息技术　UPnP 装置结构　第 9-12 部分：成像装置控制协议　打印基本服务》④、ISO/IEC 29341-10-1：2008《信息技术　UPnP 装置结构　第 10-1 部分：服务质量装置控制协议　服务质量结构》⑤、ISO/IEC 29341-10-10：2008《信息技术　UPnP 装置结构　第 10-10 部分：服务质量装置控制协议　服务质量装置服务》⑥等。

3.3.2　国外网络化信息服务标准化现状

通过调研发现，英国、美国、德国的网络化信息服务相关标准主要集中在数据安全、信息技术和信息服务等方面，从不同角度为网络化信息服务的标准化建设打下了基础。

（1）英国网络化信息服务标准化

英国国家标准由英国标准协会（British Standards Institution，BSI）制定。

---

① ISO. ISO/IEC 29361：2008 Information Technology-Web Services Interoperability-WS-I Basic Profile Version 1.1 [S/OL].［2020-7-30］. https：//www.iso.org/standard/45422.html.

② ISO. ISO/IEC 29362：2008 Information Technology-Web Services Interoperability-WS-I Attachments Profile Version 1.0 [S/OL].［2020-7-30］. https：//www.iso.org/standard/45423.html.

③ ISO. ISO/IEC 29363：2008 Information Technology-Web Services Interoperability-WS-I Simple SOAP Binding Profile Version 1.0[S/OL].［2020-7-30］. https：//www.iso.org/standard/45424.html.

④ ISO. ISO/IEC 29341-9-12：2008 Information Technology-UPnP Device Architecture-Part 9-12：Imaging Device Control Protocol-Print Basic Service［S/OL］.［2020-7-30］. https：//www.iso.org/standard/52750.html.

⑤ ISO. ISO/IEC 29341-10-1：2008 Information Technology-UPnP Device Architecture-Part 10-1：Quality of Service Device Control Protocol-Quality of Service Architecture［S/OL］.［2020-7-30］. https：//www.iso.org/standard/52753.html.

⑥ ISO. ISO/IEC 29341-10-10：2008 Information Technology-UPnP Device Architecture-Part 10-10：Quality of Service Device Control Protocol-Quality of Service Device Service［S/OL］.［2020-7-30］. https：//www.iso.org/standard/52753.html.

BSI 是世界上第一个国家标准化机构,其主要职责为标准研发、标准服务、标准应用等。

英国有关网络化信息服务的标准多数采用欧洲标准和 ISO、IEC 标准,从数据安全和信息技术入手,涵盖网络服务连接和信息服务定义等方面。其相关标准主要包括 BS ISO/IEC 9595-1991《信息技术 开放式系统互连、公用管理信息服务定义》①、BS ISO/IEC 10732-1993《信息技术 使用 X. 25 包层协议对电话网络提供开放式系统互连(OSI)连接方式网络服务》②、BS ISO/IEC 10588-1993《信息技术 使用 X. 25 包层协议及 X. 21/X. 21 二度提供开放式系统互连(OSI)连接方式网络服务》③、BS 7799-3:2017《信息安全管理系统 信息安全风险管理指南》④、BS EN ISO/IEC 27001:2017《安全技术 信息安全管理体系需求》⑤、BS ISO/IEC 15408-3《信息安全、网络安全和隐私保护 IT 安全的评估标准 第 3 部分 安全保障组件》⑥、BS ISO/IEC 27050-4《信息技术 电子发现 第 4 部分 技术准备工作》⑦、BS ISO / IEC 21823-1:2019《物联网(IoT)物联网系

---

① BSI. BS ISO/IEC 9595-1991 Information Technology. Open Systems Interconnection. Common Management Information Service Definition. [S/OL]. [2020-7-30]. https://shop. bsigroup.com/ProductDetail? pid=000000000000246468.

② BSI. BS ISO/IEC 10732-1993 Information Technology. Document Processing and Related Communication. User Interface to Telephone-based Services. Voice Messaging Applications [S/OL]. [2020-7-30]. https://shop.bsigroup.com/ProductDetail? pid=000000000000527580.

③ BSI. BS ISO/IEC 10588-1993 Information Technology. Use of X. 25 Packet Layer Protocol in Conjunction with X. 21/X. 21 Bis to Provide the OSI Connection-mode Network Service. [S/OL]. [2020-7-30]. https://shop.bsigroup.com/ProductDetail? pid=000000000000308368.

④ BSI. BS 7799-3:2017 Information Security Management Systems. Guidelines for Information Security Risk Management [S/OL]. [2020-7-29]. https://shop. bsigroup. com/ ProductDetail/? pid=000000000030354572.

⑤ BSI. BS EN ISO/IEC 27001:2017 Information Technology. Security Techniques. Information Security Management Systems. Requirements [S/OL]. [2020-7-29]. https://shop. bsigroup.com/ProductDetail/? pid=000000000030347472.

⑥ BSI. BS ISO/IEC 15408-3 Information Security, Cybersecurity and Privacy Protection. Evaluation Criteria for IT Security. Part 3. Security Assurance Components[S/OL]. [2020-7-29]. https://shop.bsigroup.com/ProductDetail? pid=000000000030362614.

⑦ BSI. BS ISO/IEC 27050-4 Information Technology. Electronic Discovery. Part 4. Technical Readiness [S/OL]. [2020-7-29]. https://shop. bsigroup. com/ProductDetail? pid=000000000030389118.

统的互操作性框架》①等。

(2)美国网络化信息服务标准化

美国国家标准主要由美国国家标准协会(American National Standards Institute，ANSI)和美国国家标准与技术研究院(National Institute of Standards and Technology，NIST)制定。其中，ANSI 的标准化范围涵盖互联网、电工、建筑、日用品、制图、材料试验等多个领域，其使命是通过推动和保护推荐性标准和合格评定体系来提高美国全球竞争力和生活质量。② NIST 成立于 1901 年，隶属于美国商务部，其主要目标是通过对计量科学、标准和技术的研究以增强经济安全性，提升美国国民生活质量，从而提升美国的创新力和产业竞争力。③

在上述两个机构的引领下，美国有关网络化信息服务的标准主要与信息技术、信息服务及信息安全有关，如 ANSI/ISO/IEC 11574-1994《信息技术 系统间通信和信息交换 专用综合服务网 电路模式 64kbit/s 荷载服务 服务描述、功能特性和信息流》④、ANSI/ISO/IEC 11579-1-1994《信息技术 系统间通信和信息交换 专用综合服务网 第 1 部分：PISN 交换用参考配置》⑤、ANSI/ISO/IEC 13714-1995《信息技术 文件处理和有关通信 基于电话服务的用户接口 语音传输应用》⑥、ANSI/NISO Z39.7-2013《信息服务和使用：图书馆和信息提供者用

---

① BSI. BS ISO / IEC 21823-1：2019 Internet of Things (IoT). Interoperability for Internet of Things Systems. Framework [S/OL]. [2020-7-29]. https://shop.bsigroup.com/ProductDetail? pid=000000000030346212.

② ANSI. Introduction to ANSI[EB/OL]. [2020-8-4]. https://www.ansi.org/about_ansi/introduction/introduction? menuid=1.

③ NIST. NIST Mission, Vision, Core Competencies, and Core Values[EB/OL]. [2020-8-4]. https://www.nist.gov/about-nist/our-organization/mission-vision-values.

④ ANSI. ANSI/ISO/IEC 11574-1994 Information Technology-Document Processing and Related Communication-User Interface To Telephone-Based Services-Voice Messaging Applications [S/OL]. [2020-7-30]. https://webstore.ansi.org/Standards/INCITS/ANSIISOIEC137141995.

⑤ ANSI. ANSI/ISO/IEC 11579-1-1994 Information Technology-Telecommunications and Information Exchange Between Systems-Private Integrated Services Network-Part 1：Reference Configuration For PISN Exchanges (PINX) [S/OL]. [2020-7-30]. https://webstore.ansi.org/Standards/INCITS/ANSIISOIEC115791994.

⑥ ANSI. ANSI/ISO/IEC 13714-1995 Information Technology-Document Processing and Related Communication-User Interface To Telephone-Based Services-Voice Messaging Applications [S/OL]. [2020-7-30]. https://webstore.ansi.org/Standards/INCITS/ANSIISOIEC137141995.

计量学和统计学 数据字典》①、SP 800-35《信息技术安全服务指南》②、SP 800-95《网络安全服务指南》③、SP 800-204《基于微服务的应用程序系统的安全策略》④、SP 800-204A《使用服务网格体系结构构建基于安全微服务的应用程序》⑤、SP 800-210《云系统通用访问控制指南》⑥等。

（3）德国网络化信息服务标准化

德国标准化协会（German Institute for Standardization，DIN）是德国唯一的国家标准机构，也是通过制定规范和标准，对工业、德国和社会提供服务的非营利性独立标准化组织。⑦ DIN 认为，工业与社会的发展需要促进标准化的发展，标准化因其对安全与质量的把控与提升反作用于国家、工业与社会的发展，受到公众重视、成为组织重要的战略工具，也促进了国际及欧洲内部的贸易。⑧

德国有关网络化信息服务的标准主要集中在专用综合业务网和信息技术等方面，如 DIN EN 301991-2004《专用综合业务网（PISN）交换间信令协议 短信息服务》⑨、DIN EN 301990-2004《专用综合业务网（PISN）规范、功能模型和

---

① National Information Standards Organization. ANSI/NISO Z39. 7-2013 Information Services and Use：Metrics & Statistics for Libraries and Information Providers Data Dictionary［S/OL］.［2020-7-30］. https：//www.niso.org/publications/z397-2013.

② NIST. SP 800-35 Guide to Information Technology Security Services［S/OL］.［2020-8-4］. https：//doi.org/10. 6028/NIST.SP. 800-35.

③ NIST. SP 800-95 Guide to Secure Web Services［S/OL］.［2020-8-4］. https：//doi.org/10. 6028/NIST.SP. 800-95.

④ NIST. SP 800-204 Security Strategies for Microservices-based Application Systems［S/OL］.［2020-8-4］. https：//doi.org/10. 6028/NIST.SP. 800-204.

⑤ NIST. SP 800-204A Building Secure Microservices-based Applications Using Service-Mesh Architecture［S/OL］.［2020-8-4］. https：//doi.org/10. 6028/NIST.SP. 800-204A.

⑥ NIST. SP 800-210 General Access Control Guidance for Cloud Systems［S/OL］.［2020-8-4］. https：//doi.org/10. 6028/NIST.SP. 800-210.

⑦ DIN. DIN e. V.［EB/OL］.［2020-8-4］. https：//www.din.de/en/din-and-our-partners/din-e-v.

⑧ DIN. The German Standardization Strategy［EB/OL］.［2020-8-4］. https：//www.din.de/en/din-and-our-partners/din-e-v/german-standardization-strategy.

⑨ DIN EN 301991-2004 Private Integrated Services Network（pisn）-Inter-exchange Signalling Protocol-Short Message Service［S/OL］.［2020-7-30］. http：//www.upbz.net/Std23908791.htm.

信息流 短信息服务补充业务》①、DIN EN 13609-1：2005-09《健康信息学·保健系统中支持信息维护的信息 第1部分：编码方案的更新》②、DIN EN ISO 19142：2011-04《地理信息 网络功能服务》③、DIN EN 16571：2014-10《信息技术 RFID 隐私影响评估流程》④、DIN 16587：2016-08《信息技术 自动识别和数据捕获技术 数据矩阵矩形扩展》⑤、DIN ISO/IEC 17789：2017-07《信息技术 云计算参考体系结构》⑥、DIN 16560-1《EDIFACT-应用规则 第1部分：服务细分》⑦等。

3.3.3　国内网络化信息服务标准化现状

当前，国内网络信息化服务标准多集中于国家标准、行业标准和地方标准。

（1）国家标准

现行国家网络化信息服务相关标准从信息处理系统、信息安全技术、信息技术服务等角度入手，对相关系统及服务的术语、分类、模型等基本方面进行定义，对其系统管理、服务安全等能力作出规范，并对相关服务过程中的系统设计、服务框架、软件维护等技术手段提出要求。其中，相关标准主要包括

---

① DIN EN 301990-2004 Private Integrated Services Network （PISN）- Specification, Functional Model and Information Flows-Short Message Service Supplementary Service ［S/OL］. ［2020-7-30］. https：//www.17025.org/bz_648877.html.

② DIN. Health Informatics-Messages for Maintenance of Supporting Information in Healthcare Systems-Part 1：Updating of Coding Schemes［S/OL］. ［2020-10-12］. https：//www. beuth.de/en/standard/din-en-13609-1/81623645.

③ DIN. Geographic Information-Web Feature Service ［S/OL］. ［2020-10-12］. https：// www.beuth.de/en/standard/din-en-iso-19142/134926723.

④ Beuth. Information Technology-RFID Privacy Impact Assessment Process；German Version［S/OL］. ［2020-10-12］. https：//www.beuth.de/en/standard/din-en-16571/198546175.

⑤ Beuth. Information Technology-Automatic Identification and Data Capture Techniques-Data Matrix Rectangular Extension［S/OL］. ［2020-10-12］. https：//www.beuth.de/en/standard/ din-16587/254895705.

⑥ Beuth. Information Technology-Cloud Computing-Reference Architecture［S/OL］. ［2020-10-12］. https：//www.beuth.de/en/standard/din-iso-iec-17789/269004697.

⑦ DIN. DIN 16560-1 EDIFACT-Application Rules-Part 1：Service Segments ［S/OL］. ［2020-8-4］. https：//www. din. de/en/getting-involved/standards-committees/nia/standards/wdc-beuth：din21：252276428.

GB/T17174.1-1997《信息处理系统 文本通信 可靠传送 第 1 部分：模型和服务定义》①、GB/T17175.1-1997《信息技术 开放系统互连 管理信息结构 第 1 部分：管理信息模型》②、GB/T16264.8-2005《信息技术 开放系统互连 目录 第 8 部分：公钥和属性证书框架》③、GB/T29264-2012《信息技术服务 分类与代码》④、GB-T 22239-2019《信息安全技术 网络安全等级保护基本要求》⑤；GB/T17143.7-1997《信息技术 开放系统互连 系统管理 第 7 部分：安全告警报告功能》⑥、GB/T17143.4-1997《信息技术 开放系统互连 系统管理 第 4 部分：告警报告功能》⑦、GB/T31167-2014《信息安全技术 云计算服务安全指南》⑧、GB/T31168-2014《信息安全技术 云计算服务安全能力要求》⑨、GB/T31500-2015

---

① 全国标准信息公共服务平台. GB/T17174.1-1997 信息处理系统 文本通信 可靠传送 第 1 部分：模型和服务定义［S/OL］.［2020-7-30］. http://std. samr. gov. cn/gb/search/gbDetailed? id＝71F772D800E2D3A7E05397BE0A0AB82A.

② 全国标准信息公共服务平台. GB/T17175.1-1997 信息技术 开放系统互连 管理信息结构 第 1 部分：管理信息模型［S/OL］.［2020-7-30］. http://std. samr. gov. cn/gb/search/gbDetailed? id＝71F772D7ADC6D3A7E05397BE0A0AB82A.

③ 全国标准信息公共服务平台. GB/T16264.8-2005 信息技术 开放系统互连 目录 第 8 部分：公钥和属性证书框架［S/OL］.［2020-7-30］. http://std. samr. gov. cn/gb/search/gbDetailed? id＝71F772D764FFD3A7E05397BE0A0AB82A.

④ 全国标准信息公共服务平台. GB/T29264-2012 信息技术服务 分类与代码［S/OL］.［2020-7-30］. http://std.samr.gov.cn/gb/search/gbDetailed?id＝71F772D7E776D3A7E05397BE0A0AB82A.

⑤ 全国标准信息公共服务平台. GB-T 22239-2019 信息安全技术 网络安全等级保护基本要求［S/OL］.［2020-8-4］. http://std. samr. gov. cn/gb/search/gbDetailed? id＝5DDA8BA2139318DEE05397BE0A0A95A7.

⑥ 全国标准信息公共服务平台. GB/T17143.7-1997 信息技术 开放系统互连 系统管理 第 7 部分：安全告警报告功能［S/OL］.［2020-7-30］. http://std. samr. gov. cn/gb/search/gbDetailed? id＝71F772D7B546D3A7E05397BE0A0AB82A.

⑦ 全国标准信息公共服务平台. GB/T17143.4-1997 信息技术 开放系统互连 系统管理 第 4 部分：告警报告功能［S/OL］.［2020-7-30］. http://std. samr. gov. cn/gb/search/gbDetailed? id＝71F772D7AF56D3A7E05397BE0A0AB82A.

⑧ 全国标准信息公共服务平台. GB/T31167-2014 信息安全技术 云计算服务安全指南［S/OL］.［2020-7-30］. http://std. samr. gov. cn/gb/search/gbDetailed? id＝71F772D7F347D3A7E05397BE0A0AB82A.

⑨ 全国标准信息公共服务平台. GB/T31168-2014 信息安全技术 云计算服务安全能力要求［S/OL］.［2020-7-30］. http://std. samr. gov. cn/gb/search/gbDetailed?id＝71F772D7F0FCD3A7E05397BE0A0AB82A.

《信息安全技术 存储介质数据恢复服务要求》①、GB/T32914-2016《信息安全技术 信息安全服务提供方管理要求》②、GB/T37932-2019《信息安全技术 数据交易服务安全要求》③；GB/T20157-2006《信息技术 软件维护》④、GB/T21063.2-2007《政务信息资源目录体系 第2部分：技术要求》⑤、GB/T25070-2010《信息安全技术 信息系统等级保护安全设计技术要求》⑥、GB/T25645-2010《信息技术 中文 Linux 服务器操作系统技术要求》⑦、GB/T31504-2015《信息安全技术 鉴别与授权 数字身份信息服务框架规范》⑧、GB/T36631-2018《信息安全技术 时间戳策略和时间戳业务操作规则》⑨、GB/T28448-2019《信息安

---

①　全国标准信息公共服务平台. GB/T31500-2015 信息安全技术 存储介质数据恢复服务要求［S/OL］.［2020-7-30］. http://std. samr. gov. cn/gb/search/gbDetailed? id = 71F77 2D80560D3A7E05397BE0A0AB82A.

②　全国标准信息公共服务平台. GB/T32914-2016 信息安全技术 信息安全服务提供方管理要求［S/OL］.［2020-7-30］. http://std. samr. gov. cn/gb/search/gbDetailed? id = 71F772D812CFD3A7E05397BE0A0AB82A.

③　全国标准信息公共服务平台. GB/T37932-2019 信息安全技术 数据交易服务安全要求［S/OL］.［2020-7-30］. http://std. samr. gov. cn/gb/search/gbDetailed? id = 91890A0DA5C9 80C6E05397BE0A0A065D.

④　全国标准信息公共服务平台. GB/T20157-2006 信息技术 软件维护［S/OL］.［2020-7-30］. http://std. samr. gov. cn/gb/search/gbDetailed? id = 71F772D7C7BFD3A7E05397BE 0A0AB82A.

⑤　全国标准信息公共服务平台. GB/T21063.2-2007 政务信息资源目录体系 第2部分：技术要求［S/OL］.［2020-7-30］. http://std. samr. gov. cn/gb/search/gbDetailed? id = 71F772D7FEF1D3A7E05397BE0A0AB82A.

⑥　全国标准信息公共服务平台. GB/T25070-2010 信息安全技术 信息系统等级保护安全设计技术要求［S/OL］.［2020-7-30］. http://std. samr. gov. cn/gb/search/gbDetailed? id = 71F772D7D6BFD3A7E05397BE0A0AB82A.

⑦　全国标准信息公共服务平台. GB/T25645-2010 信息技术 中文 Linux 服务器操作系统技术要求［S/OL］.［2020-7-30］. http://std. samr. gov. cn/gb/search/gbDetailed?id = 71F772 D7D693D3A7E05397BE0A0AB82A.

⑧　全国标准信息公共服务平台. GB/T31504-2015 信息安全技术 鉴别与授权 数字身份信息服务框架规范［S/OL］.［2020-7-30］. http://std. samr. gov. cn/gb/search/gbDetailed? id = 71F772D8055FD3A7E05397BE0A0AB82A..

⑨　全国标准信息公共服务平台. GB/T36631-2018 信息安全技术 时间戳策略和时间戳业务操作规则［S/OL］.［2020-7-30］. http://std. samr. gov. cn/gb/search/gbDetailed? id = 7643B2F25141267CE05397BE0A0AAF6A.

全技术 网络安全等级保护测评要求》①、GB/T25070-2019《信息安全技术 网络安全等级保护安全设计技术要求》②等。

此外，在国家标准化管理委员会的主导下，各有关部门针对物流、金融、农业、通信、交通与测绘等具体领域，制定了一系列网络化信息服务标准，包括但不限于以下标准：GB/T21394-2008《道路交通信息服务 信息分类与编码》③、GB/T29108-2012《道路交通信息服务 术语》④、GB/T29841.3-2013《卫星定位个人位置信息服务系统 第 3 部分：信息安全规范》⑤、GB/T30287.3-2013《卫星定位船舶信息服务系统 第 3 部分：信息安全规范》⑥、GB/T30290.3-2013《卫星定位车辆信息服务系统 第 3 部分：信息安全规范》⑦、GB/T32405-2015《移动通信网面向物流信息服务的 M2M 协议》⑧、GB/T32406-2015《移动通信网面向物流信息服务的 M2M 平台技术要求》⑨、GB/T32407-

---

① 全国标准信息公共服务平台. GB/T28448-2019 信息安全技术 网络安全等级保护测评要求［S/OL］.［2020-8-4］. http://std. samr. gov. cn/gb/search/gbDetailed? id = 88F4E6DA63424198E05397BE0A0ADE2D.

② 全国标准信息公共服务平台. GB/T25070-2019 信息安全技术 网络安全等级保护安全设计技术要求［S/OL］.［2020-7-30］. http://std. samr. gov. cn/gb/search/gbDetailed? id = 88F4E6DA63444198E05397BE0A0ADE2D.

③ 全国标准信息公共服务平台. GB/T21394-2008 道路交通信息服务 信息分类与编码［S/OL］.［2020-7-30］. http://std.samr.gov.cn/gb/search/gbDetailed? id=71F772D76EAFD3A7E05397BE0A0AB82A.

④ 全国标准信息公共服务平台. GB/T29108-2012 道路交通信息服务 术语［S/OL］.［2020-7-30］. http://std.samr.gov.cn/gb/search/gbDetailed? id=71F772D7EAE8D3A7E05397BE0A0AB82A.

⑤ 全国标准信息公共服务平台. GB/T29841.3-2013 卫星定位个人位置信息服务系统 第 3 部分：信息安全规范［S/OL］.［2020-7-30］. http://std. samr. gov. cn/gb/search/gbDetailed? id=71F772D7EA1BD3A7E05397BE0A0AB82A.

⑥ 全国标准信息公共服务平台. GB/T30287.3-2013 卫星定位船舶信息服务系统 第 3 部分：信息安全规范［S/OL］.［2020-7-30］. http://std. samr. gov. cn/gb/search/gbDetailed? id=71F7 72D7F039D3A7E05397BE0A0AB82A.

⑦ 全国标准信息公共服务平台. GB/T30290.3-2013 卫星定位车辆信息服务系统 第 3 部分：信息安全规范［S/OL］.［2020-7-30］. http://std. samr. gov. cn/gb/search/gbDetailed? id=71F772D7F01DD3A7E05397BE0A0AB82A.

⑧ 全国标准信息公共服务平台. GB/T32405-2015 移动通信网面向物流信息服务的 M2M 协议［S/OL］.［2020-7-30］. http://std. samr. gov. cn/gb/search/gbDetailed? id = 71F772D80D0FD3A7E05397BE0A0AB82A.

⑨ 全国标准信息公共服务平台. GB/T32406-2015 移动通信网面向物流信息服务的 M2M 平台技术要求［S/OL］.［2020-7-30］. http://std. samr. gov. cn/gb/search/gbDetailed? id = 71F772D80D6AD3A7E05397BE0A0AB82A.

2015《移动通信网面向物流信息服务的 M2M 通信模块技术要求》①、GB/T33747-2017《农业社会化服务 农业科技信息服务质量要求》②、GB/T33748-2017《农业社会化服务 农业科技信息服务供给规范》③、GB/T34804-2017《农业社会化服务 农业信息服务组织（站点）基本要求》④、GB/T37075-2018《物品电子编码 信息服务》⑤、GB/T37685-2019《物联网 应用信息服务分类》⑥。

（2）行业标准

根据《中华人民共和国标准化法》⑦规定，对没有推荐性国家标准、需要在全国某个行业范围内统一的技术要求，可以制定行业标准。行业标准由国务院有关行政主管部门制定，报国务院标准化行政主管部门备案。一般来说，行业标准在质量技术要求上高于国家标准。网络化信息服务相关行业标准主要涉及公共安全、交通、通信、气象、互联网等行业。

目前，相关网络化信息服务行业标准包括 YD/T873-1996《数据通信网 开放系统互连（OSI）管理 公共管理信息服务定义》⑧、QX/T313-2016《气象信息

---

① 全国标准信息公共服务平台. GB/T32407-2015 移动通信网面向物流信息服务的 M2M 通信模块技术要求［S/OL］. ［2020-7-30］. http://std.samr.gov.cn/gb/search/gbDetailed? id＝71F772D80D6CD3A7E05397BE0A0AB82A.

② 全国标准信息公共服务平台. GB/T33747-2017 农业社会化服务 农业科技信息服务质量要求［S/OL］. ［2020-7-30］. http://std. samr. gov. cn/gb/search/gbDetailed? id＝71F772D8183ED3A7E05397BE0A0AB82A.

③ 全国标准信息公共服务平台. GB/T33748-2017 农业社会化服务 农业科技信息服务供给规范［S/OL］. ［2020-7-30］. http://std. samr. gov. cn/gb/search/gbDetailed? id＝71F772D8183FD3A7E05397BE0A0AB82A.

④ 全国标准信息公共服务平台. GB/T34804-2017 农业社会化服务 农业信息服务组织（站点）基本要求［S/OL］. ［2020-7-30］. http://std. samr. gov. cn/gb/search/gbDetailed? id＝71F772D81C15D3A7E05397BE0A0AB82A.

⑤ 全国标准信息公共服务平台. GB/T37075-2018 物品电子编码 信息服务［S/OL］. ［2020-7-30］. http://std.samr.gov.cn/gb/search/gbDetailed?id＝7E2903B0D4FF5A63E053 97BE0A0AF660.

⑥ 全国标准信息公共服务平台. GB/T37685-2019 物联网 应用信息服务分类［S/OL］. ［2020-7-30］. http://std.samr.gov.cn/gb/search/gbDetailed?id＝91890A0DA55180C6E0 5397BE0A0A065D.

⑦ 中华人民共和国中央人民政府. 中华人民共和国标准化法［EB/OL］. ［2020-7-11］. http://www.gov.cn/xinwen/2017-11/05/content_5237328.htm.

⑧ 全国标准信息公共服务平台. YD/T873-1996 数据通信网 开放系统互连（OSI）管理 公共管理信息服务定义［S/OL］. ［2020-7-29］. http://std.samr.gov.cn/hb/search/stdHBDetailed? id＝8B1827F18C72BB19E05397BE0A0AB44A.

服务基础术语》①、CH/T9028-2018《地理信息公共服务平台 网络地理信息服务分类与命名规范》②、YD/T3565-2019《互联网信息服务备案编号编码规则》③等；YD/T2244-2011《电信网和互联网信息服务业务系统安全防护检测要求》④、YD/T2704-2014《电信信息服务的安全准则》⑤、YD/T2244-2020《电信网和互联网信息服务业务系统安全防护检测要求》⑥等；LY/T2927-2017《林业信息服务集成规范》⑦、QX/T375-2017《气象信息服务监督检查规范》⑧、QX/T376-2017《气象信息服务投诉处理规范》⑨、RB/T006-2019《商品流通过程电子溯源与信息服务系统建设规范》⑩等；GA 609-2006《互联网信息服务系统 安全保护技术措施 信息代码》⑪、GA 610-2006《互联网信息服务系统 安全保护技术措施 数

---

① 全国标准信息公共服务平台. QX/T313-2016 气象信息服务基础术语[S/OL]. [2020-7-29]. http://std.samr.gov.cn/hb/search/stdHBDetailed? id=8B1827F18066BB19E05397BE0A0AB44A.

② 全国标准信息公共服务平台. CH/T9028-2018 地理信息公共服务平台 网络地理信息服务分类与命名规范 [S/OL]. [2020-7-29]. http://std. samr. gov. cn/hb/search/stdHBDetailed? id=8B1827F25875BB19E05397BE0A0AB44A.

③ 全国标准信息公共服务平台. YD/T3565-2019 互联网信息服务备案编号编码规则 [S/OL]. [2020-7-29]. http://std. samr. gov. cn/hb/search/stdHBDetailed? id=998D2858B476 98C7E05397BE0A0A95D8.

④ 全国标准信息公共服务平台. YD/T2244-2011 电信网和互联网信息服务业务系统安全防护检测要求[S/OL]. [2020-7-29]. http://std. samr. gov. cn/hb/search/stdHBDetailed? id=8B1827F1E664BB19E05397BE0A0AB44A.

⑤ 全国标准信息公共服务平台. YD/T2704-2014 电信信息服务的安全准则[S/OL]. [2020-7-29]. http://std.samr.gov.cn/hb/search/stdHBDetailed? id=8B1827F20C19BB19E05397BE0A0AB44A.

⑥ 全国标准信息公共服务平台. YD/T2244-2020 电信网和互联网信息服务业务系统安全防护检测要求[S/OL]. [2020-7-29]. http://std. samr. gov. cn/hb/search/stdHBDetailed? id=A75176EB3808B551E05397BE0A0A545D.

⑦ 全国标准信息公共服务平台. LY/T2927-2017 林业信息服务集成规范[S/OL]. [2020-7-29]. http://std.samr.gov.cn/hb/search/stdHBDetailed? id=8B1827F244C3BB19E05397BE0A0AB44A.

⑧ 全国标准信息公共服务平台. QX/T375-2017 气象信息服务监督检查规范[S/OL]. [2020-7-29]. http://std.samr.gov.cn/hb/search/stdHBDetailed? id=8B1827F25065BB19E05397BE0A0AB44A.

⑨ 全国标准信息公共服务平台. QX/T376-2017 气象信息服务投诉处理规范[S/OL]. [2020-7-29]. http://std.samr.gov.cn/hb/search/stdHBDetailed? id=8B1827F24D08BB19E05397BE0A0AB44A.

⑩ 全国标准信息公共服务平台. RB/T006-2019 商品流通过程电子溯源与信息服务系统建设规范[S/OL]. [2020-7-29]. http://std.samr.gov.cn/gb/search/gbAdvancedSearch.

⑪ 全国标准信息公共服务平台. GA 609-2006 互联网信息服务系统 安全保护技术措施 信息代码[S/OL]. [2020-7-29]. http://std. samr. gov. cn/hb/search/stdHBDetailed? id=8B1827F14A39BB19E05397BE0A0AB44A.

据格式》①、GA 611-2006《互联网信息服务系统 安全保护技术措施 技术要求》②、GA 612-2006《互联网信息服务系统 安全保护技术措施 通讯标准》③、YD/T3516-2019《基于移动通信网的救护车车载信息服务系统总体技术要求》④等。

(3)地方标准

为满足地方网络化信息服务等特殊技术要求,部分省市人民政府标准化行政主管部门,依据本行政区域内网络化信息服务的特殊需要,制定了地方网络化信息服务标准。

我国网络化信息服务相关的地方标准主要包括两大类。一类是有关地方信息服务的管理和应用,如 DB22/T1510-2017《标准信息服务规范》⑤、DB12/T789-2018《法人和其他组织统一社会信用代码信息服务应用规范》⑥、DB21/T1799.1-2019《信息技术 信息服务管理规范 第1部分:总则》⑦、DB21/T1799.2-

① 全国标准信息公共服务平台. GA 610-2006 互联网信息服务系统 安全保护技术措施 数据格式[S/OL].[2020-7-29]. http://std. samr. gov. cn/hb/search/stdHBDetailed? id = 8B1827F14A3ABB19E05397BE0A0AB44A.

② 全国标准信息公共服务平台. GA 611-2006 互联网信息服务系统 安全保护技术措施 技术要求[S/OL].[2020-7-29]. http://std. samr. gov. cn/hb/search/stdHBDetailed? id = 8B1827F14EA7BB19E05397BE0A0AB44A.

③ 全国标准信息公共服务平台. GA 612-2006 互联网信息服务系统 安全保护技术措施 通讯标准[S/OL].[2020-7-29]. http://std. samr. gov. cn/hb/search/stdHBDetailed? id = 8B1827F1498BBB19E05397BE0A0AB44A.

④ 全国标准信息公共服务平台. YD/T3516-2019 基于移动通信网的救护车车载信息服务系统总体技术要求[S/OL].[2020-7-29]. http://std. samr. gov. cn/hb/search/stdHBDetailed? id = 998D2858B42898C7E05397BE0A0A95D8.

⑤ 全国标准信息公共服务平台. DB22/T1510-2017 标准信息服务规范[S/OL].[2020-7-29]. http://std. samr. gov. cn/db/search/stdDBDetailed? id = 91D99E4D9D092E24E05397BE0A0A3A10.

⑥ 全国标准信息公共服务平台. DB12/T789-2018 法人和其他组织统一社会信用代码信息服务应用规范[S/OL].[2020-7-29]. http://std. samr. gov. cn/db/search/stdDBDetailed? id = 91D99E4DD0B12E24E05397BE0A0A3A10.

⑦ 全国标准信息公共服务平台. DB21/T1799.1-2019 信息技术 信息服务管理规范 第1部分:总则[S/OL].[2020-7-29]. http://std. samr. gov. cn/db/search/stdDBDetailed? id = 9516584F8071BD10E05397BE0A0A5DED.

2019《信息技术 信息服务管理规范 第 2 部分：IT 系统集成》①、DB21/T1799.3-2019《信息技术 信息服务管理规范 第 3 部分：IT 系统运维》②、DB32/T3522.5-2019《高速公路服务规范 第 5 部分：公共信息服务》③、DB37/T3909-2020《基于区块链技术的疫情防控信息服务平台建设指南》④等。另一类是围绕信息服务平台技术建设和数据交换的标准，如 DB34/T2383-2015《农业物联网 信息服务 终端数据交换规范》⑤、DB34/T2384-2015《农业物联网 信息服务 平台数据交换协议》⑥、DB41/T1070-2015《城市客运监管与服务信息系统出行信息服务平台技术要求》⑦、DB5305/T19.29-2019《保山市信息惠民工程综合标准 第 29 部分：网格化社会管理信息服务平台技术标准》⑧等。

3.3.4 网络化信息服务标准化的发展趋势

网络化信息服务标准化工作是网络化信息资源开发利用、网络化信息服务

---

① 全国标准信息公共服务平台. DB21/T1799.2-2019 信息技术 信息服务管理规范 第 2 部分：IT 系统集成［S/OL］. ［2020-7-29］. http://std. samr. gov. cn/db/search/stdDBDetailed? id = 9516584F8072BD10E05397BE0A0A5DED.

② 全国标准信息公共服务平台. DB21/T1799.3-2019 信息技术 信息服务管理规范 第 3 部分：IT 系统运维［S/OL］. ［2020-7-29］. http://std. samr. gov. cn/db/search/stdDBDetailed? id = 9516584F8073BD10E05397BE0A0A5DED.

③ 全国标准信息公共服务平台. DB32/T3522.5-2019 高速公路服务规范 第 5 部分：公共信息服务［S/OL］. ［2020-7-29］. http://std. samr. gov. cn/db/search/stdDBDetailed? id = 949D7DB5677594DAE05397BE0A0A6D0D.

④ 全国标准信息公共服务平台. DB37/T3909-2020 基于区块链技术的疫情防控信息服务平台建设指南［S/OL］. ［2020-7-29］. http://std. samr. gov. cn/db/search/stdDBDetailed? id = A33C5CD6F5D63FB9E05397BE0A0ADCC3.

⑤ 全国标准信息公共服务平台. DB34/T2383-2015 农业物联网 信息服务 终端数据交换规范［S/OL］. ［2020-7-9］. http://std. samr. gov. cn/db/search/stdDBDetailed? id = 91D99E4D13962E24E05397BE0A0A3A10.

⑥ 全国标准信息公共服务平台. DB34/T2384-2015 农业物联网 信息服务 平台数据交换协议［S/OL］. ［2020-7-9］. http://std. samr. gov. cn/db/search/stdDBDetailed? id = 91D99E4D4F6C2E24E05397BE0A0A3A10.

⑦ 全国标准信息公共服务平台. DB41/T1070-2015 城市客运监管与服务信息系统 出行信息服务平台技术要求［S/OL］. ［2020-7-29］. http://std. samr. gov. cn/db/search/stdDBDetailed? id = 91D99E4D21682E24E05397BE0A0A3A10.

⑧ 全国标准信息公共服务平台. DB5305/T19.29-2019 保山市信息惠民工程综合标准 第 29 部分：网格化社会管理信息服务平台技术标准［S/OL］. ［2020-7-29］. http://std.samr. gov. cn/db/search/stdDBDetailed? id = 998CC9AF3F8876C7E05397BE0A0AFBCE.

规范提供的关键。在网络技术不断发展和服务要求逐渐提高的环境下，我国网络化信息服务标准化呈现以下发展趋势。

（1）营造网络化信息服务标准化制度环境

良好的法律法规环境是国家安全体制下网络化信息服务标准化工作开展的基础，为网络化信息服务提供者明确权利义务、理清责任关系提供了重要的制度保障。近年来，我国网络化信息服务发展迅速，但相关法律法规体系建设却相对滞后。《互联网新闻信息服务管理规定》（新闻办令第 37 号）①、《互联网信息服务管理办法》②、《中华人民共和国网络安全法》③、《互联网新闻信息服务许可管理实施细则》④、《互联网群组信息服务管理规定》⑤等法律法规虽明确了网络化信息服务的内涵，规范了网络化信息服务提供者的具体义务，建立了关键信息基础设施安全保护制度，但总体来看仍有较多改善空间。在网络环境不断变化、网络边界逐渐拓展的背景下，如何完善法律法规、规范网络化信息服务，对网络化信息服务标准化工作具有重要意义。

应逐步健全网络化信息服务标准化的法律法规，加强对网络化信息服务标准化的政策支持，明确各类网络化信息服务提供机构的运行机制与应尽职责，在法律与政策的双重保障下，构建法律定位清晰、政策扶植到位的网络化信息服务标准化环境，从而更好地指导网络化信息服务标准化的开展。

（2）建立统一的网络化信息服务标准体系

当前网络化信息服务标准多集中于单一的管理标准、技术标准、安全标准和领域内部标准等，尚未构建系统完备的网络化信息服务标准体系。系统性网络化信息服务标准体系的缺失，致使不同地区、行业或领域内网络化信息服务

---

① 中华人民共和国中央人民政府. 互联网新闻信息服务管理规定［EB/OL］.［2020-7-9］. http://www.gov.cn/flfg/2005-09/29/content_73270.htm.

② 中华人民共和国中央人民政府. 互联网信息服务管理办法［EB/OL］.［2020-7-9］. http://www.gov.cn/gongbao/content/2011/content_1860864.htm.

③ 中华人民共和国中央人民政府. 中华人民共和国网络安全法［EB/OL］.［2020-7-9］. http://www.gov.cn/xinwen/2016-11/07/content_5129723.htm.

④ 新华网. 互联网新闻信息服务许可管理实施细则［EB/OL］.［2020-7-9］. http://www.xinhuanet.com/politics/2017-05/22/c_1121016272.htm.

⑤ 中华人民共和国国家互联网信息办公室，中共中央网络和信息化委员办公室. 互联网群组信息服务管理规定［EB/OL］.［2020-7-9］. http://www.cac.gov.cn/2017-09/07/c_1121623889.htm.

的载体、方式、内容等均有差异，也直接影响到其网络化信息服务质量，从而降低公众对网络化信息服务的满意程度。

为更好地在全局上指导网络化信息服务的开展，应建立全国网络化信息服务标准化工作组织协调机构，按照结构合理、分工明确、相互合作的原则，协调各有关部门充分发挥自身作用，有组织、有计划地实施网络化信息服务标准化的制定、发布、落实、完善等具体步骤。此外，还应在系统了解国际相关标准体系构建情况的基础上，将国家标准与地方标准相结合、基础技术标准与行业应用标准制定相结合，完善顶层设计，制定网络化信息服务标准及标准体系研究规划，统一、规范、全面地建设网络化信息服务标准化体系，使其能够指导不同地区、不同行业、不同业务领域的网络化信息服务及其标准化工作的开展。同时根据网络化信息服务的发展需要，适时规范网络化信息服务标准，适当调整标准体系基本内容，完善网络化信息服务标准体系建设的规划方案，从而不受地域、行业等外界环境因素的影响，为公众提供高质量、无差别的网络化信息服务。

(3) 推动不同类别网络化信息服务的标准化

地方、行业、企业和团体既是服务标准制定的主体，也是服务标准实施推广的主体。① 网络化信息服务标准化的发展需要充分发挥地方、行业、企业和团体的作用，培养地方、行业、企业和团体在网络化信息服务标准化工作中的主体意识，从而健全与国家标准相匹配的地方、行业、企业和团体网络化信息服务标准，满足不同地方、行业和企业的网络化信息服务标准化需求，推动地方、行业、企业和团体的网络化信息服务标准化工作。

同时，应客观评价地方、行业、企业和团体在相关标准化工作中所作的贡献，建立相应的网络化信息服务标准化激励机制，不仅对表现突出的相关主体进行奖励，而且采取措施激发地方、行业、企业和团体标准化工作的积极性，增强其参与网络化信息服务标准化的动力，引导地方、行业、企业和团体参与国家网络化信息服务标准的制定，并健全国家、地方、行业、企业和团体间网络化信息服务标准化工作的交流渠道。通过国家指导地方、行业、企业和团体建设网络化信息服务标准，提升不同类别网络化信息服务标准化工作的全面建设水平；通过地方、行业、企业和团体反馈标准建设与执行过程中的问题和建议，辅助国家更好地完善网络化信息服务标准体系的制定与落实。

---

① 柳成洋，左佩兰，冯卫. 我国服务标准化的现状和发展趋势[J]. 中国标准化，2007(3)：17-19.

(4)调动公众参与网络化信息服务标准制定

网络化信息服务标准本质上属于服务标准的一种，其制定要充分反映被服务者，即公众的需求和期望。《国务院关于积极推进"互联网+"行动的指导意见》(国发〔2015〕40号)①指出，要积极探索公众参与的网络化社会管理服务新模式，提升政府科学决策能力，促进政府职能转变和简政放权。

因此，在网络化信息服务标准化过程中，首先，应完善相关的信息公开制度，努力消除网络化信息服务标准化制定机构与公众间的信息不对称现象，做好相关标准在制定前、制定中和制定后等阶段的信息公开，主动降低公众的信息获取难度，以便公众更好地了解网络化信息服务标准的制定进程与内容、增强公众的参与程度。其次，根据网络化信息服务标准化工作的重点，定期组织开展面向公众的宣传活动，吸引和组织公众更多地参与到网络化信息服务标准化工作中，积极收集不同行业、不同层次的公众反馈意见，提升网络化信息服务标准内容的科学性与合理性，使网络化信息服务标准能够真正满足公众需求、反映公众利益。再次，扩大公众参与范围，在标准立项前应充分征求公众意见，并在标准体系草案或具体标准草案中增加并规范公众参与环节，明确公众参与及反馈机制，提升公众参与网络化信息服务标准制定的效率。最后，拓宽公众参与渠道，将线上与线下渠道充分结合，为公众参与提供便利条件，降低公众参与网络化信息服务标准制定的成本，从而更好地完善网络化信息服务标准体系建设，推动网络化信息服务标准化工作的全面有序开展。

(5)加强网络化信息服务标准化试点建设

试点建设是标准推广的有效手段。在网络化信息服务标准化过程中，应参照《关于推进服务标准化试点工作的意见》(国标委农联〔2007〕7号)②和《服务业标准化试点实施细则》(国标委服务联〔2009〕47号)③、《社会管理和公共服

---

① 中华人民共和国中央人民政府. 国务院关于积极推进"互联网+"行动的指导意见〔EB/OL〕.〔2020-7-10〕. http://www.gov.cn/zhengce/content/2015-07/04/content_10002.htm.

② 中华人民共和国民政部民政科技与标准化信息平台. 关于推进服务标准化试点工作的意见〔EB/OL〕.〔2020-7-10〕. http://kjbz.mca.gov.cn/article/mzbzhzcwj/201106/20110600157960.shtml.

③ 国家标准化管理委员会办公室. 服务业标准化试点实施细则〔EB/OL〕.〔2020-7-10〕. http://www.sac.gov.cn/sbgs/flfg/gfxwj/zjbzw/201505/t20150504_187543.htm.

务综合标准化试点细则(试行)》①等有关规定，强化典型案例推广应用，突出地方、行业和企业的示范作用。

对已形成征求意见稿的网络化信息服务标准，应展开标准验证工作。对通过验证的网络化信息服务标准，应加快、加强、加大试点建设。坚持"高标准、严要求、宁缺毋滥"的筛选原则，选择既有良好的前期基础，又有明确发展思路的地方、行业或企业作为网络化信息服务试点。加强试点管理，一方面提高试点建设期网络化信息服务标准化工作管理水平，另一方面建立科学的考评机制，保障网络化信息服务试点建设，严格执行相关的国家、地方、行业或企业标准。同时加大试点建设力度和建设投入，积极推动网络化信息服务标准化实施，提升其实施质量。此外，还要积极推广试点的先进经验。充分利用网络平台，在总结先进试点经验的基础上，在全国范围内推广试点建设工作，并积极组织各地经验交流与实地考察，进一步推进网络化信息服务标准体系建设，不断巩固和完善网络化信息服务标准体系。

(6)应对网络环境发展变化带来的新问题

随着科学技术的不断发展，网络环境日新月异，网络安全问题层出不穷。"互联网+"战略对信息技术变革与网络化信息服务带来了短期难以规避的高安全风险。新兴互联网技术的普及和应用在提高网络化信息服务效率的同时，也增加了网络化信息服务的风险性。

网络规模的扩大与网络技术的创新致使网络化信息服务的应用环境越来越复杂，应用服务越来越多样，因此带来了许多新的安全问题。第一，网络安全边界逐渐拓展。服务终端(如计算机、智能手机、移动设备、智能手表等)的拓展与衍化拓宽了网络化信息服务的边界，也模糊了网络安全的作用范围。同时，云计算的应用也拓宽了网络被攻击的范围，放大了系统、服务或应用程序接口脆弱性的影响。②针对云平台上某一节点或目标的攻击，可能导致云平台内其他节点或信息服务受到牵连，进而影响云平台整体的运行与使用，影响网络化信息服务的可用性和连续性。第二，数据管控与利用难度逐渐上升。网络化信息服务的基础数据及用户数据海量化趋势明显，为防止数据泄露与合理利

---

① 国家标准化管理委员会办公室. 社会管理和公共服务综合标准化试点细则(试行) [EB/OL]. [2020-8-20]. http://www.sac.gov.cn/sbgs/flfg/gfxwj/zjbzw/201505/t20150504_187535.htm.

② 袁得嵛，王小娟，万建超. "互联网+"对网络空间安全影响及未来发展趋势[J]. 网络与信息安全学报，2017，3(5)：1-9.

用数据带来困难。云计算等互联网技术的使用更是为基础数据及用户个人隐私带来泄露风险。监督审计云服务提供商、保障数据安全也成为网络化信息服务标准构建所需解决的现实问题。

在网络环境不断变化背景下的网络化信息服务标准化工作,既要准确应对当前存在的网络安全问题,以标准体系为手段,加强网络安全维护,又要考虑未来网络环境发展变化可能带来的安全问题,在加强数据利用的同时,充分保障数据安全。

(7)强化网络化信息服务标准化的监督

网络化信息服务标准化建设是系统工程,只有保障系统中的每个部分均遵循网络化信息服务标准体系要求,才能最大限度地提升网络化信息服务质量。因此,在网络化信息服务标准化过程中,要严格落实《中华人民共和国标准化法》①,强化网络化信息服务标准化的监督与保障。

网络化信息服务标准化的行政主管部门应建立标准体系管理的动态监督维护机制。② 针对标准计划编制、需求调研、研制、验收、宣传培训、发布实施、意见反馈、修订完善等各阶段制定相应的管理措施;建立网络化信息服务标准体系的制定者、管理者及使用者三者间的无障碍沟通与反馈机制;从标准的适用性、先进性、合理性、一致性、规范性等角度评价标准体系及标准本身,从而辅助网络化信息服务标准体系的修改完善。

此外,网络化信息服务标准化的行政主管部门还应从标准落实情况入手,确保并监督已落地网络化信息服务标准体系及具体标准的实施。建立相应的标准实施质量评估指标体系,客观、准确评价网络化信息服务提供方的服务提供质量,收集汇总各地对于网络化信息服务标准执行过程中的意见和建议,使网络化信息服务标准化协调机构能够充分把握与监督标准实施情况。同时提供充足的资金保障网络化信息服务标准化的开展,引导、支持、鼓励企业及各社会团体投资并参与网络化信息服务标准化工作,为网络化信息服务标准体系研制注入更多资金与活力,形成政府主导、企业参与、社会治理的网络化信息服务标准体系建设新格局。

---

① 中华人民共和国中央人民政府. 中华人民共和国标准化法[EB/OL]. [2020-7-11]. http://www.gov.cn/xinwen/2017-11/05/content_5237328.htm.

② 李芳芳. 信息化标准体系建设发展趋势分析及经验借鉴[J]. 国土资源信息化, 2012(6): 3-6.

(8)培养高素质的网络化信息服务标准化人才

培养高素质的网络化信息服务标准化人才是网络化信息服务标准化发展的重要趋势。当今我国网络化信息服务标准化人才缺口较大，现有标准化工作人员常存在网络化信息服务标准化认知不足、学科定位不准、标准化知识薄弱等情况。要全面推进网络化信息服务标准化，就必须加强对网络化服务标准化人才的培养。在网络安全日益受到重视、网络技术飞速全面发展的现实背景下，培养并建设一支掌握网络信息技术，善于跟踪标准信息动态，具备标准信息资源建设、整合、研究、管理、服务能力的高水平、复合型、高素质、国际化的人才队伍，是推进网络化信息服务标准化发展的重要资源与关键因素。

网络化信息服务标准化人才不仅需要具备标准化的基本能力，如复合审视问题能力与集成优化能力等，而且需要掌握网络服务技术的基础知识，将标准化理论与网络化信息服务发展的实际情况相联系，从而制定与完善网络化信息服务标准。因此，为提升网络化信息服务标准化人才培养质量与效率，应针对性地设置相关人才培养项目与计划。第一，推进网络化信息服务标准化学历教育，支持和鼓励更多高校开设标准化课程、方向或专业。① 第二，强化干部网络化信息服务标准化知识培训，定期开展网络化信息服务标准化培训，有针对性地开设国内外网络化信息服务标准化现状、制定及修订程序等相关课程。第三，拓展网络化信息标准化职业教育，以信息技术和网络平台为手段开发在线教育课程，力争培养一支高素质的网络化信息服务标准化人才队伍。

---

① 市场监管总局：2020 年，全面实现行业标准 地方标准免费公开［EB/OL］. ［2020-7-10］. https://www.sohu.com/a/309681124_662119.

4　国家安全体制下网络化信息服务标准体系的基本内容

　　随着信息技术和互联网的高速发展，世界经济数字化转型已经成为大势所趋。党的十九大以来，在以习近平同志为核心的党中央坚强领导下，我国各地区、各部门都在深入贯彻落实网络安全和信息化工作，网络强国建设在整体逐步推进，网络安全保障能力稳步提升，互联网在经济社会发展中的重要作用愈加凸显。根据《第45次中国互联网络发展状况统计报告》①，截至2020年3月，我国网民规模达到9.04亿，互联网普及率达到64.5%，在2019年上半年，我国网民的人均每周上网时长达30.8小时，可见互联网已经逐渐成为我们日常生活中不可或缺的一部分。我国非常庞大的网民规模和相对较长的上网时长充分说明，网络化发展前景可观。

　　当今时代的主题是和平与发展，大国之间暴发大规模冲突和战争的可能性越来越小，威胁国家安全的因素日益由军事领域转移到外交、经济、科技等非军事领域。在信息时代，信息安全问题对国家安全的威胁往往最为突出，难以想象一个国家能够在信息流失和信息不安全的状态下实现长足发展。而且随着信息化战略逐步成为世界主要国家的国家发展战略，信息安全也被世界各国越来越重视，国家信息技术发展水平的高低和信息安全保障能力的强弱，逐步成为衡量国家实力、国家安全和国家地位的重要依据，甚至为此产生了信息战这一新的战争形态。② 随着互联网在生活生产中发挥的作用越来越大，信息安全也面临巨大的威胁，特别是在大数据时代，切实保障信息安全显得尤为重要。③

---

　　① 中华人民共和国网络安全与信息委员办公室. 第45次中国互联网络发展状况统计报告[EB/OL]. [2020-8-12]. http://www.cac.gov.cn/2020-04/27/c_1589535470378587.htm.

　　② 俞晓秋. 信息时代：国家安全面临的挑战[J]. 紫光阁，2001(4)：45-46.

　　③ Ninggui D., Hong L.. Analysis of Computer Network Information Security and Protective Measures in the Era of Big Data[J]. Advances in Higher Education, 2020, 4(8).

作为国家安全重要组成部分的网络安全日益受到广泛关注和重视。网络安全可以定义为：一个网络系统不受任何威胁与侵害，能正常地实现资源共享功能。要使网络能正常地实现资源共享功能，首先要保证网络的硬件、软件能正常运行，然后要保证数据信息交换的安全。① 互联网是一个开放的、无控制机构的网络，任何人都可以自由地使用互联网，这就可能会为不法分子（如黑客等）有目的性地侵入互联网中的计算机系统，进行有危害性的行为（如窃取机密数据、盗用特权、破坏重要数据、损坏计算系统使其无法正常运行等）提供便利，从而给人民带来损失甚至危害国家安全。置身互联网，公众希望能享有基本的个人隐私与信息安全。然而由于网络安全问题的存在，互联网环境下的信息服务非常容易受到这些侵害，发展网络化信息服务必须重视网络安全问题，切实保障用户和国家的信息安全。

因此，在国家安全体制下，规范网络化信息服务、构建网络化信息服务标准体系势在必行。网络化信息服务标准体系是指导网络化信息服务健康良好发展的重要基础，是提升信息服务质量的重要保障，而且只有构建起了健全合理的网络化信息服务标准体系，才能从根本上降低网络安全问题对用户和国家信息安全的威胁。本章将对网络化信息服务标准体系的基本内容进行说明，为具体构建标准体系奠定基础。具体而言，本章将主要阐述网络化信息服务标准的内涵与范围、网络化信息服务标准的类型与作用、网络化信息服务标准体系的目标与原则。

4.1 网络化信息服务标准的内涵与范围

在我国，信息化意识日益深入人心，各省市都高度重视信息化工作，并将其提高到战略的高度，将其作为振兴经济、促进发展的新动力。种类繁多的网络化信息服务也层出不穷，而且这些信息服务关系到国计民生，深刻影响着人们的日常生活和国家的稳定和发展，从信息安全影响国家安全的角度考虑，构建国家安全体制下网络化信息服务的标准意义重大也十分迫切。要想构建网络化信息服务标准体系，必须要充分了解网络化信息服务标准的内涵与范围。

---

① 王国才，施荣华. 计算机通信网络安全[M]. 北京：中国铁道出版社，2016：6.

4.1.1 网络化信息服务标准的内涵

所谓信息服务，简而言之就是利用信息资源提供的服务，即为解决经济建设和社会发展中的问题提供服务的活动。信息服务以现代信息技术为手段，服务于全社会，使人们能够更加及时、有效和充分地利用信息，完善和方便人类社会生活。信息服务的范围相当广泛，如信息搜集、检索、整理等。随着技术的发展，以计算机和现代通信技术为基础的信息服务已迅速发展起来，例如，以数据库为基础的信息咨询，建立管理信息系统为管理部门提供决策和控制的信息服务。在不同的历史时期，信息服务的内容和方式各不相同，传统的信息服务是以图书馆、情报中心等为主要场所，根据用户或读者提出的需求，借助本图书馆或情报中心的馆藏书籍、报刊等资料为读者提供信息。然而随着计算机和网络通信技术为代表的现代科技的高速发展，信息的收集、加工、存储和传递方式都已发生了翻天覆地的变化，信息服务从传统的以纸质印刷品为媒介转变为现代的以互联网为媒介，网络化信息服务应运而生，且逐步代替传统的信息服务。① 网络化的信息服务能够更有针对性地满足特定用户的信息需求，以先进的信息技术为手段高效实现对信息的加工处理，提升信息服务的质量和效率。在如今这个信息爆炸的时代，网络化信息服务必将以前所未有的速度和规模向前发展。

所谓网络化信息服务标准，根据国家标准 GB/T2000. 1-2002《标准化工作指南 第一部分：标准化和相关活动的通用词汇》对标准的定义，网络化信息服务标准可以理解为在网络化信息服务领域获得最佳秩序，经过协商一致制定并由公认机构批准，共同使用的和重复使用的一种规范性文件。② 根据国际标准化组织(ISO)对标准的定义，网络化信息服务标准可以理解为由一个公认的机构制定和批准的文件，它对网络化信息服务的各项活动和活动的结果制定了规则、导则或特殊值，供共同和反复使用，以实现在网络化信息服务领域内最佳秩序的效果。③

网络化信息服务标准具有规范性和实践性。④ 所谓规范性，一方面是指网

---

① 王勇. 网络信息服务产生的背景及其分析[J]. 图书情报工作，2006(7)：89-91, 38.

② 赵茹. 我国政府公共服务标准化研究[D]. 南京：南京大学，2016.

③ 郝祯. 城市公共休闲服务标准化研究[D]. 北京：中央民族大学，2011.

④ 刘玮. 农村信息化标准体系建设研究[D]. 长沙：湖南农业大学，2014.

络化信息服务标准应该要有规范的表现形式和内容形式，如表现形式可以是纸质或电子形式的文件，内容形式则是标准的书写格式等要规范统一；另一方面是指网络化信息服务标准的实施具有规范性，它对网络化信息服务中特定的活动进行了规范说明。所谓实践性，是指网络化信息服务标准是实践经验的总结，它把过去网络化信息服务领域中总结的经验累积起来，新网络化信息服务标准的产生就是经验累积到一定程度的结果，同时网络化信息服务标准又应用于实践并指导实践。

所谓网络化信息服务标准化，是指在经济、技术、科学和管理等社会实践中，对网络化信息服务过程中重复性的事物和概念，通过制定、发布和实施标准达到统一，以获得最佳秩序和社会效益。根据 ISO/STACO 的定义，标准化是面向实际问题或潜在问题而建立的、通用的或普遍适用的标准条款的行为，旨在提升给定环境条件下的优化度。① 标准化包括标准制定、标准发布及标准实施的整个过程。

国家安全体制下的网络化信息服务标准就是众多标准中的一个分类，只是标准针对的对象不同，它是基于对国家安全的考量，为规范各种网络化信息服务所制定的标准，是具有规范性和实践性、用来指导网络化信息服务和维护国家安全的文件。

4.1.2 网络化信息服务标准的范围

网络化信息服务标准所针对的对象为网络化信息服务，其决定了网络化信息服务标准的范围，现代网络化信息服务标准的范围主要有以下五个方面：②

①人员。各种网络化信息服务都是以网络和计算机为基础的，网络信息的收集、加工、存储和传递需要借助网络和计算机，尤其是计算机在信息分析与处理中非常重要，这就需要既具备传统信息服务技能又具备计算机技术相关技能的人员。特别是在互联网环境下，信息高度分散，检索时间成本较高，严重影响了用户体验，为此，需要组织专业人员对网络信息资源进行广泛的收集整理，并对其进行深层次的开发挖掘，针对用户特定的信息需求制定特定的信息服务策略，即充分利用网络信息以提供尽可能完善的综合信息服务，不仅要提供网络信息基本的浏览和查询服务，还要提供能够满足用户对网络信息日益个性化和专门化的服务。因此，越来越先进的信息技术运用和越来越复杂的信息

---

① 张芳源. 公共文化机构数字服务融合标准体系研究[D]. 武汉：武汉大学，2017.
② 魏颖. 谈网络化信息服务[J]. 电脑知识与技术(学术交流)，2007(2)：370-371.

服务开发都离不开人的参与，人的能力决定了网络化信息服务的质量，所以网络化信息服务标准必须包含对人活动的规范。

②信息。网络化信息服务本质上依然是信息的收集、加工、存储和传递，各种网络化信息服务背后都是由网络中纷繁复杂的、海量的信息支撑起来的。在提供网络化信息服务中，必须对网络信息资源进行有效配置。通过设计、调整网络信息资源的分布和流向，以尽可能小的成本对网络信息资源进行配置和利用，以获取最大的效益，即在网络建设的基础上，进一步规划不同节点上信息资源的重点、范围、类型、时间和数量分布，降低冗余的同时保证网络信息资源的全面性和及时性，为用户提供更便利的信息服务。网络信息资源的有效配置主要包括空间配置、时间配置和类型配置三个方面。信息资源在空间上的配置应该考虑我国在不同地区、不同行业发展不平衡的特点，有重点地进行配置，同时又要避免重复以充分发挥资源共享的优势。信息资源在时间上的配置是指信息资源在过去、现在、将来三种时态上的配置，以发挥其最大效益。信息资源在类型上的配置应根据信息资源类型的不同和技术条件的需求来合理配置。作为网络化信息服务的重要支撑，信息资源的配置和利用必须要进行规范，只有这样才能充分发挥信息资源的作用。

③设备。网络化信息服务的提供离不开各种各样的设备，如计算机、打印机、调制解调器、电源、路由器等，这些设备确保了各种网络化信息服务能够正常地提供给用户。近年来随着信息技术和互联网的迅速发展，信息技术不断更新、日趋复杂，网络设备也越来越多样化。随着设备及应用的增加，维护和管理工作也越来越繁重，面对这种情况，对网络化信息服务中的各种设备进行高效和规范管理也越发显得重要。网络化信息服务中的各种设备承载着各种信息服务的提供，为了确保网络化信息服务的正常使用，硬件设备必须在良好的状态下运行，对其的管理和维护必不可少。只有在设备的管理和维护活动有了规范和标准后，才能够有效增强计算机网络系统的安全可靠运行，确保网络化信息服务的质量，提高其寿命和稳定性。

④网络。计算机网络技术的广泛应用给我们的生活和工作带来了极大的便利，大大提高了我们的生活水平和生产力水平。但是危害深远且无法忽视的网络安全问题也随之而来，在当前大数据时代的背景下，信息资源蕴含丰富的价值，保证信息安全具有重要意义。鉴于网络化信息服务的复杂性和多样性，此时计算机网络信息安全问题将不再是简单的个人信息安全问题，它已经涉及经济社会生活中的许多重要领域，如医疗、金融、政务等。在计算机网络系统的

实际应用过程中，相关人员应通过有效的途径及方式重视和加强计算机网络信息安全，为计算机网络信息的有效应用及计算机网络的更好运行提供有效支持与保障，满足实际需求。保证计算机网络信息安全就需要做好计算机网络系统的管理和维护工作，同时还需要注意安全防护技术的有效应用，在计算机网络系统的实际运行中，相关工作人员需要合理选择应用计算机网络信息防护技术，如防火墙技术、信息加密技术与身份验证技术等。因此，在网络化信息服务标准中需要对计算机网络的管理和维护以及相关网络技术进行规范，以切实保障网络高可用性和网络信息安全。

　　⑤规范。主要包括网络标准、传输协议、技术规范、数据规范等，坚持开放性和着眼未来的原则，确保网络化信息服务的可用性和通用性。规范统一网络化信息服务中的网络标准、传输协议、技术规范、数据规范等，实现高效的信息资源共享，提供更高质量的信息服务。随着信息技术的普及，人类产生的数据量正呈指数增长。如此复杂海量的数据蕴含着丰富的价值，对于各种网络化信息服务提供者来说，对海量数据的充分挖掘和利用，是提高服务质量和寻求长久发展的必经之路，然而实现对其充分挖掘和利用不仅仅需要借助先进的大数据处理技术，而且需要一套统一规范的数据全程管理机制，以期提高数据质量、降低数据处理成本、实现广泛的数据共享，最终实现数据价值的最大化。目前，有关大数据的研究较多，各行各业都希望借助大数据技术带来更大的经济效益，但未来任何一个组织的正确决策都需要良好的数据管理机制，以此有效规范网络化信息服务过程中产生的数据，提高数据质量和数据管理效果，最大限度地确保网络化信息服务质量和水平的统一，促进网络化信息服务更好地发展。

　　上述介绍明确了网络化信息服务标准的五个方面，由于标准是具有针对性的规范，所以对网络化信息服务标准范围的界定也应围绕上述五个方面，并以此出发构建相应的各种标准。

4.2　网络化信息服务标准的类型与作用

　　网络化信息服务标准是众多标准中的一类，旨在规范网络化信息服务的各项活动，其标准制定的合理性决定了它需要明确网络化信息服务标准的类型及作用。

4.2.1 网络化信息服务标准的类型

网络化信息服务标准化工作是一个包含标准制定、发布、实施和反馈修订的过程。根据过程研究方法，对其内容体系进行分类有助于对其进行更加有效的系统化管理。将网络化信息服务标准进行分类，可以使后续对标准的修订等活动更加有逻辑和有条理，能够使标准制定及修订人员更清楚地发现标准中不合理的地方，有助于其从整体上对标准的内容进行把握，从而使得制定的标准更加全面、科学、合理。①

网络化信息服务往往包含多个子系统，并且子系统与子系统之间往往具有非常强的独立性和差异性。网络化信息服务涉及多个行业，无法将其看作一个单独行业，所以在构建网络化信息服务标准体系时需要考虑这一点。由标准及标准化的定义可知，标准化的对象可以是产品、过程和服务等，所以对于网络化信息服务标准，应明确以服务为核心，围绕网络化信息服务效率与质量来构建标准体系，同时需考虑到信息安全对国家安全的影响。

基于上述内容，结合网络化信息服务的特点，可以将网络化信息服务标准分为基础标准、数据标准、安全标准、管理标准、技术标准和应用领域标准六类，其中网络化信息服务基础标准是指一定范围领域内，覆盖范围广、可作为网络化信息服务其他标准基础的、具有广泛指导意义的标准；网络化信息服务数据标准是指与网络化信息服务和数据有关的标准，其主要是为了保障承载信息数据的一致性和严密性，确保信息传递链路上的各利益相关方都可以无障碍地进行信息交流，从而促进信息资源共享与交换；网络化信息服务安全标准是指为了保障网络化信息服务中信息安全的标准，是对信息服务行业领域安全管理、安全技术方法的规范和指导，目的在于强化和保证国家在信息服务产品、工程等方面的技术自主可控，进一步保障国家的信息安全；网络化信息服务管理标准是指适用于信息服务各应用领域和业务场景的、面向信息服务管理全过程管控和管理活动规范化的标准，它是对网络环境下信息服务的规划、筹备、运行、监控与改进等环节所需的管理要求与管理活动的规范；网络化信息服务技术标准是指在复杂的网络环境中，对机构在提供信息服务或支持第三方信息服务过程中应用技术的描述、要求、规范程序、方法和指导建议等；网络化信息服务应用领域标准是指网络化信息服务领域各种服务应用落地的实施指南，以及结合行业特点的相关标准。

---

① 梁菲. 行政服务标准体系构建及应用研究[D]. 青岛：山东大学，2012.

4.2.2 网络化信息服务标准的作用

标准是对科学、技术和实践经验的总结，如上文对标准的定义所述，标准是为了实现在预定领域内的最佳秩序，没有标准就没有秩序，没有秩序就会导致混乱、矛盾和不协调。在网络化信息服务的过程中，无论是涉及硬件建设，还是涉及软件建设，都需要有一套完整的标准，以对网络化信息服务的方方面面进行规范，促进网络化信息服务的良好发展。

网络化信息服务不是一个单独的行业，各行各业都可以探索适合自己的网络化信息服务方式和服务模式，相关标准的制定有助于各类型网络化信息服务不同环节的规范化管理。总的来说，网络化信息服务标准具有以下作用：

①指引作用。我国地广人多，企事业单位众多，所提供的网络化信息服务多种多样，服务水平和服务质量参差不齐，存在的问题各不相同，发展也不平衡，因此需要建立起统一的标准，才能指引网络化信息服务更好地发展。

②制约作用。按照统一标准指引网络化信息服务的发展这一行为本身就是对网络化信息服务的一种控制和制约，有了统一标准的制约准则，避免了无序、盲目、低效、错误等行为，不仅促进了网络化信息服务的发展，还有利于维护国家安全。

③组织作用。在标准建立起来后，它可以在无形中将某些人或企事业单位组织聚集在一起，通过明确分工或相互合作等共同努力发展，将人力、物力、财力等组织在一起，推动网络化信息服务业的健康高效发展。

④传播作用。依靠网络化信息服务标准，提供不同网络化信息服务的企事业单位可以实现信息的相互传播和数据的相互流通，更有利于技术的发展、信息的共享和数据的利用。

⑤调节作用。统一的网络化信息服务标准可以将地区与地区、行业与行业之间的企事业单位联系起来，调节不同的网络化信息服务的不同要求，构建用于交流的统一桥梁，更有利于促进企事业单位之间的沟通合作。

4.3 网络化信息服务标准体系的目标与原则

根据系统工程理论，网络化信息服务标准体系是一个庞大复杂的系统，应首先明确构建的目标，再对标准体系中的各子标准及其内容进行规划和说明。其次，明确网络化信息服务标准体系的特征，把握网络化信息服务标准体系的

本质，构建出科学合理的标准。

4.3.1 网络化信息服务标准体系的目标与特征

网络化信息服务标准体系的构建必须要坚持以需求为导向，以及系统科学的思路和方法，既要从现有网络化信息服务的现状出发，肯定其合理部分的需求，同时又要按照网络化信息服务发展的规律和要求，吸收国内外先进的符合网络化信息服务发展趋势的标准，使构建的标准体系即能顺应我国网络化信息服务发展实际，同时又能体现出其进步性。

从根本上讲，构建网络化信息服务标准体系就是为了统一和规范网络化信息服务，提高网络化信息服务的整体质量和效率，促进网络化信息服务业的发展和进步。通过构建网络化信息服务标准体系，找出目前我国网络化信息服务标准的不足之处，特别是在考虑国家安全的情况下，重新评价和清理现有的标准，提出标准的修订项目，逐步解决我国网络化信息服务标准体系中存在的各种问题，从而形成更加科学合理、丰富全面的网络化信息服务标准体系。

构建网络化信息服务标准体系的目标主要有以下三个方面：

(1)促进网络化信息服务领域广泛协作

在如今信息技术高速发展的时代，网络化信息服务也在高速地发展，而且它对生活和生产来说越来越重要，在给人们日常生活带来便利的同时，也在为社会创造巨大的财富。同时，随着人类社会的发展和进步，各项生产活动变得越来越丰富多样，规模和复杂程度也越来越大，社会化程度也越来越高，要求更加精细的分工和更加广泛的协作，网络化信息服务行业也不例外。许多网络化信息服务的提高往往涉及成百上千家乃至更多的企事业单位，协作点遍及全国甚至世界各地，加之在网络化信息服务中起着重要作用的信息技术，不可能完全由单独一家企业提供，技术的复杂性必然要求网络化信息服务提供商多方面协作。在全球化背景下，企业与企业之间、国家与国家之间的协作更加广泛，大规模协作已经成为如今社会现代化生产的常态，在这种情况下，必须通过标准化才能使生产活动高度协调统一，生产过程有序、系统地联系起来。

构建网络化的信息服务标准体系本质上就是对网络化信息服务的各项活动进行标准化，以规范网络化信息服务的各项活动，使得网络化信息服务协调有序地发展。作为标准化活动的成果，各项标准以规范性的文件的形式存在，最终构建的网络化信息服务标准体系也应该以文件的形式存在。网络化信息服务标准体系为网络化信息服务改善和创新提供新的途径，进一步理顺网络化信息服务的工作事项，提高工作效率，建立起公平、公正、公开的服务模式，优化权力制约机制、简化工作程序、提升服务水平，促进网络化信息服务质量的提高，优化各种资源的配置，减少资源浪费，降低网络化信息服务业发展的社会成本和经济成本，促进网络化信息服务业的健康、可持续的发展。

（2）规范各种信息数据资源的挖掘利用

网络化信息服务的标准体系要确保信息数据能够在不同地区、不同部门中的流通，加强数据的挖掘利用，让数据发挥出其价值，促进数据驱动发展，提高信息资源共享程度。如今数据呈现爆炸的态势，很大程度上是因为互联网的快速发展促进了各种信息服务的出现，人们在使用各种信息服务时，无时无刻不在产生着大量的数据。特别是随着信息化的不断发展和深入、当前"互联网+"服务的拓展，各行各业均在持续推进信息化、网络化，并开展相应的网络化信息服务，进而源源不断地产生数据。

2020 年 4 月 9 日，中共中央、国务院印发了《关于构建更加完善的要素市场化配置体制机制的意见》①，要求加快培育数据要素市场，明确将数据作为与土地、劳动力、资本、技术并列的生产要素。数据是驱动数字经济发展的"助燃剂"，对价值创造和生产力发展有着广泛的影响。随着信息技术的飞速发展，挖掘和利用数据本身蕴含着的巨大价值已经成为可能，同时促进数据流通和信息共享，可进一步地释放数据的价值，也对优化信息服务、促进信息服务创新变革具有重要作用，可以推动不同的信息服务之间相互衔接、协同联动，提高服务水平，增强用户体验。

网络化的信息服务重视协作，而协作的基础就是数据流通和信息共享，这样可以打破网络化信息服务中的信息孤岛，打通不同部门、不同企业、不同信息服务之间的信息壁垒。而阻碍数据流通和信息共享，产生信息孤岛和信息壁垒的原因，在很大程度上是因为缺乏统一的数据标准规范。如果各个企业盲目地为了信息化而信息化，就会出现因各个企业都按照自己的规划进行信息化而导致标准过多的情况，各个企业内部有自己独立的标准，企业与企业之间标准不统一，甚至企业内部不同部门之间的标准都不统一，这样数据就无法流通，信息就不能实现共享。通过构建网络化信息服务标准体系，可以对网络化信息服务中的各项数据资源进行规范化，有了统一的数据标准，便可以为数据流通

---

① 中共中央 国务院. 关于构建更加完善的要素市场化配置体制机制的意见[EB/OL].[2020-8-12]. http://www.gov.cn/zhengce/2020-04/09/content_5500622.htm.

和信息共享奠定基础。

（3）保障网络化信息服务中的信息资源安全

网络化信息服务标准体系对网络化信息服务领域的安全管理、安全技术方法等进行规范和指导，保证信息服务在设计、开发、应用等全流程的可靠性、可控性和安全性。在保证国家安全的同时，它也确保了各种用户隐私数据的安全传输，从而保护了用户的信息安全，为网络化信息服务的长久稳健发展奠定了基础。随着全球社会信息化的深入发展和持续推进，信息安全向网络安全和网络空间安全聚焦，相比物理的现实社会，网络空间中的数字社会在各个领域所占的比重越来越大，数量的增长带来了质量的变化。数字化、网络化、智能化、互联化、泛在化引领信息安全管理进入了新技术、新环境和新形态的环境。信息安全开始更多地体现在网络安全领域，反映在跨越时空的网络系统和网络空间之中，反映在全球化的互联互通之中，① 人们在享受各类网络化信息服务所带来的便利的同时，也在时时刻刻面临着各种网络攻击、隐私泄露等网络安全风险。根据《第 45 次中国互联网络发展状况统计报告》②对互联网安全状况的调研，截至 2020 年 3 月，大约有 56.3% 的网民表示过去半年里在上网过程中未曾遭遇过网络安全问题，在报告里网络安全问题仅限指个人信息泄露、网络诈骗、设备中病毒或木马以及账号或密码被盗。由此可见，仍然有相当一部分人会遭遇网络安全问题的威胁。网络安全事件的频发，也越来越让人们意识到网络安全、信息安全的重要性。随着网络安全和信息安全形势的不断变化，对个人、对社会、对国家的新的威胁也层出不穷，如网络诈骗、网络谣言等严重危害人民的生命财产、社会的稳定以及国家的长治久安。同时我们看到，国家对信息安全的监管与考核越来越严格，中央关于信息安全的法律法规、规范性文件、政策等持续推出，网络与信息安全保障体系逐步健全、完善。对于和互联网密不可分的网络化信息服务而言，必须要建立起完善的标准体系，切实保障个人和国家的信息安全。

根据标准化的特征以及网络化信息服务领域的特点，网络化信息服务标准

---

① 王世伟. 论信息安全、网络安全、网络空间安全[J]. 中国图书馆学报，2015，41（2）：72-84.

② 中华人民共和国网络安全与信息委员会办公室. 第 45 次中国互联网络发展状况统计报告[EB/OL]. [2020-8-12]. http://www.cac.gov.cn/2020-04/27/c_1589535470378587.htm.

体系的特征主要包括以下方面①：

（1）动态性

网络化信息服务十分依赖于信息技术，而信息技术的发展是处于不断发展变化中的，而且发展变化速度较快。与之相应，如果网络化信息服务标准体系没有随之进行相应的修改，便无法适应新技术的出现，固守此类标准体系不利于促进技术的发展，也会违背该标准体系构建的初衷。所以，网络化信息服务标准体系应该具有动态性的特征，不断改进完善，以促进网络化信息服务业的发展。

网络化信息服务标准体系的动态性主要体现在三个方面，一是，在确定网络化信息服务标准体系的目标时，为了更好地满足实际需要，必须在全面细致地分析相关标准体系和文献资料的基础上，首先初步确定出总体目标，然后随着技术的发展、需求的变动以及外部环境的变化，动态地调整总体目标，使之切合实际。二是，网络化信息服务本身就具有动态变化的特点，如前所述，新技术的出现会产生新的网络化信息服务，或者会促进现有网络化信息服务的变革，网络化信息服务标准体系必须始终保持其先进性。三是，网络化信息服务标准体系的构建是一项复杂的任务，涉及的因素是多方面的，需要制定和协调的标准少则几十个，多则上百个，需要安排好先后顺序和限定完成的时间，面对如此复杂的、大量的、需要众多人员参与的活动，规划就显得特别重要，必须要有一个严密、周详的计划，以组织和协调各项活动。因此在网络化信息服务标准体系构建之前，必须进行详细的计划，构建完成之后，同样需要详细的计划以进行实施和评价。由于计划是事先制订的，其往往具有预测性，预测的事物本身就具有不确定性，这种不确定性往往会导致计划与实际不一致，在实施时计划通常需要根据实际情况进行调整。此外，按照事物发展的一般规律，根据客观情况的变化和经验的积累，动态地调整计划也是必然的。

（2）社会价值性

网络化信息服务可以丰富我们的日常生活，带给我们便利，为社会创造价值。网络化信息服务标准体系则可以为网络化信息服务提供保障，促进网络化信息服务协调健康发展，进而为社会创造更大的财富价值。对网络化信息服务进行标准化，构建完善的网络化信息服务标准体系，可以为科学管理网络化信

---

① 陈瑞雯. 基层公共服务标准化问题研究［D］. 泉州：华侨大学，2016.

息服务提供依据，实现对网络化信息服务基础设施、数据资源、信息和网络安全、技术管理以及领域应用等各个环节、各项活动的统一化管理，为客观合理地衡量和评价网络化信息服务水平和质量提供了有效的工具，从而有利于政府准确把握网络化信息服务的发展状况和发展水平，明确和制定促进网络化信息服务健康稳定发展的方向和具体目标，有利于政府开展网络化信息服务领域财政资金绩效评价，进一步优化财政政策，提高财政资金使用绩效。

此外，网络化信息服务标准体系在规范网络化信息服务各项活动促进其自身稳健发展的同时，也能够切实保障人民群众在使用网络化信息服务时的合法权益，使得所有人民群众都能够平等地使用到统一的网络化信息服务，而且也能够有效地确保网络化信息服务的质量，提高人民群众对网络化信息服务的满意度，营造一个更加和谐的社会氛围。

(3) 多样性和统一性

网络化信息服务的需求多样性、不同地区的网络化信息服务发展多样性，以及网络化信息服务本身的多样性，共同决定了网络化信息服务标准体系的多样性。一方面，在标准的表达形式上，网络化信息服务标准通常以一系列的定量指标构成，除此之外，还存在着无法量化的指标，则需要以定性的方式进行表达，形成以定量指标和定性描述相互补充、相互配合、多样化的标准表达形式。另一方面，在标准具体内容的制定方面，由于全国各地区之间、各种网络化信息服务之间存在着差异，因此，标准内容的制定需要在统一的、最低标准的基础上进行分级，呈现出多样性的内容以符合实际需要。

标准化在本质上的特征就是统一性，它是对共同与重复使用的含义与事物制定统一规则的活动。统一是进行科学管理和组织大规模生产的前提和重要保障，是进行技术交流的重要工具，也是保证质量的重要基础。对网络化信息服务进行标准化而构建的统一标准体系，不仅能促进各种网络化信息服务的质量提升和推陈出新，而且也使得各个环节技术、人员、资源的衔接和协调有序到位，实现网络化信息服务提供流程的规范化，促进部门与部门之间、单位与单位之间有机协调合作。

(4) 系统性

系统性是网络化信息服务标准体系的突出特点，其构建需要运用系统的观点和系统的方法，因为标准化的对象——网络化信息服务本身就是一个复杂的系统，具有明显的系统属性，几乎标准体系内的每一个子标准的构建、每一个标准化目标的实现都必须要从整体出发，系统地思考和解决问题。从标准的制定、标准的实施、实施过程的跟踪检查、相关数据资料的收集、信息反馈，直到评价验收，形成了一个完整的、系统的工作流程，网络化信息服务标准体系内的所有标准都需要经受这个流程的检验，所有质量不高、水平不够、不能有效发挥作用、不符合总目标的标准都必须及时调整、改进。总的来说，在构建网络化信息标准体系时，首先需要明确对标准化所要达到的总体目标，然后，围绕目标进行思考分析，确定与目标实现直接相关的要素并对目标进行分解，以此为基础，对网络化信息服务标准体系进行整体规划，明确网络化信息服务标准体系的构成，进而按照统一的工作计划编制出系统完善的标准并有组织、有条理地加以实施，最后经过评价工作来确认构建的网络化信息服务标准体系能否达到预期目标、是否满足各项要求。

4.3.2 网络化信息服务标准体系的基本原则

标准化作为一种促进相关行业健康快速发展的重要手段，既是科学化管理的基本要素，同时也是推动相关行业转型升级的关键保障，对网络化信息服务进行标准化，构建网络化信息服务标准体系是规范行业发展、保障服务质量、增强科学监管和促进科技进步的重要途径。因此，网络化信息服务标准体系需要体现出以下基本思想原则，确保网络化信息服务标准体系科学合理，符合实际需要。①

（1）目标性原则

网络化信息服务标准体系的构建一方面是一种有目的、有计划的活动，通过该标准体系的制定实施后达到和实现一定的成果，明确目标是促进网络化信息服务标准体系成功构建的关键，如果目标不明确、不合理，就意味着构建的网络化信息服务标准体系是混乱、低效的，很可能导致标准体系构建的失败。另一方面，网络化信息服务标准体系作为一个复杂的庞大系统，其构建过程不是一蹴而就的，需要经过大量的调研分析等准备工作，而且要经历构建、实施、评价和修订等多个阶段，每个阶段都需要付出大量的时间和精力，如果没有详细的目标和规划，就无法完成网络化信息服务标准体系的构建，同时不断地修订完善也需要制定目标和计划来加以指导，明确了目标才能确保标准体系制定高质高效地完成。

---

① 徐梦菲. 农村电子商务服务标准体系的构建[D]. 舟山：浙江海洋大学，2019.

网络化信息服务标准体系构建所需达到的目标，应该是具体的、可测量的，它为后续标准体系的制定、实施和评价等工作指明了方向，需要在一系列的分析研究的基础上，根据制定的目标，逐步明确体系的结构、要素及功能，从而使得最终构建的标准体系的各部分及整体有机统一。网络化信息服务标准体系不是若干个标准的简单累加或杂乱无章的堆砌，而是要在目标的指导下逐步完善。

(2) 系统性原则

系统性原则即顾全整体，把握关键。网络化信息服务标准体系是由一系列相互依存、相互协调、相互补充的标准按照一定的逻辑规则组合而成的，一个标准体系效益的最终实现不仅依赖于各个标准自身，而且在于各标准之间的相互作用关系。在构建标准体系的时候，必须坚持系统性的指导，充分考虑各标准之间的内在联系及其所组成的有机整体，各标准功能融入标准体系中并发挥作用，以达到之前制定的目标。同时，网络化信息服务标准体系的构建过程应该充分考虑已经发布实施的相关标准以及法律法规，在与其不冲突的情况下，确保构建的标准体系是全面完备的。系统性原则要求网络化信息服务标准体系的构建需要从宏观的层面出发，对标准体系整体有一定的规划，正确把握标准的主次，防止出现冗余。网络化信息标准体系的构建涉及的因素是各式各样的，涉及的领域是方方面面的，而且标准间彼此联系、相互协调，并最终直接影响着所构成的标准体系整体。这些标准不应该是杂乱无章的，而是应该有主次之分的，高一层次的标准限制较低层次的标准，较低层次的标准为较高层次的标准服务，两者相互制约，不可割舍分离。网络化信息标准体系最终作为一个系统条理的整体而存在，体系内的各个标准虽然都有其特定的功能，具有一定的独立性，但是对整个标准体系而言，它们都是标准体系有机整体的一部分，彼此无法割舍。

对网络化信息服务标准体系的理解不能简单地认为仅仅是各个标准的集合，根据系统学的相关理论，事物通过一定的关系联结在一起组成系统后，便产生了各个组成元素在孤立情况下所不具备的新属性，系统的新属性是由组成系统的各个元素共同作用的结果，系统的属性总是多于组成它的各个元素孤立状态时的属性总和。网络化信息服务标准体系同样也是如此，构建时应遵循系统性原则，使得其内的各个标准有机组合后效益大于各标准单独的效益之和。

(3) 协调性原则

构建网络化信息服务标准体系，需要对网络化信息服务领域有一种较为全面细致的认识，根据一定的准则如系统协调、任务妥洽、监管有效等合理划分各个子标准，各个子标准要保留彼此贯穿、彼此依靠、彼此限制的关系，确保做到整体和局部协调、局部和局部协调，相关标准的协调发展和密切联系有利于标准体系达到既定目标，取得更大成效。各个子标准不仅需要彼此融合、协调发展，还要确保一定的独立性，确保其能够在标准体系中能够充分体现。由于网络化信息服务涉及多个行业，构建的标准体系要建立在各部门现已制定的相关标准的基础上，不仅要突出网络化信息服务领域自身的特点，还要与其他相关领域的标准体系无缝对接，和其他各个具体的相关行业中已有的标准体系相协调，不能和国家或地方现行的各类标准体系有出入，更不允许违背法律法规。之所以要构建网络化信息服务标准体系，就是为了规范网络化信息服务的发展，促进经济效益和社会效益的提升，标准体系内的各项标准必须与实际的网络化信息服务相协调，具备针对性和兼容性。

(4) 科学性原则

构建网络化信息服务标准体系，要明确网络化信息服务的客观需求，依照网络化信息服务的内在发展规律和标准化相关法律法规的基本要求，遵循标准化的基本原理，运用科学的理论和方法，在实际调查研究的基础上，构建符合现实实际和客观要求的标准体系，并对其进行实施、评价和改进。网络化信息服务标准体系的构建应满足实际需要，符合客观发展趋势，达到真正的科学合理。同时，网络化信息服务标准体系的构建应借鉴国内外已有的成熟的标准体系，而且应该有利于促进网络化信息服务业的健康发展，而不应该成为其障碍和绊脚石。

(5) 开放性原则

任何事物都是处于不断发展变化中，网络化信息服务标准体系也不是一成不变的，其发展应该是螺旋式地上升，要随着网络化信息服务的发展不断完善，当前构建的网络化信息服务标准体系是对当前实际情况的反映，是为了满足当前网络化信息服务标准化的需要，当网络化信息服务所处的环境发生变化时，标准体系内一些落后的、不合时宜的标准亦应得到相应的修改。网络化信息服务标准体系需要经历制定、实施、评价、再修订等阶段，需要进一步修改完善。当一个标准体系制定实施完成后，它将在后续一定的时期内生效，持续稳定地发挥作用，但是随着时间的流逝，外部的社会环境、人的主观意识等都在时时刻刻地发生变化，很可能使得网络化信息服务标准体系内某些标准无法适应新的变化，特别是一些技术标准等，须对落后的旧标准加以改进，进行调整使之适应新的需要，每一次修订都会使得标准体系更加充实、完善，其生命力也会更加持久。因此，构建网络化信息服务标准体系，应充分考虑到开放性原则，必须既要立足当前，又要放眼未来，为其适应今后的发展而留有足够的可扩展空间。

5 国家安全体制下网络化信息服务
标准体系的结构与功能

构建网络化信息服务标准体系，需要在深入分析标准体系基本问题的基础
上，依据标准体系构建目标和思想原则，认真把握标准体系应该具备的各级指
标，进一步明确各级指标对应的标准及其功能，从而确定标准体系的总体结构
和功能。本章将论述网络化信息服务标准体系的结构与性质、功能以及可行性
等方面。

5.1 网络化信息服务标准体系的结构与性质

标准体系是由一系列的标准及其实施环境构成的系统，它既可以是处于规
划阶段中未来的标准体系，也可以是当前已有的标准体系。在经济社会运行过
程中，标准体系是由具体的标准组成的整体，构建网络化信息服务标准体系就
是使用标准化的原理和方法制定一系列的相互联系的标准，根据相关规定修改
完善并执行实施，规范提供服务的方式和过程，推动网络化信息服务质量
达标。

在标准体系的相关研究中，目前采用的基本研究方法主要有分类方法、层
次方法、系统方法和过程方法等，其中分类方法和过程方法较为常用。采用分
类方法进行标准体系的研究，可以非常便利地得到标准体系本身的详细内容
表，可以方便地查询和观察标准体系的变化过程，但是该方法得到的标准体系
与组织实际的运用管理过程存在较大偏差，两者很难紧密地贴合。过程方法是
将整体的输入转化为输出，又转化为下一个输出，因此采用过程方法进行标准
体系的研究，不仅在形式上更贴合组织的实际运营管理，而且在内容上也更能
依据环境的变动而灵活地做出动态的调整，便于对标准体系进行管理和改进。

在具体的研究中，应该根据标准对象和领域的不同采取不同的研究方法，但是这些研究方法并不是独立的，常常需要不同的研究方法组合使用。①

5.1.1　网络化信息服务标准体系的结构

应在对所有标准进行分类、融合、详细分析的基础上，构建网络化信息服务标准体系，确保体系是系统化、层次化的，且能够达到预期目标并发挥作用。网络化信息服务的标准化建设是一项综合、复杂的活动，通常包括制定、发布、实施、评价和修订等阶段，为了便于有序高效的系统化管理，本书结合分类研究方法和过程研究方法，以及网络化信息服务自身的特点，将网络化信息服务标准体系分为六个模块，分别是基础标准、数据标准、安全标准、管理标准、技术标准以及应用领域标准，如图5-1所示。

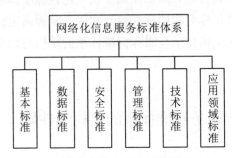

图 5-1　网络化信息服务标准体系结构

网络化信息服务标准体系中的六个部分具体如下：

①网络化信息服务基础标准。基础标准对一定范围内标准化对象的共性因素，如概念、数系、通则等做出统一的规定，覆盖范围广，具有广泛的指导意义，可作为制定产品标准或其他标准时所必须遵循的依据或准则。随着网络化信息服务业的发展，对构建标准体系的需求也越来越迫切，而基础标准为网络化信息服务标准体系中其他标准的制定奠定了基础和提供了依据，具有重要作用。

②网络化信息服务数据标准。网络化信息服务是以信息为载体的，信息通过信息渠道在供需双方之间传递。在传递过程中，如果数据接口、统计口径或加工方法不一致，就会导致信息传递效率降低，可信度降低，成本提高，而且

---

① 贾晓芬.农村基本社会工作标准化研究［D］.武汉：华中师范大学，2016.

由于这些不一致的存在，信息共享会受到极大的限制，网络化信息服务的互联互通与协同操作也无法实现。基于这些实际存在的问题，由网络化信息服务所涉及的群体共同制定并执行的数据互联互通范式就尤为重要，这便是网络化信息服务的数据标准。网络化信息服务数据标准旨在提高网络化信息服务中信息的完整性、准确性以及安全性，切实保障用户信息安全和国家安全。同时数据标准还可以规范数据操作，减少数据转换和数据冗余，降低开发维护信息系统的成本，进而推动网络化信息服务的一体化进程，减少数据流通和信息共享的障碍。只有合理制定标准并严格执行数据标准，保障承载信息的数据的一致性和严密性，才能确保信息传递链路上的每一方都可以无障碍地进行信息传递和信息资源共享。

③网络化信息服务安全标准。随着互联网和信息技术的高速发展，网络化信息服务如雨后春笋般涌现，在给我们生活带来极大便利的同时，安全事故也频频发生，诸如网络摄像头视频泄露、勒索软件攻击、求职简历泄露、在线账户资料被公开售卖、电子邮件欺诈等。这些信息安全事件给人们带来了极大的财产损失以及潜在的安全威胁，甚至会危害国家安全和社会稳定，保障网络化信息服务中的信息安全愈发显得尤为重要，而为保障信息系统正常运行而制定的统一标准就是信息服务安全标准，即建立一套系统完备的适用于网络化信息服务领域的安全标准。

④网络化信息服务管理标准。行业的发展与微观层面的机构管理息息相关，管理标准在标准体系中往往用以支撑和连接其他关键标准，是企业标准、信息化标准等标准体系中重要的组成部分。在不同的应用场景和主体对象中，管理标准的内涵也有所差异。网络化信息服务管理标准是网络环境下对信息服务的规划、筹备、运行、监控与改进等环节所需的管理要求与管理活动规范。它从信息服务的管理视角出发，通过描述信息服务相关人员、技术、服务内容、服务过程、服务质量等方面的重要因素和管理要求，指导行业机构设计与完善信息服务的管理框架，并落实法律法规关于网络信息安全管理、服务质量保障等方面的条文规定，为网络环境下信息服务的管理活动提供规范和依据。

⑤网络化信息服务技术标准。各种各样的信息服务都依赖于信息技术而得以实现，信息技术决定着网络化信息服务的模式和发展方向。对网络化信息服务所涉及的信息技术进行标准化，不仅能促进网络化信息服务的发展，而且还能推动信息技术的变革。技术标准是指一种或一系列具有强制性要求或指导性功能，内容含有细节性技术要求和有关技术方案的文件，其目的是让相关的产品或者服务达到一定的安全标准或者进入市场的要求。在网络化信息服务领

域，技术标准是紧密围绕网络化信息服务所涉及的具体信息技术而展开的，对机构在提供信息服务或支持第三方信息服务过程中所应用技术的描述、要求、规范程序、方法和指导建议等进行了规范，对网络化信息服务的规范化具有重要作用。

⑥网络化信息服务应用领域标准。网络化信息服务业是在网络环境中利用信息技术提供服务的现代服务业。随着信息技术在经济社会各领域中的不断渗透，网络化信息服务业也在与国民经济其他产业部门不断融合，成为支撑经济社会发展的战略性新兴行业，而且随着我国数字经济的蓬勃发展，网络化信息服务业正在成为推动数字经济发展的关键驱动力量。网络化信息服务的应用领域可以涵盖科技、经济、政策法规、文化、市场、金融、旅游、娱乐、影视、生活等众多方面，其应用领域标准就是为提供网络化信息服务的各行业进行定制化应用落地的实施指南，以及结合行业特点对服务进行规范的相关标准。

5.1.2　网络化信息服务标准体系的性质

体系是由若干相互联系、相互制约的事物构成的整体。① 标准体系则是指一定范围内一系列的标准按其内在联系而形成的科学的有机整体，它是对具有一定功能和特征的标准化对象所进行的逻辑组合。② 网络化信息服务标准体系就是各个标准组合而成的标准体系，它应该是结构合理、领域完整、条理清晰、系统完善的。标准体系是由若干标准构成的，对于标准体系性质的认识可以建立在对其所含子标准性质的认识之上，本书将网络化信息服务标准体系的性质归纳总结为以下几点③：

(1)基准性

标准体系的构建可以看作对基准的需求，一方面，随着互联网和信息技术的高速发展，网络化信息服务业也在不断发展，越来越多的网络化信息服务机构(企业)开始出现，如果没有一个统一基准对这些网络化信息服务企业的各项管理和经营活动进行规范统一，就无法保证各类网络化信息服务供给方提供的信息服务质量，也就无法保障用户体验。显然，缺乏一定基准的约束不利于

---

① 冯建周. 档案信息化标准体系建设研究[D]. 郑州：郑州大学，2009.

② 段晋霞. 县级政府体育公共服务标准体系构建的研究[D]. 太原：山西师范大学，2014.

③ 麦绿波. 标准的地位和性质[J]. 标准科学，2013(1)：13-16.

网络化信息服务业的可持续发展，必然需要一些基准来确保网络化信息服务的质量和水平，进而促进网络化信息服务的高质高效发展。网络化信息服务标准体系基于对上述需求的满足，对网络化信息服务的各项活动进行统一规范，形成正确的、可靠的依据和度量衡，也就是基准。同时，在世界经济全球化的大环境下，网络化信息服务提供方之间也需要加强合作，而网络化信息服务标准体系的建设则为组织之间、部门之间的彼此合作提供了保障，而且也为企业实现高效科学的组织管理奠定了基础，这些无疑都会推动网络化信息服务业更好地发展。另一方面，在如今日益复杂的网络环境中，网络化信息服务在深刻影响和改变人们日常生活的同时，也导致用户隐私信息泄露等严重威胁用户信息安全的事件频频发生。这不仅影响用户对网络化信息服务的信任，阻碍网络化信息服务的长久发展，而且会影响和危害到社会稳定和国家安全。完善的网络化信息服务标准体系将为网络化信息服务业的各项活动提供统一的基准，这将有利于从根本上保障用户的信息安全和国家安全。网络化信息服务标准体系的基准性源自标准，标准的制定是科学合理的，是可以被广泛信任的。网络化信息服务标准体系一旦构建完成并实施，作为标准集合的标准体系就是网络化信息服务这一领域的基准，它将引导网络化信息服务向更好的方向发展。

(2) 公认性

公认性是网络化信息服务标准体系的一个显著性质，是以科学、技术和实践经验的综合为基础的。其公认性主要来自三个因素的支撑，其一是网络化信息服务标准体系的构建往往以大量文献和已有标准为基础，它们建立在科学知识的基础上，被大量的实践证明，具有较强的公认性。也就是说，网络化信息服务标准体系的构建需要科学理论依据，且制定完成后需要经过试点实施验证其合理性和可靠性后才能被实施，这样才能确保标准体系的正确性和科学性，能够被广泛接受和认可，为其正常发挥作用奠定基础。其二是网络化信息服务标准体系及其各项标准的制定过程具有严格的程序，广泛地征求了相关方的意见，经过充分考虑、多方协商，兼容各方意见后形成的，有广泛的人员参与，并由政府主管部门批准。同时，网络化信息服务标准体系往往具有权威性，在其发挥作用的过程中，不受权力和经济地位左右，这是一个标准体系能够被广泛认可的重要保障。如果企业能够通过各种手段使其逃避掉网络化信息服务标准体系的约束，那么这样的标准体系是具有漏洞且不完备的，也就不能被广泛地信服。其三是网络化信息服务相关方涉及面广，包括提供网络化信息服务的企业、使用网络化信息服务的用户以及政府监管部门等。从整体上来看，各相关方对网络化信息服务标准体系的不同要求在宏观上是统一的，即在应用范围内获得最佳秩序，达到相关方最佳的共同利益均衡点。这一理想的终极状态，是构建标准体系的出发点和归宿地，需要各相关方共同努力，需要充分考虑各相关方需求和多方面因素，进行综合优化，权衡各项具体内容的先进性、经济性和适用性等，确保标准体系满足相关方的需求而且被广泛认可。因此，在上述三个方面因素的支撑下，网络化信息服务标准体系必然具有公认性，其严格构建并科学实施后，必将被广泛接受和认可。

(3) 公益性

标准体系的建立通常是出于对集体共同利益的考虑，是为了解决某一领域的公共问题，其制定是多方的需要，制定目的是具有公益性的，不是为了维护某一方或个别人的私利。网络化信息服务标准体系就是面向网络化信息服务这一领域构建的，其制定目的是希望在该标准体系的约束和规范下，促进网络化信息服务行业内的各个相关方能够形成互利、互惠、多赢的关系，所以具备公益性。具体来说，网络化信息服务标准体系涉及多个相关方，各相关方对标准体系的要求不尽相同。比如，对于网络化信息服务业的监管者，网络化信息服务标准体系的构建，一方面可以规范网络化信息服务企业的日常经营活动，使各个企业的行为统一协调，减轻监管者的负担。另一方面标准体系本身也可以作为监管者行使监管职能，规范监管者的监管活动，提供监管效率，从而能够促进网络化信息服务业更好地服务社会，推动网络化信息服务业健康有序地发展。对于网络化信息服务供给方，网络化信息服务标准体系制定和实施后，有利于企业或组织在标准规范下科学化、规范化以及系统化地进行经营和管理，提升企业的运行效率和经济收益，促进服务质量和水平的提升，从而推动整个网络化信息服务业的可持续发展。对于普通用户，服务的质量得到了规范性保障，避免了因信息不对称而导致的合法权益被侵害。即用户希望网络化信息服务标准体系能够切实规范企业活动，提升网络化信息服务质量，保障用户的合法权益和维护用户的信息安全，降低用户的各项成本。网络化信息服务标准体系的建构初衷不是为了其中的某一方利益最大化，而是充分考虑和协调各相关方的利益和需求，注重的是各个相关方的共同利益，在满足和切实保障各相关方需求与共同利益的基础上，它推动了整个网络化信息服务行业的进步。从长远来看，它能够促进社会的和谐、公平和进步，这是网络化信息服务标准体系具备公益性的具体体现和必然要求。此外，具有公益性的事务往往都是公开的，每个人都拥有平等获取的权利，网络化信息服务标准体系构建完成并实施后也将公开，每个有需要的人都能够通过特定的渠道获得，这和网络化信息服务标准体系的公益性相吻合。因此，网络化信息服务标准体系具有公益性。

(4) 知识性

网络化信息标准体系本质上是对人类对网络化信息服务知识的提炼，是技术经验的升华，是科学应用的知识结晶。科学、技术和经验的综合成果是标准体系内各标准产生的基础，经过比较、分析和归纳后合理整合成果并生成标准。对于网络化信息服务的标准而言，无论是从领域知识和经验中提炼概括而成，还是根据已有标准整合而成，都是由科学知识作为基础的，这奠定了网络化信息服务标准体系科学性和知识性的基础。如果一个标准体系内的标准不是建立在科学知识基础上，那么其必然是错误、矛盾且混乱的，是不被人们所接受的，这也是上述标准体系的公认性所必然要求的。网络化信息服务标准体系的构建是以标准化理论为支撑，它是人们从事标准化活动经验和知识的总结，是对标准化各领域本质特征的概括。同时它又是建立起标准化科学的基石，是知识的成果转化。网络化信息服务标准体系的构建本质上就是网络环境下的服务标准化，它标志着标准从纯粹的技术要求向行为规范转变，以及标准化理论从纯粹的客观知识积累到客观知识与主观知识并存的转变。① 作为标准化理论在网络化信息服务这一特定领域的应用成果，网络化信息服务标准体系必然也具备知识性。尤其是网络化信息服务领域中先进的信息技术，是各种网络化信息服务的基础，同时也是各个企业赖以生存的核心竞争力；作为网络化信息服务标准体系中的必不可少的一部分——技术标准，它对网络化信息服务业相关的先进信息技术等进行了规范，无疑是对先进的科学技术知识的提炼。因此，网络化信息服务标准体系具有知识性。

(5) 普适性

所谓普适性，就是指某一事物，特别是观念、制度和规律等，比较普遍地适用于同类对象或事物的性质。事物的普适性源于事物的共性和规律，而标准就是对重复性事物和概念所作的统一规定，显然标准对其特定领域中所规定的事物和概念具有普适性，作为由标准构成的标准体系同样在其特定领域中具有普适性。网络化信息服务标准体系在网络化信息服务领域具有普适性，这也是由标准体系的公认性和知识性决定的；公认性说明了标准体系在网络化信息服

---

① 易骏. 我国政府公共服务标准化建设问题研究[D]. 南京：南京师范大学，2015.

务领域是被广泛认可和接受的；知识性说明了标准体系是对科学知识的提炼和总结，科学知识在其学科领域是普适的，是符合客观实际要求且经得起时间考验的，这都为网络化信息服务标准体系的普适性奠定了基础。网络化信息服务标准体系的普适性说明了其对所有的网络化信息服务是适用的，普适性也体现了通用性，既通用又实用的标准体系能够更好地建立统一化的状态，这在一定程度上也反映出了标准体系建设的初衷。

当今，网络化信息服务业的分工高度细化，企业之间、部门之间的协作越来越重要。如果没有网络化信息服务标准体系的规范和约束，那么各个网络化信息服务企业将会是一盘散沙，按照企业内部制度的标准独自发展而无法协作，这与社会发展的大趋势相违背。为了实现网络化信息服务业的健康可持续发展，必须构建统一的标准体系，规范和统一协调网络化信息服务领域的各项活动，适应网络化信息服务领域的不同企业、不同服务和不同场景等。即普适性是网络化信息服务标准体系成功构建并实施后的最基本性质。

5.2　网络化信息服务标准体系的功能

标准化作为人类实践活动的重要组成部分，是人类社会发展的助推器，在科技、经济、文化等迅速发展的现代社会，它发挥着越来越重要的作用，社会发展对标准化的需求也越来越迫切。正如习近平主席在致第 39 届国际标准化组织大会的贺信中所说的那样，标准是人类文明进步的成果。从中国古代的"车同轨、书同文"，到现代工业规模化生产，都是标准化的生动实践。伴随着经济全球化深入发展，标准化在便利经贸往来、支撑产业发展、促进科技进步、规范社会治理中的作用日益凸显。标准已成为世界的"通用语言"。世界需要标准协同发展，标准促进世界互联互通。标准助推创新发展，标准引领时代进步。① 对网络化信息服务进行标准化、构建网络化信息服务标准体系对信息服务业的健康良好发展具有重要的作用。

5.2.1　规范行业秩序

随着现代科技的高速发展，生产的社会化程度越来越高，规模越来越大，

---

① 新华网. 习近平致第 39 届国际标准化组织大会的贺信［EB/OL］.［2020-8-12］. http://www.xinhuanet.com/politics/2016-09/12/c_1119554153.htm.

分工越来越细，协作越来越广泛，网络化信息服务同样如此，不同地区、不同企业提供的网络化信息服务各式各样、参差不齐，如果没有统一的标准规范，那么显然不利于地区与地区、企业与企业之间的协作，严重阻碍网络化信息服务的长久健康发展。构建的网络化信息服务标准体系对领域中的方方面面进行了统一的规范和约束，具有权威性和公信力，可以实现服务规模的扩大和广泛的协作，保证服务质量和服务水平，同时可以利用该标准体系降低商业活动中的风险，减少发生摩擦，从而使得不同规模、不同类型的企业都能够良好地生存和发展。

随着时代的发展，人们对企业内部管理工作的研究也逐步深入，越来越多的管理者们开始探索科学管理对企业发展的积极影响，结合时代发展和现实客观需要，对企业有针对性地、科学合理地开展相应的管理工作就成为现阶段企业发展的必经之路。随着近几年我国经济的持续稳定发展，现代化企业发展的脚步越来越快，越来越重视科学管理以提升企业运行的效率和发展的质量。[①]对于提供网络化信息服务的企业同样如此，科学管理对于企业提高服务效率和服务质量、减少资源消耗和浪费、增加经济效益等作用显著。然而，要实现管理的科学化首先必须使管理标准化。[②] 标准化为管理工作创造了技术统一性，现代社会建立在高度分工的基础之上，切断了企业内部原本连续的过程，而标准又能把这些切断了的各环节衔接起来，因此标准化是科学管理的基础工作。同时企业管理者管理水平的提高同样也必须依赖于标准化水平的提高，俗话说"无规矩不成方圆"，管理科学一定程度上是经验的总结，亦即总结前人被实践证明是行之有效的、普遍性的、规律性的认识。这些经验和知识的模式化、规范化过程是普遍性、规律性的提炼过程，也是标准化过程。所以，对网络化信息服务进行标准化可以让企业管理者更好地管理内部事务，进而推动网络化信息服务行业更加规范地发展。

除此之外，从政府管理角度来看，统一的标准体系同样使得网络化信息服务业更易于被政府监管，政府可以通过制度标准作为指标来贯彻落实宏观调控政策、规范网络化信息服务行业的行为，同时给管理活动提供有力的理论依据和支撑。

---

① 洪潇. 工业工程标准化质量体系及科学管理思路探讨[J]. 大众标准化, 2020(13): 218-219.

② 蔡素滨. 浅谈科学管理与标准化[J]. 福建质量信息, 2008(9): 30-32.

5.2.2　促进数据流通和共享

如前面所述，在当今社会中，由于社会分工越来越细化，任何一种网络化信息服务都不可能完全由单一的组织来完成，服务中的信息也不可能由单独的组织或个人独享，信息共享和数据流通是合作协同的基础。统一的网络化信息服务标准体系能够实现数据在不同部门、不同单位、不同地区之间的流通，推进信息公开和信息共享，进而依靠信息将不同部门、不同单位、不同地区紧密连接在一起，实现协调合作。

充分获取和高效利用已掌握的数据资源，对于信息服务机构能够在日趋激烈的市场竞争中及时做出正确决策具有至关重要的作用。有效分析数据，挖掘出有利于科学决策的信息，把握发展机会，获得市场竞争优势，这几乎是每一个网络化信息服务提供者都面临的难题，特别是在瞬息万变的网络环境中，网络化信息服务提供者需要重视对数据的获取、分析和利用。数据以文字、数字、图像、音频和视频等多种格式对客观事实和事物进行描述和呈现，蕴含着丰富价值，是企业不容忽视的重要资产。政府已将数据视为基本的生产资料，数据的重要性已不言而喻，必将在未来的社会生产中发挥巨大的作用。

然而，网络化信息服务机构也必须认识到其获取的数据类型多种多样且质量参差不齐，直接影响到其数据资产的价值。而且企业分析和处理低质量的数据往往需要付出巨大人力、物力和财力成本，甚至会出现收益付出不成正比的情况，这就刺激了服务机构对高质量数据获取的需求。就目前的网络化信息服务而言，大多数是在满足某一个或多个业务需求的基础上完成的，没有充分考虑与其他业务、其他系统的数据流通、重用和共享。在不同企业、不同业务、不同系统之间的数据一致性和可用性矛盾突出，存在数据口径不一致、存储结构各异等一系列问题。如何将分散、孤立的数据统一起来，将众多孤岛式的数据系统整合打通，打破信息壁垒，实现信息共享和数据流通是当前提升网络化信息服务效用的关键。

建立一套切实可行的网络化信息服务标准体系，是提高数据质量的有效手段，也是解决以上这些问题的必由之路。网络化信息服务标准体系可以通过制定数据标准，对领域数据的定义、组织、获取、传输、存储、分析和利用等加以规范，这是保障网络化信息服务行业良好发展的基础性工作，也是促进信息共享和数据流通的基本保证。

通过标准体系明确和统一网络化信息服务中业务的含义和活动流程，避免因歧义而导致的业务内外部之间数据的不一致。数据标准化将有助于提供完整、实时、准确、高质量的数据，为网络化信息服务企业决策的科学性和准确性提供了有效支撑。首先，通过数据标准规范各项数据和信息资源，为多维度和深层次的挖掘和利用数据提供依据，易于在各业务部门之间甚至各企业之间流动共享；其次，能够有效降低数据分析处理的复杂度，极大地提高数据分析处理效率，降低数据处理过程中的错误出现几率，有利于提高企业数据资产质量。构建网络化信息服务标准体系对数据进行标准化，将加速网络化信息服务企业对数据仓库、商务智能分析、大数据应用等系统的建构，以最大限度地发挥企业数据资产的价值，切实提升网络化信息服务企业的经营管理水平。

5.2.3 加强相关者之间的联系

通过网络化信息服务标准体系，在保证信息服务质量、规范相关主体行为的基础上，作为政府、服务机构和用户之间联系的纽带，标准化信息可以在三者之间自由地流动，降低了信息的不对称性，避免了政府信任危机和社会信任危机的出现，加强了三者之间的合作。

随着改革开放的不断深入，我国经济取得了长足发展，人民的生活水平获得了极大改善，但是经济发展和社会运行中暴露的问题也越来越多，政府作为政策制定者和政策执行监督者，在经济发展和社会运行中扮演的角色越来越重要，加强政府对企业的监管，对构建社会主义和谐社会、规范经济社会正常运行非常重要。由于信息不对称问题的存在，政府和网络化信息服务企业将产生博弈意向和行为，关系的正确处理对政府正常行使其职能以及网络化信息服务企业健康发展尤为重要。网络化信息服务标准体系的建立，有利于政府加强对网络化信息服务企业的监管，提高政府监管效率。

在网络化信息服务标准体系的指导下，网络化信息服务企业可以更加科学地对自身内部进行管理，制定合理的发展战略，最大限度地降低物耗和能耗，获得最佳的经济效益和社会效益。严格按照网络化信息服务标准体系开展企业活动，网络化信息服务企业可以确保其提供服务的高水平和高质量，使其服务水平和质量能够紧跟行业发展，确保企业自身能够在激烈的行业竞争中不被淘汰。网络化信息服务标准体系与行业发展现状密切相关，从本质上来讲，标准体系源自企业本身，企业发展水平的提高必将导致标准体系的改进。换句话说，在各个激烈竞争的行业中，标准体系的制定在很大程度上取决于行业竞争的强者和赢家，同时标准体系对各项活动的规定，则是其他相对较弱的企业的发展方向。因此在网络化信息服务领域，各企业要想实现长久的发展离不开标准体系，而且需要在标准体系的指导下谋求更进一步的发展。

网络化信息服务标准体系在为政府提供监管依据、为服务机构提供发展方向的同时，也降低了用户与网络化信息服务企业之间的信息不对称，保障了用户的知情权，可以在一定程度上对网络化信息服务企业所提供的服务进行监督，确保企业的服务水平是统一、达标和合法合规的，以及用户自身的合法权益是不受侵犯的。与传统的信息服务相比，网络化信息服务是以网络为依托的，其最大特点在于网络的虚拟性。这一特性决定了用户在使用网络化信息服务时其自身权益受到侵害的风险更大，用户对服务认知的准确性会下降。由于网络化信息服务提供方与用户之间的利益角色不同，一些网络化信息服务提供方为了获取更大的利润，很可能会故意隐瞒一些对其不利的信息或者夸大服务本身的功用等，而用户只有在真正被提供服务后才能对服务本身的真实情况有所了解。通过网络化信息服务标准体系，可以加强用户与网络化信息服务提供方的联系，让用户对其使用的网络化信息服务具有一定的知情权，有利于用户切实保护自身合法权益。

5.2.4 推动相关信息技术的发展

网络化信息服务的发展离不开信息技术的支持，信息技术在一定程度上决定着网络化信息服务的方式和质量。建立统一的标准体系，可以规范网络化信息服务技术的使用与发展，合理高效地应用信息技术，创造出更多的应用场景和信息服务模式。

随着网络化信息服务的发展，信息技术已经成为网络化信息服务提供方的核心稀缺资源和竞争优势。一方面，构建网络化信息服务标准体系，对网络化信息服务领域涉及的各种技术进行标准化，有利于促进新旧技术的融合，通过引入新技术实现网络化信息服务的创新。网络化信息服务标准体系通过系列标准实现了行业内部、企业内部、业务内部数据和信息资源的共享和流通，减少了内部协调成本，使得分工更加专业化，这在一定程度上降低了新技术引入带来的风险。另一方面，一旦一项新的技术成果被标准化，就会加快网络化信息服务机构对相关技术的应用，有了技术标准规范，企业就可按规范利用新技术来提高服务质量和服务水平，降低新技术应用失败的风险，而且随着新技术的广泛应用，又会反过来促进技术实现进一步的变革。有了相关技术标准作为后盾，网络化信息服务的质量就有了保证，用户对新的网络化信息服务的需求也会更加强烈，而且新技术的应用在刺激用户使用网络化信息服务的同时，也加速了技术创新成果的产业化，进而推动网络化信息服务行业的进步，创造更多社会效益和经济价值。

网络化信息服务领域的技术标准化是一项涉及众多复杂技术的系统工程，这些技术或直接或间接地应用于网络化信息服务本身，各种技术必须协调工作、彼此互补。在网络产业急速发展的今天，任何一个网络化信息服务提供方都无法独自提供其所需要的全部技术，这意味着网络化信息服务行业内部必须加强合作，而技术标准的统一为行业内部的技术合作奠定了基础。这也推动了网络化信息服务提供方独立创新转化为多个提供方分工协同创新，在提高技术创新效率的同时，也提高了资源的利用率，有利于产业创新的规模化，同时也打破了技术垄断，保障了各网络化信息服务提供方平等、稳定地发展。①

一个行业的可持续发展，离不开市场竞争和淘汰落后组织机构，从而推动行业向更好的方向发展。在网络化信息服务行业也是如此，网络化信息服务提供方的竞争优势在很大程度上就来源于技术创新能力的提升，而技术标准化是技术升华的必要前提。② 因此，对网络化信息服务领域的相关技术进行标准化，有利于提升网络化信息服务行业的技术创新能力。此外，完善的网络化信息服务标准体系也有利于市场监管，进而保证市场竞争的规范和有序性，实现良性市场竞争，促进技术的持续创新发展。而且各服务机构在市场竞争的过程中，有了网络化信息服务标准体系的约束，促使服务机构遵循标准体系的要求从而为用户提供满足一定标准的服务，保障了用户在服务过程中的基本权益。同时，更高质量和更高水平的服务自然而然地具备了更高的市场竞争力，服务机构必然要满足技术标准更高的要求，这也有效地推动了行业的技术创新。

5.2.5 保障信息安全

信息安全与国家安全和社会的长治久安息息相关，随着信息化进程的加快，各种类型的信息都需要不同的安全措施进行防范和保护，借助构建的网络化信息服务标准体系，可以规范统一安全技术标准和管理标准，从而保证信息传播的安全。标准化工作已经成为政府治理能力提升的助力器、市场经济运行的耦合器、政府职能转变的容纳器以及技术实现创新的推进器，更是维护信息安全的重要手段。③

① 李承春. 技术标准化促进产业创新[C]. 中国标准化协会. 标准化改革与发展之机遇——第十二届中国标准化论坛论文集，2015：1858-1864.
② 陈仲捷，谭伟健. 技术标准化对产业竞争优势的影响分析[J]. 中国标准化，2019（10）：236-237.
③ 高林. 标准化工作有力支撑网络安全保障[J]. 信息安全与通信保密，2014(12)：49-50.

互联网信息技术和人类的生活生产快速地交会融合，促使网络化信息服务的大量涌现以及变革创新，大大提升了服务的质量和水平。然而网络化信息服务领域时常发生的信息安全、网络安全、信任危机等威胁国家和人民生命财产安全的问题推上了风口浪尖，并且产生了重要的社会影响。互联网技术冲击着全球每个角落的同时，也让我们深深认识到了标准化对维护信息安全的重要性和必要性。①

如今人们无时无刻不处于被互联网设备包围的环境中，各种各样的网络化信息服务通过这些设备收集着用户各方面的数据，而这些数据很可能涉及用户的个人隐私。互联网在给社会生活带来便利的同时，也打破了时间和空间的界限，给用户隐私带来了极大的威胁。如学者所言，如今利用大数据技术可以从碎片化的信息中拼凑出一个具有明显个人特征的图景，个人在大数据时代无处可匿。② 网络化信息服务企业既是数据的收集者，又是数据的控制者，在用户数据保护方面，企业本身负有巨大责任。中国社科院法学研究所研究员周汉华坦言："一家企业如果没有安全，就谈不上发展。用户个人数据保护应该纳入企业安全管理的范畴，并且要建立跨部门业务线的安全保护体系。也就是说，'安全'必须无缝隙地与每一条业务线，每一个新产品、新应用相融合，从源头开始保护用户信息。从近年来爆出的数据泄露案例看，只要企业机构设置有效的内生机制，其实都是可防可治的"③。但是保障用户信息安全也不能仅仅依靠企业自律，还必须要有一整套法律法规形成有效的保护屏障，而网络化信息服务标准体系可以作为法律法规的补充，同样在维护用户信息安全和国家安全上起着重要的作用。

5.3 网络化信息服务标准体系的可行性

网络化信息服务标准体系对于助力网络化信息服务业稳健发展、推动数据流动、促进信息资源共享和信息技术革新、保障信息安全以及维护国家安全等

---

① 姚相振，周睿康，范科峰. 网络安全标准体系研究[J]. 信息安全与通信保密，2015(7)：53-56.

② 李卓瑶. 大数据时代隐私权保护危机与应对[D]. 长春：吉林大学，2020.

③ 新华社. 大数据时代，如何保护用户隐私[EB/OL]. [2020-8-12]. http://www.xinhuanet.com/tech/2018-12/04/c_1123803228.htm.

方面具有重要意义。为了说明构建网络化信息服务标准体系的可行性，下面将从网络化信息服务和标准化之间的内在契合性、经济可行性以及社会可行性三个方面进行阐释。①

5.3.1 内在契合性

首先，随着互联网和信息技术的高速发展，网络化信息服务正以前所未有的速度和规模向前发展。网络化信息服务的发展推动了传统信息服务方式的变革，如雨后春笋般出现的网络化信息服务模式和场景，极大地方便了人民群众，提高了人民群众的生活水平。但是当前网络化信息服务相关标准体系尚不完善，各类网络化信息服务发展不平衡、不协调，降低了用户的服务体验，不利于网络化信息服务的持续稳定发展。网络化信息服务产生了大量的数据，越来越多的企业将其作为一种重要资产。但在缺乏标准体系时，数据往往是低质量的，无法流通和共用，其蕴含的巨大价值难以被挖掘，不利于创造更大的经济效益和社会价值。如果没有标准体系规范和约束网络化信息服务，就会降低网络化信息服务的准入门槛，服务质量也无法得到保障。质量相对较差的网络化信息服务往往不能很好地保护用户的信息安全，甚至出现利用用户的隐私信息盈利的现象，这将严重危害用户的合法权益，给用户带来巨大损失，甚至威胁国家安全和社会稳定。综上，对网络化信息服务的各事项和活动等进行规范化、统一化，促进网络化信息服务业多样化、高质量发展，需要标准化这一科学手段提供技术支撑。实际上，从整体上构建标准体系对网络化信息服务的发展进行规范和约束，也高度契合了标准化的内涵。

其次，网络化信息服务已经逐渐成为人们日常生活中不可或缺的一部分，同时我国幅员辽阔、人口众多，不同地区发展不均衡，网络化信息服务需求存在差异，发展水平也存在差异。随着社会的不断发展，人们对网络化信息服务的需求持续提升，这就要求网络化信息服务的提供在保持一定共性的基础上，具备一定的协调性，能够适应不同地区经济和社会之间的差异性，以及人民群众对其需求的差异性。这也与标准化的系统性、协调性等原则相契合，同时网络化信息服务也只有在与客观环境以及人民群众的客观需求保持一致时，才能实现更好的发展。

最后，网络化信息服务的对象是广大的人民群众，这是一个群体而非单个

---

① 米礼梅. 中国农村基本公共服务标准化问题研究[D]. 济南：山东师范大学，2017.

个体，相应的服务也是多种多样的。① 此外网络化信息服务的内容和要求，在时间和空间上也具有一定的固定性和统一性，标准化作为一种系统性、统一性的技术手段，与网络化信息服务在基本内容和要求等方面基本实现了统一。因此，对网络化信息服务进行标准化，构建网络化信息服务标准体系是可行的。

5.3.2 经济可行性

网络化信息服务标准体系的经济可行性主要体现为网络化信息服务标准体系与经济发展之间的相互促进。近几年来，我国国民经济发展迅速，财政收入实现了持续稳定的增长。同时，国家也高度重视对于促进国民经济发展和社会发展所需的各项事业投入，为网络化信息服务标准体系的建设提供了财力支持。

网络化信息服务涉及多个行业部门，构建标准体系是一个持续时间长、复杂的系统工程，需要付出巨大的时间和精力。在其建设过程中，需要合理、持续的资源投入，尤其需要依赖国家财政资金的投入，这是网络化信息服务标准体系建设成功的关键，并且是其能够持续完善改进的重要保障。改革开放四十年来，我国始终坚持以经济建设为中心，不断解放和发展社会生产力，我国国内生产总值由 1978 年的 3679 亿元增长到 2020 年的 101.6 万亿元，年均实际增长远高于同期世界经济的年均增速。我国国内生产总值占世界生产总值的比重由改革开放之初的 1.8% 上升到 15.2%，多年来对世界经济增长贡献率超过30%。② 随着全国各地经济的快速发展，政府的财政实力也显著增强。根据国家统计局发布的《中国统计年鉴 2020》③，2010—2019 年，全国财政收入、中央财政收入和地方财政收入情况如图 5-2 所示。从图 5-2 中可以看到，全国财政收入从 2010 年的 8 万余亿元增长到了 2019 年的 19 万余亿元，而且中央财政收入和地方财政收入也在稳定地增长。对于财政支出，2010—2019 年，全国财政支出、中央财政支出和地方财政支出情况如图 5-3 所示。从图 5-3 可以看到，各种财政支出也都在稳定增长，财政收入和财政支出的增长能够有效保障网络化信息服务标准体系的建设。

---

① 郁建兴，秦上人. 论基本公共服务的标准化[J]. 中国行政管理，2015(4)：47-51.

② 新华社. 习近平：在庆祝改革开放 40 周年大会上的讲话[EB/OL].［2020-8-12］. http://www.xinhuanet.com/politics/2018-12/18/c_1123872025.htm.

③ 国家统计局. 中国统计年鉴 2020[EB/OL].［2020-8-12］. http://www.stats.gov.cn/tjsj/ndsj/2020/indexch.htm.

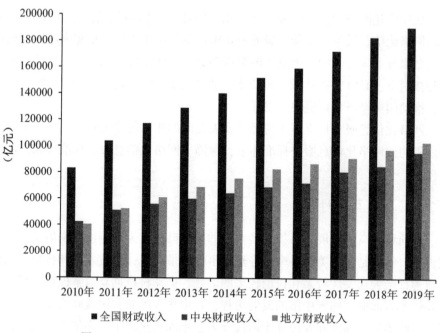

图 5-2　2010—2019 年全国、中央和地方财政收入情况

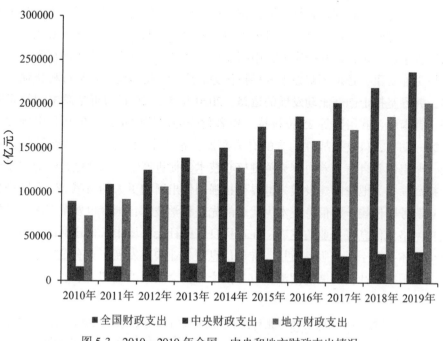

图 5-3　2010—2019 年全国、中央和地方财政支出情况

成功构建网络化信息服务标准体系，能够规范网络化信息服务业的发展，提高网络化信息服务的质量。服务业在国民经济中所占的比重越来越大，网络化信息服务业作为其中一个重要的组成部分，在网络化信息服务标准体系的约束和指引下，必将保持持续发展态势，源源不断地为国民经济的发展注入动力，推动国民经济更好更快地发展。

网络化信息服务标准体系与经济发展之间的相互促进关系，促使国家和政府积极构建网络化信息服务标准体系，保障了网络化信息服务标准体系的功能发挥。

5.3.3 社会可行性

当前科技高速发展，科技发展水平的高低已经成为影响世界发展格局的关键因素，特别是在中美贸易摩擦等热点事件的带动下，科技发展和科技创新已经成为社会大众关注较多和讨论较多的话题，推动科技创新与掌握核心科技的重要性不言而喻。回顾中国的发展历程，在中华人民共和国成立之前，社会腐朽、科技落后，国家和人民处于内忧外患、水深火热之中。中华人民共和国成立以来，我国科学技术的发展进入了一个新的历史时期。70年来，我国的科技事业在党和政府的正确领导下，在一代代科技工作者的艰苦努力下，终于从一片空白走向了百花齐放。在对过去的回顾中，我们能够深切地体会到，科技弱则国家弱，科技强则国家强，中国要想更加富强，社会要想更加稳定，人民要想更加安康，必须要有强大的科技作为后盾。① 我国也一直奉行科技强国战略，并且坚持走创新驱动发展的道路，2020年5月29日习近平总书记给袁隆平、钟南山、叶培建等25位科技工作者代表的回信中指出，创新是引领发展的第一动力，科技是战胜困难的有力武器，希望全国科技工作者弘扬优良传统，坚定创新自信，着力攻克关键核心技术，促进产学研深度融合，勇于攀登科技高峰，为把我国建设成为世界科技强国作出新的更大的贡献。② 而网络化信息服务则依赖于以信息技术为代表的先进科学技术，国家也发布多项政策以支持网络化信息服务业的发展。在这样良好的社会环境中，构建网络化信息服务标准体系对于提升服务质量、推动信息服务业快速发展，具有重要意义，这顺应了国家和社会发展的潮流，也是国家和社会发展的迫切需求。

---

① 范子谦. 新中国成立70年来科技事业的发展[J]. 党史文汇, 2019(10): 31-33.
② 新华社. 习近平给袁隆平、钟南山、叶培建等25位科技工作者代表的回信[EB/OL]. [2020-8-12]. http://www.xinhuanet.com/politics/leaders/2020-05/29/c_1126049518.htm.

　　网络化信息服务也为信息技术提供了应用场景，不仅可以让用户方便快捷地获取和利用信息，极大地方便人们的生活，而且可以让人们体会到科技带来的乐趣，甚至一些网络化的信息服务已经成为人们日常生活中离不开的一部分。网络化信息服务和科学技术也是相互促进的关系，人们日益增长的对网络化信息服务的需求，将会引起技术发展变革，而技术的长足发展也必将要求对网络化信息服务进行标准化。因此，网络化信息服务标准体系的建设具有一定的现实基础和社会基础，这是满足人们对美好生活、稳定社会、富强国家需求的重要保障。

　　在信息时代，世界各国信息化快速推进，信息技术的广泛应用、网络化信息服务的出现，促进了全球资源的合理配置和经济发展模式的创新。在我国，随着"互联网+"与各行各业的融合，互联网对各领域的影响愈加深刻，围绕信息获取、利用和控制的国际竞争日趋激烈，保障信息安全成为各国的重要议题。信息安全直接涉及一个国家的国计民生，与国家的政治、经济和文化进步息息相关，对于国家安全和社会稳定至关重要，网络化信息服务如果没有相应的标准体系，其发展必将走向粗放发展、低质量发展的老路，不利于维护国家安全。

　　随着网络化信息服务的发展，网络化信息服务越来越复杂多样，而且网络环境也在变得日益复杂，信息泄露等信息安全事件频发，这在很大程度上是由信息使用和管理不规范造成的。杜绝信息安全事件的发生是维护国家与社会稳定发展的重要保障，而这就依赖于网络化信息服务标准体系的构建。因此，在国家和全社会的大力支持下，构建网络化信息服务标准是可行的。

6 国家安全体制下网络化信息服务标准体系的构建思路

国家安全体制下网络化信息服务标准体系的构建对国家或者地区信息服务作用的发挥至关重要。这个构建过程具有内在规律性,首先需要明确构建原则,其次需要正确地选择标准体系的目标,合理划分标准的种类和级别,最后要做好标准体系内部的管理协调工作,以此最终完善核心标准的构建。

6.1 标准体系的构建原则与思路

国家安全体制下的网络化信息服务标准体系构建,需要结合我国国家安全体制背景,把握信息服务主题,进行科学合理的体系设计。

6.1.1 标准体系的构建原则

本书参考 GB/T13016-2018《标准体系构建原则和要求》①,明确了以下标准体系的构建原则。

（1）目的性

标准体系是为业务目标服务的,构建标准体系应首先明确标准化目标。本书针对的是国家安全体制下的网络化信息服务标准体系,它是涵盖政府、信息服务机构或个人等多领域的服务标准体系。在突出国家安全的背景下,网络化信息服务需要一个全面的服务标准体系,以支持具体网络化信息服务的规划、设计和架构,推动中国特色网络化信息服务体系的良性发展。

---

① 中国标准化研究院. GB/T13016-2018 标准体系构建原则和要求［S］. 北京:中国标准出版社, 2018.

（2）系统性

标准体系是一个概念系统，须依据其依存的标准化对象（即依存客体）的实际，按照系统所应具有的特征去构建和维护。本书将网络化信息服务标准体系划分为基础标准、数据标准、安全标准、管理标准、技术标准和应用领域标准六个子标准，随后围绕着标准体系的目标展开，体系的子体系及各级指标应全面完整。

（3）层次性

标准体系内的子体系或类别的划分、各子体系的范围和边界的确定，主要应按行业、专业或门类等标准化活动性质的同一性来划分。而对于各层次的具体要求①则是：

①子标准中的每一项标准在标准体系结构图中应有相应的层次；从一定范围的若干同类标准中，提取通用技术要求形成共性标准，并置于上层；基础标准宜置于较高层次，即扩大其适用范围以利于一定范围内的统一。②从个性标准出发，提取共性技术要求作为上一层的共性标准。③为便于理解、减少复杂性，标准体系的层次不宜太多。④同一标准不应同时列入两个或两个以上子体系中；根据标准的适用范围，恰当地将标准安排在不同的层次，一般应尽量扩大标准的适用范围，或尽量安排在高层次上，即应在大范围内协调统一的标准不应在数个小范围内各自制定，以使体系组成尽量合理简化。

（4）科学性

标准体系是其依存客体对它所需标准最小集合的一种反映，在标准的构成数量、水平和相互关系上应尽可能贴切地反映其依存客体的需求和发展变化，既要源于其依存客体的需要，又要优于其依存客体的需要，对其依存客体的发展起到支撑和推动作用。同时需要注意到标准体系应是开放的，既应采纳本体系之外现有的相应标准，又应适应环境变化和人们认识的深化。

除了遵循上述四项基本原则，网络化信息服务标准体系的构建还需要根据标准层次划分进行具体的要求，其子标准需遵循国家标准②，并具备较强的适

---

① GB/T13016-2018《标准体系构建原则和要求》解读[J]. 机械工业标准化与质量，2018(10)：27-32.

② 全国标准化原理与方法标准化技术委员会. GB/T1.1-2009 标准化工作导则第 1 部分：标准的结构和编写[S]. 北京：中国标准出版社，2009.

应性和实用性。

6.1.2　标准体系的构建思路

标准体系构建中的一个重要环节是需求分析和框架设计，需要有明确的需求指导标准体系的搭建，以保证其实用性和有效性，然后根据构建标准体系的一级框架，明确标准框架下需要设立的子标准，并进行子标准下优先级的选择，从而保证标准体系的科学全面性。

早在 20 世纪 90 年代，国际标准化组织/国际电工技术委员会（ISO/IEC）在制定开放分布式处理参考模型（The Reference Model of Open Distributed Processing，RM-ODP）时提出了标准体系框架分析方法。① 该方法指出标准体系框架可以从部门视角、信息视角、计算视角、工程视角、技术视角等五个视角出发来分析标准体系的构成内容，因此网络化信息服务标准体系框架构建可以采用上述视角分析法。部门视角重点描述信息服务的供给方、目标、范围等，从系统管理者和使用者的角度来看待标准体系，并为其他视角标准的制定提供基础；信息视角阐述信息服务的基本语义和结构标准，为规范信息服务数据管理和数据交换提供指南；计算视角阐述信息服务平台系统服务之间的交互方式，提供一种从信息视角到工程视角分布式配置的转换，从而规范信息服务的系统组件及其行为；工程视角阐述面向数据和服务之间的交互以及系统互连相关的标准；技术视角涉及实施网络化信息服务的具体技术，如软件、硬件产品等。②

（1）标准体系构建的需求

根据上述视角，本书首先分析网络化信息服务的标准体系构建需求。

①提升信息服务质量的需求。根据部门视角，需着重关注标准体系建设的目的，这也是其他视角下标准制定依托的基础。该标准体系是要在理论上完善网络安全保障下的信息服务体系，实践上提升大数据环境下的网络化信息服务质量。随着网络信息化进程快速推进，公众对信息服务的需求不断扩大，这也就要求供给方能在一种共同认可的标准界定下，提供更高效更便捷更高质量的信息服务。

---

① ISO/IEC 10746-1：1998. Information Technology-Open Distributed Processing-Reference Model—Part 1：Overview[EB/OL].［2020-8-1］. http://www. iso. org/standard/20696.html.

② 姚艳敏，白玉琪. 农业大数据标准体系框架研究[J]. 农业大数据学报，2019，1（4）：76-85.

②保障信息服务可靠性的需求。信息视角注重访问到的信息，重点关注信息的语义和所执行的信息处理，即信息服务所提供的主体——信息——应满足一定的标准，如通过元数据标准、术语与定义等保证信息的可靠性，通过数据管理标准保证信息格式的规范性。

③维护信息服务整体性的需求。计算视角原本是从系统的角度将系统分解为接口间的分布状态、系统组件/服务的组成、接口以及组件/服务之间的相互作用，引申到网络化信息服务标准体系中来，就是将标准体系视为庞大系统，需要协调好子标准间的协调性和一致性，从而保证标准体系的整体性。

④满足信息服务交互性的需求。工程视角描述的是信息服务间交互所需要的机制，故网络化信息服务标准体系要关注与数据和服务间交互以及信息服务系统互连相关的标准。如数据标准和安全标准间不是完全独立的，数据存储标准中涉及安全考虑，故应妥善处理标准体系内各部分的交互。

⑤规范信息服务技术的需求。技术视角从具体实现技术的角度来考虑如何根据其他视角的描述规范，选择和配置适当的技术来实现网络化信息服务，因而标准体系应对支撑网络化信息服务的各类技术进行规范约束，从根本上保证网络化信息服务的标准化工作。

(2)标准体系构建的设计思路

为了有效实现上述需求，需要使用各类标准对网络化信息服务进行规范，同时形成一整套标准体系，支撑网络化信息服务标准化对象根据服务内容进行标准对照。

本书标准体系设计思路参考信息技术服务标准工作组(ITSS 工作组)提出的《中国信息技术服务标准体系建设报告 4.0+》。ITSS(Information Technology Service Standards，信息技术服务标准)是一套成体系和综合配套的信息技术服务标准库，全面规范了 IT 服务产品及其组成要素，用于指导实施标准化和可信赖的 IT 服务。信息技术服务标准体系建设报告正是基于此标准库生成，包括了基础标准、支撑标准、需求标准、供给侧标准在内的四个一级标准，一级标准下又进一步细分到二级、三级，全面系统地概括信息技术服务涉及的各类标准。而本书所提标准体系与该体系具有领域交叉性和服务相似性，因此也尝试根据网络化信息服务的特征提取出一级维度后，再根据标准发布实施情况及参考其他成熟标准体系和研究进一步划分子维度，最后生成的体系框架(三级)如图 6-1 所示。该体系框架给出了网络化信息服务标准体系构建的总体思路，后续章节将根据此思路优化和调整子标准体系的具体内容，以更好地契合不同子标准体系的实际需求。

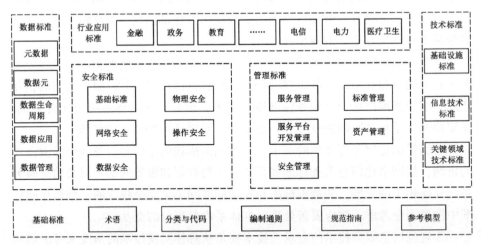

图 6-1   国家安全体制下网络化信息服务标准体系框架

6.1.3   标准体系的构建维度

在上述体系框架构建的基础上，本节将重点阐述体系中维度和指标分析的方法和过程。网络化信息服务标准体系中各维度标准的选取，首先要符合国家安全战略的要求，通过科学合理的方法，并借助已有标准体系的维度组成，重点是对一级指标进行选取，以此最终达到合理完善的程度。

(1)维度选取方法

①文献研究法。也称情报研究、资料研究或文献调查，是指对科学文献、情报或资料的检索、搜集、鉴别、整理、分析并进行研究的科学研究方法。[1]其具有时空限制小、可靠性高(以搜集的文献资料可靠为前提)、快捷高效、成本低的优点，因而在人文社科研究中占有重要地位。本书中标准体系指标的选定就主要使用了该方法，涉及文献调查和文献分析两个部分。文献调查是利用论文期刊网站及政府信息公开主页对构建标准体系所需的一系列文献资料进行查询、搜集、鉴别和整理；文献分析则是对文献内容的分析，即对所包含标

---

① 林崇德, 姜璐, 王德胜. 中国成人教育百科全书：社会·历史[M]. 海口：南海出版公司, 1994.

准指标信息作系统的分析，得出有价值的判断。最后基于文献梳理政策性文件以及国内外主流标准指标的分析，并结合我国网络化信息服务的实际需要进行标准体系维度的归纳总结。当然，文献研究法也有其缺点，该方法的可靠性直接取决于所搜集文献的可靠性，因此为了减小文献可靠性对本书标准体系构建的负面影响，本书在文献调查时提高了搜集标准——学术论文仅参考国内外核心期刊、政策及标准化文件只参考省级以上单位等，通过二次筛选以提高文献可靠性。

②德尔菲法。也称专家调查法，1946年由美国兰德公司创始实行，其本质上是一种反馈匿名函询法，其大致流程是在对所要预测的问题征得专家的意见之后，进行整理、归纳、统计，再匿名反馈给各专家，再次征求意见，再集中，再反馈，直至得到一致的意见。德尔菲法主要有以下特征：匿名性、反馈性和统计性。匿名性来源于收集专家意见时，主要依靠函件交流，同时专家组成员间没有信息交流，可以消除权威的影响；反馈性得益于该方法的过程，通过多次反馈使得最终结果能够反映专家的基本想法；统计性则是其结果可以反映专家小组内的不同意见，避免了专家会议法只反映大多数人观点的缺点。本书使用此方法来确定标准顶层体系的"面"，即标准体系的一级指标。德尔菲法的缺点在于其可靠性受专家选取、问题表设计等因素的影响，因此挑选的专家应有一定的代表性、权威性，且在进行预测前应取得参加者的支持，确保专家们能认真地进行每一次预测，以提高预测的有效性；问题表设计应该措辞准确，不能引起歧义，提供给专家的信息应该尽可能充分，以便其作出判断。

③层次分析法。也称直接组成成分分析法、IC分析方法，是根据问题的性质和预期达到的总目标，将问题分解为不同的组成因素，并按照因素间的相互关联影响以及隶属关系将因素按不同层次聚集组合，形成一个多层次的分析结构模型，从而最终使问题归结为最低层（供决策的方案、措施等）相对于最高层（总目标）的相对重要权值的确定或相对优劣次序的排定。层次分析法具有系统分析、简洁实用、所需定量信息少的优点，故被广泛应用于评价指标的构建。层次分析法可以与其他方法相结合，[1] 先利用文献研究法确定初始指标，再根据专家法对上述指标进行打分，反复收集信息后得出3个一级指标、13个二级指标和51个三级指标的权重。但其也存在缺陷，如指标的构建受已有方案限制、定性成分多、严谨性不强、指标过多时数据统计量大且计算困难。而网

---

[1] Liu Manli, Lin Qingran, Liu Guilin, et al. Construction of Quality Indicators of Outpatient Care Based on Delphi Method and Analytic Hierarchy Process[J]. Journal of Family Medicine and Health Care, 2020, 6(2).

络化信息服务标准体系本就是一个复杂而庞大的系统，使用层次分析法来计算权重的可行性和可靠性会随之下降，因此本书认为层次分析法并不适合标准体系构建，而较为适合标准体系的评估，故而将该方法置于本书第 14 章使用。

（2）一级指标选取

目前国内尚未形成完整的网络化信息服务标准体系，本书从相关的信息技术、数据、信息化等角度对国内的政策性文件及标准化文件进行了梳理，获得了现有信息服务标准的相关主流指标体系（如表 6-1）。一方面，从表 6-1 中可以看出，所有的标准体系建设指南或标准化文件中都涉及基础标准，除此之外出现较多的依次为安全标准、管理标准、数据标准、技术标准和服务/应用标准。另一方面从表 6-1 中的起草单位看，这些标准化文件的作用范围是针对单个行业/领域的，如电力、烟草行业或电子政务领域。考虑到网络化信息服务标准体系的适用范围应更加广泛，若将应用标准作为网络化信息服务的一级指标需要将其概念升级为领域应用标准。

表 6-1 信息服务标准相关主流指标体系

政策性/标准化文件	起草单位	指标维度/内容
中国信息技术服务标准体系建设报告 4.0+①	中国电子工业标准化技术协会信息技术服务分会	基础标准、供给侧标准、需求侧标准、支撑标准
电子政务标准化指南②③④⑤	中国电子技术标准化研究院、北京市信息化项目评审中心、国家信息中心等	应用支撑标准、数据标准、信息安全标准、网络基础设施标准、管理标准

---

① 全国信息技术标准化技术委员会，全国电子工业标准化技术协会. 中国信息技术服务标准体系建设报告 4.0+［EB/OL］.［2020-8-1］. http://www.itss.cn/itssNew_webmap/itssNew_Bookreport/2016/06/13/bd31a090531645d184b9d8dj8b615906.html.

② 全国信息技术标准化技术委员会. GB/T30850. 1-2014 电子政务标准化指南第 1 部分：总则［S］. 北京：中国标准出版社，2014..

③ 全国信息技术标准化技术委员会. GB/T30850. 3-2014 电子政务标准化指南第 3 部分：网络建设［S］. 北京：中国标准出版社，2014.

④ 全国信息技术标准化技术委员会. GB/T30850. 4-2017 电子政务标准化指南第 4 部分：信息共享［S］. 北京：中国标准出版社，2017.

⑤ 全国信息技术标准化技术委员会. GB/T30850. 5-2014 电子政务标准化指南第 5 部分：支撑技术［S］. 北京：中国标准出版社，2014.

政策性/标准化文件	起草单位	指标维度/内容
国家电子政务标准体系建设指南①	市场监管总局办公厅	总体标准、基础设施标准、数据标准、业务标准、服务标准、管理标准、安全标准
政务信息资源目录体系②	北京市信息资源管理中心	基础标准、安全标准、管理标准、技术标准
网络数据安全标准体系建设指南③	工业和信息化部科技司	基础共性标准、关键技术标准、安全管理标准、重点领域标准
大数据标准化白皮书④	中国电子技术标准化研究院	基础标准、数据标准、技术标准、平台/工具标准、管理标准、安全和隐私标准、行业应用标准
烟草行业信息化标准体系⑤	国家烟草专卖局烟草经济信息中心、上海烟草集团有限责任公司、中国标准化研究院	基础通用标准、信息资源标准、应用标准、基础设施标准、信息安全标准、管理标准
电力行业信息化标准体系⑥	国网信息通信有限公司、中国华能集团公司信息中心、中国南方电网有限责任公司信息中心	信息技术基础标准、信息网络标准、信息资源标准、信息应用标准、信息安全标准、管理运行与服务标准

---

① 市场监管总局,中共中央办公厅,国务院办公厅,中央网信办,国家发展改革委,工业和信息化部.国家电子政务标准体系建设指南[J].电子政务,2020(7):2,121.

② 北京市信息资源管理中心.DB11/T337-2006 政务信息资源目录体系[S].北京:中国标准出版社,2006.

③ 工业和信息化部科技司.网络数据安全标准体系建设指南[EB/OL].[2020-8-1].http://www.cac.gov.cn/2020-04/10/c_1588063863949140.htm.

④ 中国电子技术标准化研究院.大数据标准化白皮书[EB/OL].[2020-8-1].http://www.cesi.cn/201803/3709.html.

⑤ 国家烟草专卖局.YC/Z204-2012 烟草行业信息化标准体系[S].北京:中国标准出版社,2012.

⑥ 电力行业信息标准化技术委员会.DL/Z398-2010 电力行业信息标准体系[S].北京:中国标准出版社,2010.

续表

政策性/标准化文件	起草单位	指标维度/内容
服务业组织标准化工作指南①	全国服务标准化技术委员会	服务通用基础标准、服务保障标准(含信息标准、设备设施标准等)、服务提供标准
人工智能标准化白皮书②	中国电子技术标准化研究院、中国科学院自动化研究所、中国电信集团公司等	基础标准、平台/支撑标准、关键技术标准、产品及服务标准、应用标准、安全/伦理标准
交通运输信息化标准体系③	交通运输部科技司	基础通用标准、基础设施标准、数据资源标准、信息应用标准、网络安全标准、工程规范标准

受政策性/标准化文件适用性和文件数量的制约，为了确保指标选取的科学性和有效性，本书除对已有的政策性/标准化文件进行了搜集筛选和分析外，还在前人围绕信息服务标准体系有关问题所作研究的成果上进行了文献调研（如表6-2）。

表6-2 信息服务标准体系的相关研究

文献名	作者	指标维度/内容
政府信息资源管理标准化体系顶层设计研究④	张晓娟等	信息业务标准、基础设施标准、辅助管理标准、安全标准、技术标准
政务信息资源标准体系框架研究⑤	王薇等	基础标准、业务标准、数据标准、管理标准、安全标准、通用技术标准、应用领域标准

---

① 全国服务标准化技术委员会. 服务业组织标准化工作指南[M]. 北京：中国标准出版社，2010.

② 中国电子技术标准化研究院. 人工智能标准化白皮书[EB/OL]. [2020-8-1]. http://www.cesi.cn/201801/3545.html.

③ 交通运输部科技司. 交通运输信息化标准体系[EB/OL]. [2020-8-1]. http://www.gov.cn/fuwu/2019-07/23/content_5413504.htm.

④ 张晓娟，陈丹凤，邓福成. 政府信息资源管理标准化体系顶层设计研究[J]. 情报理论与实践，2017，40(4)：10-15.

⑤ 王薇，邵熠星. 政务信息资源标准体系框架研究[J]. 信息技术与标准化，2010(11)：26-29.

续表

文献名	作者	指标维度/内容
教育大数据标准体系研究①	吴砥等	基础类、管理类、数据类、技术类、安全类、应用类
教育云服务标准体系研究②	吴砥等	基础规范、支撑技术相关规范、应用相关规范、运营服务相关规范、云安全规范、云间协议
国内外信息安全标准研究现状综述③	李晓玉	基础标准、技术与机制标准、管理标准、测评标准
Strategies for Cultural Heritage Information Standards in a Networked World④	David Bearman	数据价值标准、数据内容标准、数据结构标准、系统标准
农业科研试验基地数据管理标准体系构建⑤	陈丽等	指导标准、数据标准、管理标准
现代海上船联网标准体系框及体系表研究⑥	王晓芳等	术语标准、数据类型标准、子系统标准、信息交互标准、通用性标准
软件和信息技术服务业技术标准体系研究⑦	阳军等	基础标准、软件技术标准、软件产品标准、软件应用标准、信息技术服务标准

① 吴砥，饶景阳，吴晨. 教育大数据标准体系研究[J]. 开放教育研究，2020，26(2)：75-82.

② 吴砥，彭娴，张家琼，等. 教育云服务标准体系研究[J]. 开放教育研究，2015，21(5)：92-100.

③ 李晓玉. 国内外信息安全标准研究现状综述[C]. 第十一届保密通信与信息安全现状研讨会论文集. 2009：167-171.

④ David Bearman. Strategies for Cultural Heritage Information Standards in a Networked World[J]. Archives and Museum Informatics，1994，8(2).

⑤ 陈丽，王启现，刘娟，等. 农业科研试验基地数据管理标准体系构建[J]. 农业工程学报，2020，36(4)：193-201.

⑥ 王晓芳，张艳. 现代海上船联网标准体系框及体系表研究[J]. 舰船科学技术，2017，39(6)：147-149.

⑦ 阳军，吴东亚，徐洋，等. 软件和信息技术服务业技术标准体系研究[J]. 信息技术与标准化，2014(11)：4-10.

续表

文献名	作者	指标维度/内容
社区公共服务标准体系建设研究①	王冰	服务通用基础标准、服务保障标准(含信息标准、安全标准等)、服务提供标准
地质资料信息服务集群化产业化标准体系框架的构建②	王黔驹等	基础标准、业务管理标准、信息服务标准、信息技术标准
车载信息服务已搭建标准体系架构③	高健	基础标准、设备标准、软件标准、服务标准、平台标准
Study of Reference Model for Agro-geoinformation Standards④	Yao Yanmin 等	基础标准、通用标准(含指导标准、数据标准、管理标准、应用系统开发标准、信息服务标准)、应用标准
构建城市地理信息共享平台标准体系的思考⑤	任福	数据标准、技术标准、管理标准
RFID公共服务体系标准研究⑥	曾隽芳等	注册管理标准、编码解析服务标准、物品信息服务标准、检索服务标准、跟踪服务标准、数据存储与交换标准
智慧水务信息化标准体系探讨⑦	梁涛等	总体基础标准、信息安全标准、感知层标准、传输层标准、支撑层标准、应用层标准

———————————

① 王冰. 社区公共服务标准体系建设研究[J]. 中国标准化, 2014(1): 99-102.

② 王黔驹, 吴小平, 连健, 等. 地质资料信息服务集群化产业化标准体系框架的构建[J]. 中国矿业, 2013, 22(9): 49-52, 128.

③ 高健. 车载信息服务已搭建标准体系架构[J]. 信息技术与标准化, 2012(8): 27-28.

④ Yanmin Y., Huajun T., Qingbo Z., et al. Study of Reference Model for Agro-geoinformation Standards[C]. First International Conference on Agro-geoinformatics. IEEE, 2012.

⑤ 任福. 构建城市地理信息共享平台标准体系的思考[J]. 地理信息世界, 2009, 7(4): 7-10, 18.

⑥ 曾隽芳, 李然. RFID公共服务体系标准研究[J]. 中国标准化, 2008(3): 17-19.

⑦ 梁涛, 马雯爽, 韩超, 等. 智慧水务信息化标准体系探讨[J]. 中国建设信息化, 2020(10): 76-78.

文献名	作者	指标维度/内容
审计信息化标准体系探讨①	倪敏等	基础标准、信息处理类标准、技术支撑类标准
重庆水务企业级信息化标准体系建设实践②	季久翠等	基础标准、业务体系标准、应用体系标准、数据资源标准、信息化基础设施标准、信息安全标准、信息化管理标准、信息化评价标准
中国铁路总公司信息化标准体系建设研究③	岳雪梅等	通用基础标准、基础设施标准、信息资源标准、信息网络标准、业务应用标准、信息安全标准、管理与服务标准
铁路大数据标准体系研究④	吴艳华等	信息技术通用基础标准、基础设施标准、信息资源标准、业务应用标准、信息安全标准、管理与服务标准、新技术应用标准
航天企业信息化标准体系建设探析⑤	王云燕等	基础性标准、信息技术标准、信息技术应用标准、信息化管理标准
山东省食品药品监管信息化标准体系建设实践与探索⑥	张媛等	总体标准、网络基础设施标准、信息资源标准、应用支撑标准、应用标准、信息安全标准、信息化管理标准

---

① 倪敏，吕天阳，周维培.审计信息化标准体系探讨[J].审计研究，2020(3)：3-11.

② 季久翠，周文雯，许冬件，等.重庆水务企业级信息化标准体系建设实践[J].给水排水，2020，56(5)：138-142.

③ 岳雪梅，高春霞，张文塔.中国铁路总公司信息化标准体系建设研究[J].中国铁路，2015(5)：11-15.

④ 吴艳华，郑金子，李平，等.铁路大数据标准体系研究[J].中国铁路，2019(8)：42-49.

⑤ 王云燕，徐美林，李楠.航天企业信息化标准体系建设探析[J].航天标准化，2019(2)：18-21.

⑥ 张媛，杨爱迪，逄锦山，等.山东省食品药品监管信息化标准体系建设实践与探索[J].信息技术与信息化，2017(8)：135-137.

续表

文献名	作者	指标维度/内容
公共体育信息服务标准体系构建研究①	丁青	供给标准体系、保障标准体系、评价标准体系
北斗应急救援信息服务系统标准体系研究②	刘博等	语义标准、服务标准、保障标准、安全标准
我国内河航运综合信息服务标准化③	周俊华等	基础标准、信息共享与数据交换标准、信息服务规范、通信网络标准、分系统标准、信息安全标准

　　由表6-2我们可以看出，标准体系一级指标中必然有以基础标准来规范术语、代码标识等内容，同时对作为信息服务硬性支撑条件的技术、作为信息服务主要产品的数据、保障信息服务可靠性的安全和维持信息服务运行的管理等要素的标准化约束也同样不容忽视。根据国家标准化文件和已有研究中标准体系的划分，结合我国安全体制下网络化信息服务标准体系建设的实际需要，本书利用德尔菲法，初步将标准顶层体系的"面"确定为以下部分：与网络化信息服务基础有关的标准、与网络化信息服务数据有关的标准、与网络化信息服务安全有关的标准、与网络化信息服务管理有关的标准、与网络化信息服务技术有关的标准以及与网络化信息服务应用领域有关的标准。在此一级维度上，再依据我国政策性文件、标准、已有研究及其他信息化标准体系框架的具体内容，确定我国安全体制下网络化信息服务标准体系各一级指标及子体系的初始框架。

---

　　①　丁青，王家宏.公共体育信息服务标准体系构建研究[J].中国体育科技，2020，56(3)：3-13.

　　②　刘博，陈倩.北斗应急救援信息服务系统标准体系研究[J].信息技术与标准化，2013(4)：52-55.

　　③　周俊华，解玉玲，刘力，等.我国内河航运综合信息服务标准化[J].水运管理，2009，31(11)：16-19.

6.2 标准体系的核心标准构建思路

国家安全体制下网络化信息服务标准体系以提升国内信息服务质量为目标，从信息服务环节确定的各个质量控制点中，从服务特性分析确定的控制基本要求中，挑选出最关键、最首要的标准。标准体系编制应依据 GB/T13016-2009《标准体系表编制原则和要求》①、GB/T15496-2017《企业标准体系要求》②、GB/T15497-2003《企业标准体系 技术标准体系》③等相关规定，但鉴于本书所提标准体系比较复杂庞大，将根据一级指标将整个标准体系拆分成六个子标准依次进行建构，因此分项标准建设还需要注意协调好前瞻性与实用性、管理要求和落地执行、内部标准与外部标准、稳定性与可扩展性之间的关系。此外，本书提出的网络化信息服务标准体系是一个统领性、纲要性的标准，因此需突出通用性，即满足对一般信息服务的标准化约束。同时网络化信息服务标准体系的构建需根植于我国国情，强调国家安全体制这一体系背景，认清国内网络化信息服务提供现状，保证标准体系的适用性。最后，标准的形式必须简单明了，指标应尽可能细化。

6.2.1 基础标准体系构建思路

基础标准是被普遍采用的具有广泛指导意义的标准，其在一定范围内作为其他标准的基础。基础标准对一定范围内的标准化对象的共性因素，如概念、数系、通则等做出统一规定，是制定标准所必须遵循的依据或准则，因此也是构建标准体系时首要考虑的一级指标。本书参考政府和前期实践制定标准划分方法来细化拓展网络化信息服务基础标准的内容，构建基础标准体系。参考的政府标准文件、文献及相关的细粒度划分内容如表6-3所示。

---

① 中国标准化研究院. GB/T13016-2009 标准体系表编制原则和要求[S]. 北京：中国标准出版社，2009.
② 中国标准化协会. GB/T15496-2017 企业标准体系要求[S]. 北京：中国标准出版社，2017.
③ 国家标准化管理委员会. GB/T15497-2003 企业标准体系 技术标准体系[S]. 北京：中国标准出版社，2003.

表 6-3　网络化信息服务基础标准的相关主流指标

文件/文献名	一级指标名称	二级指标内容	三级指标
中国信息技术服务标准体系建设报告 4.0+①	基础标准	分类与代码、服务基本要求、服务生存周期、服务级别协议、服务质量评价、服务成本度量、服务工具、服务从业人员	
国家电子政务标准体系建设指南②	总体标准	术语、指南、参考模型	
大数据标准化白皮书③	基础标准	术语、指南、参考模型	
服务业组织标准化工作指南④	服务通用基础标准	标准化导则、术语与缩略语、符号与标志、数值与数据、量和单位、测量标准	
人工智能标准化白皮书⑤	基础	术语	
		参考架构	
		数据	
		测试评估	等级与评估模型、测试规范与指南、其他
		其他	

---

①　全国信息技术标准化技术委员会，全国电子工业标准化技术协会.中国信息技术服务标准体系建设报告 4.0+［EB/OL］.［2020-8-1］.http://www.itss.cn/itssNew_webmap/itssNew_Bookreport/2016/06/13/bd31a090531645d184b9d8dj8b615906.html.

②　市场监管总局，中共中央办公厅，国务院办公厅，中央网信办，国家发展改革委，工业和信息化部.国家电子政务标准体系建设指南［J］.电子政务，2020(7)：2，121.

③　中国电子技术标准化研究院.大数据标准化白皮书［EB/OL］.［2020-8-1］.http://www.cesi.cn/201803/3709.html.

④　全国服务标准化技术委员会.服务业组织标准化工作指南［M］.北京：中国标准出版社，2010.

⑤　中国电子技术标准化研究院.人工智能标准化白皮书［EB/OL］.［2020-8-1］.http://www.cesi.cn/201801/3545.html.

续表

文件/文献名	一级指标名称	二级指标内容	三级指标
烟草行业信息化标准体系①	基础通用标准	术语、图形符号、标准化指南	
交通运输信息化标准体系②	基础通用	术语及符号、分类与代码、数据元与元数据、通用规则	
教育大数据标准体系研究③	基础类标准	术语规范、架构规范、接口规范、绑定规范、实践指南	
国内外信息安全标准研究现状综述④	基础标准	安全术语、体系与模型、保密技术、密码技术	
农业科研试验基地数据管理标准体系构建⑤	指导标准	参考模型、概念与术语	
软件和信息技术服务业技术标准体系研究⑥	基础	术语、软件产品分类、信息技术服务通用、软件和系统工程	
社区公共服务标准体系建设研究⑦	通用基础标准体系	标准化导则、术语与缩略语标准、符号与标志标准、数值与数据标准、量和单位标准、测量标准	

① 国家烟草专卖局. YC/Z204-2012 烟草行业信息化标准体系[S]. 北京：中国标准出版社，2012.

② 交通运输部科技司. 交通运输信息化标准体系[EB/OL]. [2020-8-1]. http://www.gov.cn/fuwu/2019-07/23/content_5413504.htm.

③ 吴砥，饶景阳，吴晨. 教育大数据标准体系研究[J]. 开放教育研究，2020，26(2)：75-82.

④ 李晓玉. 国内外信息安全标准研究现状综述[C]. 第十一届保密通信与信息安全现状研讨会论文集. 2009：167-171.

⑤ 陈丽，王启现，刘娟，等. 农业科研试验基地数据管理标准体系构建[J]. 农业工程学报，2020，36(4)：193-201.

⑥ 阳军，吴东亚，徐洋，等. 软件和信息技术服务业技术标准体系研究[J]. 信息技术与标准化，2014(11)：4-10.

⑦ 王冰. 社区公共服务标准体系建设研究[J]. 中国标准化，2014(1)：99-102.

续表

文件/文献名	一级指标名称	二级指标内容	三级指标
地质资料信息服务集群化产业化标准体系框架的构建①	基础标准	指导标准、管理标准、元数据	
车载信息服务已搭建标准体系架构②	基础	术语、架构准则、接口分类、标识编码、建模方法	
Study of Reference Model for Agro-geoinformation Standards③	通用标准	指导标准	参考模型、术语、符合性和测试、概况
审计信息化标准体系探讨④	基础标准	总则、术语、参考架构	
重庆水务企业级信息化标准体系建设实践⑤	基础标准	术语、工作指南、标准编制规范、标准管理及实施规范	
中国铁路总公司信息化标准体系建设研究⑥	通用基础标准	定义与术语	定义、基础术语、专业术语
		编制通则	
航天企业信息化标准体系建设探析⑦	信息化基础性标准	术语和符号标准、信息分类和编码规范、数据库和资源库标准	

————————

　　① 王黔驹，吴小平，连健，等.地质资料信息服务集群化产业化标准体系框架的构建[J].中国矿业，2013，22(9)：49-52，128.

　　② 高健.车载信息服务已搭建标准体系架构[J].信息技术与标准化，2012(8)：27-28.

　　③ Yanmin Y., Huajun T., Qingbo Z, et al. Study of Reference Model for Agro-geoinformation Standards[C]. First International Conference on Agro-geoinformatics. IEEE, 2012.

　　④ 倪敏，吕天阳，周维培.审计信息化标准体系探讨[J].审计研究，2020(3)：3-11.

　　⑤ 季久翠，周文雯，许冬件，等.重庆水务企业级信息化标准体系建设实践[J].给水排水，2020，56(5)：138-142.

　　⑥ 岳雪梅，高春霞，张文塔.中国铁路总公司信息化标准体系建设研究[J].中国铁路，2015(5)：11-15.

　　⑦ 王云燕，徐美林，李楠.航天企业信息化标准体系建设探析[J].航天标准化，2019(2)：18-21.

续表

文件/文献名	一级指标名称	二级指标内容	三级指标
山东省食品药品监管信息化标准体系建设实践与探索①	总体标准	总体框架标准、术语和主题词表	
北斗应急救援信息服务系统标准体系研究②	语义标准	术语、分类标准、符号标准、元数据	
我国内河航运综合信息服务标准化③	基础标准	术语标准、元数据	
	信息服务规范	信息服务指南、政策法规、服务质量规范	

（1）基础标准子体系的内容范畴

网络化信息服务基础标准体系可用于规范各类型基于网络提供信息服务的对象，因而基础标准的内容应主要集中于标准概念的界定，如术语、分类与代码。其中术语部分规范术语标准的制定程序和编写要求，可参考现行国家标准GB/T20001.1-2001《标准编写规则第1部分：术语》④。分类与编码应具体规定分类与编码所遵循的原则与方法，如使用图6-2所示的层次代码结构进行编码，详细内容可参见GB/T20001.3-2015《标准编写规则第3部分：分类标准》⑤。当然也有较多指标划分将分类与编码放入数据标准，但考虑到分类与

① 张媛，杨爱迪，逄锦山，等.山东省食品药品监管信息化标准体系建设实践与探索[J].信息技术与信息化，2017(8)：135-137.
② 刘博，陈倩.北斗应急救援信息服务系统标准体系研究[J].信息技术与标准化，2013(4)：52-55.
③ 周俊华，解玉玲，刘力，等.我国内河航运综合信息服务标准化[J].水运管理，2009，31(11)：16-19.
④ 全国术语与语言内容资源标准化技术委员会.GB/T20001.1-2001标准编写规则第1部分：术语[S].北京：中国标准出版社，2001.
⑤ 全国标准化原理与方法标准化技术委员会.GB/T20001.3-2015标准编写规则第3部分：分类标准[S].北京：中国标准出版社，2015.

编码既规范了业务数据格式，又规范了大量基础概念，因此更适合被划分到基础性规范。通过分类与代码，标准体系的内容更加清晰与规范，在整个标准体系中充当了"地基"的作用。

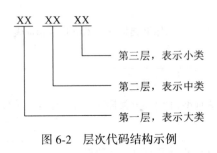

图 6-2　层次代码结构示例

术语、分类与编码是所有标准中都涉及的概念规范，但上升到大的标准体系，则需要针对标准体系的编制、信息服务标准化工作指南、网络化信息服务参考模型作进一步解释说明。

编制通则中应详细介绍标准体系编制的目的、意义及原则等内容，帮助标准化对象及相关参与方有效理解该标准体系。信息服务标准化工作指南则主要用于规范信息服务流程等内容，需根据网络化信息服务实际应用领域或场景制定，制定依据为 GB/T20001.7-2017《标准编写规则第 7 部分：指南标准》①。而参考模型展现了网络化信息服务涉及的相关概念、功能组件、角色、活动及其关系，方便大众对网络化信息服务操作及其标准化有着更清晰的认识。本书所提网络化信息服务基础标准的参考模型的制定参考了 GB/T35589-2017《信息技术 大数据 技术参考模型》②，生成的模型如图 6-3 所示。

（2）基础标准子体系的组成结构

上述分析可知，网络化信息服务基础标准的子体系包含术语、分类与代码、编制通则、指南、参考模型五个指标，其中前两个指标适用于标准规范，保证了标准体系下网络化信息服务相关术语、编码的一致性，后三个指标则对体系的设计和服务流程做出了解释与规范。同时因为这五个指标均为基础规范性或解释性

---

①　全国标准化原理与方法标准化技术委员会. GB/T20001.7-2017 标准编写规则第 7 部分：指南标准［S］. 北京：中国标准出版社，2017.

②　全国信息技术标准化技术委员会（SAC/TC 28）. GB/T35589-2017 信息技术 大数据 技术参考模型［S］. 北京：中国标准出版社，2017.

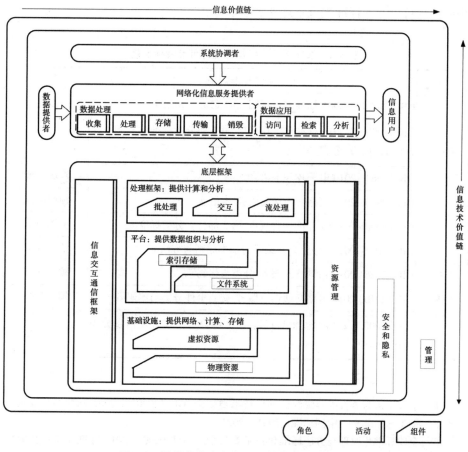

图 6-3 网络化信息服务基础标准的参考模型

文件，所以不再继续划分下一级指标，基础标准体系设计思路如图 6-4 所示。

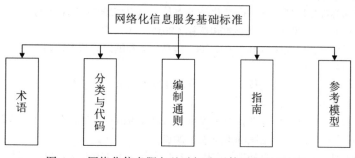

图 6-4 网络化信息服务基础标准子体系的设计结构

相应的现行可参考标准规范整理如表 6-4 所示。

表 6-4　基础标准下各指标现行可参考标准规范

基础标准	可参考的标准规范	类型
术语	GB/T20001.1-2001 标准编写规则 第 1 部分：术语①	整体规范
	GB/T20000.1-2014 标准化工作指南 第 1 部分：标准化和相关活动的通用术语②	整体规范
	GB/T25647-2010 电子政务术语③	领域规范
	GB/T29108-2012 道路交通信息服务 术语④	领域规范
分类与代码	GB/T20001.3-2015 标准编写规则 第 3 部分：分类标准⑤	整体规范
	GB/T7027-2002 信息分类和编码的基本原则与方法⑥	整体规范
	GB/T29264-2012 信息技术服务 分类与代码⑦	领域规范
	GB/T29100-2012 道路交通信息服务 交通事件分类与编码⑧	领域规范
	GA/T2000.2-2014 公安信息代码 第 2 部分：治安管理信息分类编码规则⑨	行业规范

---

①　全国术语与语言内容资源标准化技术委员会. GB/T20001.1-2001 标准编写规则第 1 部分：术语[S]. 北京：中国标准出版社，2001.

②　全国标准化原理与方法标准化技术委员会. GB/T20000.1-2014 标准化工作指南第 1 部分：标准化和相关活动的通用术语[S]. 北京：中国标准出版社，2014.

③　全国信息技术标准化技术委员会. GB/T25647-2010 电子政务术语[S]. 北京：中国标准出版社，2010.

④　全国智能运输系统标准化技术委员会. GB/T29108-2012 道路交通信息服务术语[S]. 北京：中国标准出版社，2012.

⑤　全国标准化原理与方法标准化技术委员会. GB/T20001.3-2015 标准编写规则第 3 部分：分类标准[S]. 北京：中国标准出版社，2015.

⑥　中国标准化研究院. GB/T7027-2002 信息分类和编码的基本原则与方法[S]. 北京：中国标准出版社，2002.

⑦　全国信息技术标准化技术委员会. GB/T29264-2012 信息技术服务分类与代码[S]. 北京：中国标准出版社，2012.

⑧　全国智能运输系统标准化技术委员会. GB/T29100-2012 道路交通信息服务交通事件分类与编码[S]. 北京：中国标准出版社，2012.

⑨　公安部计算机与信息处理标准化技术委员会. GA/T2000.2-2014 公安信息代码第 2 部分：治安管理信息分类编码规则[S]. 北京：中国标准出版社，2014.

续表

基础标准	可参考的标准规范	类型
编制通则	GB/T13016-2018 标准体系构建原则和要求①	整体规范
指南	GB/T20001.7-2017 标准编写规则 第7部分：指南标准②	整体规范
	LB/T021-2013 旅游企业信息化服务指南③	行业规范
参考模型	GB/T35589-2017 信息技术 大数据 技术参考模型④	\

6.2.2 数据标准体系构建思路

数据及数据相关流程标准化是保障信息服务质量的重要工作(此处数据与信息不做细致区分)，建设集中、规范统一的数据标准是保证各行业网络化信息服务系统正常运行的前提条件。

(1)数据标准子体系的内容范畴

关于数据标准的内涵，因不同组织对数据标准的理解以及标准应用差异较大，所以目前尚未对数据标准具体管理范围达成共识。⑤ 维基百科对于数据标准化的定义是指研究、制定和推广应用统一的数据分类分级、记录格式及转换、编码等技术标准的过程。而《DAMA 数据管理知识体系指南》将数据标准和准则定义为：包括命名准则、数据建模准则、数据库设计准则、架构标准以及每个数据管理职能的规程标准。⑥ 参考上述定义，结合表6-5中已有规范性

---

① 中国标准化研究院. GB/T13016-2018 标准体系构建原则和要求[S]. 北京：中国标准出版社，2018.

② 全国标准化原理与方法标准化技术委员会. GB/T20001.7-2017 标准编写规则第7部分：指南标准[S]. 北京：中国标准出版社，2017.

③ 全国旅游标准化技术委员会(SAC/TC 210). LB/T021-2013 旅游企业信息化服务指南[S]. 北京：中国标准出版社，2013.

④ 全国信息技术标准化技术委员会. GB/T35589-2017 信息技术 大数据 技术参考模型[S]. 北京：中国标准出版社，2017.

⑤ 杨栋枢，郭振，蔡云飞. 企业数据标准及其管理体系研究[J]. 软件，2017，38(12)：258-261.

⑥ DAMA International. DAMA 数据管理知识体系指南[M]. 马欢，等译. 北京：清华大学出版社，2012：35.

文件和文献中的主流指标划分，以及现行相关标准，本书将网络化信息服务标准体系的数据标准定义为网络化信息服务所涉及各项数据的定义与解释，以及数据质量、数据处理流程及安全性要求的统一定义。因而数据标准可被划分为如下标准：元数据标准、数据元标准、数据生命周期、数据应用标准和数据管理标准。

表6-5 网络化信息服务数据标准的相关主流指标

文件/文献名	一级指标名称	二级指标内容	三级指标
国家电子政务标准体系建设指南①	数据标准	元数据、分类与编码、数据库、信息资源目录、数据格式、开放共享、开发利用、数据管理	
大数据标准化白皮书②	数据处理	数据整理、数据分析、数据访问	
	数据质量	元数据质量、质量评价、数据溯源	
	应用与服务	开放数据集、数据服务平台、领域应用数据	
服务业组织标准化工作指南③	服务通用基础标准	标准化导则、术语与缩略语、符号与标志、数值与数据、量和单位、测量标准	
烟草行业信息化标准体系④	信息资源标准	信息分类与编码、数据元、元数据、共享信息模型、知识管理	

---

① 市场监管总局，中共中央办公厅，国务院办公厅，中央网信办，国家发展改革委，工业和信息化部. 国家电子政务标准体系建设指南[J]. 电子政务，2020(7)：2，121.

② 中国电子技术标准化研究院. 大数据标准化白皮书[EB/OL]. [2020-8-1]. http://www.cesi.cn/201803/3709.html.

③ 全国服务标准化技术委员会. 服务业组织标准化工作指南[M]. 北京：中国标准出版社，2010.

④ 国家烟草专卖局. YC/Z204-2012 烟草行业信息化标准体系[S]. 北京：中国标准出版社，2012.

文件/文献名	一级指标名称	二级指标内容	三级指标
电力行业信息化标准体系①	信息资源标准	信息分类与编码标准	信息分类与编码通则、综合代码、区域场所及地理信息代码、机构代码、人力资源代码、设备代码等
		数据元标准	
		元数据标准	
		业务文档格式标准	
交通运输信息化标准体系②	数据资源	数据表示、数据采集、数据交换、数据管理	
政府信息资源管理标准化体系顶层设计研究③	信息业务标准	信息采集与更新、信息整理与存储	
教育大数据标准体系研究④	数据类标准	资源数据类	资源编列规范、资源元数据规范、资源封装规范
		对象数据类	教师画像、学生画像、学校画像
		行为数据类	教学行为数据规范、学习行为数据规范、管理行为数据规范、教研行为数据规范
	支撑类标准	数据处理规范、数据存储规范、数据采集规范、数据建模规范、数据可视化规范、数据分析规范	

---

① 电力行业信息标准化技术委员会. DL/Z398-2010 电力行业信息化标准体系[S]. 北京：中国标准出版社, 2010.

② 交通运输部科技司. 交通运输信息化标准体系[EB/OL]. [2020-8-1]. http://www.gov.cn/fuwu/2019-07/23/content_5413504.htm.

③ 张晓娟, 陈丹凤, 邓福成. 政府信息资源管理标准化体系顶层设计研究[J]. 情报理论与实践, 2017, 40(4)：10-15.

④ 吴砥, 饶景阳, 吴晨. 教育大数据标准体系研究[J]. 开放教育研究, 2020, 26(2)：75-82.

续表

文件/文献名	一级指标名称	二级指标内容	三级指标
Strategies for Cultural Heritage Information Standards in a Networked World①	数据价值标准	术语、编码、数据键入/格式控制	
农业科研试验基地数据管理标准体系构建②	数据标准	数据分类与编码标准	分类与编码原则及方法、分类与编码
		元数据标准	元数据、元数据 XML/XS 置标规则
		数据内容标准	数据元、数据图示表达规则和方法、数据质量控制与检查规范
		数据建设管理标准	数据采集标准、更新维护标准、采集流程规范、数据标引规范、数据汇交程序规范、数据库建设标准、数据交换格式、数据共享服务管理办法
软件和信息技术服务业技术标准体系研究③	软件技术	数据管理与交换	数据表示、数据管理、数据应用、数据库技术

---

① David Bearman. Strategies for Cultural Heritage Information Standards in a Networked World[J]. Archives and Museum Informatics, 1994, 8(2).

② 陈丽, 王启现, 刘娟, 等. 农业科研试验基地数据管理标准体系构建[J]. 农业工程学报, 2020, 36(4): 193-201.

③ 阳军, 吴东亚, 徐洋, 等. 软件和信息技术服务业技术标准体系研究[J]. 信息技术与标准化, 2014(11): 4-10.

续表

文件/文献名	一级指标名称	二级指标内容	三级指标
车载信息服务已搭建标准体系架构①	基础	元数据	终端元数据、平台元数据、接口元数据
	设备	数据安全	软件设计流程、数据采集、数据存储、数据传输
Study of Reference Model for Agro-geoinformation Standards②		数据标准	分类与编码、数据元素表达、数据字典、特征分类、元数据、数据采集、数据处理、数据更新
智慧水务信息化标准体系探讨③	感知层标准	数据元、元数据、数据分类与编码、数据库、数据采集	
审计信息化标准体系探讨④	信息处理类标准	数据采集、预处理、存储与管理、分析、可视化	
重庆水务企业级信息化标准体系建设实践⑤	数据资源标准	数据分类与编码、主数据标准、元数据、数据模型标准、数据质量标准、数据交换标准、数据应用标准、作业程序	
中国铁路总公司信息化标准体系建设研究⑥	信息资源标准	数据元、元数据、信息分类与编码、数据库与数据模型	

① 高健. 车载信息服务已搭建标准体系架构[J]. 信息技术与标准化，2012(8)：27-28.

② Yanmin Y., Huajun T., Qingbo Z., et al. Study of Reference Model for Agro-geoinformation Standards[C]. First International Conference on Agro-geoinformatics. IEEE, 2012.

③ 梁涛，马雯爽，韩超，等. 智慧水务信息化标准体系探讨[J]. 中国建设信息化，2020(10)：76-78.

④ 倪敏，吕天阳，周维培. 审计信息化标准体系探讨[J]. 审计研究，2020(3)：3-11.

⑤ 季久翠，周文雯，许冬件，等. 重庆水务企业级信息化标准体系建设实践[J]. 给水排水，2020，56(5)：138-142.

⑥ 岳雪梅，高春霞，张文塔. 中国铁路总公司信息化标准体系建设研究[J]. 中国铁路，2015(5)：11-15.

续表

文件/文献名	一级指标名称	二级指标内容	三级指标
铁路大数据标准体系研究①	数据	主数据、元数据、地理信息数据、数据目录、铁路数据分类分级	
山东省食品药品监管信息化标准体系建设实践与探索②	信息资源标准	数据元、信息分类与编码、元数据、指标数据、数据质量	
我国内河航运综合信息服务标准化③	信息共享与数据交换标准	信息分类与编码、电子报文标准、数据交换相关标准、软硬件技术标准、系统接口规范	
知识产权强国建设背景下知识产权数据标准体系的构建④	数据存储	原始数据库、标准化数据库、综合数据库	
	数据管理	数据资源管理、数据质量管理、数据安全管理、数据共享管理	
	数据应用	数据访问、数据检索、数据分析、数据服务、数据展示	
装备采购项目管理数据标准体系构建研究⑤	数据质量标准	主数据质量通用要求、产品数据质量通用要求、事务过程质量通用要求	

① 吴艳华,郑金子,李平,等.铁路大数据标准体系研究[J].中国铁路,2019(8):42-49.

② 张媛,杨爱迪,逢锦山,等.山东省食品药品监管信息化标准体系建设实践与探索[J].信息技术与信息化,2017(8):135-137.

③ 周俊华,解玉玲,刘力,等.我国内河航运综合信息服务标准化[J].水运管理,2009,31(11):16-19.

④ 孙丽伟,崔燕,费一楠,等.知识产权强国建设背景下知识产权数据标准体系的构建[J].中国发明与专利,2019,16(11):23-29.

⑤ 徐萍,游宏梁,耿伟波.装备采购项目管理数据标准体系构建研究[J].航空标准化与质量,2020(4):3-6,37.

续表

文件/文献名	一级指标名称	二级指标内容	三级指标
数据中心的数据体系架构及关键技术①	技术产品	生命周期处理技术	数据建模、采集导入、分析、可视化、访问
我国政府信息元数据标准体系框架构建及其应用流程②	信息描述元数据	通用	内容描述、责任描述、时空描述
		专门	多载体描述、多领域描述

①元数据标准。信息服务元数据和数据元素是网络化信息服务平台中存储的基础数据，对这些数据进行标准规范是提升数据质量的重要支撑，其中SDS/T2111-2004《科学数据共享工程技术标准元数据标准化基本原则和方法》③是规范设计和制定网络化信息服务元数据内容标准时需要遵照的规则和方法。当前，关于元数据有两个较为权威的定义，一是国际标准 ISO/IEC11179-1 -2015《信息技术 元数据的注册（MDR）》中对元数据（Metadata）的定义："元数据是定义和描述其他数据或过程的数据"④。另一个是国际著名的元数据标准化机构——都柏林元数据机构制定的《都柏林核心元数据应用》中所定义的："元数据是关于数据的结构化数据"⑤。无论哪一种定义，从字面上来说元数据即描述数据的数据，其在网络化信息服务中有着特别的意义，首先可有效保证电子文件等基础服务性数据的真实性、可靠性、完整性和可用

---

① 严红，孟德鑫. 数据中心的数据体系架构及关键技术[J]. 指挥信息系统与技术，2017，8（5）：70-75.

② 张晓娟，唐长乐. 我国政府信息元数据标准体系框架构建及其应用流程[J]. 信息资源管理学报，2018，8（3）：25-36.

③ 科学数据共享工程办公室. SDS/T2111-2004 科学数据共享工程技术标准元数据标准化基本原则和方法[M]. 北京：中国标准出版社，2004.

④ International Organization for Standardization. ISO/IEC 11179-1-2015 Information Technology-Metadata Registries（MDR）-Part 1：Framework［S/OL］.［2020-8-4］. https://www.iso.org/standard/61932.html.

⑤ Dublin Core Metadata Initiative. DCMI Glossary［EB/OL］.［2020-8-4］. http://dublincore.org/documents/usageguide/glossary.shtml#+m.

性，而描述业务数据的元数据可提供服务记录权威性的证据价值和凭证价值，从而提高安全性。其次，元数据还可以用来实现对服务数据的标识和检索，将服务数据与责任者以及将授权和权限与相关服务文件关联起来。① 综上，本书考虑将元数据标准作为数据子标准体系的一级指标。

在元数据子标准体系相关研究中，元数据可进一步划分为信息描述元数据、信息管理元数据和信息利用元数据，其中信息描述元数据又根据对总体特征的描述划分为内容描述元数据、责任描述元数据和时空描述元数据，根据面向的不同载体和领域划分为多载体描述元数据和多领域描述元数据。②

而在本标准体系构建中，信息描述元数据可用来规范与信息服务资源相关的名称、标识、分类、摘要及时空信息等，如 GB/T26816-2011《信息资源核心元数据》③；责任描述元数据可以规范资源提供方、资源发布方、资源维护方，用于明确信息服务的责任主体。而多载体信息服务描述元数据则从信息载体角度出发来规范网络化信息服务资源，如数据、文档、多媒体、网站、数据库，具体标准见其中信息描述元数据-多载体描述一栏；多领域描述元数据则更方便读者理解，因为提供信息服务的供给方涉及众多领域，该部分即元数据标准在不同领域中的具体体现。信息管理元数据可参考 WH/T52-2012《管理元数据规范》④，其目的是着重对信息服务机构内信息资源的采集、加工、服务等基础业务环节的管理元数据作出规定，指出对这些基础业务的管理机制与管理政策进行描述的一般性方法。信息利用元数据标准则围绕规范网络化信息服务数据及信息的共享和公开利用展开，如 DB31/T745-2013《政务信息资源共享与交换实施规范第 1 部分：目录元数据》⑤。

②数据元标准。数据元是用一组属性描述其定义、标识、表示和允许值的

① 张正强. 基于本体的电子文件元数据：智慧档案馆建设的关键与核心[J]. 山西档案，2019(5)：5-12.

② 张晓娟，唐长乐. 我国政府信息元数据标准体系框架构建及其应用流程[J]. 信息资源管理学报，2018，8(3)：25-36.

③ 中国标准化研究院. GB/T26816-2011 GB/T26816-2011 信息资源核心元数据[S]. 北京：中国标准出版社，2011.

④ 全国图书馆标准化技术委员会. WH/T52-2012 管理元数据规范[S]. 北京：中国标准出版社，2012.

⑤ 上海市质量技术监督局. DB31/T745-2013 政务信息资源共享与交换实施规范第 1 部分：目录元数据[S]. 北京：中国标准出版社，2013.

数据单元；在一定语境下，通常用于构建一个语义正确、独立且无歧义的特定概念的信息单元。① 在网络化信息服务中，其指代网络化信息服务过程中涉及的所有数据单元，网络化信息服务数据元标准由两大部分组成：一是设计和管理规范，主要阐述网络化信息服务数据元的设计和管理的方法论；二是数据元目录，收录依照第一部分中规定的数据元设计和管理规范制定的网络化信息服务数据元。因目前还没有针对网络化信息服务的相关标准，相关标准制定可参考电子政务领域的 GB/T19488.1-2004《电子政务数据元 第 1 部分：设计和管理规范》②、GB/T19488.2-2008《电子政务数据元 第 2 部分：公共数据元目录》③。同时卫生领域已有成体系的数据元目录供参考——《卫生信息数据元目录系列》(WS363.1-2011 至 WS363.17-2011)④。

③数据生命周期。它提供了数据从创建到销毁的生命全景图，而对数据生命周期进行标准化的目标是优化数据管理，提高效率，降低成本，以提供适合最终用户使用的网络化信息服务数据产品，满足预期的质量要求。在数据管理领域，学术界和企业界的研究人员提出了不同的数据全生命周期管理模型，本书主要采用了数据安全能力成熟度模型 DSMM(Data Security Capability Maturity Model)下的数据全生命周期模型，包括数据采集、存储、处理、传输、交换及销毁。随后进一步对这六个生命周期进行规范，其中数据存储又需要对数据存储格式、数据存储方式及数据库进行标准化；数据传输下有传输协议和技术规范；数据交换因为网络化信息服务范围较广，可以初步划分为行业内和行业间交换，但均符合如图 6-5 所示的交换流程，其中涉及的接口和安全标准将在技术和安全子标准中做进一步详细的阐述；数据销毁可进一步细化为数据销毁和介质销毁。

④数据应用。聚焦网络化信息服务中的数据应用，包括访问、检索、分析与展示，其中访问应规范用户访问权限与内容；检索包含应用服务定义和协议规范，当前还有针对用于信息检索的叙词表开发与维护标准，提供相应的数据

① 赵丰年，曲寿利.石油勘探开发数据标准体系分析[J].石油物探，2010，49(2)：198-202，18.

② 电子政务标准化总体组.GB/T19488.1-2004 电子政务数据元第 1 部分：设计和管理规范[S].北京：中国标准出版社，2004.

③ 全国电子业务标准化技术委员会.GB/T19488.2-2008 电子政务数据元第 2 部分：公共数据元目录[S].北京：中国标准出版社，2008.

④ 卫生部卫生信息标准专业委员会.WS363.1-2011 至 WS363.17-2011 卫生信息数据元目录系列[EB/OL].[2020-8-6].http://www.alliedphysician.com/News/Articles/Index/384

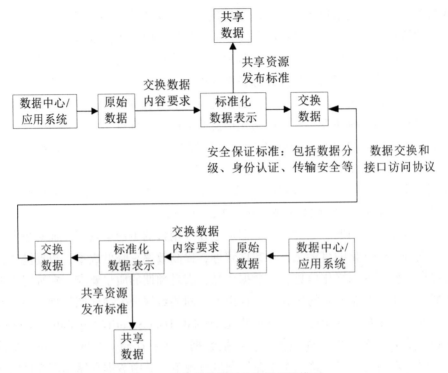

图 6-5 网络化信息服务数据交换模型

模型以及叙词表数据输入输出的推荐格式；数据分析涵盖数据分析方法及软件/系统的规范；数据展示则从两个角度着手，分别就数据展示界面即用户界面和可视化(含数字图像)进行规范。

⑤数据管理。数据管理又分为数据资源管理、数据质量管理和数据安全管理。数据资源管理进一步划分为信息资源目录标准和信息资源更新规范，编制信息资源目录的目的在于方便信息资源的集中管理和查询，其编写可参考 ISO 690-2010《信息和文献 信息资源目录参考和引用指南》①，而数据资源更新是考虑到网络化信息服务的准确性、有效性，需要就信息资源的更新进行规范。数据作为网络化信息服务的重要基础性载体，对其的质量管理在一定程度上影响了网络化信息服务的质量，标准化意义也十分重大，可适当参考 ISO 8000

---

① International Organization for Standardization. ISO 690-2010 Information and Documentation-Guidelines for Bibliographic References and Citations to Information Resources[S/OL]. [2020-8-7]. https://www.iso.org/Standard/43320.html.

数据质量系列标准，该系列标准主要是对数据质量的把控，在网络化信息服务中应根据信息服务应用和发展的需求进行适当增补。数据安全管理涉及数据和安全两个一级维度，主要是因为在标准体系的划分中，无法避免内容的交叉，为避免内容重复，在本节中数据安全管理推荐参考 GB/T37973-2019《信息安全技术 大数据安全管理指南》①，具体的数据加密、存储、传输将在下一节安全标准中做更加细致的阐述。

（2）数据标准子体系的组成结构

经上述分析，最后本书设计出的数据标准子体系如图 6-6 所示，各叶子节点亦有对应的现行标准，见表6-6。

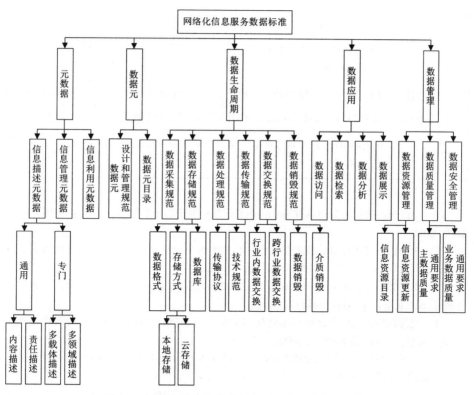

图 6-6　网络化信息服务数据标准子体系的设计结构

---

① 全国信息安全标准化技术委员会. GB/T37973-2019 信息安全技术 大数据安全管理指南[S]. 北京：中国标准出版社，2019.

表 6-6　数据标准下各指标现行可参考标准规范

数据标准	子指标	可参考的标准规范	类型
元数据	信息描述元数据	\	\
	内容描述	GB/T26816-2011 信息资源核心元数据①	整体规范
		GB/T2106.3-2007 政务信息资源目录体系第 3 部分：核心元数据②	领域规范
		DB52/T1124-2016 政府数据资源目录第 1 部分：元数据描述规范③	地方规范
		JT/T747-2009 交通信息资源核心元数据④	领域规范
	多载体描述	GB/T26163.1-2010 信息与文献 文件管理过程 文件元数据第 1 部分：原则⑤	整体规范
		GB/T33480-2016 党政机关电子公文元数据规范⑥	领域规范
		GB/T35311-2017 中文新闻图片内容描述元数据规范⑦	领域规范
		DBJ440100/T10.4-2008 电子文件档案资源管理规范第四部分：元数据⑧	地方规范

---

①　中国标准化研究院. GB/T26816-2011 信息资源核心元数据［S］. 北京：中国标准出版社，2011.

②　全国信息技术标准化技术委员会. GB/T2106.3-2007 政务信息资源目录体系第 3 部分：核心元数据［S］. 北京：中国标准出版社，2007.

③　贵州省质量技术监督局. DB52/T1124-2016 政府数据资源目录第 1 部分：元数据描述规范［S］. 北京：中国标准出版社，2016.

④　交通部信息通信及导航标准化技术委员会. JT/T747-2009 交通信息资源核心元数据［S］. 北京：中国标准出版社，2009.

⑤　全国信息与文献标准化技术委员会. GB/T26163.1-2010 信息与文献 文件管理过程 文件元数据第 1 部分：原则［S］. 北京：中国标准出版社，2010.

⑥　国家电子文件管理部际联席会议办公室. GB/T33480-2016 党政机关电子公文元数据规范［S］. 北京：中国标准出版社，2016.

⑦　全国中文新闻信息标准化技术委员会. GB/T35311-2017 中文新闻图片内容描述元数据规范［S］. 北京：中国标准出版社，2017.

⑧　广州市质量监督局. DBJ440100/T10.4-2008 电子文件档案资源管理规范第四部分：元数据［S］. 北京：中国标准出版社，2008.

续表

数据标准	子指标	可参考的标准规范	类型
		DA/T46-2009Z 文书类电子文件元数据方案①	整体规范
		DA/T54-2014 照片类电子档案元数据方案②	整体规范
		WH/T63-2014 视频资源元数据规范③	整体规范
		WH/T62-2014 音频资源元数据规范④	整体规范
		WH/T51-2012 图像元数据规范⑤	整体规范
	多领域描述	GB/T24663-2009 电子商务企业核心元数据⑥	领域规范
		GB/T24662-2009 电子商务产品核心元数据⑦	领域规范
		GB/T30524-2014 科技平台元数据注册与管理⑧	领域规范
		DB37/T1444-2009 人口基础信息数据元目录第1部分：公安数据元⑨	地方规范
		DB37/T1445-2009 人口基础信息数据元目录第2部分：民政数据元⑩	地方规范

① 国家档案局. DA/T46-2009Z 文书类电子文件元数据方案[S]. 北京：中国标准出版社, 2009.

② 国家档案局. DA/T54-2014 照片类电子档案元数据方案[S]. 北京：中国标准出版社, 2014.

③ 全国图书馆标准化技术委员会. WH/T63-2014 视频资源元数据规范[S]. 北京：中国标准出版社, 2014.

④ 全国图书馆标准化技术委员会. WH/T62-2014 音频资源元数据规范[S]. 北京：中国标准出版社, 2014.

⑤ 全国图书馆标准化技术委员会. WH/T51-2012 图像元数据规范[S]. 北京：中国标准出版社, 2012.

⑥ 全国电子业务标准化技术委员会. GB/T24663-2009 电子商务企业核心元数据[S]. 北京：中国标准出版社, 2009.

⑦ 全国电子业务标准化技术委员会. GB/T24662-2009 电子商务产品核心元数据[S]. 北京：中国标准出版社, 2009.

⑧ 全国科技平台标准化技术委员会. GB/T30524-2014 科技平台元数据注册与管理[S]. 北京：中国标准出版社, 2014.

⑨ 山东省质量技术监督局. DB37/T1444-2009 人口基础信息数据元目录第1部分：公安数据元[S]. 北京：中国标准出版社, 2009.

⑩ 山东省质量技术监督局. DB37/T1445-2009 人口基础信息数据元目录第2部分：民政数据元[S]. 北京：中国标准出版社, 2009.

续表

数据标准	子指标	可参考的标准规范	类型
		DB37/T1446-2009 人口基础信息数据元目录第 3 部分：计生数据元①	地方规范
		DB37/T1447-2009 人口基础信息数据元目录第 4 部分：社保数据元②	地方规范
	信息管理元数据	WH/T52-2012 管理元数据规范③	整体规范
		WH/Z1-2012 图书馆数字资源长期保存元数据规范④	整体规范
	信息利用元数据	GB/T34417-2017 服务信息公开规范⑤	整体规范
		DB31/T745-2013 政务信息资源共享与交换实施规范第 1 部分：目录元数据⑥	领域规范
		MH/T0029-2009 民航科学数据共享元数据内容⑦	行业规范
数据元	设计和管理	GB/T18142-2017 信息技术数据元素值表示格式记法⑧	整体规范
		GB/T19488.1-2004 电子政务数据元第 1 部分：设计和管理规范⑨	领域规范
		JR/T0027-2006 征信数据元. 数据元设计与管理⑩	行业规范

---

① 山东省质量技术监督局. DB37/T1446-2009 人口基础信息数据元目录第 3 部分：计生数据元[S]. 北京：中国标准出版社，2009.

② 山东省质量技术监督局. DB37/T1447-2009 人口基础信息数据元目录第 4 部分：社保数据元[S]. 北京：中国标准出版社，2009.

③ 全国图书馆标准化技术委员会. WH/T52-2012 管理元数据规范[S]. 北京：中国标准出版社，2012.

④ 全国图书馆标准化技术委员会. WH/Z1-2012 图书馆数字资源长期保存元数据规范[S]. 北京：中国标准出版社，2012.

⑤ 全国服务标准化技术委员会. GB/T34417-2017 服务信息公开规范[S]. 北京：中国标准出版社，2017.

⑥ 上海市质量技术监督局. DB31/T745-2013 政务信息资源共享与交换实施规范第 1 部分：目录元数据[S]. 北京：中国标准出版社，2013.

⑦ 中国民用航空局航空安全技术中心. MH/T0029-2009 民航科学数据共享元数据内容[S]. 北京：中国标准出版社，2009.

⑧ 全国信息技术标准化技术委员会. GB/T18142-2017 信息技术数据元素值表示格式记法[S]. 北京：中国标准出版社，2017.

⑨ 电子政务标准化总体组. GB/T19488.1-2004 电子政务数据元第 1 部分：设计和管理规范[S]. 北京：中国标准出版社，2004.

⑩ 全国金融标准化技术委员会. JR/T0027-2006 征信数据元. 数据元设计与管理[S]. 北京：中国标准出版社，2006.

续表

数据标准	子指标	可参考的标准规范	类型
数据生命周期	数据元目录	GA/T542-2011 公安数据元编写规则①	行业规范
		GB/T19488.2-2008 电子政务数据元第 2 部分：公共数据元目录②	领域规范
		WS363.1-2011 至 WS363.17-2011 卫生信息数据元目录③	领域规范
		YC/T451.1-2012 烟草行业数据中心人力资源数据元第 1 部分：数据元目录④	行业规范
	数据采集	GA/T946 道路交通管理信息采集规范⑤	领域规范
		GB/T30428.7-2017 数字化城市管理信息系统第 7 部分：监管信息采集规程⑥	领域规范
		EN 15430-1-2015 Winter and Road Service Area Maintenanceequipment-Data Acquisition and Transmission-Part 1：In-vehicle Data Acquisition⑦	国外规范
		GB/T20268-2006 车载导航地理数据采集处理技术⑧	行业规范
	数据存储		

① 公安部计算机与信息处理标准化技术委员会. GA/T542-2011 公安数据元编写规则 [S]. 北京：中国标准出版社，2011.

② 全国电子业务标准化技术委员会. GB/T19488.2-2008 电子政务数据元第 2 部分：公共数据元目录[S]. 北京：中国标准出版社，2008.

③ 卫生部卫生信息标准专业委员会. WS363.1-2011 至 WS363.17-2011 卫生信息数据元目录[EB/OL].[2020-8-6]. http://www.alliedphysician.com/News/Articles/Index/384.

④ 全国烟草标准化技术委员会. YC/T451.1-2012 烟草行业数据中心人力资源数据元第 1 部分：数据元目录[S]. 北京：中国标准出版社，2012.

⑤ 中国标准出版社. GA/T946 道路交通管理信息采集规范[M]. 北京：中国标准出版社.2014.

⑥ 全国智能建筑及居住区数字化标准化技术委员会. GB/T30428.7-2017 数字化城市管理信息系统第 7 部分：监管信息采集规程[S]. 北京：中国标准出版社，2017.

⑦ European Committee for Standardazation. EN 15430-1-2015 Winter and Road Service Area Maintenance Equipment-Data Acquisition and Transmission-Part 1：In-vehicle Data Acquisition [S/OL].[2020-8-6]. http://www.nssi.org.cn/nssi/front/88712756.html.

⑧ 全国地理信息标准化技术委员会. GB/T20268-2006 车载导航地理数据采集处理技术[S]. 北京：中国标准出版社，2006.

续表

数据标准	子指标	可参考的标准规范	类型
	存储格式	GB/T29099-2012 道路交通信息服务浮动车历史数据交换存储格式①	行业规范
	存储方式	GB/T33777-2017 附网存储设备通用规范②	整体规范
		GB/T16970-1997 信息处理信息交换用只读光盘存储器（CD-ROM）的盘卷和文卷结构③	整体规范
		GB/T31916.1-2015 信息技术云数据存储和管理第 1 部分：总则④	整体规范
	数据库	GB/T30994-2014 关系数据库管理系统检测规范⑤	整体规范
		LY/T2169-2013 林业数据库设计总体规范⑥	领域规范
		LY/T2672-2016 林业信息数据库数据字典规范⑦	领域规范
	数据处理	GB/T5271.18-2008 信息技术词汇第 18 部分：分布式数据处理⑧	整体规范
		CNS12758-1990 信息处理系统—词汇(第 18 部：分散数据处理)⑨	整体规范

---

① 全国智能运输系统标准化技术委员会. GB/T29099-2012 道路交通信息服务浮动车历史数据交换存储格式[S]. 北京：中国标准出版社，2012.

② 全国信息技术标准化技术委员会. GB/T33777-2017 附网存储设备通用规范[S]. 北京：中国标准出版社，2017.

③ 全国信息技术标准化技术委员会. GB/T16970-1997 信息处理信息交换用只读光盘存储器(CD-ROM)的盘卷和文卷结构[S]. 北京：中国标准出版社，1997.

④ 全国信息技术标准化技术委员会. GB/T31916.1-2015 信息技术云数据存储和管理第 1 部分：总则[S]. 北京：中国标准出版社，2015.

⑤ 全国信息技术标准化技术委员会. GB/T30994-2014. GB/T30994-2014 关系数据库管理系统检测规范[S]. 北京：中国标准出版社，2014.

⑥ 全国林业信息数据标准化技术委员会. LY/T2169-2013 林业数据库设计总体规范[S]. 北京：中国标准出版社，2013.

⑦ 全国林业信息数据标准化技术委员会. LY/T2672-2016 林业信息数据库数据字典规范[S]. 北京：中国标准出版社，2016.

⑧ 全国信息技术标准化技术委员会. GB/T5271.18-2008 信息技术词汇第 18 部分：分布式数据处理[S]. 北京：中国标准出版社，2008.

⑨ 台湾地方标准. CNS12758-1990 信息处理系统—词汇(第 18 部：分散数据处理)[S]. 北京：中国标准出版社，1990.

数据标准	子指标	可参考的标准规范	类型
	数据传输	GB/T17153-2011 公用网之间以及公用网和提供数据传输业务的其他网之间互通的一般原则①	整体规范
	传输协议	CEN/TS15430-2-2012 Winter and Road Service Area Maintenance Equipment-Data Acquisition and Transmission-Part 2：Protocol for Data Transfer Between Information Supplier and Client Application Server②	国外规范
	传输技术	ISO/IEC 14165-241-2005 Information Technology-Fibre Channel-Part 241：Backbone 2（FC-BB-2）③	整体规范
		ITU-R RESOLUTION 47-1 FRENCH-2007 Future Submission of Satellite Radio Transmission Technologies for IMT-2000④	整体规范
		YD/T3695-2020 基于公众电信网的车载紧急报警系统无线数据传输技术要求⑤	行业规范
	数据交换	GA/T1183-2014 数据交换格式标准编写要求⑥	整体规范
		YC/T356-2010 工商卷烟物流在途信息系统数据交换⑦	领域规范

① 工业和信息化部. GB/T17153-2011 公用网之间以及公用网和提供数据传输业务的其他网之间互通的一般原则［S］. 北京：中国标准出版社，2011.

② European Committee for Standardazation. CEN/TS15430-2-2012 Winter and Road Service Area Maintenance Equipment-Data Acquisition and Transmission-Part 2：Protocol for Data Transfer Between Information Supplier and Client Application Server ［S/OL］. ［2020-8-6］. http://www.nssi.org.cn/nssi/front/80784850.html.

③ International Organization for Standardization. ISO/IEC14165-241-2005 Information Technology-Fibre Channel-Part 241：Backbone 2（FC-BB-2）［S/OL］. ［2020-8-6］. https://www.iso.org/standard/37201.html.

④ International Telecommunication Union. ITU-R RESOLUTION 47-1-2007 Future Submission of Satellite Radio Transmission Technologies for IMT-2000 ［S/OL］. ［2020-8-6］. http://www.nssi.org.cn/nssi/front/73363156.html.

⑤ 工业和信息化部. YD/T3695-2020 基于公众电信网的车载紧急报警系统无线数据传输技术要求［S］. 北京：中国标准出版社，2020.

⑥ 公安部计算机与信息处理标准化技术委员会. GA/T1183-2014 数据交换格式标准编写要求［S］. 北京：中国标准出版社，2014.

⑦ 全国烟草标准化技术委员会. YC/T356-2010 工商卷烟物流在途信息系统数据交换［S］. 北京：中国标准出版社，2010.

续表

数据标准	子指标	可参考的标准规范	类型
		YC/T302-2009 烟草商业企业卷烟物流仓储管理系统数据交换①	领域规范
		DIN SPEC 91287-2012 Data Interchange Between Information Systems in Civil Hazard Prevention②	国外规范
		GB/T17699-2014 行政、商业和运输业电子数据交换数据元目录③	领域规范
	数据销毁	DL/T1757-2017 电子数据恢复和销毁技术要求④	整体规范
		DB21/T1711-2008 移动存储介质安全管理规范⑤	整体规范
数据应用	数据访问	GB/T29799-2013 网页内容可访问性指南⑥	整体规范
		CY/Z9-2005 新闻出版总署办公信息管理系统及网站项目访问控制规范⑦	领域规范
	数据检索	GB/T27702-2011 信息与文献信息检索(Z39.50)应用服务定义和协议规范⑧	整体规范

---

① 全国烟草标准化技术委员会. YC/T302-2009 烟草商业企业卷烟物流仓储管理系统数据交换[S]. 北京：中国标准出版社，2009.

② Deutsches Institut für Normung. DIN SPEC 91287-2012 Data Interchange Between Information Systems in Civil Hazard Prevention[S/OL]. [2020-8-6]. http://www.nssi.org.cn/nssi/front/78152416.html.

③ 全国电子业务标准化技术委员会. GB/T17699-2014 行政、商业和运输业电子数据交换数据元目录[S]. 北京：中国标准出版社，2014.

④ 中国电力企业联合会. DL/T1757-2017 电子数据恢复和销毁技术要求[S]. 北京：中国标准出版社，2017.

⑤ 辽宁省信息产业厅. DB21/T1711-2008 移动存储介质安全管理规范[S]. 北京：中国标准出版社，2008.

⑥ 全国信息技术标准化技术委员会. GB/T29799-2013 网页内容可访问性指南[S]. 北京：中国标准出版社，2013.

⑦ 新闻出版总署. CY/Z9-2005 新闻出版总署办公信息管理系统及网站项目访问控制规范[S]. 北京：中国标准出版社，2005.

⑧ 全国信息与文献标准化技术委员会. GB/T27702-2011 信息与文献信息检索(Z39.50)应用服务定义和协议规范[S]. 北京：中国标准出版社，2011.

数据标准	子指标	可参考的标准规范	类型
		ISO 25964-1-2011 Information and Documentation-Thesauri and Interoperability with Other Vocabularies-Part 1：Thesauri for Information Retrieval①	整体规范
		GB/T13190.1-2015 信息与文献叙词表及与其他词表的互操作第 1 部分：用于信息检索的叙词表②	整体规范
	数据分析	GB/T37721-2019 信息技术大数据分析系统功能要求③	整体规范
		ISO/IEC 13249-6-2006 Information Technology-Database Languages-SQL Multimedia and Application Packages-Part 6：Data Mining④	整体规范
		SJ/T11615-2016 网络数据采集分析软件规范⑤	整体规范
		YC/T455.3-2013 卷烟零售市场信息采集和分析应用基本规范第 3 部分：信息分析应用⑥	领域规范
	数据展示	ISO/IEC 23007-1-2010 Information Technology-Rich Media User Interfaces-Part 1：Widgets⑦	整体规范

① International Organization for Standardization. ISO 25964-1-2011 Information and Documentation-Thesauri and Interoperability with Other Vocabularies-Part 1：Thesauri for Information Retrieval[S/OL]. [2020-8-6]. https://www.iso.org/standard/53657.html.

② 全国信息与文献标准化技术委员会. GB/T13190.1-2015 信息与文献叙词表及与其他词表的互操作第 1 部分：用于信息检索的叙词表[S]. 北京：中国标准出版社, 2015.

③ 全国信息技术标准化技术委员会. GB/T37721-2019 信息技术大数据分析系统功能要求[S]. 北京：中国标准出版社, 2019.

④ International Organization for Standardization. ISO/IEC 13249-6-2006 Information Technology-Database Languages-SQL Multimedia and Application Packages-Part 6：Data Mining[S/OL]. [2020-8-6]. https://www.iso.org/standard/38648.html.

⑤ 工业与信息化部. SJ/T11615-2016 网络数据采集分析软件规范[S]. 北京：中国标准出版社, 2016.

⑥ 全国烟草标准化技术委员会. YC/T455.3-2013 卷烟零售市场信息采集和分析应用基本规范第 3 部分：信息分析应用[S]. 北京：中国标准出版社, 2013.

⑦ International Organization for Standardization. ISO/IEC 23007-1-2010 Information Technology-Rich Media User Interfaces-Part 1：Widgets[S/OL]. [2020-8-7]. https://www.iso.org/standard/55497.html.

续表

数据标准	子指标	可参考的标准规范	类型
		ISO/IEC 23007-2-2012 Information technology-Rich media user interfaces-Part 2：Advanced user interaction （AUI） interfaces①	整体规范
		GB/T35411-2017 电子商务平台产品信息展示要求②	领域规范
		GA 787-2010 指纹图像数据转换的技术条件③	整体规范
		GA/T922.2-2011 安防人脸识别应用系统第 2 部分：人脸图像数据④	领域规范
数据管理	数据资源管理	GB/T16647-1996 信息技术信息资源词典系统（IRDS）框架⑤	整体规范
		GB/T3469-2013 信息资源的内容形式和媒体类型标识⑥	整体规范
	信息资源目录	ISO 690-2010 Information and Documentation-Guidelines for Bibliographic References and Citations to Information Resources⑦	整体规范
		GB/T21063.4-2007 政务信息资源目录体系第 4 部分：政务信息资源分类⑧	领域规范
		LY/T2269-2014 林业信息资源目录体系框架⑨	领域规范

---

① International Organization for Standardization. ISO/IEC 23007-2-2012 Information Technology-Rich Media User Interfaces-Part 2：Advanced User Interaction （AUI） Interfaces［S/OL］.［2020-8-6］. https：//www.iso.org/standard/59241.html？browse=tc

② 全国电子商务质量管理标准化技术委员会. GB/T35411-2017 电子商务平台产品信息展示要求［S］. 北京：中国标准出版社, 2017.

③ 全国刑事技术标准化技术委员会. GA 787-2010 指纹图像数据转换的技术条件［S］. 北京：中国标准出版社, 2010.

④ 全国安全防范报警系统标准化技术委员会. GA/T922.2-2011 安防人脸识别应用系统 第 2 部分：人脸图像数据［S］. 北京：中国标准出版社, 2011.

⑤ 全国信息技术标准化技术委员会. GB/T16647-1996 信息技术信息资源词典系统（IRDS）框架［S］. 北京：中国标准出版社, 1996.

⑥ 全国信息与文献标准化技术委员会. GB/T3469-2013 信息资源的内容形式和媒体类型标识［S］. 北京：中国标准出版社, 2013.

⑦ International Organization for Standardization. ISO 690-2010 Information and Documentation-Guidelines for Bibliographic References and Citations to Information Resources［S/OL］.［2020-8-7］. https：//www.iso.org/standard/43320.html.

⑧ 全国信息技术标准化技术委员会. GB/T21063.4-2007 政务信息资源目录体系第 4 部分：政务信息资源分类［S］. 北京：中国标准出版社, 2007.

⑨ 全国林业信息数据标准化技术委员会. LY/T2269-2014 林业信息资源目录体系框架［S］. 北京：中国标准出版社, 2014.

数据标准	子指标	可参考的标准规范	类型
	数据更新	GA/T627-2006 城市警用地理信息数据采集与更新规范①	领域规范
	数据质量管理	ISO/TS8000-1-2011 Data Quality-Part 1：Overview②	整体规范
		GB/T36344-2018 信息技术数据质量评价指标③	整体规范
		ISO/TS8000-150-2011Data quality-Part 150：Master Data：Quality Management Framework④	整体规范
		GA/T1000-2011 公安信息化数据质量管理规范⑤	领域规范
		GB/T31594-2015 社会保险核心业务数据质量规范⑥	领域规范
	数据安全	GB/T37973-2019 信息安全技术大数据安全管理指南⑦	整体规范

6.2.3 安全标准体系构建思路

2014 年 2 月 27 日，在中央网络安全和信息化领导小组第一次会议上，习近平总书记明确指出："网络安全和信息化是事关国家安全和国家发展、事关广大人民群众工作生活的重大战略问题，要从国际国内大势出发，总体布局，

---

① 公安部计算机与信息处理标准化技术委员会. GA/T627-2006 城市警用地理信息数据采集与更新规范[S]. 北京：中国标准出版社, 2006.

② International Organization for Standardization. ISO/TS8000-1-2011 Data Quality-Part 1：Overview[S/OL].［2020-8-6］. https://www.iso.org/standard/50798.html.

③ 全国信息技术标准化技术委员会. GB/T36344-2018 信息技术数据质量评价指标[S]. 北京：中国标准出版社, 2018.

④ International Organization for Standardization. ISO/TS8000-150-2011Data Quality-Part 150：Master Data：Quality Management Framework［S/OL］.［2020-8-6］. https://www.iso.org/standard/54579.html.

⑤ 公安部计算机与信息处理标准化技术委员会. GA/T1000-2011 公安信息化数据质量管理规范[S]. 北京：中国标准出版社, 2011.

⑥ 全国社会保险标准化技术委员会. GB/T31594-2015 社会保险核心业务数据质量规范[S]. 北京：中国标准出版社, 2015.

⑦ 全国信息安全标准化技术委员会. GB/T37973-2019 信息安全技术大数据安全管理指南[S]. 北京：中国标准出版社, 2019.

统筹各方，创新发展，努力把我国建设成为网络强国。"①同年4月，中央国家安全委员会第一次会议上，习近平总书记再次强调当代国家安全包括政治安全、国土安全、军事安全、经济安全、文化安全、社会安全、科技安全、网络安全等16个方面的基本内容。② 2017年在十九届中央政治局第二次集体学习时的讲话中，习近平总书记又强调："要切实保障国家数据安全。要加强关键信息基础设施安全保护，强化国家关键数据资源保护能力，增强数据安全预警和溯源能力。"③可见，国家在重视网络化信息化建设的同时也十分重视网络安全、数据安全等问题。

(1) 安全标准子体系的内容范畴

结合上述背景，加上本书所提标准体系的对象是国家安全体制下的网络化信息服务，其中国家安全体制又是指国家安全管理具体制度和行为规范的总和，因而本书所提网络化信息服务标准体系搭建的重要前提就是要符合国家一系列的安全规约，故安全标准是标准体系中不可忽视的重要一级。实施安全标准有助于在数据采集、传输、存储、处理、显示等网络化信息服务进程中不会受到人为或自然因素的危害，而使信息丢失、泄露和破坏，保障网络化信息服务的正常有序进行。本书分析了已有的标准相关文件和研究，得出了表6-7所示网络化信息服务的相关主流指标。

表6-7　网络化信息服务安全标准的相关主流指标

文件/文献名	一级指标名称	二级指标内容
国家电子政务标准体系建设指南④	安全标准	安全管理、安全技术、安全产品和服务

① 人民日报. 向着网络强国扬帆远航——推进网络安全和信息化工作综述[EB/OL]. [2020-8-5]. http://www.cac.gov.cn/2017-11/27/c_1122014651.htm

② 中华人民共和国中央人民政府. 中央国家安全委员会第一次会议召开 习近平发表重要讲话[EB/OL]. [2020-8-5]. http://www.gov.cn/xinwen/2014-04/15/content_2659641.htm

③ 人民日报. 习近平: 审时度势精心谋划超前布局力争主动实施国家大数据战略加快建设数字中国[EB/OL]. [2020-8-5]. http://cpc.people.com.cn/n1/2017/1210/c64094-29696484.html.

④ 市场监管总局, 中共中央办公厅, 国务院办公厅, 中央网信办, 国家发展改革委, 工业和信息化部. 国家电子政务标准体系建设指南[J]. 电子政务, 2020(7): 2, 121.

续表

文件/文献名	一级指标名称	二级指标内容
大数据标准化白皮书①	数据安全	通用要求、隐私保护
网络数据安全标准体系建设指南②	安全管理	数据安全规范、数据安全评估、监测预警与处理、应急响应与灾难备份、安全能力认证
烟草行业信息化标准体系③	信息安全标准	安全技术、安全管理
电力行业信息化标准体系④	信息安全标准	安全基础标准、物理安全标准、网络安全标准、系统安全标准、应用安全标准、数据安全标准
交通运输信息化标准体系⑤	网络安全	安全技术、安全管理、网络信任、安全服务
政府信息资源管理标准化体系顶层设计研究⑥	安全标准	实体安全、内容安全、信息环境安全
教育大数据标准体系研究⑦	安全类标准	隐私保护规范、权利保护规范、访问控制规范
软件和信息技术服务业技术标准体系研究⑧	信息安全技术	通用基础、安全技术机制、安全测评、信息安全管理

---

① 中国电子技术标准化研究院. 大数据标准化白皮书[EB/OL]. [2020-8-1]. http://www.cesi.cn/201803/3709.html.

② 工业和信息化部科技司. 网络数据安全标准体系建设指南[EB/OL]. [2020-8-1]. http://www.cac.gov.cn/2020-04/10/c_1588063863949140.htm.

③ 国家烟草专卖局. YC/Z204-2012 烟草行业信息化标准体系[S]. 北京:中国标准出版社, 2012.

④ 电力行业信息标准化技术委员会. DL/Z398-2010 电力行业信息化标准体系[S]. 北京:中国标准出版社, 2010.

⑤ 交通运输部科技司. 交通运输信息化标准体系[EB/OL]. [2020-8-1]. http://www.gov.cn/fuwu/2019-07/23/content_5413504.htm.

⑥ 张晓娟, 陈丹凤, 邓福成. 政府信息资源管理标准化体系顶层设计研究[J]. 情报理论与实践, 2017, 40(4): 10-15.

⑦ 吴砥, 饶景阳, 吴晨. 教育大数据标准体系研究[J]. 开放教育研究, 2020, 26(2): 75-82.

⑧ 阳军, 吴东亚, 徐洋, 等. 软件和信息技术服务业技术标准体系研究[J]. 信息技术与标准化, 2014(11): 4-10.

续表

文件/文献名	一级指标名称	二级指标内容
智慧水务信息化标准体系探讨①	信息安全标准	信息安全基础标准、信息安全技术标准、信息安全管理标准、网络安全
重庆水务企业级信息化标准体系建设实践②	信息安全标准	系统安全、数据安全、网络安全、物理安全
中国铁路大数据应用顶层设计研究与实践③	安全管理	基础设施安全、数据安全、应用安全、网络安全、系统安全
中国铁路总公司信息化标准体系建设研究④	信息安全标准	信息安全基础标准、信息安全定级标准、信息安全规划建设标准、信息安全测评标准、信息安全运行标准、风险评估标准
铁路大数据标准体系研究⑤	安全	数据安全、隐私保护
山东省食品药品监管信息化标准体系建设实践与探索⑥	信息安全标准	信息安全总体标准、信息安全技术标准、信息安全管理标准
北斗应急救援信息服务系统标准体系研究⑦	安全标准	信息安全规范、身份认证规范、访问控制规范

① 梁涛，马雯爽，韩超，等.智慧水务信息化标准体系探讨[J].中国建设信息化，2020(10)：76-78.

② 季久翠，周文雯，许冬件，等.重庆水务企业级信息化标准体系建设实践[J].给水排水，2020，56(5)：138-142.

③ 王同军.中国铁路大数据应用顶层设计研究与实践[J].中国铁路，2017(1)：8-16.

④ 岳雪梅，高春霞，张文塔.中国铁路总公司信息化标准体系建设研究[J].中国铁路，2015(5)：11-15.

⑤ 吴艳华，郑金子，李平，等.铁路大数据标准体系研究[J].中国铁路，2019(8)：42-49.

⑥ 张媛，杨爱迪，逄锦山，等.山东省食品药品监管信息化标准体系建设实践与探索[J].信息技术与信息化，2017(8)：135-137.

⑦ 刘博，陈倩.北斗应急救援信息服务系统标准体系研究[J].信息技术与标准化，2013(4)：52-55.

文件/文献名	一级指标名称	二级指标内容
我国内河航运综合信息服务标准化①	信息安全标准	信息安全与管理规范、网络安全标准、系统安全标准
5G安全需求与标准体系研究②	基础共性类标准	术语、总体技术要求
	终端安全类标准	通用固件和操作系统安全、智能手机安全、泛终端安全
	IT设施安全类标准	SDN安全、虚拟化安全、云平台安全
	网络安全类标准	无线安全、核心网安全、边缘计算安全、切片安全、5G设备安全
	应用与服务安全类标准	通用应用安全、垂直应用安全
	数据安全类标准	数据安全管理、数据安全技术

(2)安全标准子体系的组成结构

根据上述文件/文献梳理，参考计算机网络安全类型划分③，本书初步将安全标准进一步划分为基础标准、物理安全、网络安全、应用安全和数据安

---

① 周俊华，解玉玲，刘力，等. 我国内河航运综合信息服务标准化[J]. 水运管理，2009，31(11)：16-19.

② 邱勤，张滨，吕欣. 5G安全需求与标准体系研究[J]. 信息安全研究，2020，6(8)：673-679.

③ 陈庄，巫茜. 计算机网络安全工程师宝典[M]. 重庆：重庆出版社，2016.

全，其体系构建思路如图 6-7 所示。

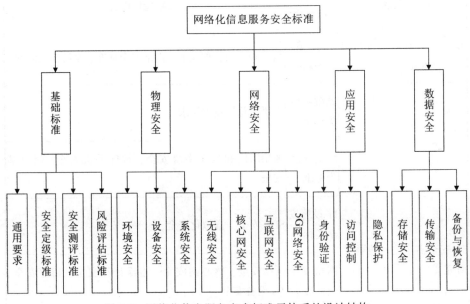

图 6-7　网络化信息服务安全标准子体系的设计结构

①基础标准涵盖了安全通用要求及安全等级评价标准，为安全问题分级分类提供了思路。

②物理安全是保护计算机网络设备、设施以及其他媒体免遭地震、水灾、火灾等环境事故及人为操作失误和各种计算机犯罪行为导致的破坏。物理安全是整个计算机信息系统安全的前提，也是网络化信息服务安全战略的一个重要组成部分，为网络化信息服务安全有效运行提供了物理实体安全性支撑。物理安全主要包括三个方面：环境安全，指系统所在环境的安全，主要是场地与机房；设备安全，主要指设备的电力保护、防火、防电离辐射等；系统安全，包括操作系统及应用系统本身的安全以及系统数据的安全。①

③网络安全指的是，在网络管理以及技术控制的情况下，保持计算机应用所处的网络环境处于安全、保密以及可使用的状态，而不会因为偶然原因或者恶意的破坏造成数据传输中断、泄露等问题。本书根据现有标准的发布情况将其划分为无线安全、核心网安全及互联网安全，并结合当下对 5G 的关注加入

---

① 徐云峰，郭正彪. 物理安全[M]. 武汉：武汉大学出版社，2010.

了 5G 网络安全。其中无线主流标准是 IEEE 802.11 和其变体，国内也对无线局域网接入系统做出了安全技术要求，而核心网络主要指网络化信息服务提供方与用户间组成的网络，互联网安全则是对更为宽泛的网络做出的防护规范，而针对 5G 安全尚未发布相关标准，但相信随着 5G 发展的推进，相关标准已经在修订中。

④应用安全旨在管理和控制用户对应用系统资源(包括信息资源和服务资源)的使用，对网络化信息服务交互过程中的安全问题进行规约，包括身份验证、访问控制、隐私保护三个方面的内容。身份验证是指对登录应用系统的用户身份进行认证的过程，用以识别合法或非法的用户，阻止未授权用户访问应用系统资源，该过程将涉及三方，首先是管理部门要安全分配用户口令并进行管理，其次用户应履行其责任选择和使用口令，最后应用应提供对口令的支持，即具备登录模块。而访问控制是指主体访问客体的权限限制，主要方式是基于用户身份建立和控制用户访问权限。隐私保护则重点针对网络化信息服务中的用户数据进行严格的安全保护，国家出台了《电信和互联网用户个人信息保护规定》①，同时还有各类国家标准可见表 6-8。

⑤数据安全是基于信息安全技术的系列标准，为数据提供软硬件等多方面的安全保护②，如存储安全、传输安全、备份与恢复。存储安全规范了网络存储、智能移动终端存储、云存储和 USB 存储等存储模式下的存储安全。传输安全保障数据在传输过程中不会出现丢失、被窃听和伪造的情况，主要围绕传输加密、安全控制展开。上述两种安全措施虽然能极大地提高数据的安全性，但计算机的脆弱性还是有可能使得数据在自然灾害、攻击者入侵、误操作等侵扰下遭到破坏，从而给网络化信息服务的供给方、用户乃至社会、国家带来损失，因此必须采取有效的数据和系统备份和恢复手段来保障运行安全，相关标准有 YD/T1731-2008《电信网和互联网灾难备份及恢复实施指南》③等。

---

① 中国网信网. 电信和互联网用户个人信息保护规定[EB/OL]. [2020-8-1]. http://www.cac.gov.cn/2012-07/29/c_133142088.htm

② 刘歌与. 档案信息化建设过程中的信息安全问题研究[J]. 中国管理信息化, 2020, 23(14)：191-192.

③ 中国通信标准化协会. YD/T1731-2008 电信网和互联网灾难备份及恢复实施指南[S]. 北京：中国标准出版社, 2008.

6 国家安全体制下网络化信息服务标准体系的构建思路

表 6-8 安全标准下各指标现行可参考标准规范

安全标准	子指标	可参考的标准规范	类型
基础标准	通用要求	GA 1277-2015 信息安全技术互联网交互式服务安全保护要求①	整体规范
		YD/T2704-2014 电信信息服务的安全准则②	领域规范
		GB/T36618-2018 信息安全技术金融信息服务安全规范③	领域规范
	安全定级标准	GA/T1389-2017 信息安全技术网络安全等级保护定级指南④	整体规范
		GB/T22240-2008 信息安全技术信息系统安全等级保护定级指南⑤	整体规范
		YC/T389-2011 烟草行业信息系统安全等级保护与信息安全事件的定级准则⑥	领域规范
	安全测评标准	GB/T25063-2010 信息安全技术服务器安全测评要求⑦	整体规范
		DB31/T272-2002 计算机信息系统安全测评通用技术规范⑧	整体规范
		GB/T28449-2018 信息安全技术网络安全等级保护测评过程指南⑨	整体规范

① 公安部信息系统安全标准化技术委员会. GA 1277-2015 信息安全技术互联网交互式服务安全保护要求[S]. 北京：中国标准出版社, 2015.

② 中国通信标准化协会. YD/T2704-2014 电信信息服务的安全准则[S]. 北京：中国标准出版社, 2014.

③ 全国信息安全标准化技术委员会. GB/T36618-2018 信息安全技术金融信息服务安全规范[S]. 北京：中国标准出版社, 2018.

④ 公安部信息系统安全标准化技术委员会. GA/T1389-2017 信息安全技术网络安全等级保护定级指南[S]. 北京：中国标准出版社, 2017.

⑤ 全国信息安全标准化技术委员会. GB/T22240-2008 信息安全技术信息系统安全等级保护定级指南[S]. 北京：中国标准出版社, 2008.

⑥ 全国烟草标准化技术委员会. YC/T389-2011 烟草行业信息系统安全等级保护与信息安全事件的定级准则[S]. 北京：中国标准出版社, 2011.

⑦ 全国信息安全标准化技术委员会. GB/T25063-2010 信息安全技术服务器安全测评要求[S]. 北京：中国标准出版社, 2010.

⑧ 上海市质量技术监督局. DB31/T272-2002 计算机信息系统安全测评通用技术规范[S]. 北京：中国标准出版社, 2002.

⑨ 全国信息安全标准化技术委员会. GB/T28449-2018 信息安全技术网络安全等级保护测评过程指南[S]. 北京：中国标准出版社, 2018.

安全标准	子指标	可参考的标准规范	类型
物理安全	风险评估标准	GB/T31509-2015 信息安全技术 信息安全风险评估实施指南①	整体规范
		YD/T1730-2008 电信网和互联网安全风险评估实施指南②	领域规范
		MH/T0040-2012 民用运输航空公司网络与信息系统风险评估规范③	领域规范
	环境安全	YD/T1754-2008 电信网和互联网物理环境安全等级保护要求④	整体规范
		YD/T1755-2008 电信网和互联网物理环境安全等级保护检测要求⑤	整体规范
		GB 50174-2008 电子信息系统机房设计规范⑥	整体规范
		GB/T9361-2011 计算机场地安全要求⑦	整体规范
		YD/T2057-2009 通信机房安全管理总体要求⑧	整体规范
	设备安全	GB 4943.1-2011 信息技术设备安全第1部分：通用要求⑨	整体规范

---

① 全国信息安全标准化技术委员会. GB/T31509-2015 信息安全技术 信息安全风险评估实施指南[S]. 北京：中国标准出版社，2015.

② 中国通信标准化协会. YD/T1730-2008 电信网和互联网安全风险评估实施指南[S]. 北京：中国标准出版社，2008.

③ 中国民航科学技术研究院. MH/T0040-2012 民用运输航空公司网络与信息系统风险评估规范[S]. 北京：中国标准出版社，2012.

④ 中国通信标准化协会. YD/T1754-2008 电信网和互联网物理环境安全等级保护要求[S]. 北京：中国标准出版社，2008.

⑤ 中国通信标准化协会. YD/T1755-2008 电信网和互联网物理环境安全等级保护检测要求[S]. 北京：中国标准出版社，2008.

⑥ 工业和信息化部. GB 50174-2008 电子信息系统机房设计规范[S]. 北京：中国标准出版社，2008.

⑦ 全国信息技术标准化技术委员会. GB/T9361-2011 计算机场地安全要求[S]. 北京：中国标准出版社，2011.

⑧ 中国通信标准化协会. YD/T2057-2009 通信机房安全管理总体要求[S]. 北京：中国标准出版社，2009.

⑨ 工业和信息化部. GB 4943.1-2011 信息技术设备安全第1部分：通用要求[S]. 北京：中国标准出版社，2011.

续表

安全标准	子指标	可参考的标准规范	类型
		GB/T32925-2016 信息安全技术 政府联网计算机终端安全管理基本要求①	领域规范
		GB 4943.23-2012 信息技术设备安全第23部分：大型数据存储设备②	整体规范
		YD/T2041-2009 IPv6 网络设备安全测试方法-宽带网络接入服务器③	整体规范
		GB/T29244-2012 信息安全技术 办公设备基本安全要求④	整体规范
		ANSI/UL 62368-1-2012 Standard for Safety for Audio/Video, Information and Communication Technology Equipment-Part 1: Safety Requirements⑤	整体规范
	系统安全	GB/T18794 信息技术开放系统互连开放系统安全框架⑥	整体规范
		GB/T35284-2017 信息安全技术网站身份和系统安全要求与评估方法⑦	整体规范
		GB/T20269-2006 信息安全技术信息系统安全管理要求⑧	整体规范
		GB/T20008-2005 信息安全技术操作系统安全评估准则⑨	整体规范

① 全国信息安全标准化技术委员会. GB/T32925-2016 信息安全技术 政府联网计算机终端安全管理基本要求[S]. 北京：中国标准出版社, 2016.

② 全国信息安全标准化技术委员会. GB 4943.23-2012 信息技术设备 安全 第23部分：大型数据存储设备[S]. 北京：中国标准出版社, 2012.

③ 中国通信标准化协会. YD/T2041-2009 IPv6 网络设备安全测试方法-宽带网络接入服务器[S]. 北京：中国标准出版社, 2009.

④ 全国信息安全标准化技术委员会. GB/T29244-2012 信息安全技术 办公设备基本安全要求[S]. 北京：中国标准出版社, 2012.

⑤ American National Standards Institute. ANSI/UL 62368-1-2012 Standard for Safety for Audio/Video, Information and Communication Technology Equipment-Part 1: Safety Requirements [S/OL]. [2020-8-8]. http://www.nssi.org.cn/nssi/front/77651200.html.

⑥ 中国标准出版社. GB/T18794 信息技术开放系统互连开放系统安全框架[M]. 北京：中国标准出版社. 2004.

⑦ 全国信息安全标准化技术委员会. GB/T35284-2017 信息安全技术网站身份和系统安全要求与评估方法[S]. 北京：中国标准出版社, 2017.

⑧ 全国信息安全标准化技术委员会. GB/T20269-2006 信息安全技术信息系统安全管理要求[S]. 北京：中国标准出版社, 2006.

⑨ 全国信息安全标准化技术委员会. GB/T20008-2005 信息安全技术操作系统安全评估准则[S]. 北京：中国标准出版社, 2005.

安全 标准	子指标	可参考的标准规范	类型
网络 安全		QJ 1236-1987 信息系统数据安全与保密规范①	整体规范
	无线安全	IEEE 802.11 系列标准②	整体规范
		ANSI X9.112-1-2009 Wireless Management and Security-Part 1: General Requirements③	整体规范
		GB/T33565-2017 信息安全技术 无线局域网接入系统安全技术要求(评估保障级 2 级增强)④	整体规范
	核心网 安全	YD/T1613-2007 公众 IP 网络安全要求 安全框架⑤	整体规范
		YD/T1906-2009 IPv6 网络设备安全技术要求核心路由器⑥	整体规范
	互联网 安全	YD/T1736-2009 互联网安全防护要求⑦	整体规范
		GA 1277-2015 信息安全技术 互联网交互式服务安全保护要求⑧	整体规范
		GB/Z24294-2009 信息安全技术 基于互联网电子政务信息安全实施指南⑨	整体规范

① 航天工业部. QJ 1236-1987 信息系统数据安全与保密规范[S]. 北京：中国标准出版社，1987.

② Institute of Electrical and Electronics Engineers. Information Technology-Telecommunications and Information Exchange Between Systems Local and Metropolitan Area Networks-Specific Requirements Part 11: Wireless LAN Medium Access Control (MAC) and Physical Layer (PHY) Specifications[S/OL]. [2020-8-8]. http://grouper.ieee.org/groups/802/11/Reports/802.11_Timelines.htm.

③ American National Standards Institute. ANSI X9.112-1-2009 Wireless Management and Security-Part 1: General Requirements[S/OL]. [2020-8-8]. http://www.nssi.org.cn/nssi/front/73402613.html.

④ 全国信息安全标准化技术委员会. GB/T33565-2017 信息安全技术 无线局域网接入系统安全技术要求(评估保障级 2 级增强)[S]. 北京：中国标准出版社，2017.

⑤ 中国通信标准化协会. YD/T1613-2007 公众 IP 网络安全要求 安全框架[S]. 北京：中国标准出版社，2007.

⑥ 中国通信标准化协会. YD/T1906-2009 IPv6 网络设备安全技术要求 核心路由器[S]. 北京：中国标准出版社，2009.

⑦ 中国通信标准化协会. YD/T1736-2009 互联网安全防护要求[S]. 北京：中国标准出版社，2009.

⑧ 公安部信息系统安全标准化技术委员会. GA 1277-2015 信息安全技术 互联网交互式服务安全保护要求[S]. 北京：中国标准出版社，2015.

⑨ 全国信息安全标准化技术委员会. GB/Z24294-2009 信息安全技术 基于互联网电子政务信息安全实施指南[S]. 北京：中国标准出版社，2009.

安全标准	子指标	可参考的标准规范	类型
应用安全	身份验证	ISIRI 15800-2019 Information Technology—Security Techniques—Identity Proofing①	整体规范
		GB/T36629.3-2018 信息安全技术 公民网络电子身份标识安全技术要求 第3部分：验证服务消息及其处理规则②	领域规范
		YD/T2127.1-2010 移动 Web 服务网络身份认证技术要求 第1部分：总体技术要求③	整体规范
		ISO/IEC 29191-2012 Information Technology-Security Techniques-Requirements for Partially Anonymous, Partially Unlinkable Authentication④	整体规范
	访问控制	GB/T25062-2010 信息安全技术 鉴别与授权 基于角色的访问控制模型与管理规范⑤	整体规范
		BS ISO/IEC 18013-3-2009 + A1-2012 Information Technology. Personal Identification. Access Control, Authentification and Integrity Validation ⑥	整体规范

① Institute of Standards & Industrial Research of Iran. ISIRI 15800-2019 Information Technology—Security Techniques—Identity Proofing [S/OL]. [2020-8-8]. http://www.nssi.org.cn/nssi/front/111028746.html.

② 全国信息安全标准化技术委员会. GB/T36629.3-2018 信息安全技术 公民网络电子身份标识安全技术要求 第3部分：验证服务消息及其处理规则[S]. 北京：中国标准出版社, 2018.

③ 中国通信标准化协会. YD/T2127.1-2010 移动 Web 服务网络身份认证技术要求 第1部分：总体技术要求[S]. 北京：中国标准出版社, 2010.

④ International Organization for Standardization. ISO/IEC 29191-2012 Information Technology-Security Techniques-Requirements for Partially Anonymous, Partially Unlinkable Authentication[S/OL]. [2020-8-9]. https://www.iso.org/standard/45270.html.

⑤ 全国信息安全标准化技术委员会. GB/T25062-2010 信息安全技术 鉴别与授权 基于角色的访问控制模型与管理规范[S]. 北京：中国标准出版社, 2010.

⑥ British Standards Institution. BS ISO/IEC 18013-3-2009 + A1-2012 Information Technology. Personal Identification. Access Control, Authentification and Integrity Validation [S/OL]. [2020-8-9]. http://www.nssi.org.cn/nssi/front/81316753.html.

安全标准	子指标	可参考的标准规范	类型
		YD/T1615-2007 公众 IP 网络安全要求 基于远端接入用户验证服务协议（RADIUS）的访问控制①	整体规范
		GB/Z24294.3-2017 信息安全技术 基于互联网电子政务信息安全实施指南 第 3 部分：身份认证与授权管理②	领域规范
		GA/T464-2004 治安管理信息系统用户访问控制及权限管理③	领域规范
	隐私保护	GB/T35273-2020 信息安全技术 个人信息安全规范④	整体规范
		GB/Z28828-2012 信息安全技术 公共及商用服务信息系统个人信息保护指南⑤	整体规范
		GB/T37964-2019 信息安全技术 个人信息去标识化指南⑥	整体规范
数据安全	存储安全	ISO/IEC 27040-2015 Information Technology-Security Techniques-Storage Security⑦	整体规范
		GB/T37939-2019 信息安全技术 网络存储安全技术要求⑧	整体规范
		GB/T34977-2017 信息安全技术 移动智能终端数据存储安全技术要求与测试评价方法⑨	整体规范

---

① 中国通信标准化协会. YD/T1615-2007 公众 IP 网络安全要求 基于远端接入用户验证服务协议（RADIUS）的访问控制[S]. 北京：中国标准出版社，2007.

② 全国信息安全标准化技术委员会. GB/Z24294.3-2017 信息安全技术 基于互联网电子政务信息安全实施指南 第 3 部分：身份认证与授权管理[S]. 北京：中国标准出版社，2017.

③ 公安部计算机与信息处理标准化技术委员会. GA/T464-2004 治安管理信息系统 用户访问控制及权限管理[S]. 北京：中国标准出版社，2004.

④ 全国信息安全标准化技术委员会. GB/T35273-2020 信息安全技术 个人信息安全规范[S]. 北京：中国标准出版社，2020.

⑤ 全国信息安全标准化技术委员会. GB/Z28828-2012 信息安全技术 公共及商用服务信息系统个人信息保护指南[S]. 北京：中国标准出版社，2012.

⑥ 全国信息安全标准化技术委员会. GB/T37964-2019 信息安全技术 个人信息去标识化指南[S]. 北京：中国标准出版社，2019.

⑦ International Organization for Standardization. ISO/IEC 27040-2015 Information Technology-Security Techniques-Storage Security [S/OL]. [2020-8-9]. https://www.iso.org/standard/44404.html.

⑧ 全国信息安全标准化技术委员会. GB/T37939-2019 信息安全技术 网络存储安全技术要求[S]. 北京：中国标准出版社，2019.

⑨ 全国信息安全标准化技术委员会. GB/T34977-2017 信息安全技术 移动智能终端数据存储安全技术要求与测试评价方法[S]. 北京：中国标准出版社，2017.

续表

安全标准	子指标	可参考的标准规范	类型
		GA/T1347-2017 信息安全技术 云存储系统安全技术要求①	整体规范
		GA/T987-2012 信息安全技术 USB 移动存储介质管理系统安全技术要求②	整体规范
	传输安全	GB/T38636-2020 信息安全技术 传输层密码协议（TLCP）③	整体规范
		GB/T37714-2019 公安物联网感知设备数据传输安全性评测技术要求④	领域规范
		GB/T37025-2018 信息安全技术 物联网数据传输安全技术要求⑤	领域规范
		JR/T0055.4-2009 银行卡联网联合技术规范第 4 部分：数据安全传输控制⑥	领域规范
	备份与恢复	YD/T1731-2008 电信网和互联网灾难备份及恢复实施指南⑦	整体规范
		GB/T20988-2007 信息安全技术 信息系统灾难恢复规范⑧	整体规范
		YD/T2914-2015 信息系统灾难恢复能力评估指标体系⑨	整体规范
		GB/T29765-2013 信息安全技术　数据备份与恢复产品技术要求与测试评价方法⑩	整体规范

① 公安部计算机与信息处理标准化技术委员会. GA/T1347-2017 信息安全技术 云存储系统安全技术要求[S]. 北京：中国标准出版社，2017.

② 公安部信息系统安全标准化技术委员会. GA/T987-2012 信息安全技术 USB 移动存储介质管理系统安全技术要求[S]. 北京：中国标准出版社，2012.

③ 全国信息安全标准化技术委员会. GB/T38636-2020 信息安全技术 传输层密码协议（TLCP）[S]. 北京：中国标准出版社，2020.

④ 中华人民共和国公安部. GB/T37714-2019 公安物联网感知设备数据传输安全性评测技术要求[S]. 北京：中国标准出版社，2019.

⑤ 全国信息安全标准化技术委员会. GB/T37025-2018 信息安全技术 物联网数据传输安全技术要求[S]. 北京：中国标准出版社，2018.

⑥ 全国金融标准化技术委员会. JR/T0055.4-2009 银行卡联网联合技术规范 第 4 部分：数据安全传输控制[S]. 北京：中国标准出版社，2009.

⑦ 中国通信标准化协会. YD/T1731-2008 电信网和互联网灾难备份及恢复实施指南[S]. 北京：中国标准出版社，2008.

⑧ 全国信息安全标准化技术委员会. GB/T20988-2007 信息安全技术 信息系统灾难恢复规范[S]. 北京：中国标准出版社，2007.

⑨ 中国通信标准化协会. YD/T2914-2015 信息系统灾难恢复能力评估指标体系[S]. 北京：中国标准出版社，2015.

⑩ 全国信息安全标准化技术委员会. GB/T29765-2013 信息安全技术 数据备份与恢复产品技术要求与测试评价方法[S]. 北京：中国标准出版社，2013.

6.2.4 管理标准体系构建思路

网络化信息服务管理标准是对标准化领域中需要协调统一的管理事项所制定的标准。

(1)管理标准子体系的内容范畴

参考表 6-9 梳理出的网络化信息服务管理标准相关指标,可将本书中管理标准分为:①服务管理标准。网络化信息服务旨在为用户提供高质量的信息服务,因此需要就服务提供、服务质量、服务人员、服务评价与改进等四个内容进行相应规范。②信息服务平台开发管理标准。网络化信息服务提供的载体是各种类型的信息门户、网站等平台,该管理标准有利于规范平台研发及运维。③资产管理标准。包含对网络化信息服务提供中涉及的硬件、软件及数据资产的管理规范。④安全管理标准。本书所提标准体系不能脱离国家安全体制这一背景,因而安全管理标准同样是管理标准中重要的一环,进一步对风险控制、应急响应和安全审计提出要求。此外,因为信息/数据管理已经在数据标准中已进行表述,在本节中不再重复设立指标。

表 6-9　网络化信息服务管理标准的相关主流指标

文件/文献名	一级指标名称	二级指标内容	三级
国家电子政务标准体系建设指南①	管理标准	运维运营、测试评估	
服务业组织标准化工作指南②	服务提供标准	服务规范、服务提供规范、服务质量控制规范、运行管理规范、服务评价与改进标准	
烟草行业信息化标准体系③	管理标准	通用管理、IT 服务管理	

① 市场监管总局,中共中央办公厅,国务院办公厅,中央网信办,国家发展改革委,工业和信息化部. 国家电子政务标准体系建设指南[J]. 电子政务,2020(7):2,121.

② 全国服务标准化技术委员会. 服务业组织标准化工作指南[M]. 北京:中国标准出版社,2010.

③ 国家烟草专卖局. YC/Z204-2012 烟草行业信息化标准体系[S]. 北京:中国标准出版社,2012.

续表

文件/文献名	一级指标名称	二级指标内容	三级
电力行业信息化标准体系①	管理运行与服务标准	通用管理标准、IT 服务管理标准、安全运行与管理标准	
政府信息资源管理标准化体系顶层设计研究②	辅助管理标准	功能与服务、评估与质量、职责与培训	
教育大数据标准体系研究③	管理标准	数据管理规范、平台管理规范、过程管理规范	
国内外信息安全标准研究现状综述④	管理标准	管理基础、管理要素、管理技巧、工程与服务	
农业科研试验基地数据管理标准体系构建⑤	管理标准	数据管理办法、信息安全管理规范	
社区公共服务标准体系建设研究⑥	服务提供标准	服务规范、服务提供规范、服务质量控制规范、运行管理规范、服务评价与改进标准	
Study of Reference Model for Agro-geoin-formation Standards⑦	管理标准	数据安全规范、质量控制、测试软件或产品、存储和归档	

————————

　　①　电力行业信息标准化技术委员会. DL/Z398-2010 电力行业信息化标准体系[S]. 北京：中国标准出版社, 2010.

　　②　张晓娟, 陈丹凤, 邓福成. 政府信息资源管理标准化体系顶层设计研究[J]. 情报理论与实践, 2017, 40(4)：10-15.

　　③　吴砥, 饶景阳, 吴晨. 教育大数据标准体系研究[J]. 开放教育研究, 2020, 26(2)：75-82.

　　④　李晓玉. 国内外信息安全标准研究现状综述[C]. 第十一届保密通信与信息安全现状研讨会论文集, 2009：167-171.

　　⑤　陈丽, 王启现, 刘娟, 等. 农业科研试验基地数据管理标准体系构建[J]. 农业工程学报, 2020, 36(4)：193-201.

　　⑥　王冰. 社区公共服务标准体系建设研究[J]. 中国标准化, 2014(1)：99-102.

　　⑦　Yanmin Y., Huajun T., Qingbo Z., et al. Study of Reference Model for Agro-geoin-formation Standards[C]. First International Conference on Agro-geoinformatics. IEEE, 2012.

文件/文献名	一级指标名称	二级指标内容	三级
重庆水务企业级信息化标准体系建设实践①	管理标准	信息化项目管理、服务管理、设施设备管理、软件工程标准	
	评价标准	应用水平评价、项目评价	
中国铁路大数据应用顶层设计研究与实践②	数据标准管理	标准查询、标准新增、标准获取、标准变更、标准审查、标准监控	
	数据质量管理	质量规则、质量报告、分析引擎	
中国铁路总公司信息化标准体系建设研究③	管理与服务标准	工程管理标准、软件研发与管理标准、信息资源评价标准、运维服务与管理标准	
铁路大数据标准体系研究④	管理	数据运维	数据库维护、运行维护、运行安全维护、大数据系统及相关工具的运维
		数据治理	数据资产管理、大数据解决方案设计、数据管理能力成熟度评价
		数据共享	

----

① 季久翠，周文雯，许冬件，等. 重庆水务企业级信息化标准体系建设实践[J]. 给水排水，2020，56(5)：138-142.

② 王同军. 中国铁路大数据应用顶层设计研究与实践[J]. 中国铁路，2017(1)：8-16.

③ 岳雪梅，高春霞，张文塔. 中国铁路总公司信息化标准体系建设研究[J]. 中国铁路，2015(5)：11-15.

④ 吴艳华，郑金子，李平，等. 铁路大数据标准体系研究[J]. 中国铁路，2019(8)：42-49.

续表

文件/文献名	一级指标名称	二级指标内容	三级
山东省食品药品监管信息化标准体系建设实践与探索①	信息化管理标准	职责规范、项目管理、软件开发管理、运维管理、信息系统资产管理	

(2) 管理标准子体系的组成结构

网络化信息服务管理标准子体系结构设计如图 6-8 所示。

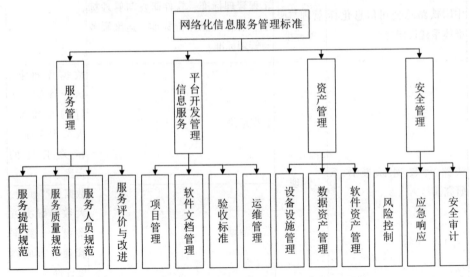

图 6-8　网络化信息服务管理标准子体系的设计结构

①服务管理。首先，2000 年 9 月 25 日中华人民共和国国务院令第 292 号公布了第一部规制我国互联网信息服务的行政法规——《互联网信息服务管理办法》②，

---

①　张媛，杨爱迪，逄锦山，等. 山东省食品药品监管信息化标准体系建设实践与探索[J]. 信息技术与信息化，2017(8)：135-137.

②　中国网信网. 互联网信息服务管理办法[EB/OL].[2020-8-9]. http://www.cac.gov.cn/2018-12-26/c_1123908386.htm

该办法对互联网信息服务内容的提供范围等进行了明确规范。为了进一步提高网络化信息服务质量，国家发布了一系列标准来做进一步的规范。如 GB/T32168-2015《政务服务中心网上服务规范》①为政务信息服务提供规范，GB/T33748-2017《农业社会化服务 农业科技信息服务供给规范》②则具体为农业领域信息服务提供规范。其次，GB/T18903-2002《信息技术 服务质量：框架》③从用户要求、服务质量特性、机制等层面制定了服务质量框架，并适用于一系列信息技术和通信体系结构。GB/T19012-2019《质量管理 顾客满意 组织投诉处理指南》④从提升用户满意度的角度出发来提升质量管理。再次，服务人员规范主要针对提供网络化信息服务的相关人员，包括服务人员职责规范、服务能力规范及培训指南，其中 SJ/T11623-2016《信息技术服务 从业人员能力规范》⑤规范了服务人员的能力。上述服务提供规范、质量规范、人员规范是从网络化信息服务供给层面对服务内容加以规约，而服务评价与改进则是通过完善用户反馈机制来帮助发现和改进网络化信息服务中存在的不足，从而有针对性地提升服务质量。

②信息服务平台开发管理。其下又分为项目管理、软件文档管理、验收标准和运维管理。首先，就项目管理而言，它是为了使软件项目能够按照预定的成本、进度、质量顺利完成，而对人员（People）、产品（Product）、过程（Process）和项目（Project）进行分析和管理的活动。⑥ 国际标准化组织 ISO 发布标准 ISO/IEC/IEEE 16326-2009《系统和软件工程 生命周期过程 项目管理》⑦，给出了项目管理的指导性内容，国内相应的标准有 GB/T37507-2019

---

① 全国服务标准化技术委员会. GB/T32168-2015 政务服务中心网上服务规范[S]. 北京：中国标准出版社，2015.

② 中国标准化研究院. GB/T33748-2017 农业社会化服务 农业科技信息服务供给规范[S]. 北京：中国标准出版社，2017.

③ 全国信息技术标准化技术委员会. GB/T18903-2002 信息技术 服务质量：框架[S]. 北京：中国标准出版社，2002.

④ 全国质量管理和质量保证标准化技术委员会. GB/T19012-2019 质量管理 顾客满意 组织投诉处理指南[S]. 北京：中国标准出版社，2019.

⑤ 中国电子技术标准化研究院. SJ/T11623-2016 信息技术服务 从业人员能力规范[S]. 北京：中国标准出版社，2016.

⑥ 康一梅. 软件项目管理[M]. 北京：清华大学出版社，2010.

⑦ International Organization for Standardization. ISO/IEC/IEEE 16326-2009 Systems and Software Engineering-Life Cycle Processes-Project Management[S/OL]. [2020-8-10]. https://www.iso.org/standard/41977.html.

《项目管理指南》①、GB/T19016-2000《质量管理 项目管理质量指南》②等。其次，软件文档管理则针对的是网络化信息服务平台开发过程中产生的一系列文档文件，这有利于规范开发过程，同时为后续系统的操作使用和维护提供良好的书面记录支撑。再次，项目验收指需要核查项目计划规定范围内各项工作或活动是否已经全部完成，可交付成果是否令人满意。而考虑到网络化信息服务平台的开发可能存在自主研发和外包两种方式，尤其是在外包情况下，需求方未深入参与开发过程，更需要对系统进行验收测试，因此对验收进行标准化也十分必要，具体操作可遵循 GB/T28035-2011《软件系统验收规范》③。

③资产管理。网络化信息服务依托于各类软硬件和数据，这些资源会沉积为网络化信息服务供给方的资产，对其进行标准化管理将有助于资产评估和复用。首先，设备设施管理，即硬件管理，T/CAPE 10001-2017《设备管理体系要求》④中规定了拥有设备资产的组织范围内设备管理体系的原则和总要求、方针、策划、支持、实施和运行、检查和绩效评估、持续改进的通用方法及要求等。其次，数据资产管理则强调对能给网络化信息服务带来价值的数据资源进行管理，根据《数据资产管理实践白皮书 3.0》⑤中的定义，其指规划、控制和提供数据及信息资产的一组业务职能，包括开发、执行和监督有关数据的计划、政策、方案、项目、流程、方法和程序，从而控制、保护、交付和提高数据资产的价值。但目前，针对网络化信息服务数据资产管理的相关标准还未出台，仅电子商务领域发布了 GB/T37550-2019《电子商务数据资产评价指标体系》⑥，这可能与电商领域拥有庞大用户数据和交易数据的优势有关，因此在

---

① 全国项目管理标准化技术委员会. GB/T37507-2019 项目管理指南[S]. 北京：中国标准出版社，2019.

② 全国质量管理和质量保证标准化技术委员会. GB/T19016-2000 质量管理 项目管理质量指南[S]. 北京：中国标准出版社，2000.

③ 全国信息技术标准化技术委员会. GB/T28035-2011 软件系统验收规范[S]. 北京：中国标准出版社，2011.

④ 中国设备管理协会. T/CAPE 10001-2017 设备管理体系 要求[S]. 北京：中国标准出版社，2017.

⑤ 中国信通院. 数据资产管理实践白皮书 3.0 [EB/OL]. [2020-8-10]. http://www.caict.ac.cn/kxyj/qwfb/bps/201812/t20181214_190696.htm

⑥ 全国电子业务标准化技术委员会. GB/T37550-2019 电子商务数据资产评价指标体系[S]. 北京：中国标准出版社，2019.

其他领域数据资产的规范化管理仍需继续推进。再次，软件资产管理是一种业务实践，涉及管理和优化组织内软件应用程序的购买、部署、维护、利用和处置。根据 ITIL 的说法，软件资产管理被定义为"……有效管理，控制和保护软件资产的所有基础结构和流程……贯穿其生命周期的所有阶段"。软件资产管理的目标是减少信息技术成本并限制与软件所有权和使用相关的业务和法律风险，同时提高 IT 响应能力和最终用户生产力。

④安全管理。它聚焦的是网络安全这一核心意图，但区别于安全标准的是，安全管理标准旨在运用现代安全管理原理、方法和手段，分析和研究各种不安全因素，从管理和组织层面上采取有力措施，发现、预防并消除网络化信息服务中可能存在的风险，包括安全审计、风险控制和应急响应三个部分的内容。首先，计算机网络安全审计是指按照一定的安全策略，利用记录、系统活动和用户活动等信息，检查、审查和检验操作事件的环境及活动，从而发现系统漏洞、入侵行为或改善系统性能的过程。① 国际标准化组织和中国均发布有安全审计相关标准，如 ISO/IEC 10164-8-1993《信息技术开放系统互连系统管理安全审计跟踪功能》②和 GB/T18794.7-2003《信息技术开放系统互连开放系统安全框架第 7 部分：安全审计和报警框架》③。其次，风险控制指采取各种措施和方法，消灭或减少风险事件发生的各种可能性，或者减少风险事件发生时造成的损失，当前也已有多条标准对信息安全风险管理做出了规范(见表 6-10)。再次，安全审计旨在发现问题，风险控制旨在规避潜在问题，而应急响应则是准备的问题对策，GB/T24363-2009《信息安全技术信息安全应急响应计划规范》④和 GB/T28827.3-2012《信息技术服务运行维护第 3 部分：应急响应规范》⑤对此已做出规范。

---

① 贾铁军. 网络安全实用技术[M]. 北京：清华大学出版社，2011.

② International Organization for Standardization. ISO/IEC 10164-8-1993 Information Technology；Open Systems Interconnection；Systems Management；Security Audit Trail Function [S/OL]. [2020-8-10]. https://www.iso.org/standard/18171.html.

③ 全国信息技术标准化技术委员会. GB/T18794.7-2003 信息技术开放系统互连开放系统安全框架第 7 部分：安全审计和报警框架[S]. 北京：中国标准出版社，2003.

④ 全国信息安全标准化技术委员会. GB/T24363-2009 信息安全技术信息安全应急响应计划规范[S]. 北京：中国标准出版社，2009.

⑤ 全国信息技术标准化技术委员会. GB/T28827.3-2012 信息技术服务运行维护第 3 部分：应急响应规范[S]. 北京：中国标准出版社，2012.

表 6-10　信息服务管理标准下各指标现行可参考标准规范

安全标准	子指标	可参考的标准规范	类型
服务管理	服务提供规范	ISO/IEC 8348-2002 Information Technology-Open Systems Interconnection-Network Service Definition①	整体规范
		GB/T15126-2008 信息技术开放系统互连网络服务定义②	整体规范
		GB/T32168-2015 政务服务中心网上服务规范③	领域规范
		GB/T33748-2017 农业社会化服务农业科技信息服务供给规范④	领域规范
	服务质量规范	GB/T18903-2002 信息技术服务质量：框架⑤	整体规范
		YD/T1642-2009 互联网业务服务质量测试方法⑥	整体规范
		GB/T19012-2019 质量管理顾客满意组织投诉处理指南⑦	整体规范
		GB/T34077.1-2017 基于云计算的电子政务公共平台管理规范第 1 部分：服务质量评估⑧	领域规范
		GB/T33747-2017 农业社会化服务农业科技信息服务质量要求⑨	领域规范

---

① International Organization for Standardization. ISO/IEC 8348-2002 Information Technology-Open Systems Interconnection-Network Service Definition［S/OL］.［2020-8-10］. https://www.iso.org/standard/35872.html.

② 全国信息技术标准化技术委员会. GB/T15126-2008 信息技术开放系统互连网络服务定义［S］. 北京：中国标准出版社，2008.

③ 全国服务标准化技术委员会. GB/T32168-2015 政务服务中心网上服务规范［S］. 北京：中国标准出版社，2015.

④ 中国标准化研究院. GB/T33748-2017 农业社会化服务农业科技信息服务供给规范［S］. 北京：中国标准出版社，2017.

⑤ 全国信息技术标准化技术委员会. GB/T18903-2002 信息技术 服务质量：框架［S］. 北京：中国标准出版社，2002.

⑥ 中国通信标准化协会. YD/T1642-2009 互联网业务服务质量测试方法［S］. 北京：中国标准出版社，2009.

⑦ 全国质量管理和质量保证标准化技术委员会. GB/T19012-2019 质量管理顾客满意组织投诉处理指南［S］. 北京：中国标准出版社，2019.

⑧ 工业和信息化部. GB/T34077.1-2017 基于云计算的电子政务公共平台管理规范第 1 部分：服务质量评估［S］. 北京：中国标准出版社，2017.

⑨ 中国标准化研究院. GB/T33747-2017 农业社会化服务农业科技信息服务质量要求［S］. 北京：中国标准出版社，2017.

安全标准	子指标	可参考的标准规范	类型
	服务人员规范	GB/T29101-2012 道路交通信息服务数据服务质量规范①	领域规范
		GB/T33448-2016 数字城市地理信息公共平台运行服务质量规范②	领域规范
		GB/T37503-2019 物流公共信息平台服务质量要求与测评③	领域规范
		SJ/T11623-2016 信息技术服务 从业人员能力规范④	整体规范
	服务评价与改进	GB/T33850-2017 信息技术服务 质量评价指标体系⑤	整体规范
		GB/T31526-2015 电子商务平台服务质量评价与等级划分⑥	领域规范
		GB/T37738-2019 信息技术 云计算 云服务质量评价指标⑦	领域规范
信息服务平台开发管理	项目管理	ISO/IEC/IEEE 16326-2009 Systems and Software Engineering-Life Cycle Processes-Project Management ⑧	整体规范
		GB/T37507-2019 项目管理指南⑨	整体规范
		GB/T23691-2009 项目管理 术语⑩	整体规范

---

① 全国智能运输系统标准化技术委员会. GB/T29101-2012 道路交通信息服务数据服务质量规范[S]. 北京：中国标准出版社, 2012.

② 全国地理信息标准化技术委员会. GB/T33448-2016 数字城市地理信息公共平台运行服务质量规范[S]. 北京：中国标准出版社, 2016.

③ 全国物流标准化技术委员会. GB/T37503-2019 物流公共信息平台服务质量要求与测评[S]. 北京：中国标准出版社, 2019.

④ 中国电子技术标准化研究院. SJ/T11623-2016 信息技术服务 从业人员能力规范[S]. 北京：中国标准出版社, 2016.

⑤ 全国信息技术标准化技术委员会. GB/T33850-2017 信息技术服务 质量评价指标体系[S]. 北京：中国标准出版社, 2017.

⑥ 全国电子业务标准化技术委员会. GB/T31526-2015 电子商务平台服务质量评价与等级划分[S]. 北京：中国标准出版社, 2015.

⑦ 全国信息技术标准化技术委员会. GB/T37738-2019 信息技术 云计算 云服务质量评价指标[S]. 北京：中国标准出版社, 2019.

⑧ International Organization for Standardization. ISO/IEC/IEEE 16326-2009 Systems and Software Engineering-Life Cycle Processes-Project Management[S/OL]. [2020-8-10]. https://www.iso.org/standard/41977.html.

⑨ 全国项目管理标准化技术委员会. GB/T37507-2019 项目管理指南[S]. 北京：中国标准出版社, 2019.

⑩ 中国标准化协会. GB/T23691-2009 项目管理 术语[S]. 北京：中国标准出版社, 2009.

续表

安全 标准	子指标	可参考的标准规范	类型
		GB/Z23692-2009 项目管理 框架①	整体规范
		GB/Z23693-2009 项目管理 知识领域②	整体规范
		GB/T19016-2000 质量管理 项目管理质量指南③	整体规范
		SJ/T11463-2013 软件研发成本度量规范④	整体规范
	软件文档 管理	ISO/IEC 26511-2011 Systems and Software Engineering-Requirements for Managers of User Documentation⑤	整体规范
		GB/T16680-2015 系统与软件工程 用户文档的管理者要求⑥	整体规范
		GB/T8567-2006 计算机软件文档编制规范⑦	整体规范
		GB/T9386-2008 计算机软件测试文档编制规范⑧	整体规范
		JR/T0101-2013 银行业软件测试文档规范⑨	领域规范
	验收标准	GB/T28035-2011 软件系统验收规范⑩	整体规范

---

① 中国标准化协会. GB/Z23692-2009 项目管理 框架[S]. 北京：中国标准出版社，2009.

② 中国标准化协会. GB/Z23693-2009 项目管理 知识领域[S]. 北京：中国标准出版社，2009.

③ 全国质量管理和质量保证标准化技术委员会. GB/T19016-2000 质量管理 项目管理质量指南[S]. 北京：中国标准出版社，2000.

④ 全国信息技术标准化技术委员会. SJ/T11463-2013 软件研发成本度量规范[S]. 北京：中国标准出版社，2013.

⑤ International Organization for Standardization. ISO/IEC 26511-2011 Systems and Software Engineering-Requirements for Managers of User Documentation[S/OL]. [2020-8-10]. https://www.iso.org/standard/43070.html.

⑥ 全国信息技术标准化技术委员会. GB/T16680-2015 系统与软件工程 用户文档的管理者要求[S]. 北京：中国标准出版社，2015.

⑦ 全国信息技术标准化技术委员会. GB/T8567-2006 计算机软件文档编制规范[S]. 北京：中国标准出版社，2006.

⑧ 全国信息技术标准化技术委员会. GB/T9386-2008 计算机软件测试文档编制规范[S]. 北京：中国标准出版社，2008.

⑨ 全国金融标准化技术委员会. JR/T0101-2013 银行业软件测试文档规范[S]. 北京：中国标准出版社，2013.

⑩ 全国信息技术标准化技术委员会. GB/T28035-2011 软件系统验收规范[S]. 北京：中国标准出版社，2011.

续表

安全标准	子指标	可参考的标准规范	类型
		GB/T30428.6-2017 数字化城市管理信息系统 第6部分：验收①	领域规范
	运维管理	GB/T36626-2018 信息安全技术 信息系统安全运维管理指南②	整体规范
		GB/T20157-2006 信息技术软件维护(强制)③	整体规范
		GB/T29834-2013 系统与软件维护性第3部分：测试方法④	整体规范
		GB/T38633-2020 信息技术大数据系统运维和管理功能要求⑤	整体规范
资产管理		GB/T33173-2016 资产管理管理体系要求⑥	整体规范
	设备设施管理	T/CAPE 10001-2017 设备管理体系要求⑦	整体规范
		GM/T0050-2016 密码设备管理设备管理技术规范⑧	整体规范
		GB/T22421-2008 通信网络设备的回收处理要求⑨	整体规范
		GB/T33777-2017 附网存储设备通用规范⑩	整体规范

① 全国智能建筑及居住区数字化标准化技术委员会. GB/T30428.6-2017 数字化城市管理信息系统 第6部分：验收[S]. 北京：中国标准出版社, 2017.

② 全国信息安全标准化技术委员会. GB/T36626-2018 信息安全技术 信息系统安全运维管理指南[S]. 北京：中国标准出版社, 2018.

③ 全国信息技术标准化技术委员会. GB/T20157-2006 信息技术软件维护(强制)[S]. 北京：中国标准出版社, 2006.

④ 全国信息技术标准化技术委员会. GB/T29834-2013 系统与软件维护性第3部分：测试方法[S]. 北京：中国标准出版社, 2013.

⑤ 全国信息技术标准化技术委员会. GB/T38633-2020 信息技术大数据系统运维和管理功能要求[S]. 北京：中国标准出版社, 2020.

⑥ 中国标准化研究院. GB/T33173-2016 资产管理管理体系要求[S]. 北京：中国标准出版社, 2016.

⑦ 中国设备管理协会. T/CAPE 10001-2017 设备管理体系要求[S]. 北京：中国标准出版社, 2017.

⑧ 密码行业标准化技术委员会. GM/T0050-2016 密码设备管理设备管理技术规范[S]. 北京：中国标准出版社, 2016.

⑨ 工业和信息化部. GB/T22421-2008 通信网络设备的回收处理要求[S]. 北京：中国标准出版社, 2008.

⑩ 全国信息技术标准化技术委员会. GB/T33777-2017 附网存储设备通用规范[S]. 北京：中国标准出版社, 2017.

续表

安全标准	子指标	可参考的标准规范	类型
安全管理	数据资产管理	GB/T28059.4-2011 公路网图像信息管理系统平台互联技术规范 第4部分：用户及设备管理①	领域规范
		GB/T37550-2019 电子商务数据资产评价指标体系②	领域规范
	软件资产管理	ISO/IEC 19770 Information Technology—Software/IT Asset Management③	整体规范
		SJ/T11622-2016 信息技术软件资产管理实施指南④	整体规范
		GB/T36328-2018 信息技术软件资产管理标识规范⑤	整体规范
		GB/T25644-2010 信息技术软件工程可复用资产规范⑥	整体规范
		GB/T29798-2013 信息技术 基于Web服务的IT资源管理规范⑦	整体规范
	安全审计	ISO/IEC 10164-8-1993 Information Technology；Open Systems Interconnection；Systems Management；Security Audit Trail Function⑧	整体规范
		GB/T17143.8-1997 信息技术开放系统互连系统管理第8部分：安全审计跟踪功能⑨	整体规范

---

① 全国智能运输系统标准化技术委员会. GB/T28059.4-2011 公路网图像信息管理系统平台互联技术规范第4部分：用户及设备管理[S]. 北京：中国标准出版社，2011.

② 全国电子业务标准化技术委员会. GB/T37550-2019 电子商务数据资产评价指标体系[S]. 北京：中国标准出版社，2019.

③ International Organization for Standardization. ISO/IEC 19770 Information Technology-Software/IT Asset Management[S/OL].［2020-8-10］. https：//www.iso.org/standard/65666.html.

④ 工业和信息化部电子工业标准化研究院. SJ/T11622-2016 信息技术软件资产管理实施指南[S]. 北京：中国标准出版社，2016.

⑤ 全国信息技术标准化技术委员会. GB/T36328-2018 信息技术软件资产管理标识规范[S]. 北京：中国标准出版社，2018.

⑥ 全国信息技术标准化技术委员会. GB/T25644-2010 信息技术软件工程可复用资产规范[S]. 北京：中国标准出版社，2010.

⑦ 全国信息技术标准化技术委员会. GB/T29798-2013 信息技术 基于Web服务的IT资源管理规范[S]. 北京：中国标准出版社，2013.

⑧ International Organization for Standardization. ISO/IEC 10164-8-1993 Information Technology；Open Systems Interconnection；Systems Management；Security Audit Trail Function[S/OL].［2020-8-10］. https：//www.iso.org/standard/18171.html.

⑨ 全国信息技术标准化技术委员会. GB/T17143.8-1997 信息技术开放系统互连系统管理第8部分：安全审计跟踪功能[S]. 北京：中国标准出版社，1997.

安全 标准	子指标	可参考的标准规范	类型
		GB/T18794.7-2003 信息技术开放系统互连开放系统安全框架第7部分：安全审计和报警框架①	整体规范
		GA 557.3-2005 互联网上网服务营业场所信息安全管理代码第3部分：审计级别代码②	整体规范
		GA 557.12-2005 互联网上网服务营业场所信息安全管理代码第12部分：审计规则代码③	整体规范
	风险控制	GB/T24353-2009 风险管理 原则与实施指南④	整体规范
		GB/T27921-2011 风险管理 风险评估技术⑤	整体规范
		ISO/IEC 27005-2011 Information Technology-Security Techniques-Information Security Risk Management⑥	整体规范
		GB/T31722-2015 信息技术 安全技术 信息安全风险管理⑦	整体规范
		GB/Z24364-2009 信息安全技术 信息安全风险管理指南⑧	整体规范

---

① 全国信息技术标准化技术委员会. GB/T18794.7-2003 信息技术开放系统互连开放系统安全框架第7部分：安全审计和报警框架[S]. 北京：中国标准出版社，2003.

② 公安部信息系统安全标准化技术委员会. GA 557.3-2005 互联网上网服务营业场所信息安全管理代码第3部分：审计级别代码[S]. 北京：中国标准出版社，2005.

③ 公安部信息系统安全标准化技术委员会. GA 557.12-2005 互联网上网服务营业场所信息安全管理代码第12部分：审计规则代码[S]. 北京：中国标准出版社，2005.

④ 全国质量管理和质量保证标准化技术委员会. GB/T24353-2009 风险管理 原则与实施指南[S]. 北京：中国标准出版社，2009.

⑤ 全国质量管理和质量保证标准化技术委员会. GB/T27921-2011 风险管理 风险评估技术[S]. 北京：中国标准出版社，2011.

⑥ International Organization for Standardization. ISO/IEC 27005-2011 Information Technology-Security Techniques-Information Security Risk Management [S/OL]. [2020-8-10]. https://www.iso.org/standard/56742.html.

⑦ 全国信息技术标准化技术委员会. GB/T31722-2015 信息技术 安全技术 信息安全风险管理[S]. 北京：中国标准出版社，2015.

⑧ 全国信息安全标准化技术委员会. GB/Z24364-2009 信息安全技术 信息安全风险管理指南[S]. 北京：中国标准出版社，2009.

续表

安全标准	子指标	可参考的标准规范	类型
	应急响应	GB/T24363-2009 信息安全技术 信息安全应急响应计划规范①	整体规范
		GB/T28827.3-2012 信息技术服务 运行维护 第3部分：应急响应规范②	整体规范
		MH/T0028-2008 民用航空信息系统应急管理规范③	领域规范

6.2.5 技术标准体系构建思路

网络化信息服务通过网络环境下的信息机构和行业，利用计算机、通信和网络等现代技术实现信息采集、处理、存贮、传递和提供利用等，向用户提供所需信息，实现信息增值；④ 整个过程离不开技术的支撑，因此构建网络化信息服务的技术标准子体系同样十分重要。

(1)技术标准子体系的内容范畴

2012年工信部发布了《关于编制工业和通信业"十二五"技术标准体系建设方案的通知》(工信厅科〔2012〕183号)，要求各行业从产业发展重点、标准体系梳理等多个角度对标准化工作的现状进行研究，以期为技术标准体系建设提供积极建议。而中国电子技术标准化研究院受工业和信息化部相关司局的委托，随即组织开展了电子信息领域、软件和信息服务业领域、节能与综合利用领域、安全生产领域的"十二五"技术标准体系建设方案的相关研究和编写工作，其中软件和信息技术服务业技术标准体系框架第一层分为基础、软件技术、软件产品、软件应用系统和信息技术服务。但从上述一级指标可以看出，

---

① 全国信息安全标准化技术委员会. GB/T24363-2009 信息安全技术 信息安全应急响应计划规范[S]. 北京：中国标准出版社，2009.
② 全国信息技术标准化技术委员会. GB/T28827.3-2012 信息技术服务 运行维护第3部分：应急响应规范[S]. 北京：中国标准出版社，2012.
③ 中国民用航空总局航空安全技术中心. MH/T0028-2008 民用航空信息系统应急管理规范[S]. 北京：中国标准出版社，2008.
④ 金新政，马敬东. 信息管理概论[M]. 武汉：武汉大学出版社. 2014.

该标准体系更偏向于软件技术标准，并不完全适用于本书所提的网络化信息服务，因此，需要广泛调研已有的技术标准指标划分方法(见表6-11)来帮助构建网络化信息服务技术标准子体系。

表6-11 网络化信息服务技术标准的相关主流指标

文件/文献名	一级指标名称	二级指标内容	三级指标
国家电子政务标准体系建设指南①	基础设施标准	政务硬件设施、政务软件设施、政务网络	
人工智能标准化白皮书②	关键技术	机器学习、自然语言处理、计算机视觉、人机交互、生物特征识别、VR/AR、其他	
烟草行业信息化标准体系③	基础设施标准	硬件设备、系统软件、网络通信、机房环境	
	信息网络标准	网络体系结构标准、网络工程标准、网络接口标准、网络交换传输与接入标准、网络管理标准	
电力行业信息化标准体系④	信息技术基础标准	软件工程标准	软件工程过程标准、软件工程质量标准、软件工程技术与管理标准、软件工程工具与方法
		硬件环境标准	

① 市场监管总局，中共中央办公厅，国务院办公厅，中央网信办，国家发展改革委，工业和信息化部. 国家电子政务标准体系建设指南[J]. 电子政务，2020(7)：2，121.

② 中国电子技术标准化研究院. 人工智能标准化白皮书[EB/OL]. [2020-8-10]. http://www.cesi.cn/201801/3545.html.

③ 国家烟草专卖局. YC/Z204-2012 烟草行业信息化标准体系[S]. 北京：中国标准出版社，2012.

④ 电力行业信息标准化技术委员会. DL/Z398-2010 电力行业信息化标准体系[S]. 北京：中国标准出版社，2010.

续表

文件/文献名	一级指标名称	二级指标内容	三级指标
交通运输信息化标准体系①	基础设施	硬件设备、网络与通信	
政府信息资源管理标准化体系顶层设计研究②	基础设施标准	软件设施、硬件设施	
	技术标准	元数据标准、通用技术标准、互操作标准	
教育大数据标准体系研究③	支撑类标准	数据互操作规范、数据接口规范	
国内外信息安全标准研究现状综述④	技术与机制标准	标识与鉴别、授权与访问控制、管理技术、物理安全	
软件和信息技术服务业技术标准体系研究⑤	软件技术	软件和系统工程、软件质量和测试、程序设计语言和接口、计算机图形图像处理和环境数据表示、用户界面、分布式平台、云计算软件技术、互联网软件技术、其他技术	
地质资料信息服务集群化产业化标准体系框架的构建⑥	信息技术	数字化、系统建设、系统数据库	

---

① 交通运输部科技司. 交通运输信息化标准体系［EB/OL］. ［2020-8-10］. http://www.gov.cn/fuwu/2019-07/23/content_5413504.htm.

② 张晓娟，陈丹凤，邓福成. 政府信息资源管理标准化体系顶层设计研究［J］. 情报理论与实践，2017，40(4)：10-15.

③ 吴砥，饶景阳，吴晨. 教育大数据标准体系研究［J］. 开放教育研究，2020，26(2)：75-82.

④ 李晓玉. 国内外信息安全标准研究现状综述［C］. 第十一届保密通信与信息安全现状研讨会论文集. 2009：167-171.

⑤ 阳军，吴东亚，徐洋，等. 软件和信息技术服务业技术标准体系研究［J］. 信息技术与标准化，2014(11)：4-10.

⑥ 王黔驹，吴小平，连健，等. 地质资料信息服务集群化产业化标准体系框架的构建［J］. 中国矿业，2013，22(9)：49-52，128.

续表

文件/文献名	一级指标名称	二级指标内容	三级指标
智慧水务信息化标准体系探讨①	传输层标准	广域网、局域网、网络设备、数据接口、网络管理、网络辅助设施	
重庆水务企业级信息化标准体系建设实践②	基础设施标准	云基础设施、网络环境、物联网、公共支撑平台、IPV6	
中国铁路总公司信息化标准体系建设研究③	基础设施标准	硬件环境	机房相关标准、灾备中心建设标准
		硬件资源	计算机设备、网络设备、安全设备、虚拟化设备、云计算环境
		基础软件	操作系统、数据库系统、编程语言、中间件、工具软件、云平台软件
	信息网络标准	网络体系结构标准、网络工程标准、网络接口标准、网络交换与传输标准、网络接入标准、网络管理标准	

① 梁涛，马雯爽，韩超，等. 智慧水务信息化标准体系探讨[J]. 中国建设信息化，2020(10)：76-78.

② 季久翠，周文雯，许冬件，等. 重庆水务企业级信息化标准体系建设实践[J]. 给水排水，2020，56(5)：138-142.

③ 岳雪梅，高春霞，张文塔. 中国铁路总公司信息化标准体系建设研究[J]. 中国铁路，2015(5)：11-15.

续表

文件/文献名	一级指标名称	二级指标内容	三级指标
航天企业信息化标准体系建设探析①	信息技术标准	平台支撑标准	硬件设备标准、网络基础设施标准、应用支撑平台标准
		信息资源标准	计算机网络技术标准、自动识别技术标准、软件工程标准、系统集成与接口标准
		信息安全标准	
山东省食品药品监管信息化标准体系建设实践与探索②	网络基础设施标准	软硬件、网络环境、机房环境	
我国内河航运综合信息服务标准化③	通信网络标准	通信网络基础标准、公用通信标准、专用通信标准	

(2)技术标准子体系的组成结构

依据现有政策文件、标准和研究性文献,本书设计的技术标准子体系如图 6-9 所示,一级指标分别是基础设施标准、信息技术标准和关键领域技术标准。

①基础设施标准。又涵盖硬件、软件和网络技术标准。硬件又分硬件环境

---

① 王云燕,徐美林,李楠.航天企业信息化标准体系建设探析[J].航天标准化, 2019(2):18-21.

② 张媛,杨爱迪,逄锦山,等.山东省食品药品监管信息化标准体系建设实践与探索[J].信息技术与信息化,2017(8):135-137.

③ 周俊华,解玉玲,刘力,等.我国内河航运综合信息服务标准化[J].水运管理, 2009,31(11):16-19.

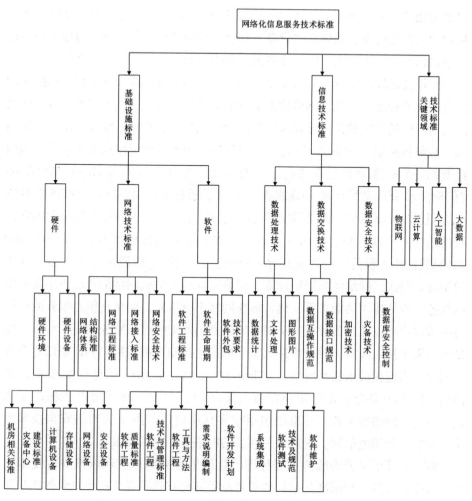

图 6-9 网络化信息服务技术标准子体系的设计结构

和硬件设备，前者包括机房相关标准、灾备中心建设标准，后者包括计算机设备、存储设备、网络设备和安全设备。其中，计算机设备相关标准涉及关于显示器的 SJ/T11292-2016①《计算机用液晶显示器通用规范》、关于鼠标的 GB/T26245-2010《计算机用鼠标器通用规范》②、关于键盘的 GB/T14081-2010《信

---

① 中国电子技术标准化研究院. SJ/T11292-2016 计算机用液晶显示器通用规范[S].
北京：中国标准出版社, 2016.
② 全国信息技术标准化技术委员会. GB/T26245-2010 计算机用鼠标器通用规范[S].
北京：中国标准出版社, 2010.

息处理用键盘通用规范》①，以及关于计算机主体的一系列标准。存储设备包括对大型存储设备、附网存储设备、移动存储设备的规范，网络设备主要关注网络设备安全技术要求，安全设备则包括防火墙和入侵监测型产品。

网络技术标准下分网络体系结构标准、网络工程标准、网络接入标准和网络安全技术标准。首先，网络体系结构指计算机网络层次结构模型和各层协议的集合，广泛采用的是国际标准化组织（ISO）所提出的 OSI 参考模型，有物理层、数据链路层、网络层、传送层、对话层、表示层和应用层七个层次。国内已有相应的标准对各层次进行定义与规范，如物理层对应 GB/T17534-1998《信息技术 开放系统互连 物理服务定义》②、数据链路层对应 GB/T17547-1998《信息技术 开放系统互连 数据链路服务定义》③。其次，网络工程标准则有针对性地提出了设计和验收标准，如辽宁省发布了地方标准 DB21/T1203-2000《计算机网络工程质量特性及其评估指南》④对网络工程质量评估做出了具体的指导。再次，网络体系结构标准、网络工程标准是从网络构建层面出发所做的规范，而从使用层面来看，接入标准同样十分重要。网络化信息服务的运行意味着用户可以通过各种接口从世界的任意角落随时接入服务网络，给服务提供方带来了接入风险，对网络接入实现标准化控制可确保用户和设备以适当方式通过适当连接接入适当网络，如 ISO/IEC 27033-6-2016《信息技术 安全技术 网络安全 第6部分：无线 IP 网络接入安全》⑤就对无线 IP 网络接入做出了规范。最后，网络安全技术标准则包括很多具体应用范围下的网络安全技术要求，如基于公用电信网、虚拟专用网下的网络安全技术要求。

软件标准下又分为软件工程标准、软件生命周期标准和软件外包技术要求。首先，软件工程标准化是软件质量及提升的有效手段，需要对软件产品开

---

① 全国信息技术标准化技术委员会. GB/T14081-2010 信息处理用键盘通用规范[S]. 北京：中国标准出版社，2010.

② 全国信息技术标准化技术委员会. GB/T17534-1998 信息技术 开放系统互连 物理服务定义[S]. 北京：中国标准出版社，1998.

③ 全国信息技术标准化技术委员会. GB/T17547-1998 信息技术 开放系统互连 数据链路服务定义[S]. 北京：中国标准出版社，1998.

④ 辽宁省技术监督局. DB21/T1203-2000 计算机网络工程质量特性及其评估指南[S]. 北京：中国标准出版社，2000.

⑤ International Organization for Standardization. ISO/IEC 27033-6-2016 Information Technology-Security Techniques-Network Security-Part 6: Securing Wireless IP Network Access [S/OL]. [2020-8-12]. https://www.iso.org/standard/51585.html.

发过程、技术、工具、方法乃至质量进行规范，当前国际软件质量标准中，软件质量标准以 ISO/IEC 25000 系列为主要核心，对应国内 GB/T25000《系统与软件工程 系统与软件质量要求和评价(SQuaRE)》系列标准。软件工程技术与管理标准是对软件开发技术及软件开发管理的标准化，涉及的技术标准有 GB/T28169-2011《嵌入式软件 C 语言编码规范》①，开发管理标准有 GB/T22263.8-2010《物流公共信息平台应用开发指南 第 8 部分：软件开发管理》②等。软件工具则为软件工程方法提供了自动的或半自动的软件支撑环境。目前，已经推出了许多软件工具，这些软件工具集成起来，建立起称之为计算机辅助软件工程(CASE)的软件开发支撑系统。因此对应的标准 GB/Z18914-2014《信息技术 软件工程 CASE 工具的采用指南》③和 GB/T18234-2000《信息技术 CASE 工具的评价与选择指南》④都为软件工具的采用提供了系统的指导。而软件开发所需的方法也已有标准进行规范，如 GB/T26239-2010《软件工程 开发方法元模型》⑤和 GB/T28174.3-2011《统一建模语言(UML) 第 3 部分：对象约束语言(OCL)》⑥。

其次，软件生命周期管理本属于软件工程过程管理，但因为其是软件开发的完整生命流程，被本书单独列为软件下的子指标进行讨论。众所周知，软件生命周期是软件的产生直到报废的生命周期，周期内有需求定义、系统设计、软件实现、集成测试、安装、调试以及运行和维护等内容。⑦ 故子指标围绕其生命流程展开，需求说明编制需满足 GB/T9385-2008《计算机软件需

---

① 全国信息技术标准化技术委员会. GB/T28169-2011 嵌入式软件 C 语言编码规范[S]. 北京：中国标准出版社，2011.

② 全国物流信息管理标准化技术委员会. GB/T22263.8-2010 物流公共信息平台应用开发指南第 8 部分：软件开发管理[S]. 北京：中国标准出版社，2010.

③ 全国信息技术标准化技术委员会. GB/Z18914-2014 信息技术 软件工程 CASE 工具的采用指南[S]. 北京：中国标准出版社，2014.

④ 全国信息技术标准化技术委员会. GB/T18234-2000 信息技术 CASE 工具的评价与选择指南[S]. 北京：中国标准出版社，2000.

⑤ 全国信息技术标准化技术委员会. GB/T26239-2010 软件工程开发方法元模型[S]. 北京：中国标准出版社，2010.

⑥ 全国信息技术标准化技术委员会. GB/T28174.3-2011 统一建模语言(UML) 第 3 部分：对象约束语言(OCL) [S]. 北京：中国标准出版社，2011.

⑦ 丁义行，谷鹏飞，毛从吉，等. 核安全级数字化仪控系统软件相关标准研究[J]. 自动化仪表，2015，36(11)：61-64.

求规格说明规范》①，系统设计可参考 GB/T18976-2003《以人为中心的交互系统设计过程》②，系统集成相关标准有 GB/T26327-2010《企业信息化系统集成实施指南》③，软件测试受 GB/T15532-2008《计算机软件测试规范》④和 GB/T38634《系统与软件工程 软件测试》系列标准的规范，软件维护标准包括 GB/T20157-2006《信息技术软件维护》⑤和 GB/T29834《系统与软件维护性》系列。

再次，上述软件工程标准和软件生命周期标准是从软件开发的角度进行软件相关技术的规约，但正如在上一小节管理标准中所提到的"考虑到网络化信息服务平台的开发可能存在自主研发和外包两种方式"，本节中加入了软件外包技术要求，以方便软件需求方依照标准对开发方做一定的技术要求。

②信息技术标准。主要涉及数据处理标准、数据交换标准和数据安全标准。首先，数据处理标准就数据的统计处理和解释做了各类规范，文本处理涉及自然语言处理，但尚未有具体的过程或技术规范，而图形图片的已有标准主要是图片编码方法，未来将进一步升级到图片数据信息的处理与利用方面。其次，数据交换技术中的数据互操作规范可引用标准 GB/T35103-2017《信息技术 Web 服务互操作基本轮廓》⑥，接口规范可参考 GB/T36345-2018《信息技术通用数据导入接口》⑦等标准。再次，加密技术、灾备技术、数据库安全控制技术作为数据安全技术的子指标，其现行参考标准也已罗列在表 6-12 中。

---

① 全国信息技术标准化技术委员会. GB/T9385-2008 计算机软件需求规格说明规范 [S]. 北京：中国标准出版社，2008.

② 全国人类工效学标准化技术委员会. GB/T18976-2003 以人为中心的交互系统设计过程[S]. 北京：中国标准出版社，2003.

③ 全国自动化系统与集成标准化技术委员会. GB/T26327-2010 企业信息化系统集成实施指南[S]. 北京：中国标准出版社，2010.

④ 全国信息技术标准化技术委员会. GB/T15532-2008 计算机软件测试规范[S]. 北京：中国标准出版社，2008.

⑤ 全国信息技术标准化技术委员会. GB/T20157-2006 信息技术软件维护[S]. 北京：中国标准出版社，2006.

⑥ 全国信息技术标准化技术委员会. GB/T35103-2017 信息技术 Web 服务互操作基本轮廓[S]. 北京：中国标准出版社，2017.

⑦ 全国信息技术标准化技术委员会. GB/T36345-2018 信息技术通用数据导入接口[S]. 北京：中国标准出版社，2018.

表 6-12 技术标准下各指标现行可参考标准规范

技术标准	子指标		可参考的标准规范	类型
基础设施标准	硬件	硬件环境		
		机房相关标准	GB/T2887-2011 计算机场地通用规范①	整体规范
			GB/T9361-2011 计算机场地安全要求②	整体规范
			GB/T36448-2018 集装箱式数据中心机房通用规范③	整体规范
			GB/T19413-2010 计算机和数据处理机房用单元式空气调节机④	整体规范
			YD/T1712-2007 中小型电信机房环境要求⑤	整体规范
			SJ 20455-1994 军用计算机机房通用规范⑥	领域规范
		灾备中心建设标准	GB/T30285-2013 信息安全技术 灾难恢复中心建设与运维管理规范⑦	整体规范
			DB42/T450.3-2008 湖北省电子政务基础设施 第3部分：数据中心与容灾备份中心⑧	地方规范
		硬件设备		

---

① 全国信息技术标准化技术委员会. GB/T2887-2011 计算机场地通用规范[S]. 北京：中国标准出版社, 2011.

② 全国信息技术标准化技术委员会. GB/T9361-2011 计算机场地安全要求[S]. 北京：中国标准出版社, 2011.

③ 全国信息技术标准化技术委员会. GB/T36448-2018 集装箱式数据中心机房通用规范[S]. 北京：中国标准出版社, 2018.

④ 全国信息技术标准化技术委员会. GB/T19413-2010 计算机和数据处理机房用单元式空气调节机[S]. 北京：中国标准出版社, 2010.

⑤ 中国通信标准化协会. YD/T1712-2007 中小型电信机房环境要求[S]. 北京：中国标准出版社, 2007.

⑥ 电子工业部. SJ 20455-1994 军用计算机机房通用规范[S]. 北京：中国标准出版社, 1994.

⑦ 全国信息安全标准化技术委员会. GB/T30285-2013 信息安全技术 灾难恢复中心建设与运维管理规范[S]. 北京：中国标准出版社, 2013.

⑧ 湖北质量技术监督局. DB42/T450.3-2008 湖北省电子政务基础设施 第3部分：数据中心与容灾备份中心[S]. 北京：中国标准出版社, 2008.

续表

技术标准	子指标	可参考的标准规范	类型
	计算机设备	GB/T36441-2018 硬件产品与操作系统兼容性规范①	整体规范
		SJ/T11292-2016 计算机用液晶显示器通用规范②	整体规范
		GB/T26245-2010 计算机用鼠标器通用规范③	整体规范
		GB/T14081-2010 信息处理用键盘通用规范④	整体规范
		GB/T29240-2012 信息安全技术 终端计算机通用安全技术要求与测试评价方法⑤	整体规范
		GB/T30278-2013 信息安全技术 政务计算机终端核心配置规范⑥	领域规范
		GB/T32925-2016 信息安全技术 政府联网计算机终端安全管理基本要求⑦	领域规范
		GA/T1252-2015 公安信息网计算机操作系统安全配置基本要求⑧	领域规范
	存储设备	IEC 60950-23-2005 Information Technology Equipment Safety Part 23：Large Data Storage Equipment⑨	整体规范

---

① 全国信息技术标准化技术委员会. GB/T36441-2018 硬件产品与操作系统兼容性规范[S]. 北京：中国标准出版社，2018.

② 中国电子技术标准化研究院. SJ/T11292-2016 计算机用液晶显示器通用规范[S]. 北京：中国标准出版社，2016.

③ 全国信息技术标准化技术委员会. GB/T26245-2010 计算机用鼠标器通用规范[S]. 北京：中国标准出版社，2010.

④ 全国信息技术标准化技术委员会. GB/T14081-2010 信息处理用键盘通用规范[S]. 北京：中国标准出版社，2010.

⑤ 全国信息安全标准化技术委员会. GB/T29240-2012 信息安全技术 终端计算机通用安全技术要求与测试评价方法[S]. 北京：中国标准出版社，2012.

⑥ 全国信息安全标准化技术委员会. GB/T30278-2013 信息安全技术 政务计算机终端核心配置规范[S]. 北京：中国标准出版社，2013.

⑦ 全国信息安全标准化技术委员会. GB/T32925-2016 信息安全技术 政府联网计算机终端安全管理基本要求[S]. 北京：中国标准出版社，2016.

⑧ 公安部计算机与信息处理标准化技术委员会. GA/T1252-2015 公安信息网计算机操作系统安全配置基本要求[S]. 北京：中国标准出版社，2015.

⑨ International Electrotechnical Commission. IEC 60950-23-2005 Information Technology Equipment Safety Part 23：Large Data Storage Equipment[S/OL]. [2020-8-12]. http://www.nssi.org.cn/nssi/front/7131266.html.

续表

技术标准	子指标	可参考的标准规范	类型
		GB 4943.23-2012 信息技术设备 安全 第23部分：大型数据存储设备①	整体规范
		GB/T33777-2017 附网存储设备通用规范②	整体规范
		GB/T26225-2010 信息技术 移动存储 闪存盘通用规范③	整体规范
		SJ/T11528-2015 信息技术 移动存储存储卡通用规范④	整体规范
		GA/T1251-2015 公安数字证书硬件介质存储空间划分规则⑤	领域规范
	网络设备	GB/T38799-2020 基于公用电信网的宽带客户网络设备安全技术要求宽带客户网关⑥	整体规范
		GB/T38797-2020 基于公用电信网的宽带客户网络设备安全测试方法宽带客户网关⑦	整体规范
		GB/T22421-2008 通信网络设备的回收处理要求⑧	整体规范
		GB/T18018-2019 信息安全技术 路由器安全技术要求⑨	整体规范

---

① 工业和信息化部. GB 4943.23-2012 信息技术设备 安全 第23部分：大型数据存储设备[S]. 北京：中国标准出版社，2012.

② 全国信息技术标准化技术委员会. GB/T33777-2017 附网存储设备通用规范[S]. 北京：中国标准出版社，2017.

③ 全国信息技术标准化技术委员会. GB/T26225-2010 信息技术 移动存储 闪存盘通用规范[S]. 北京：中国标准出版社，2010.

④ 工业和信息化部电子工业标准化研究院. SJ/T11528-2015 信息技术 移动存储存储卡通用规范[S]. 北京：中国标准出版社，2015.

⑤ 公安部计算机与信息处理标准化技术委员会. GA/T1251-2015 公安数字证书硬件介质存储空间划分规则[S]. 北京：中国标准出版社，2015.

⑥ 全国通信标准化技术委员会. GB/T38799-2020 基于公用电信网的宽带客户网络设备安全技术要求宽带客户网关[S]. 北京：中国标准出版社，2012.

⑦ 全国通信标准化技术委员会. GB/T38797-2020 基于公用电信网的宽带客户网络设备安全测试方法宽带客户网关[S]. 北京：中国标准出版社，2020.

⑧ 工业和信息化部. GB/T22421-2008 通信网络设备的回收处理要求[S]. 北京：中国标准出版社，2008.

⑨ 全国信息安全标准化技术委员会. GB/T18018-2019 信息安全技术 路由器安全技术要求[S]. 北京：中国标准出版社，2019.

续表

技术标准	子指标		可参考的标准规范	类型
			GB/T20011-2005 信息安全技术 路由器安全评估准则①	整体规范
	安全设备		GB/T32917-2016 信息安全技术 WEB 应用防火墙安全技术要求与测试评价方法	整体规范
			GB/T20281-2020 信息安全技术 防火墙安全技术要求和测试评价方法②	整体规范
			GB/T31505-2015 信息安全技术 主机型防火墙安全技术要求和测试评价方法③	整体规范
			GB/T28454-2020 信息技术 安全技术 入侵检测和防御系统(IDPS)的选择、部署和操作④	整体规范
			GB/T20275-2013 信息安全技术 网络入侵检测系统技术要求和测试评价方法⑤	整体规范
			GA/T403.1-2014 信息安全技术 入侵检测产品安全技术要求 第1部分：网络型产品⑥	整体规范
			GA/T403.2-2014 信息安全技术 入侵检测产品安全技术要求 第2部分：主机型产品⑦	整体规范

① 全国信息安全标准化技术委员会. GB/T20011-2005 信息安全技术 路由器安全评估准则[S]. 北京：中国标准出版社, 2005.

② 全国信息安全标准化技术委员会. GB/T20281-2020 信息安全技术 防火墙安全技术要求和测试评价方法[S]. 北京：中国标准出版社, 2020.

③ 全国信息安全标准化技术委员会. GB/T31505-2015 信息安全技术 主机型防火墙安全技术要求和测试评价方法[S]. 北京：中国标准出版社, 2015.

④ 全国信息安全标准化技术委员会. GB/T28454-2020 信息技术 安全技术 入侵检测和防御系统(IDPS)的选择、部署和操作[S]. 北京：中国标准出版社, 2020.

⑤ 全国信息安全标准化技术委员会. GB/T20275-2013 信息安全技术 网络入侵检测系统技术要求和测试评价方法[S]. 北京：中国标准出版社, 2013.

⑥ 公安部信息系统安全标准化技术委员会. GA/T403.1-2014 信息安全技术 入侵检测产品安全技术要求第1部分：网络型产品[S]. 北京：中国标准出版社, 2014.

⑦ 公安部信息系统安全标准化技术委员会. GA/T403.2-2014 信息安全技术 入侵检测产品安全技术要求 第2部分：主机型产品[S]. 北京：中国标准出版社, 2014.

续表

技术标准	子指标	可参考的标准规范	类型
网络技术标准	网络体系结构标准	GA/T686-2018 信息安全技术 虚拟专用网产品安全技术要求①	整体规范
		GB/T17967-2000 信息技术 开放系统互连 基本参考模型 OSI 服务定义约定②	整体规范
		GB/T25068.2-2012 信息技术 安全技术 IT 网络安全 第2部分：网络安全体系结构③	整体规范
		GB/T15274-1994 信息处理系统 开放系统互连 网络层的内部组织结构④	整体规范
		GB/T17534-1998 信息技术 开放系统互连 物理服务定义⑤	整体规范
		GB/T17547-1998 信息技术 开放系统互连 数据链路服务定义⑥	整体规范
		GB/T15126-2008 信息技术 开放系统互连 网络服务定义⑦	整体规范
		GB/T12453-2008 信息技术 开放系统互连 运输服务定义⑧	整体规范

_____

① 公安部信息系统安全标准化技术委员会. GA/T686-2018 信息安全技术 虚拟专用网产品安全技术要求[S]. 北京：中国标准出版社，2018.

② 全国信息技术标准化技术委员会. GB/T17967-2000 信息技术 开放系统互连 基本参考模型 OSI 服务定义约定[S]. 北京：中国标准出版社，2000.

③ 全国信息安全标准化技术委员会. GB/T25068.2-2012 信息技术 安全技术 IT 网络安全 第2部分：网络安全体系结构[S]. 北京：中国标准出版社，2012.

④ 全国信息技术标准化技术委员会. GB/T15274-1994 信息处理系统 开放系统互连 网络层的内部组织结构[S]. 北京：中国标准出版社，1994.

⑤ 全国信息技术标准化技术委员会. GB/T17534-1998 信息技术 开放系统互连 物理服务定义[S]. 北京：中国标准出版社，1998.

⑥ 全国信息技术标准化技术委员会. GB/T17547-1998 信息技术 开放系统互连 数据链路服务定义[S]. 北京：中国标准出版社，1998.

⑦ 全国信息技术标准化技术委员会. GB/T15126-2008 信息技术 开放系统互连 网络服务定义[S]. 北京：中国标准出版社，2008.

⑧ 全国信息技术标准化技术委员会. GB/T12453-2008 信息技术 开放系统互连 运输服务定义[S]. 北京：中国标准出版社，2008.

续表

技术标准	子指标	可参考的标准规范	类型
		GB/T15695-2008 信息技术 开放系统互连 表示服务定义①	整体规范
		GB/T17176-1997 信息技术 开放系统互连 应用层结构②	整体规范
	网络工程标准	GBT 51375-2019 网络工程设计标准③	整体规范
		GB/T51365-2019 网络工程验收标准④	整体规范
		YD 5220-2015 内容分发网络工程技术规范⑤	整体规范
		DB21/T1203-2000 计算机网络工程质量特性及其评估指南⑥	地方规范
	网络接入标准	ISO/IEC 27033-6-2016 Information Technology-Security Techniques-Network Security-Part 6：Securing Wireless IP Network Access⑦	整体规范
		GB/T6282-1986 25～1000MHz 陆地移动通信网通过用户线接入公用通信网的接口参数⑧	整体规范

① 全国信息技术标准化技术委员会. GB/T15695-2008 信息技术 开放系统互连 表示服务定义[S]. 北京：中国标准出版社，2008.

② 全国信息技术标准化技术委员会. GB/T17176-1997 信息技术 开放系统互连 应用层结构[S]. 北京：中国标准出版社，1997

③ 工业和信息化部. GBT 51375-2019 网络工程设计标准[S]. 北京：中国标准出版社，2019.

④ 工业和信息化部. GB/T51365-2019 网络工程验收标准[S]. 北京：中国标准出版社，2019.

⑤ 工业和信息化部. YD 5220-2015 内容分发网络工程技术规范[S]. 北京：中国标准出版社，2015.

⑥ 辽宁省技术监督局. DB21/T1203-2000 计算机网络工程质量特性及其评估指南[S]. 北京：中国标准出版社，2000.

⑦ International Organization for Standardization. ISO/IEC 27033-6-2016 Information Technology-Security Techniques-Network Security-Part 6：Securing Wireless IP Network Access [S/OL]. [2020-8-12]. https：//www.iso.org/standard/51585.html.

⑧ 工业和信息化部. GB/T6282-1986 25～1000MHz 陆地移动通信网通过用户线接入公用通信网的接口参数[S]. 北京：中国标准出版社，1986.

续表

技术标准	子指标		可参考的标准规范	类型
		网络安全技术	GB/T25068.4-2010 信息技术 安全技术 IT 网络安全 第4部分：远程接入的安全保护①	整体规范
			YD/T2055-2009 宽带网络接入服务器内容过滤技术要求②	整体规范
			GB/T33131-2016 信息安全技术 基于 IPSec 的 IP 存储网络安全技术要求③	整体规范
			GB/T37955-2019 信息安全技术 数控网络安全技术要求④	整体规范
			GB/T29234-2012 基于公用电信网的宽带客户网络安全技术要求⑤	整体规范
			GB/T33131-2016 信息安全技术 基于 IPSec 的 IP 存储网络安全技术要求⑥	整体规范
			YD/T1943-2009 公用三层虚拟专用网业务技术要求⑦	整体规范
			YD/T1909-2009 运营商提供的虚拟专用网安全技术要求⑧	整体规范

---

① 全国信息安全标准化技术委员会. GB/T25068.4-2010 信息技术 安全技术 IT 网络安全 第4部分：远程接入的安全保护[S]. 北京：中国标准出版社, 2010.

② 中国通信标准化协会. YD/T2055-2009 宽带网络接入服务器内容过滤技术要求[S]. 北京：中国标准出版社, 2009.

③ 全国信息安全标准化技术委员会. GB/T33131-2016 信息安全技术 基于 IPSec 的 IP 存储网络安全技术要求[S]. 北京：中国标准出版社, 2016.

④ 全国信息安全标准化技术委员会. GB/T37955-2019 信息安全技术 数控网络安全技术要求[S]. 北京：中国标准出版社, 2019.

⑤ 工业和信息化部. GB/T29234-2012 基于公用电信网的宽带客户网络安全技术要求[S]. 北京：中国标准出版社, 2012.

⑥ 全国信息安全标准化技术委员会. GB/T33131-2016 信息安全技术 基于 IPSec 的 IP 存储网络安全技术要求[S]. 北京：中国标准出版社, 2016.

⑦ 中国通信标准化协会. YD/T1943-2009 公用三层虚拟专用网业务技术要求[S]. 北京：中国标准出版社, 2009.

⑧ 中国通信标准化协会. YD/T1909-2009 运营商提供的虚拟专用网安全技术要求[S]. 北京：中国标准出版社, 2009.

续表

技术标准	子指标		可参考的标准规范	类型
软件	软件工程		GB/T19003-2008 软件工程 GB/T19001-2000 应用于计算机软件的指南①	整体规范
	质量标准		GB/T25000.1-2010 软件工程 软件产品质量要求与评价（SQuaRE）SQuaRE 指南②	整体规范
			GB/T25000.2-2018 系统与软件工程 系统与软件质量要求和评价（SQuaRE）第 2 部分：计划与管理③	整体规范
			GB/T25000.10-2016 系统与软件工程 系统与软件质量要求和评价（SQuaRE）第 10 部分：系统与软件质量模型④	整体规范
			GB/T25000.12-2017 系统与软件工程 系统与软件质量要求和评价（SQuaRE）第 12 部分：数据质量模型⑤	整体规范
			GB/T25000.21-2019 系统与软件工程 系统与软件质量要求和评价（SQuaRE）第 21 部分：质量测度元素⑥	整体规范
			GB/T25000.22-2019 系统与软件工程 系统与软件质量要求和评价（SQuaRE）第 22 部分：使用质量测量⑦	整体规范

---

①　中国标准化研究院. GB/T19003-2008 软件工程 GB/T19001-2000 应用于计算机软件的指南[S]. 北京：中国标准出版社，2008.

②　全国信息技术标准化技术委员会. GB/T25000.1-2010 软件工程 软件产品质量要求与评价（SQuaRE）SQuaRE 指南[S]. 北京：中国标准出版社，2010.

③　全国信息技术标准化技术委员会. GB/T25000.2-2018 系统与软件工程 系统与软件质量要求和评价（SQuaRE）第 2 部分：计划与管理[S]. 北京：中国标准出版社，2018.

④　全国信息技术标准化技术委员会. GB/T25000.10-2016 系统与软件工程 系统与软件质量要求和评价（SQuaRE）第 10 部分：系统与软件质量模型[S]. 北京：中国标准出版社，2016.

⑤　全国信息技术标准化技术委员会. GB/T25000.12-2017 系统与软件工程 系统与软件质量要求和评价（SQuaRE）第 12 部分：数据质量模型[S]. 北京：中国标准出版社，2017.

⑥　全国信息技术标准化技术委员会. GB/T25000.21-2019 系统与软件工程 系统与软件质量要求和评价（SQuaRE）第 21 部分：质量测度元素[S]. 北京：中国标准出版社，2019.

⑦　全国信息技术标准化技术委员会. GB/T25000.22-2019 系统与软件工程 系统与软件质量要求和评价（SQuaRE）第 22 部分：使用质量测量[S]. 北京：中国标准出版社，2019.

续表

技术标准	子指标		可参考的标准规范	类型
			GB/T25000.23-2019 系统与软件工程 系统与软件质量要求和评价（SQuaRE）第 23 部分：系统与软件产品质量测量①	整体规范
			GB/T25000.24-2017 系统与软件工程 系统与软件质量要求和评价（SQuaRE）第 24 部分：数据质量测量②	整体规范
			GB/T32904-2016 软件质量量化评价规范③	整体规范
		技术与管理标准	GB/T28169-2011 嵌入式软件 C 语言编码规范④	整体规范
			SJ 20778-2000 软件开发与文档编制⑤	整体规范
			SJ/Z11289-2003 面向对象领域工程指南⑥	整体规范
			SJ/T10367-1993 计算机过程控制软件开发规程⑦	整体规范
			SJ/T11562-2015 软件协同开发平台技术规范⑧	整体规范
			GB/T22263.8-2010 物流公共信息平台应用开发指南 第 8 部分：软件开发管理⑨	领域规范

---

① 全国信息技术标准化技术委员会. GB/T25000.23-2019 系统与软件工程 系统与软件质量要求和评价（SQuaRE）第 23 部分：系统与软件产品质量测量[S]. 北京：中国标准出版社，2019.

② 全国信息技术标准化技术委员会. GB/T25000.24-2017 系统与软件工程 系统与软件质量要求和评价（SQuaRE）第 24 部分：数据质量测量[S]. 北京：中国标准出版社，2017.

③ 全国信息技术标准化技术委员会. GB/T32904-2016 软件质量量化评价规范[S]. 北京：中国标准出版社，2016.

④ 全国信息技术标准化技术委员会. GB/T28169-2011 嵌入式软件 C 语言编码规范[S]. 北京：中国标准出版社，2011.

⑤ 信息产业部电子第三十二研究所. SJ 20778-2000 软件开发与文档编制[S]. 北京：中国标准出版社，2000.

⑥ 中国电子技术标准化研究所. SJ/Z11289-2003 面向对象领域工程指南[S]. 北京：中国标准出版社，2003.

⑦ 中国电子技术标准化研究所. SJ/T10367-1993 计算机过程控制软件开发规程[S]. 北京：中国标准出版社，1993.

⑧ 中国电子技术标准化研究所. SJ/T11562-2015 软件协同开发平台技术规范[S]. 北京：中国标准出版社，2015.

⑨ 全国物流信息管理标准化技术委员会. GB/T22263.8-2010 物流公共信息平台应用开发指南 第 8 部分：软件开发管理[S]. 北京：中国标准出版社，2010.

续表

技术标准	子指标		可参考的标准规范	类型
	工具与方法		GB/Z18914-2014 信息技术 软件工程 CASE 工具的采用指南①	整体规范
			GB/T18234-2000 信息技术 CASE 工具的评价与选择指南②	整体规范
			GB/T19769.2-2015 功能块 第2部分：软件工具要求③	整体规范
			GB/T26239-2010 软件工程 开发方法元模型④	整体规范
			ISO/IEC 24744-2014 Software Engineering-Metamodel for Development Methodologies（Second Edition）⑤	整体规范
			GB/T28174.3-2011 统一建模语言（UML）第3部分：对象约束语言（OCL）⑥	整体规范
	软件生命周期		GB/Z20156-2006 软件工程 软件生存周期过程用于项目管理的指南⑦	整体规范
			GB/T30999-2014 系统和软件工程 生存周期管理 过程描述指南⑧	整体规范

---

①　全国信息技术标准化技术委员会. GB/Z18914-2014 信息技术 软件工程 CASE 工具的采用指南[S]. 北京：中国标准出版社，2014.

②　全国信息技术标准化技术委员会. GB/T18234-2000 信息技术 CASE 工具的评价与选择指南[S]. 北京：中国标准出版社，2000.

③　全国工业过程测量和控制标准化技术委员会. GB/T19769.2-2015 功能块 第2部分：软件工具要求[S]. 北京：中国标准出版社，2015.

④　全国信息技术标准化技术委员会. GB/T26239-2010 软件工程 开发方法元模型[S]. 北京：中国标准出版社，2010.

⑤　International Organization for Standardization. ISO/IEC 24744-2014 Software Engineering-Metamodel for Development Methodologies（Second Edition）[S/OL].[2020-8-12]. https://www.iso.org/standard/62644.html.

⑥　全国信息技术标准化技术委员会. GB/T28174.3-2011 统一建模语言（UML）第3部分：对象约束语言（OCL）[S]. 北京：中国标准出版社，2011.

⑦　全国信息技术标准化技术委员会. GB/Z20156-2006 软件工程 软件生存周期过程用于项目管理的指南[S]. 北京：中国标准出版社，2006.

⑧　全国信息技术标准化技术委员会. GB/T30999-2014 系统和软件工程 生存周期管理过程描述指南[S]. 北京：中国标准出版社，2014.

续表

技术标准	子指标	可参考的标准规范	类型
	需求说明编制	GB/T9385-2008 计算机软件需求规格说明规范①	整体规范
	软件/系统设计	GB/T18976-2003 以人为中心的交互系统设计过程②	整体规范
		GB/T18578-2008 城市地理信息系统设计规范③	领域规范
	系统集成	GB/T26327-2010 企业信息化系统集成实施指南④	整体规范
		GA/T1049.6-2013 公安交通集成指挥平台通信协议 第6部分：交通信息发布系统⑤	领域规范
	软件测试技术及规范	GB/T15532-2008 计算机软件测试规范⑥	整体规范
		GB/T9386-2008 计算机软件测试文档编制规范⑦	整体规范
		GB/T32911-2016 软件测试成本度量规范⑧	整体规范
		GB/T38634.1-2020 系统与软件工程 软件测试 第1部分：概念和定义⑨	整体规范
		GB/T38634.2-2020 系统与软件工程 软件测试 第2部分：测试过程⑩	整体规范

---

① 全国信息技术标准化技术委员会. GB/T9385-2008 计算机软件需求规格说明规范[S]. 北京：中国标准出版社, 2008.

② 全国人类工效学标准化技术委员会. GB/T18976-2003 以人为中心的交互系统设计过程[S]. 北京：中国标准出版社, 2003.

③ 全国地理信息标准化技术委员会. GB/T18578-2008 城市地理信息系统设计规范[S]. 北京：中国标准出版社, 2008.

④ 全国自动化系统与集成标准化技术委员会. GB/T26327-2010 企业信息化系统集成实施指南[S]. 北京：中国标准出版社, 2010.

⑤ 公安部道路交通管理标准化技术委员会. GA/T1049.6-2013 公安交通集成指挥平台通信协议 第6部分：交通信息发布系统[S]. 北京：中国标准出版社, 2013.

⑥ 全国信息技术标准化技术委员会. GB/T15532-2008 计算机软件测试规范[S]. 北京：中国标准出版社, 2008.

⑦ 全国信息技术标准化技术委员会. GB/T9386-2008 计算机软件测试文档编制规范[S]. 北京：中国标准出版社, 2008.

⑧ 全国信息技术标准化技术委员会. GB/T32911-2016 软件测试成本度量规范[S]. 北京：中国标准出版社, 2016.

⑨ 全国信息技术标准化技术委员会. GB/T38634.1-2020 系统与软件工程 软件测试 第1部分：概念和定义[S]. 北京：中国标准出版社, 2020.

⑩ 全国信息技术标准化技术委员会. GB/T38634.2-2020 系统与软件工程 软件测试 第2部分：测试过程[S]. 北京：中国标准出版社, 2020.

续表

技术标准	子指标	可参考的标准规范	类型
		GB/T38634.3-2020 系统与软件工程 软件测试 第 3 部分：测试文档①	整体规范
		GB/T38634.4-2020 系统与软件工程 软件测试 第 4 部分：测试技术②	整体规范
		GB/T38639-2020 系统与软件工程 软件组合测试方法③	整体规范
	-软件维护	GB/T20157-2006 信息技术 软件维护④	整体规范
		GB/T14394-2008 计算机软件可靠性和可维护性管理⑤	整体规范
		GB/T29834.1-2013 系统与软件维护性 第 1 部分：指标体系⑥	整体规范
		GB/T29834.2-2013 系统与软件维护性 第 2 部分：度量方法⑦	整体规范
		GB/T29834.3-2013 系统与软件维护性 第 3 部分：测试方法⑧	整体规范
		GB/T28827.6-2019 信息技术服务 运行维护 第 6 部分：应用系统服务要求⑨	整体规范

---

① 全国信息技术标准化技术委员会. GB/T38634.3-2020 系统与软件工程 软件测试 第 3 部分：测试文档[S]. 北京：中国标准出版社，2020.

② 全国信息技术标准化技术委员会. GB/T38634.4-2020 系统与软件工程 软件测试 第 4 部分：测试技术[S]. 北京：中国标准出版社，2020.

③ 全国信息技术标准化技术委员会. GB/T38639-2020 系统与软件工程 软件组合测试方法[S]. 北京：中国标准出版社，2020.

④ 全国信息技术标准化技术委员会. GB/T20157-2006 信息技术 软件维护[S]. 北京：中国标准出版社，2006.

⑤ 全国信息技术标准化技术委员会. GB/T14394-2008 计算机软件可靠性和可维护性管理[S]. 北京：中国标准出版社，2008.

⑥ 全国信息技术标准化技术委员会. GB/T29834.1-2013 系统与软件维护性 第 1 部分：指标体系[S]. 北京：中国标准出版社，2013.

⑦ 全国信息技术标准化技术委员会. GB/T29834.2-2013 系统与软件维护性 第 2 部分：度量方法[S]. 北京：中国标准出版社，2013.

⑧ 全国信息技术标准化技术委员会. GB/T29834.3-2013 系统与软件维护性 第 3 部分：测试方法[S]. 北京：中国标准出版社，2013.

⑨ 全国信息技术标准化技术委员会. GB/T28827.6-2019 信息技术服务 运行维护 第 6 部分：应用系统服务要求[S]. 北京：中国标准出版社，2019.

技术标准	子指标		可参考的标准规范	类型
信息技术标准	数据处理技术	软件外包技术要求	GB/T33770.1-2017 信息技术服务 外包 第 1 部分：服务提供方通用要求①	整体规范
			GB/T33770.2-2019 信息技术服务 外包 第 2 部分：数据保护要求②	整体规范
			SJ/T11445.5-2018 信息技术服务 外包 第 5 部分：发包方项目管理规范③	整体规范
			SJ/T11445.4-2017 信息技术服务 外包 第 4 部分：非结构化数据管理与服务规范④	整体规范
		数据统计	GB/T3359-2009　数据的统计处理和解释 统计容忍区间的确定⑤	整体规范
			GB/T4883-2008 数据的统计处理和解释 正态样本离群值的判断和处理⑥	整体规范
			GB/T4088-2008 数据的统计处理和解释 二项分布参数的估计与检验⑦	整体规范
			GB/T4890-1985 数据的统计处理和解释 正态分布均值和方差检验的功效⑧	整体规范

---

① 全国信息技术标准化技术委员会. GB/T33770.1-2017 信息技术服务 外包 第 1 部分：服务提供方通用要求[S]. 北京：中国标准出版社，2017.

② 全国信息技术标准化技术委员会. GB/T33770.2-2019 信息技术服务 外包 第 2 部分：数据保护要求[S]. 北京：中国标准出版社，2019.

③ 全国信息技术标准化技术委员会. SJ/T11445.5-2018 信息技术服务 外包 第 5 部分：发包方项目管理规范[S]. 北京：中国标准出版社，2018.

④ 全国信息技术标准化技术委员会. SJ/T11445.4-2017 信息技术服务 外包 第 4 部分：非结构化数据管理与服务规范[S]. 北京：中国标准出版社，2017.

⑤ 全国统计方法应用标准化技术委员会. GB/T3359-2009 数据的统计处理和解释 统计容忍区间的确定[S]. 北京：中国标准出版社，2009.

⑥ 全国统计方法应用标准化技术委员会. GB/T4883-2008 数据的统计处理和解释 正态样本离群值的判断和处理[S]. 北京：中国标准出版社，2008.

⑦ 全国统计方法应用标准化技术委员会. GB/T4088-2008 数据的统计处理和解释 二项分布参数的估计与检验[S]. 北京：中国标准出版社，2008.

⑧ 全国统计方法应用标准化技术委员会. GB/T4890-1985 数据的统计处理和解释 正态分布均值和方差检验的功效[S]. 北京：中国标准出版社，1985.

续表

技术标准	子指标		可参考的标准规范	类型
			YC/T256.1-2008 烟草行业工商统计数据元 第1部分：数据元目录①	领域规范
			YC/T256.2-2008 烟草行业工商统计数据元 第2部分：代码集②	领域规范
	文本处理		GB/T5271.23-2000 信息技术 词汇 第23部分：文本处理③	整体规范
	图形图片		GB/T5271.13-2008 信息技术 词汇 第13部分：计算机图形④	整体规范
			GB/T10022.1-1998 信息技术 图片编码方法 第1部分：标识⑤	整体规范
			GB/T10022.2-1996 信息技术 图片编码方法 第2部分：登记规程⑥	整体规范
			GB/T35311-2017 中文新闻图片内容描述元数据规范⑦	领域规范
	数据交换技术	数据互操作规范	GB/T15278-1994 信息处理 数据加密 物理层互操作性要求⑧	整体规范

---

① 全国烟草标准化技术委员会. YC/T256.1-2008 烟草行业工商统计数据元 第1部分：数据元目录[S]. 北京：中国标准出版社，2008.

② 全国烟草标准化技术委员会. YC/T256.2-2008 烟草行业工商统计数据元 第2部分：代码集[S]. 北京：中国标准出版社，2008.

③ 全国信息技术标准化技术委员会. GB/T5271.23-2000 信息技术 词汇 第23部分：文本处理[S]. 北京：中国标准出版社，2000.

④ 全国信息技术标准化技术委员会. GB/T5271.13-2008 信息技术 词汇 第13部分：计算机图形[S]. 北京：中国标准出版社，2008.

⑤ 全国信息技术标准化技术委员会. GB/T10022.1-1998 信息技术 图片编码方法 第1部分：标识[S]. 北京：中国标准出版社，1998.

⑥ 全国信息技术标准化技术委员会. GB/T10022.2-1996 信息技术 图片编码方法 第2部分：登记规程[S]. 北京：中国标准出版社，1996.

⑦ 全国中文新闻信息标准化技术委员会. GB/T35311-2017 中文新闻图片内容描述元数据规范[S]. 北京：中国标准出版社，2017.

⑧ 全国信息技术标准化技术委员会. GB/T15278-1994 信息处理 数据加密 物理层互操作性要求[S]. 北京：中国标准出版社，1994.

续表

技术标准	子指标		可参考的标准规范	类型
			GB/T35103-2017 信息技术 Web 服务互操作基本轮廓①	整体规范
			GB/T37688-2019 信息技术 流式文档互操作性的度量②	整体规范
	数据接口规范		GB/T38672-2020 信息技术 大数据 接口基本要求③	整体规范
			GB/T21062.3-2007 政务信息资源交换体系 第3部分：数据接口规范④	领域规范
			GB/T36345-2018 信息技术 通用数据导入接口⑤	整体规范
			GB/T32908-2016 非结构化数据访问接口规范⑥	整体规范
			GB/T31916.2-2015 信息技术 云数据存储和管理 第2部分：基于对象的云存储应用接口⑦	整体规范
			GB/T31916.3-2018 信息技术 云数据存储和管理 第3部分：分布式文件存储应用接口⑧	整体规范
			GA/T1592.1-2019 公安数据元管理系统接口规范 第1部分：数据下载⑨	领域规范

① 全国信息技术标准化技术委员会. GB/T35103-2017 信息技术 Web 服务互操作基本轮廓[S]. 北京：中国标准出版社，2017.

② 全国信息技术标准化技术委员会. GB/T37688-2019 信息技术 流式文档互操作性的度量[S]. 北京：中国标准出版社，2019.

③ 全国信息技术标准化技术委员会. GB/T38672-2020 信息技术 大数据 接口基本要求[S]. 北京：中国标准出版社，2020.

④ 全国信息技术标准化技术委员会. GB/T21062.3-2007 政务信息资源交换体系 第3部分：数据接口规范[S]. 北京：中国标准出版社，2007.

⑤ 全国信息技术标准化技术委员会. GB/T36345-2018 信息技术 通用数据导入接口[S]. 北京：中国标准出版社，2018.

⑥ 全国信息技术标准化技术委员会. GB/T32908-2016 非结构化数据访问接口规范[S]. 北京：中国标准出版社，2016.

⑦ 全国信息技术标准化技术委员会. GB/T31916.2-2015 信息技术 云数据存储和管理 第2部分：基于对象的云存储应用接口[S]. 北京：中国标准出版社，2015.

⑧ 全国信息技术标准化技术委员会. GB/T31916.3-2018 信息技术 云数据存储和管理 第3部分：分布式文件存储应用接口[S]. 北京：中国标准出版社，2018.

⑨ 公安部计算机与信息处理标准化技术委员会. GA/T1592.1-2019 公安数据元管理系统接口规范 第1部分：数据下载[S]. 北京：中国标准出版社，2019.

技术标准	子指标	可参考的标准规范	类型
		GA/T1592.2-2019 公安数据元管理系统接口规范 第2部分：数据上传①	领域规范
数据安全技术	加密技术	QJ 2951-1997 数据加密标准②	整体规范
		GB/T36624-2018 信息技术 安全技术 可鉴别的加密机制③	整体规范
		GB/T31503-2015 信息安全技术 电子文档加密与签名消息语法④	整体规范
		GB/T15843.2-2017 信息技术 安全技术 实体鉴别 第2部分：采用对称加密算法的机制⑤	整体规范
		GB/T32918.4-2016 信息安全技术 SM2 椭圆曲线公钥密码算法 第4部分：公钥加密算法⑥	整体规范
		GB/T27927-2011 银行业务和相关金融服务三重数据加密算法操作模式 实施指南⑦	领域规范
	灾备技术	GB/T36092-2018 信息技术 备份存储 备份技术应用要求⑧	整体规范

---

① 公安部计算机与信息处理标准化技术委员会. GA/T1592.2-2019 公安数据元管理系统接口规范 第2部分：数据上传[S]. 北京：中国标准出版社, 2019.

② 中国航天工业总公司. QJ 2951-1997 数据加密标准[S]. 北京：中国标准出版社, 1997.

③ 全国信息技术标准化技术委员会. GB/T36624-2018 信息技术 安全技术 可鉴别的加密机制[S]. 北京：中国标准出版社, 2018.

④ 全国信息安全标准化技术委员会. GB/T31503-2015 信息安全技术 电子文档加密与签名消息语法[S]. 北京：中国标准出版社, 2015.

⑤ 全国信息技术标准化技术委员会. GB/T15843.2-2017 信息技术 安全技术 实体鉴别 第2部分：采用对称加密算法的机制[S]. 北京：中国标准出版社, 2017.

⑥ 全国信息安全标准化技术委员会. GB/T32918.4-2016 信息安全技术 SM2 椭圆曲线公钥密码算法 第4部分：公钥加密算法[S]. 北京：中国标准出版社, 2016.

⑦ 全国金融标准化技术委员会. GB/T27927-2011 银行业务和相关金融服务三重数据加密算法操作模式 实施指南[S]. 北京：中国标准出版社, 2011.

⑧ 全国信息技术标准化技术委员会. GB/T36092-2018 信息技术 备份存储 备份技术应用要求[S]. 北京：中国标准出版社, 2018.

续表

技术标准	子指标	可参考的标准规范	类型
		YD/T2916-2015 基于存储复制技术的数据灾备技术要求①	整体规范
		YD/T2705-2014 持续数据保护（CDP）灾备技术要求②	整体规范
		YD/T3511-2019 灾备数据去重系统技术要求③	整体规范
		YD/T3493-2019 基于存储复制技术的数据灾备测试方法④	整体规范
	数据库安全控制技术	GB/T20273-2019 信息安全技术 数据库管理系统安全技术要求⑤	整体规范
		GA/T1139-2014 信息安全技术 数据库扫描产品安全技术要求⑥	整体规范
		GA/T913-2019 信息安全技术 数据库安全审计产品安全技术要求⑦	整体规范
		GA/T1574-2019 信息安全技术 数据库安全加固产品安全技术要求⑧	整体规范

---

① 工业和信息化部. YD/T2916-2015 基于存储复制技术的数据灾备技术要求[S]. 北京：中国标准出版社, 2015.

② 工业和信息化部. YD/T2705-2014 持续数据保护（CDP）灾备技术要求[S]. 北京：中国标准出版社, 2014.

③ 工业和信息化部. YD/T3511-2019 灾备数据去重系统技术要求[S]. 北京：中国标准出版社, 2019.

④ 工业和信息化部. YD/T3493-2019 基于存储复制技术的数据灾备测试方法[S]. 北京：中国标准出版社, 2019.

⑤ 全国信息安全标准化技术委员会. GB/T20273-2019 信息安全技术 数据库管理系统安全技术要求[S]. 北京：中国标准出版社, 2019.

⑥ 公安部信息系统安全标准化技术委员会. GA/T1139-2014 信息安全技术 数据库扫描产品安全技术要求[S]. 北京：中国标准出版社, 2014.

⑦ 公安部信息系统安全标准化技术委员会. GA/T913-2019 信息安全技术 数据库安全审计产品安全技术要求[S]. 北京：中国标准出版社, 2019.

⑧ 公安部信息系统安全标准化技术委员会. GA/T1574-2019 信息安全技术 数据库安全加固产品安全技术要求[S]. 北京：中国标准出版社, 2019.

6.2.6　应用领域标准体系构建思路

上述章节围绕影响网络化信息服务的五大要素展开子体系构建，本节则依据网络化信息服务不同应用领域的划分，阐释信息服务应用的各行业进行定制化应用落地的实施指南，以及结合领域特点的相关标准。

不同的标准体系研究或政策文件中对于领域应用的划分有所不同，例如在信息技术服务标准体系框架中，行业和领域分为金融、电信、电力、石化、教育、医疗卫生、健康养老、广电、司法、军工、工业互联网和产业互联网；《人工智能标准化白皮书》中应用标准下分智能制造、智慧城市、智能交通、智能医疗、智能物流、智能家居和智能金融；①《软件和信息技术服务业技术标准体系研究》中软件应用则包括电子政务软件应用、电子商务软件应用、企业软件应用、教育软件应用、医疗软件应用、车载信息服务软件应用、农业软件应用、社会管理软件应用、综合信息应用和其他软件应用。本书为了提高领域划分的可靠性，以及客观展现网络化信息服务在各领域的实际应用情况，在采用 GB/T 4754《国民经济行业分类与代码》作为行业领域划分参考的基础上，结合各领域发布的网络化信息服务相关标准文件(见表6-13)，以金融、政务、教育、农业、电力、道路交通、医疗卫生七个领域作为示范构建了网络化信息服务应用领域标准子体系(见图6-10)。

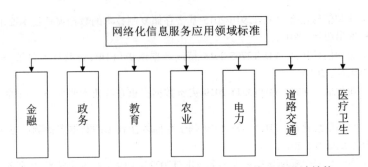

图 6-10　网络化信息服务应用领域标准子体系的设计结构

此外，本书通过表6-13的梳理发现，以电子政务为形式的政府信息服务

①　中国电子技术标准化研究院. 人工智能标准化白皮书［EB/OL］.［2020-8-1］. http://www.cesi.cn/201801/3545.html.

相关标准最多，教育领域紧随其后，金融领域网络化信息服务作为人们所熟知的领域，其相关标准却明显不足，这也为后续制定相关标准来充实完善国家安全体制下的网络化信息服务标准体系提供了思路。

表 6-13 各应用领域网络化信息服务现行可参考标准规范

基础标准	可参考的标准规范
金融	GB/T36618-2018 信息安全技术 金融信息服务安全规范①
	GB/T27910-2011 金融服务 信息安全指南②
	GB/T21081-2007 银行业务 密钥管理相关数据元(零售)③
政务	GB/T30850.1-2014 电子政务标准化指南 第 1 部分：总则④
	GB/T25647-2010 电子政务术语⑤
	GB/T21064-2007 电子政务系统总体设计要求⑥
	GB/T21061-2007 国家电子政务网络技术和运行管理规范⑦
	GB/T30850.1-2014 电子政务标准化指南 第 1 部分：总则⑧
	GB/T30850.3-2014 电子政务标准化指南 第 3 部分：网络建设⑨

---

① 全国信息安全标准化技术委员会. GB/T36618-2018 信息安全技术 金融信息服务安全规范[S]. 北京：中国标准出版社，2017.

② 全国金融标准化技术委员会. GB/T27910-2011 金融服务 信息安全指南[S]. 北京：中国标准出版社，2011.

③ 全国金融标准化技术委员会. GB/T21081-2007 银行业务 密钥管理相关数据元(零售)[S]. 北京：中国标准出版社，2007.

④ 全国信息技术标准化技术委员会. GB/T30850.1-2014 电子政务标准化指南 第 1 部分：总则[S]. 北京：中国标准出版社，2014.

⑤ 全国信息技术标准化技术委员会. GB/T25647-2010 电子政务术语[S]. 北京：中国标准出版社，2014.

⑥ 全国信息技术标准化技术委员会. GB/T21064-2007 电子政务系统总体设计要求[S]. 北京：中国标准出版社，2007

⑦ 全国信息技术标准化技术委员会. GB/T21061-2007 国家电子政务网络技术和运行管理规范[S]. 北京：中国标准出版社，2007.

⑧ 全国信息技术标准化技术委员会. GB/T30850.1-2014 电子政务标准化指南 第 1 部分：总则[S]. 北京：中国标准出版社，2014.

⑨ 全国信息技术标准化技术委员会. GB/T30850.3-2014 电子政务标准化指南 第 3 部分：网络建设[S]. 北京：中国标准出版社，2014.

基础标准	可参考的标准规范
政务	GB/T30850.4-2017 电子政务标准化指南 第4部分：信息共享①
	GB/T30850.5-2014 电子政务标准化指南 第5部分：支撑技术②
	GB/T19488.1-2004 电子政务数据元 第1部分：设计和管理规范③
	GB/T19488.2-2008 电子政务数据元 第2部分：公共数据元目录④
	GB/T34077.1-2017 基于云计算的电子政务公共平台管理规范 第1部分：服务质量评估⑤
	GB/T34078.1-2017 基于云计算的电子政务公共平台总体规范 第1部分：术语和定义⑥
	GB/T34079.3-2017 基于云计算的电子政务公共平台服务规范 第3部分：数据管理⑦
	GB/T34080.1-2017 基于云计算的电子政务公共平台安全规范 第1部分：总体要求⑧
	GB/T34080.2-2017 基于云计算的电子政务公共平台安全规范 第2部分：信息资源安全⑨

---

① 全国信息技术标准化技术委员会. GB/T30850.4-2017 电子政务标准化指南 第4部分：信息共享[S]. 北京：中国标准出版社，2017.

② 全国信息技术标准化技术委员会. GB/T30850.5-2014 电子政务标准化指南 第5部分：支撑技术[S]. 北京：中国标准出版社，2014.

③ 电子政务标准化总体组. GB/T19488.1-2004 电子政务数据元 第1部分：设计和管理规范[S]. 北京：中国标准出版社，2004.

④ 全国电子业务标准化技术委员会. GB/T19488.2-2008 电子政务数据元 第2部分：公共数据元目录[S]. 北京：中国标准出版社，2008.

⑤ 工业和信息化部. GB/T34077.1-2017 基于云计算的电子政务公共平台管理规范 第1部分：服务质量评估[S]. 北京：中国标准出版社，2017.

⑥ 工业和信息化部. GB/T34078.1-2017 基于云计算的电子政务公共平台总体规范 第1部分：术语与定义[S]. 北京：中国标准出版社，2017.

⑦ 工业和信息化部. GB/T34079.1-2017 基于云计算的电子政务公共平台服务规范 第3部分：数据管理[S]. 北京：中国标准出版社，2017.

⑧ 工业和信息化部. GB/T34080.1-2017 基于云计算的电子政务公共平台安全规范 第1部分：总体要求[S]. 北京：中国标准出版社，2017.

⑨ 工业和信息化部. GB/T34080.2-2017 基于云计算的电子政务公共平台安全规范 第2部分：信息资源安全[S]. 北京：中国标准出版社，2017.

基础标准	可参考的标准规范
政务	GB/T33780.1-2017 基于云计算的电子政务公共平台技术规范 第1部分：系统架构①
	GB/T33780.2-2017 基于云计算的电子政务公共平台技术规范 第2部分：功能和性能②
	GB/T33780.3-2017 基于云计算的电子政务公共平台技术规范 第3部分：系统和数据接口③
	GB/T33780.6-2017 基于云计算的电子政务公共平台技术规范 第6部分：服务测试④
	GB/Z24294.1-2018 信息安全技术 基于互联网电子政务信息安全实施指南 第1部分：总则⑤
	GB/Z24294.2-2017 信息安全技术 基于互联网电子政务信息安全实施指南 第2部分：接入控制与安全交换 ⑥
	GB/Z24294.3-2017 信息安全技术 基于互联网电子政务信息安全实施指南 第3部分：身份认证与授权管理⑦

---

① 工业和信息化部. GB/T34080.1-2017 基于云计算的电子政务公共平台技术规范 第1部分：系统架构[S]. 北京：中国标准出版社，2017.

② 工业和信息化部. GB/T34080.2-2017 基于云计算的电子政务公共平台技术规范 第2部分：功能和性能[S]. 北京：中国标准出版社，2017.

③ 工业和信息化部. GB/T34080.3-2017 基于云计算的电子政务公共平台技术规范 第3部分：系统和数据接口[S]. 北京：中国标准出版社，2017.

④ 工业和信息化部. GB/T34080.6-2017 基于云计算的电子政务公共平台技术规范 第6部分：服务测试[S]. 北京：中国标准出版社，2017.

⑤ 全国信息安全标准化技术委员会. GB/Z24294.1-2018 信息安全技术 基于互联网电子政务信息安全实施指南 第1部分：总则[S]. 北京：中国标准出版社，2018.

⑥ 全国信息安全标准化技术委员会. GB/Z24294.2-2017 信息安全技术 基于互联网电子政务信息安全实施指南 第2部分：接入控制与安全交换[S]. 北京：中国标准出版社，2018.

⑦ 全国信息安全标准化技术委员会. GB/Z24294.3-2017 信息安全技术 基于互联网电子政务信息安全实施指南 第3部分：身份认证与授权管理[S]. 北京：中国标准出版社，2018.

续表

基础标准	可参考的标准规范
政务	GB/Z24294.4-2017 信息安全技术 基于互联网电子政务信息安全实施指南 第4部分：终端安全防护①
教育	GB/T21644-2008 网络远程教育平台总体要求②
	ISO/IEC 24751-1-2008 Information Technology-Individualized Adaptability and Accessibility in E-learning, Education and Training-Part 3："Access for all" Digital Resource Description③
	ISO/IEC 24751-2-2008 Information Technology-Individualized Adaptability and Accessibility in E-learning, Education and Training-Part 2："Access for all" Personal Needs and Preferences for Digital Delivery④
	ISO/IEC 24751-3-2008 Information Technology-Individualized Adaptability and Accessibility in E-learning, Education and Training-Part 3："Access for all" Digital Resource Description⑤
	ISO/IEC 19788-5-2012 Information Technology-Learning, Education and Training-Metadata for Learning Resources-Part 5：Educational Elements⑥

---

① 全国信息安全标准化技术委员会. GB/Z24294.4-2017 信息安全技术 基于互联网电子政务信息安全实施指南 第4部分：终端安全防护[S]. 北京：中国标准出版社，2018.

② 工业和信息化部. GB/T21644-2008 网络远程教育平台总体要求[S]. 北京：中国标准出版社，2008.

③ International Organization for Standardization. ISO/IEC 24751-1-2008 Information Technology-Individualized Adaptability and Accessibility in E-learning, Education and Training-Part 3："Access for all" Digital Resource Description[S/OL]. [2020-8-15]. https://www.iso.org/standard/41521.html.

④ International Organization for Standardization. ISO/IEC 24751-2-2008 Information Technology-Individualized Adaptability and Accessibility in E-learning, Education and Training-Part 2："Access for all" Personal Needs and Preferences for Digital Delivery[S/OL]. [2020-8-15]. https://www.iso.org/standard/43603.html.

⑤ International Organization for Standardization. ISO/IEC 24751-3-2008 Information Technology-Individualized Adaptability and Accessibility in E-learning, Education and Training-Part 3："Access for all" Digital Resource Description[S/OL]. [2020-8-15]. https://www.iso.org/standard/43604.html.

⑥ International Organization for Standardization. ISO/IEC 19788-5-2012 Information Technology-Learning, Education and Training-Metadata for Learning Resources-Part 5：Educational Elements[S/OL]. [2020-8-15]. https://www.iso.org/standard/52776.html.

基础标准	可参考的标准规范
教育	GB/T33782-2017 信息技术 学习、教育和培训 教育管理基础代码①
	GB/T29811.1-2013 信息技术 学习、教育和培训学习系统体系结构与服务接口 第 1 部分：抽象框架与核心接口②
	GB/T29811.2-2018 信息技术 学习、教育和培训 学习系统体系结构与服务接口 第 2 部分：教育管理信息服务接口③
	GB/T29811.3-2018 信息技术 学习、教育和培训 学习系统体系结构与服务接口 第 3 部分：资源访问服务接口④
	GB/T36352-2018 信息技术 学习、教育和培训 教育云服务：框架⑤
	GB/T36351.1-2018 信息技术 学习、教育和培训 教育管理数据元素 第 1 部分：设计与管理规范⑥
	GB/T36351.2-2018 信息技术 学习、教育和培训 教育管理数据元素 第 2 部分：公共数据元素⑦
	GB/T30265-2013 信息技术 学习、教育和培训 学习设计信息模型⑧

---

① 全国信息技术标准化技术委员会. GB/T33782-2017 信息技术 学习、教育和培训 教育管理基础代码[S]. 北京：中国标准出版社，2017.

② 全国信息技术标准化技术委员会. GB/T29811.1-2013 信息技术 学习、教育和培训 学习系统体系结构与服务接口第 1 部分：抽象框架与核心接口[S]. 北京：中国标准出版社，2013.

③ 全国信息技术标准化技术委员会. GB/T29811.2-2018 信息技术 学习、教育和培训 学习系统体系结构与服务接口第 2 部分：教育管理信息服务接口[S]. 北京：中国标准出版社，2013.

④ 全国信息技术标准化技术委员会. GB/T29811.3-2018 信息技术 学习、教育和培训 学习系统体系结构与服务接口第 3 部分：资源访问服务接口[S]. 北京：中国标准出版社，2013.

⑤ 全国信息技术标准化技术委员会. GB/T36352-2018 信息技术 学习、教育和培训 教育云服务：框架[S]. 北京：中国标准出版社，2018.

⑥ 全国信息技术标准化技术委员会. GB/T36351.1-2018 信息技术 学习、教育和培训 教育管理数据元素 第 1 部分：设计与管理规范[S]. 北京：中国标准出版社，2018.

⑦ 全国信息技术标准化技术委员会. GB/T36351.2-2018 信息技术 学习、教育和培训 教育管理数据元素 第 2 部分：公共数据元素[S]. 北京：中国标准出版社，2018.

⑧ 全国信息技术标准化技术委员会. GB/T30265-2013 信息技术 学习、教育和培训 学习设计信息模型[S]. 北京：中国标准出版社，2018.

续表

基础标准	可参考的标准规范
教育	GB/T36453-2018 信息技术 学习、教育和培训 电子课本信息模型①
	GB/T36366-2018 信息技术 学习、教育和培训 电子学档信息模型规范②
	GB/T21366-2008 信息技术 学习、教育和培训 参与者标识符③
	GB/T21365-2008 信息技术 学习、教育和培训 学习对象元数据④
	GB/T28825-2012 信息技术 学习、教育和培训 学习对象分类代码⑤
	GB/T29804-2013 信息技术 学习、教育和培训 平台与媒体分类代码⑥
	GB/T26997-2011 非正规教育与培训的学习服务 术语⑦
	GB/T26996-2011 非正规教育与培训的学习服务 学习服务提供者基本要求⑧
	GB/T29359-2012 非正规教育与培训的学习服务质量要求 总则⑨
	GB/T29357-2012 非正规教育与培训的学习服务质量要求 语言培训⑩
	GB/T29358-2012 非正规教育与培训的学习服务质量要求 职业培训⑪

① 全国信息技术标准化技术委员会. GB/T36453-2018 信息技术 学习、教育和培训 电子课本信息模型[S]. 北京：中国标准出版社，2018.

② 全国信息技术标准化技术委员会. GB/T36366-2018 信息技术 学习、教育和培训 电子学档信息模型规范[S]. 北京：中国标准出版社，2018.

③ 全国信息技术标准化技术委员会. GB/T21366-2008 信息技术 学习、教育和培训 参与者标识符[S]. 北京：中国标准出版社，2008.

④ 全国信息技术标准化技术委员会. GB/T21365-2008 信息技术 学习、教育和培训 学习对象元数据[S]. 北京：中国标准出版社，2008.

⑤ 全国信息技术标准化技术委员会. GB/T28825-2012 信息技术 学习、教育和培训 学习对象分类代码[S]. 北京：中国标准出版社，2008.

⑥ 全国信息技术标准化技术委员会. GB/T29804-2013 信息技术 学习、教育和培训 平台与媒体分类代码[S]. 北京：中国标准出版社，2008.

⑦ 全国教育服务标准化技术委员会. GB/T26997-2011 非正规教育与培训的学习服务 术语[S]. 北京：中国标准出版社，2011.

⑧ 全国教育服务标准化技术委员会. GB/T26996-2011 非正规教育与培训的学习服务 学习服务提供者基本要求[S]. 北京：中国标准出版社，2011.

⑨ 全国教育服务标准化技术委员会. GB/T29359-2012 非正规教育与培训的学习服务质量要求 总则[S]. 北京：中国标准出版社，2011.

⑩ 全国教育服务标准化技术委员会. GB/T29357-2012 非正规教育与培训的学习服务质量要求 语言培训[S]. 北京：中国标准出版社，2012.

⑪ 全国教育服务标准化技术委员会. GB/T29358-2012 非正规教育与培训的学习服务质量要求 职业培训[S]. 北京：中国标准出版社，2012.

基础标准	可参考的标准规范
农业	GB/T37690-2019 农业社会化服务 农业信息服务导则①
	GB/T33748-2017 农业社会化服务 农业科技信息服务供给规范②
	GB/T33747-2017 农业社会化服务 农业科技信息服务质量要求③
	GB/T34804-2017 农业社会化服务 农业信息服务组织（站点）基本要求④
	GB/T36346-2018 信息技术 面向设施农业应用的传感器网络技术要求
	NY/T3500-2019 农业信息基础共享元数据⑤
	NY/T653-2002 农业电子信息产品通用技术条件 农业应用软件产品⑥
	NY/T2299-2013 农村信息员⑦
	NY/T2138-2012 农产品全息市场信息采集规范⑧
	QX/T292-2015 农业气象观测资料传输文件格式⑨
	NY/T1171-2006 草业资源信息元数据⑩
	DB35/T51-1992 农业信息采集汇报规范

---

①　中国标准化研究院. GB/T37690-2019 农业社会化服务 农业信息服务导则[S]. 北京：中国标准出版社，2019.

②　中国标准化研究院. GB/T33748-2017 农业社会化服务 农业科技信息服务供给规范[S]. 北京：中国标准出版社，2017.

③　中国标准化研究院. GB/T33747-2017 农业社会化服务 农业科技信息服务质量要求[S]. 北京：中国标准出版社，2017.

④　中国标准化研究院. GB/T34804-2017 农业社会化服务 农业信息服务组织（站点）基本要求[S]. 北京：中国标准出版社，2017.

⑤　农业农村部. NY/T3500-2019 农业信息基础共享元数据[S]. 北京：中国标准出版社，2017.

⑥　农业农村部. NY/T653-2002 农业电子信息产品通用技术条件 农业应用软件产品[S]. 北京：中国标准出版社，2017.

⑦　农业农村部. NY/T2299-2013 农村信息员[S]. 北京：中国标准出版社，2017.

⑧　农业农村部. NY/T2138-2012 农产品全息市场信息采集规范[S]. 北京：中国标准出版社，2017.

⑨　农业农村部. QX/T292-2015 农业气象观测资料传输文件格式[S]. 北京：中国标准出版社，2017.

⑩　中国气象局. NY/T1171-2006 草业资源信息元数据[S]. 北京：中国标准出版社，2017.

续表

基础标准	可参考的标准规范
农业	BS ISO 11788-1-1997 Electronic Data Interchange Between Information Systems in Agriculture. Agricultural Data Element Dictionary. General Description①
	BS ISO 11788-3-2000 Electronic Data Interchange Between Information Systems in Agriculture. Agricultural Data Element Dictionary. Pig Farming.②
电力	GB/T33602-2017 电力系统通用服务协议③
	GB/T33604-2017 电力系统简单服务接口规范④
	GB/Z25320.1-2010 电力系统管理及其信息交换 数据和通信安全 第 1 部分：通信网络和系统安全 安全问题介绍⑤
	GB/Z25320.2-2013 电力系统管理及其信息交换 数据和通信安全 第 2 部分：术语⑥
	GB/Z25320.3-2010 电力系统管理及其信息交换 数据和通信安全 第 3 部分：通信网络和系统安全包括 TCP/IP 的协议集⑦
	GB/Z25320.4-2010 电力系统管理及其信息交换 数据和通信安全 第 4 部分：包含 MMS 的协议集⑧

① British Standards Institution. BS ISO 11788-1-1997 Electronic Data Interchange Between Information Systems in Agriculture. Agricultural Data Element Dictionary. General Description［S/OL］. ［2020-8-9］. http://www.nssi.org.cn/nssi/front/3863176.html.

② British Standards Institution. BS ISO 11788-3-2000 Electronic Data Interchange Between Information Systems in Agriculture. Agricultural Data Element Dictionary. Pig Farming［S/OL］. ［2020-8-9］. http://www.nssi.org.cn/nssi/front/4783510.html.

③ 全国电网运行与控制标准化技术委员会. GB/T33602-2017 电力系统通用服务协议［S］. 北京：中国标准出版社，2017.

④ 全国电网运行与控制标准化技术委员会. GB/T33604-2017 电力系统简单服务接口规范［S］. 北京：中国标准出版社，2017.

⑤ 全国电网运行与控制标准化技术委员会. GB/Z25320.1-2010 电力系统管理及其信息交换 数据和通信安全 第 1 部分：通信网络和系统安全 安全问题介绍［S］. 北京：中国标准出版社，2017.

⑥ 全国电网运行与控制标准化技术委员会. GB/Z25320.2-2013 电力系统管理及其信息交换 数据和通信安全 第 2 部分：术语［S］. 北京：中国标准出版社，2017.

⑦ 全国电网运行与控制标准化技术委员会. GB/Z25320.3-2010 电力系统管理及其信息交换 数据和通信安全 第 3 部分：通信网络和系统安全包括 TCP/IP 的协议集［S］. 北京：中国标准出版社，2017.

⑧ 全国电网运行与控制标准化技术委员会. GB/Z25320.4-2010 电力系统管理及其信息交换 数据和通信安全 第 4 部分：包含 MMS 的协议集［S］. 北京：中国标准出版社，2010.

续表

基础标准	可参考的标准规范
电力	GB/Z25320.5-2013 电力系统管理及其信息交换 数据和通信安全 第5部分：GB/T18657 等及其衍生标准的安全①
	GB/Z25320.6-2011 电力系统管理及其信息交换 数据和通信安全 第6部分：IEC 61850 的安全②
	GB/Z25320.7-2015 电力系统管理及其信息交换 数据和通信安全 第7部分：网络和系统管理(NSM)的数据对象模型③
	GB/T31990.1-2015 塑料光纤电力信息传输系统技术规范 第1部分：技术要求④
	GB/T31990.2-2015 塑料光纤电力信息传输系统技术规范 第2部分：收发通信单元⑤
	GB/T31990.3-2015 塑料光纤电力信息传输系统技术规范 第3部分：光电收发模块⑥
	GB/T32351-2015 电力信息安全水平评价指标⑦
	GB/T36047-2018 电力信息系统安全检查规范⑧

---

① 全国电网运行与控制标准化技术委员会. GB/Z25320.5-2013 电力系统管理及其信息交换 数据和通信安全 第5部分：GB/T18657 等及其衍生标准的安全[S]. 北京：中国标准出版社, 2013.

② 全国电网运行与控制标准化技术委员会. GB/Z25320.6-2011 电力系统管理及其信息交换 数据和通信安全 第6部分：IEC 61850 的安全[S]. 北京：中国标准出版社, 2011.

③ 全国电网运行与控制标准化技术委员会. GB/Z25320.7-2015 电力系统管理及其信息交换 数据和通信安全 第7部分：网络和系统管理(NSM)的数据对象模型[S]. 北京：中国标准出版社, 2015.

④ 中国电力企业联合会. GB/T31990.1-2015 塑料光纤电力信息传输系统技术规范 第1部分：技术要求[S]. 北京：中国标准出版社, 2015.

⑤ 中国电力企业联合会. GB/T31990.2-2015 塑料光纤电力信息传输系统技术规范 第2部分：收发通信单元[S]. 北京：中国标准出版社, 2015.

⑥ 中国电力企业联合会. GB/T31990.3-2015 塑料光纤电力信息传输系统技术规范 第3部分：光电收发模块[S]. 北京：中国标准出版社, 2015.

⑦ 全国电力监管标准化技术委员会. GB/T32351-2015 电力信息安全水平评价指标[S]. 北京：中国标准出版社, 2015.

⑧ 全国电力监管标准化技术委员会. GB/T36047-2018 电力信息系统安全检查规范[S]. 北京：中国标准出版社, 2018.

续表

基础标准	可参考的标准规范
	GB/T37138-2018 电力信息系统安全等级保护实施指南①
道路交通	GB/T29101-2012 道路交通信息服务 数据服务质量规范②
	GB/T29108-2012 道路交通信息服务 术语③
	GB/T21394-2008 道路交通信息服务 信息分类与编码④
	GB/T29744-2013 道路交通信息服务 道路编码规则⑤
	GB/T29100-2012 道路交通信息服务 交通事件分类与编码⑥
	GB/T29107-2012 道路交通信息服务 交通状况描述
	GB/T29110-2012 道路交通信息服务 公共汽电车线路信息基础数据元⑦
	GB/T29104-2012 道路交通信息服务 长途客运线路信息⑧
	GB/T37378-2019 交通运输 信息安全规范⑨
	GB/T37380-2019 面向个人移动便携终端智能交通运输信息服务应用数据交换协议⑩

① 全国电力监管标准化技术委员会. GB/T37138-2018 电力信息系统安全等级保护实施指南[S]. 北京：中国标准出版社，2018.

② 全国智能运输系统标准化技术委员会. GB/T29101-2012 道路交通信息服务 数据服务质量规范[S]. 北京：中国标准出版社，2012.

③ 全国智能运输系统标准化技术委员会. GB/T29108-2012 道路交通信息服务 术语[S]. 北京：中国标准出版社，2012.

④ 全国智能运输系统标准化技术委员会. GB/T21394-2008 道路交通信息服务 信息分类与编码[S]. 北京：中国标准出版社，2008.

⑤ 全国智能运输系统标准化技术委员会. GB/T29744-2013 道路交通信息服务 道路编码规则[S]. 北京：中国标准出版社，2013.

⑥ 全国智能运输系统标准化技术委员会. GB/T29100-2012 道路交通信息服务 交通事件分类与编码[S]. 北京：中国标准出版社，2013.

⑦ 全国智能运输系统标准化技术委员会. GB/T29110-2012 道路交通信息服务 公共汽电车线路信息基础数据元[S]. 北京：中国标准出版社，2012.

⑧ 全国智能运输系统标准化技术委员会. GB/T29104-2012 道路交通信息服务 长途客运线路信息[S]. 北京：中国标准出版社，2012.

⑨ 全国智能运输系统标准化技术委员会. GB/T37378-2019 交通运输 信息安全规范[S]. 北京：中国标准出版社，2019.

⑩ 全国智能运输系统标准化技术委员会. GB/T37380-2019 面向个人移动便携终端智能交通运输信息服务应用数据交换协议[S]. 北京：中国标准出版社，2019.

续表

基础标准	可参考的标准规范
道路交通	GB/T23434-2009 运输信息及控制系统 车载导航系统 通信信息集要求①
	GB/T28970-2012 道路交通运输 地理信息系统 数据字典要求②
	GB/T38726-2020 快件航空运输信息交换规范③
	GB/Z19257-2003 供应链数据传输与交换④
	GB/T19948-2005 运输计划及实施信息报文 XML 格式
医疗卫生	GB/T15566.6-2007 公共信息导向系统 设置原则与要求 第6部分：医疗场所⑤
	WS/T451-2014 院前医疗急救指挥信息系统基本功能规范⑥
	WS/T447-2014 基于电子病历的医院信息平台技术规范⑦
	WS 445 电子病历基本数据集⑧
	WS/T500 电子病历共享文档规范⑨
	WS 373.1-2012 医疗服务基本数据集 第1部分：门诊摘要⑩

---

① 全国智能运输系统标准化技术委员会. GB/T23434-2009 运输信息及控制系统 车载导航系统 通信信息集要求[S]. 北京：中国标准出版社，2012.

② 全国智能运输系统标准化技术委员会. GB/T28970-2012 道路交通运输 地理信息系统 数据字典要求[S]. 北京：中国标准出版社，2012.

③ 全国智能运输系统标准化技术委员会. GB/T38726-2020 快件航空运输信息交换规范[S]. 北京：中国标准出版社，2020.

④ 全国物流信息管理标准化技术委员会. GB/Z19257-2003 供应链数据传输与交换[S]. 北京：中国标准出版社，2003.

⑤ 全国图形符号标准化技术委员会. GB/T15566.6-2007 公共信息导向系统 设置原则与要求 第6部分：医疗场所[S]. 北京：中国标准出版社，2007.

⑥ 国家卫生和计划生育委员会. WS/T451-2014 院前医疗急救指挥信息系统基本功能规范[S]. 北京：中国标准出版社，2007.

⑦ 国家卫生和计划生育委员会. WS/T447-2014 基于电子病历的医院信息平台技术规范[S]. 北京：中国标准出版社，2007.

⑧ 国家卫生和计划生育委员会. WS 445 电子病历基本数据集.[S]. 北京：中国标准出版社，2007.

⑨ 国家卫生和计划生育委员会. WS/T500 电子病历共享文档规范[S]. 北京：中国标准出版社，2017.

⑩ 卫生部卫生信息标准专业委员会. WS 373.1-2012 医疗服务基本数据集 第1部分：门诊摘要[S]. 北京：中国标准出版社，2012.

续表

基础标准	可参考的标准规范
医疗卫生	WS 373.2-2012 医疗服务基本数据集 第2部分：住院摘要①
	WS 373.3-2012 医疗服务基本数据集 第3部分：成人健康体检
	WS 363 卫生信息数据元目录②第 1-17 部分
	WS/T448-2014 基于居民健康档案的区域卫生信息平台技术规范③
	WS/T482-2016 卫生信息共享文档编制规范④

---

① 卫生部卫生信息标准专业委员会. WS 373.2-2012 医疗服务基本数据集 第2部分：住院摘要［S］. 北京：中国标准出版社，2012.

② 卫生部卫生信息标准专业委员会. WS 363 卫生信息数据元目录系列［EB/OL］.［2020-8-6］. http://www.alliedphysician.com/News/Articles/Index/384.

③ 卫生部卫生信息标准专业委员会. WS/T 448-2014 基于居民健康档案的区域卫生信息平台技术规范［S］. 北京：中国标准出版社，2014.

④ 卫生部卫生信息标准专业委员会. WS/T 482-2016 卫生信息共享文档编制规范［S］. 北京：中国标准出版社，2016.

7 国家安全体制下网络化信息服务基础标准

当今世界，信息技术创新日新月异，数字化、网络化、智能化深入发展，推动了经济社会发展，促进了国家治理体系和治理能力现代化，满足了人民日益增长的美好生活需要。① 随着社会新型信息技术的不断发展，"互联网+"模式也融入了各行各业，极大地改变了人们的生产和生活方式，并且重塑了以往的商业运作模式，形成了众多的新兴业态，在消费端取得了巨大成功。然而，在新兴产业蓬勃发展的同时，随之而形成的重复性工作、事物和概念等也日益增多，繁琐的重复性事物易于引起国家行业市场秩序混乱、社会效益低下等问题，若缺乏规范对其进行管理和约束，长此以往，将不利于国家安全体制的保障。而行业领域内标准体系的制定不仅有助于奠定科学管理的基础，促进国家信息服务市场秩序的统一、协调和高效，维护国家信息服务市场安全稳定，还能有效整合和利用社会资源，提高社会经济效益。

网络化信息服务标准体系层次结构可分为基础标准、数据标准、安全标准、管理标准、技术标准以及应用领域标准六个部分。其中，基础标准作为体系内各项标准的基础和依据，应当先行制定以便于指导网络化信息服务领域内其他标准的制定和实施。本章将重点讨论网络化信息服务基础标准，结合当前相关领域内各项国家出台的标准，如 SDTS/T2241-2004《数据分发服务指南与规范》②、GB/T29264-2012《信息技术服务分类与代码》③、GB T

---

① 人民网. 习近平：以信息化培育新动能 用新动能推动新发展 以新发展创造新辉煌 [EB/OL]. [2020-8-14]. http://cpc.people.com.cn/n1/2018/0423/c64094-29942244.html.

② 中华人民共和国科学技术部. SDS/T2241-2004. 数据分发服务指南与规范[S]. 北京：中国标准出版社，20052004.

③ 中华人民共和国国家质量监督检验检疫总局，中国国家标准化管理委员会. GB/T29264-2012. 信息技术服务分类与代码[S]. 北京：中国标准出版社，2012.

20000.1-2014《标准化工作指南 第 1 部分：标准化和相关活动的通用术语》①、GBT 35295-2017《信息技术 大数据 术语》②、GB/T35589-2017《信息技术 大数据 技术参考模型》③等，对基础标准内包含的各项具体标准进行构建并对网络化信息服务基础标准的内容、特征、作用部分展开详述探讨，以深化读者对网络化信息服务基础标准的理解和认知，进一步验证国家安全体制下网络化信息服务基础标准的科学性、一致性以及可操作性，并为其他标准子体系的制定奠定基础。

7.1 网络化信息服务基础标准的含义与目标

目前新一轮产业革命和科技变革正在积聚力量，大量的新产业、新业态、新模式应运而生，人类的生产生活和全球化发展由此发生了翻天覆地的变化。国家安全体制下的网络化信息服务标准体系研究顺应了时代发展，基础标准作为整个体系的共同基础和依据的意义深远，对网络化信息服务领域内各项标准化工作的开展具有广泛的指导意义。

7.1.1 网络化信息服务基础标准的内涵

标准是社会中最根本地判断客观事物具有何种意义的一种参照物。作为一种用来比较的标本，作为一种区分其他事物的中介，它本身的构成必须是一分为二或以上并相互对立的多个部分。例如，理论中 0 摄氏度采自冰水混合物的温度，它是区分正摄氏度与负摄氏度的标准；生活中 BMI 通过体重(千克)除以身高(米)的平方的计算方式得到，它是目前国际上衡量人体胖瘦程度以及身体是否健康的一个标准。作为标准的客观事物之所以能够作为标准的根据，在于其自身构成的一分为二。标准应该是一张无形的网，它在无形之中限制和规范了人们生活中的各种活动和行为。标准这张网，大到国家的政策方针，小

---

① 中华人民共和国国家质量监督检验检疫总局，中国国家标准化管理委员会. GB/T20000.1-2014. 标准化工作指南 第 1 部分：标准化和相关活动的通用术语[S]. 北京：中国标准出版社，2014.

② 中华人民共和国国家质量监督检验检疫总局，中国国家标准化管理委员会. GB/T35295-2017. 信息技术 大数据 术语[S]. 北京：中国标准出版社，2018.

③ 中华人民共和国国家质量监督检验检疫总局，中国国家标准化管理委员会. GB/T35589-2017. 信息技术 大数据 技术参考模型[S]. 北京：中国标准出版社，2017.

到日常行为规范，时时刻刻都在左右着我们的生活。

基础标准是指在一定范围领域内，覆盖范围广、可作为其他标准基础的、具有广泛指导意义的标准。基础标准对一定范围内的标准化对象的共同因素（例如概念、通则和数系）做出统一的规定，因此是制定产品标准或其他标准所必须遵循的依据或准则。① 基础标准可以作为一项标准直接应用到该领域内，也可以作为其他标准制定和应用的依据和基础。一定范围是指特定领域，如企业、行业、国家、地区等。也就是说，基础标准既存在于国家标准、行业标准中，也存在于地区标准、企业标准中。在网络化信息服务的领域内，基础标准是覆盖面最大的标准，是用于规范网络化信息服务标准工作建设过程中全局性的基础事项、管理事项、工作事项的标准，它亦是该领域内所有标准的共同基础。

基础标准主要包括技术通则类，通用技术语言类，结构要素和互换互连类，参数系列类，环境适应性、可靠性、安全性类以及通用方法类六个类别。技术通则类的基础标准如"电子工业技术标准制修订工作有关规定和要求"、"设计文件编制规则"等，这些技术工作和标准化工作规定是需要全行业领域来共同遵守的；通用技术语言类的基础标准如制图规则、术语、符号、代号、代码等，这类标准的作用是使技术语言能够达到统一、准确和简化；结构要素和互换互连类的标准内容如公差配合、表面质量要求、标准尺寸、螺纹、齿轮模数、标准锥度、接口标准等，这类标准对保证零部件互换性和产品间的互连互通、简化品种、改善加工性能等都具有重要的作用；参数系列类如优先数系、尺寸配合系列、产品参数、系列型谱等，这类标准对于合理确定产品品种规格，做到以最少品种满足多方面需要，以及规划产品发展方向，加强各类产品尺寸参数间的协调等具有重要作用；环境适应性、可靠性、安全性类的标准对保证产品适应性和工作寿命以及人身和设备安全具有重要作用；最后是通用方法类，如试验、分析、抽样、统计、计算、测定等各种方法标准，这类标准对各有关方法的优化、严密化和统一化等具有重要作用。

在网络化信息服务标准体系中，基础标准主要包括网络化信息服务工作指南、数据分发服务指南与规范、网络化信息服务分类与代码标准、网络化信息服务术语标准、网络化信息服务参考模型等。网络化信息服务工作指南主要规范了网络化信息服务的基本工作原理、服务要求及方法、服务工具等，数据分发服务指南与规范主要规范了网络化信息服务系统的建设以及各项在信息服务

---

① 何盛明. 财经大辞典［M］. 北京：中国财政经济出版社，1990.

流程中所要遵循的准则，网络化信息服务分类与代码标准主要规范了网络化信息服务不同行业的分类、管理和编目，网络化信息服务术语标准主要规范了网络化信息服务标准化的定义和目的以及各项术语在领域内的用法，网络化信息服务参考模型则描述了网络化信息服务流程的参考架构，包括角色、活动和功能组件以及它们之间的关系。

7.1.2　网络化信息服务基础标准的目标

网络化信息服务基础标准是其他类别标准(数据标准、安全标准、管理标准、技术标准、应用领域标准等)的基础和依据，对它们具有普遍的指导意义。如图7-1所示，其旨在阐述网络化信息服务的基本原理、业务分类、服务质量评价方法、服务成本度量要求、服务工具要求、服务从业人员要求、网络信息发布要求、服务术语规范以及服务流程等。通过对以上各项内容的规范，网络化信息服务体系各项活动和内容得以有理可依、有据可循。其具体目标如下：

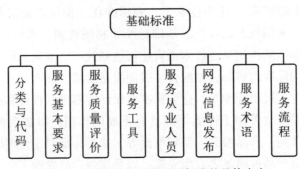

图 7-1　网络化信息服务基础标准的具体内容

①定义国家安全体制下的网络化信息服务的基本原理，对网络化信息服务的本质、特征、工作流程以及行业内统一术语等的内涵和外延作出统一的规范说明。

②划分网络化信息服务的业务分类，参考互联网服务业分类目录对各行各业进行编码规范，便于在电子管理系统中对各类目服务业进行整理。

③构建网络化信息服务评价体系，按一定的规则，如计分制，规范网络化信息服务的评价方法及措施。

④规范服务成本、服务工具、运作工具以及数据信息获取、信息发布等流程的各项要求，提供网络化信息服务的数据信息参考模型并阐述模型各部分的意义。

⑤建立以职业活动为导向、以能力为核心的信息技术服务从业人员能力标准体系，规定网络化信息服务从业人员能力鉴定以及职业培训的方法。

⑥为网络化信息服务标准体系内其他的数据标准、安全标准、管理标准、技术标准、应用领域标准等的制定打下基础，并为它们的应用和实施提供依据。

7.2　网络化信息服务基础标准的内容与特征

GB/T1.1-2009《标准化工作导则 第 1 部分：标准的结构和编写》作为规定编写所有标准需要遵循的总体原则、标准的结构以及标准起草与表述规则的一项国家标准，是指导所有标准进行编写工作中最基础的并且首先应当遵守的标准。本书参照上述标准化工作导则的要求以及国家网络化信息服务领域内相关的其他各项标准，结合网络化信息服务标准化工作建设的内容及特征，按基础标准所具有的不同属性分类，构建了网络化信息服务基础标准的各项下位类标准，网络化信息服务基础标准内各项具体标准及其主要遵循者如表 7-1 所示。

表 7-1　网络化信息服务基础标准

序号	标准名称	主要遵循者
1	网络化信息服务工作指南	网络化信息服务的所有参与者
2	数据分发服务指南与规范	分发服务系统建设人员、网络化信息服务流程参与者
3	网络化信息服务分类与代码标准	网络化信息服务的所有参与者
4	网络化信息服务术语标准	网络化信息服务的所有参与者
5	网络化信息服务参考模型	网络化信息服务的所有参与者

由表 7-1 可知，除数据分发服务指南与规范仅是分发服务系统建设人员及网络化信息服务各项流程的参与者需要遵循之外，网络化信息服务工作指南、网络化信息服务分类与代码标准、网络化信息服务术语标准以及网络化信息服务参考模型皆是网络化信息服务的所有参与者需要遵循的，对各项标准的了解将有利于网络化信息服务整体体系标准化的构建。

7.2.1 网络化信息服务基础标准的内容

结合上述分析，以及网络化信息服务的特征及基础标准所具有的不同属性，本书将网络化信息服务基础标准的内容分为五个部分，分别是网络化信息服务工作指南、数据分发服务指南与规范、网络化信息服务分类与代码标准、网络化信息服务术语标准以及网络化信息服务参考模型。

前文已经谈到五个基础标准的简要内容，五个基础标准的所属类别不尽相同，但其却覆盖了网络化信息服务整个体系的各个方面。五个基础标准的具体内容如下文所述。

(1) 网络化信息服务工作指南

网络化信息服务工作的开展，首先应当编制网络化信息服务工作指南。根据《互联网信息服务管理办法》的细则，结合由 ISO/IEC 发布的 GB/T2000《标准化工作指南》中相关的标准化意见及建议，如 GB/T1.1-2009《标准化工作导则 第 1 部分：标准的结构和编写》、GB/T20000.2-2009《标准化工作指南 第 2 部分：采用国际标准》和 GB/T20000.6-2006《标准化工作指南 第 6 部分：标准化良好行为规范》等，制定网络化信息服务工作的相关规则和办法，解决网络化信息服务体系内所有参与者共同关注的各项问题。

根据国家标准中信息服务标准及网络化信息服务的特征，网络化信息服务工作指南主要内容应从规定网络化信息服务的服务原理，服务质量评价方法，服务成本度量要求，服务工具要求，服务从业人员要求以及网络化信息服务标准体系的建立，网络化信息服务标准的制定、实施、实施的监察等方面展开。其具体内容应包括以下六个方面：

一是对国家体制安全下网络化信息服务的概念内涵及意义、网络化信息服务的工作原理、网络化信息服务原理等内容进行统一定义；二是规范各项网络化信息服务的固定成本、变动成本、机会成本、责任成本、定额成本、目标成本、标准成本等成本的预估评测以及成本的安全可控范围；三是构建网络化信息服务中所需的后台工具、前端工具、服务工具、信息采集工具、信息服务工具等工具体系的具体要求和对各项工具的使用需求；四是参考 GB/T20000.6-2006《标准化工作指南 第 6 部分：标准化良好行为规范》、GB/T37696-2019《信息技术服务 从业人员能力评价要求》等标准，规范网络化信息服务从业人员的行为举止，规定从业人员的职业种类和职业资格等级，定义从业人员的专业能力和行为能力要求，并在职业种类划分的基础上提出信息服务从业人员的能力要求，同时规定网络化信息服务从业人员能力鉴定和职业培训的方法；五是对工作质量、服务质量两方面设定计分制，以计分制为基础来制定网络化信息服务工作流程中服务质量评价体系；六是对网络化信息服务标准体系的建立，网络化信息服务标准的制定、实施及实施监察的方法等内容进行公示。

网络化信息服务工作指南隶属"技术通则类"基础标准。在网络化信息服务领域当中，网络化信息服务工作指南应是覆盖范围最大的标准，是该领域中其他所有标准的基础和依据，也是所有网络化信息服务参与者必须共同遵循的基础标准。为此，该标准应先行制定以便进一步指导其他标准的制定。

(2)数据分发服务指南与规范

数据分发服务是网络化信息服务工作中信息发布、信息发现(搜索、查询)、信息评价、信息通报和信息获取过程的总称，它是网络化信息服务工作的基本环节之一。分发服务指的是用户和信息生产者在数据信息的分发过程中所需要的各种相关服务。① 分发服务的内容包括数据发布、数据发现、数据评价、数据获取、信息安全、电子商务和质量七个部分。其中，数据发布、数据发现、数据评价和数据获取是分发服务的核心内容，而信息安全、电子商务和质量是进行分发的基础和保证。

数据分发可以通过各种方式进行。例如，在传统的数据信息销售体系当中，信息消费用户可以直接到数据生产单位或者数据销售单位去购买数据信息，信息消费用户也可以通过邮购的方式来购买所需要的数据信息；而在如今的网络化数据销售体系中，用户可以直接通过互联网环境下的各种平台对所需的数据信息进行购置。虽然网络技术为数据的分发提供了一种新的传播方式，但是人类对利用网络进行数据分发和使用的安全性仍然处在摸索阶段。随着计算机网络技术的普及，建立基于网络的数据分发模式正日益成为数据分发服务的一个信息趋势。通过计算机网络，用户可以更加方便地了解各种数据信息，更加快捷地获取数据信息，更加安全地购置数据信息。对数据分发各项流程的规范，不仅拉近了数据信息消费者与数据信息生产者的距离，保障了数据信息服务的安全性，更重要的是提供了一种新的信息服务方式。

数据分发服务指南与规范是建设网络化信息服务系统以及提供网络化信息服务时必须遵循的标准，用于规范分布式数据分发服务系统的运行以及规定各

① 中华人民共和国科学技术部. SDS/T2241-2004 数据分发服务指南与规范[S]. 北京：中国标准出版社，2005.

项信息服务活动所需要遵循的准则。在该规范中，分发服务重点指数据信息消费者和数据信息生产者基于互联网进行数据分发过程中所需要的基本服务。数据分发服务指南与规范内容应包括分布式数据分发服务系统的构建与维护方式、科学共享数据分发的过程及各过程的内容以及在各项数据分发过程中应当遵循的标准，包括数据发布标准、数据发现标准、数据评价标准、数据获取标准、信息安全标准、电子商务标准、数据质量标准七个方面。其具体内容应包括以下两点，一是提出数据分发服务系统的构建原理、目标、方式和系统各部分的作用，以及系统建设者在建设过程中所需遵循的构建指导及要求；二是统一网络化信息服务中信息发布、信息发现(搜索、查询)、信息评价、信息通报和信息获取过程等数据分发服务的各项要求，例如参考国家发布的《互联网信息服务管理办法》①相关法规来规定，网络信息发布的信息内容是否不利于国家稳定、妨碍未成年人健康成长，获取的信息是否涉及他人隐私，评价的信息是否真实可靠等。

数据分发服务指南与规范隶属"结构要素和互换互连类"基础标准。在网络化信息服务领域当中，数据分发服务指南与规范作为所有数据信息的基础规范，不仅要被分发服务系统建设人员所遵从，网络化信息服务各项流程的参与者亦须遵从。数据分发服务指南与规范为网络化信息服务中规范数据信息内容的各项活动奠定了基础。

(3)网络化信息服务分类与代码标准

在进行网络化信息服务工作时，来自互联网多方面的服务类别相互交错，信息技术服务、信息内容服务等的交叉使得服务领域杂乱无章，易造成市场秩序混乱，信息服务的边界范围无法界定。而分类则是指按照事物之间相似程度进行组合的过程，是人类认识自然事物的重要途径之一。一般的分类是通过对自然界各种事物进行整理，使复杂无序的事物系统化，从而达到认识和区分客观世界，并进一步掌握客观世界的目的。② 对于网络化信息服务而言，分类可以根据网络化信息的服务类别，按相同的性质对其进行整理，使得网络化信息服务的业务类别能够系统化、有序化。因此，需要通过制定一定的分类与代码标准来规范网络化信息服务的领域，从而维护网络化信息服务领域市场秩序的

① 中华人民共和国中央人民政府. 互联网信息服务管理办法[EB/OL]. [2020-8-13]. http://www.gov.cn/gongbao/content/2011/content_1860864.htm.

② 刘梅玲. 会计信息化基础标准探讨[C]. 中国会计学会会计信息化专业委员会. 第十届全国会计信息化年会论文集, 2011：145-149.

稳定。

网络化信息服务分类与代码标准将所收集来的服务领域数据按来源、性质、特征等加以分类，将性质特征相同、在同等条件下的服务领域归结在一起，从而将网络化信息服务领域分为若干不同的部分，分别加以编码。网络化信息服务分类与代码标准的主要内容编制应从网络化信息服务需求方和信息服务提供方两个对应的维度出发，以解决信息服务需求为准则，从信息服务提供方的角度对信息服务进行分类和界定。网络化信息服务分类与代码标准按信息服务的业务形态进行分类，适当兼顾网络化信息服务行业管理的需求，以及按信息发展和应用的规律原则进行分类，其具体内容规定了网络化信息服务不同领域的分类与代码，是网络化信息服务不同行业分类、管理和编目的准则，为网络化信息服务体系的建立提供了范围基础。

网络化信息服务分类与代码标准适用于网络化信息服务的分类、管理和编目，也适用于信息技术服务的数据信息管理、信息交换及统一核算，是各类信息服务、信息系统进行信息交换的准则。而信息技术服务分类与代码标准按信息技术服务的业务形态以及信息服务业发展和应用规律的原则进行分类。网络化信息服务分类与代码标准可以此为参考进行分类编码。在《信息技术服务 分类与代码》中，信息技术服务包括信息技术咨询服务、设计与开发服务、信息系统集成实施服务、运行维护服务、数据处理和存储、运营服务、数字内容服务、呼叫服务等。其中信息技术服务分类与代码标准的部分业务参考分类的方法如表 7-2 所示。网络化信息服务分类与代码标准可以此为参考，进行服务类别的划分。

表 7-2　信息技术服务分类与代码分类部分内容

代码	类别名称	说明
06	运营服务	包括：软件运营服务、平台运营服务、基础设施运营服务等
0601	软件运营服务	向需方提供软件系统的部分或全部功能的租用服务 包括：在线企业资源规划（ERP）、在线客户关系管理（CRM）、在线杀毒等
0602	平台运营服务	向需方提供应用系统开发、测试、部署、管理等工具平台，以及业务支撑平台的租用服务 包括：在线 ERP 开发和部署平台、在线娱乐开发和部署平台、在线软件测试平台、电子商务平台、在线教育平台等的租用服务

续表

代码	类别名称	说　明
0603	基础设施运营服务	向需方提供信息系统基础设施的租用服务 包括：计算资源租用服务、网络资源租用服务、存储资源租用服务、服务器托管等
0699	其他运营服务	凡属于06类而上述各中类未包含的服务内容可纳入此类
07	数字内容服务	数字内容的加工处理，即将图片、文字、视频、音频等信息内容运用数字化技术进行加工处理并整合应用的服务 包括：数字动漫、游戏设计制作、地理信息加工处理等
08	呼叫中心服务	受企事业单位委托，利用与公用电话网或因特网连接的呼叫中心系统和数据库技术，经过信息采集、加工、存储等建立信息库，通过固定网、移动网或因特网等公众通信网络向用户提供有关该企事业单位的业务咨询、信息咨询和数据查询等服务
09	其他信息服务	凡上述各大类未包含的信息服务内容可纳入此类

　　网络化信息服务分类与代码标准隶属"通用技术语言类"基础标准。网络化信息服务需求包含纵横两个维度的内容，第一个维度的内容是横向的由管理体系、从业人员、信息资源、技术支撑等组成的信息化体系要素，第二个维度的内容是纵向的信息系统生命周期过程，即信息系统的概念、开发、生产、使用、支持以及退役六个阶段。网络化信息服务分类与代码标准以国内网络化信息服务业发展的需求为指导，以推动和促进网络化信息服务产业的健康发展为目的进行编制，以国家安全体制作为基础保障，为完善国内网络信息产业服务的统计制度和规范网络化信息服务领域的市场秩序奠定了基础。

　　(4) 网络化信息服务术语标准

　　术语标准是指以各种专用术语为对象所制定的标准，通常带有术语定义，有时还附有解释性附注、图解、示例等。网络化信息服务术语标准是指网络化信息服务相关术语定义的标准，其编制的主要目的是对领域内的概念进行系统描述，分清专业界限和概念层次，正确指导各项标准的制定和修订工作，并阐明它们在该领域的用法。因为制定术语标准的目的是术语的标准化，故而必须对网络化信息服务中所涉及的重要术语和概念进行定义，根据《标准化工作指南 第1部分：标准化和相关活动的通用术语》①、《信息技术 大数据 术语》②等国家标准并结合网络化信息服务标准化领域内的活动特征，制定网络化信息服务术语参考标准，通过对网络化信息服务概念的严格定义，选择或确立最恰当的术语，减少出现多义和同义现象，以避免在信息的交流过程中出现歧义和误解的问题。

网络化信息服务术语标准应主要包括以下内容，第一是网络化信息服务标准化的概念，包括概念的特征、概念间的关系、概念的描述（定义）、概念体系、概念的定名等，以及网络化信息服务标准化的意义和目的；第二是网络化信息服务标准的负责机构和种类；第三是在相关的网络化信息服务管理法规中对标准的各种引用以及网络化信息服务规范性文件的内容、结构、制定和实施；第四是网络化信息服务标准的合格（符合性）评定。

在开展术语标准化工作中，需关注如下内容：首先是在国家标准体系中，保证网络化信息服务术语的一致性，在网络化信息服务术语标准的制定和修订过程中，从管理制度和程序上保证领域内各项服务术语的统一；其次，与网络化信息服务领域特征、国家标准体系中的服务业术语以及全国科学技术名词审定委审定的服务业名词保持协调统一；再次是加强国际上网络化信息服务术语的交流与合作，特别是在世界经济一体化加速发展和世界网络化相连的今天，更应认识到网络化信息服务术语与国际通用和一致的重要性。

网络化术语标准隶属"通用技术语言类"基础标准。该标准对于网络化信息服务领域内相关概念的界定、该领域内其他标准的制定提供了依据和基础。为此，该标准应在网络化信息服务工作指南之后先行制定，以使网络化信息服务技术语言达到一致、科学、准确和简化。

（5）网络化信息服务参考模型

网络化信息服务参考模型描述了网络化信息服务的参考架构，包括角色、活动和功能组件以及它们之间的关系。该标准适用于对网络化信息服务

---

① 中华人民共和国国家质量监督检验检疫总局，中国国家标准化管理委员会. GB/T20000.1-2014. 标准化工作指南 第1部分：标准化和相关活动的通用术语[S]. 北京：中国标准出版社，2014.

② 中华人民共和国国家质量监督检验检疫总局，中国国家标准化管理委员会. GB/T35295-2017. 信息技术 大数据 术语[S]. 北京：中国标准出版社，2018.

复杂性操作的理解，亦可为信息及大数据系列相关标准的制定提供一定的基础。网络化信息服务参考模型描述了网络化信息服务各项流程及功能角色的参考架构，它是一种对数据信息内在的要求、设计结构和运行进行开放性探讨的高层概念模型，该标准的制定目的是为了方便人们对大数据复杂性操作的认识。

网络化信息服务参考模型主要采用国家标准 GB/T35589-2017《信息技术 大数据 技术参考模型》①，该模型围绕代表网络信息大数据的一个概念体系和两个价值链维度组织展开：一个概念体系是指它为信息服务参考模型中使用的概念提供了一个"角色—活动—功能组件"的构件层级分类体系，用于描述参考模型中的逻辑构件及其之间的相互关系；两个价值链维度分别是信息价值链（水平轴）以及信息技术价值链（垂直轴）。信息价值链通过对信息进行收集、预处理、分析和访问等一系列活动实现其核心价值；信息技术价值链则是通过为数据信息应用提供存放和运行数据信息的网络、基础设施、平台、应用工具以及其他信息技术服务来实现其核心价值。数据提供者位于两个价值链的交叉点上，而位于两个价值链其他位置的利益相关者则通过对数据信息分析及其实现获取特定的价值。

信息服务参考架构提供了一个构件层级分类体系，用于描述网络化信息服务参考架构中的逻辑构件以及定义逻辑构件的分类。网络化信息服务参考模型参考大数据参考架构设计，按大数据参考架构中的逻辑构件划分为三个层级，从高到低依次为角色、活动和组件。最顶层级的逻辑构件代表大数据系统中存在的五个角色，即系统协调者、数据提供者、网络化信息服务提供者、信息框架提供者、信息用户。另外两个非常重要的逻辑构件是安全和隐私以及管理，它们为信息服务系统中的五个角色提供服务和功能；第二层级的逻辑构件是每个角色执行的活动；第三层级的逻辑构件是执行每个活动需要的功能组件。

网络化信息服务参考模型标准隶属"参数系列类"基础标准。网络化信息服务参考模型可以用于表示由多个数据信息系统组成的堆叠式或链式系统，其中一个系统的信息用户可以作为后面一个系统的数据提供者。网络化信息服务参考模型为整个服务体系提供了清晰的流程架构，描述了角色、活动和组件之间的关系。

---

① 中华人民共和国国家质量监督检验检疫总局，中国国家标准化管理委员会. GB/T35589-2017. 信息技术 大数据 技术参考模型[S]. 北京：中国标准出版社，2017.

7.2.2 网络化信息服务基础标准的特征

上文论述了五项网络化信息服务基础标准及相应的内涵，这些标准在指导网络化信息服务的开展中发挥了指导性作用，形成了一系列领域特征。

①共通性。基础标准可以作为一项标准直接应用到该领域内，它适用于各方面的标准，故而说明基础标准是具有共通性的。网络化信息服务基础标准亦不例外。在网络化信息服务行业领域内，网络化信息服务基础标准是可以直接共通应用的，其内容是相通并适合各方面的。

②基础性。基础标准作为基础性的标准，其基础性的概念被理解为指用来支持技术的计算机、网络和信息的原则和概念。"可作为其他标准基础的、具有广泛指导意义的标准"，网络化信息服务基础标准亦对其他类别标准的制定，如数据标准、安全标准、管理标准、技术标准、应用领域标准，起着普遍的指导意义，它是这些标准制定和实施应用保障的基础和依据。

③技术性。基础标准是社会活动中最基本的又能起到重大统一协调作用的技术标准。网络化信息服务基础标准通过对服务工具、数据分发以及网络化信息服务模型架构的规范等，保障网络化信息服务中各项工作流程的顺利进行，它是技术含量以及技术水准很强的一项标准，其所具有的技术性是十分显著的。

④目的性。网络化信息服务基础标准通过事先制定好标准目标，根据标准目标并结合国内当前网络化信息领域内的各项国家标准来制定。无目的性的行为便无成果可言，确立明确的标准制定目标是为了更好地保障网络化信息服务行业工作，实现网络化信息服务体系的科学管理，故而基础标准也具有一定的目的性。

⑤完整性。基础标准是"在某领域中基础标准覆盖面最大的标准"，而网络化信息服务基础标准是网络化信息服务领域内覆盖面最大的标准，其制定需要统观全局，覆盖内容从对人的要求到对工具的要求，从内涵的解释到外延的拓展，从模型的参考到技术的保障，皆面面俱到，规范网络化信息服务标准工作建设过程中全局性的基础事项、管理事项、工作事项。对各项内容的覆盖，使得网络化信息服务基础标准更具有完整性。

⑥约束性。网络化信息服务基础标准不仅仅指导各项网络化信息服务标准的工作，而且对各项工作、从业人员、服务工具、服务技术等起到了一定的约束性。只有对网络化信息服务体系内各项角色、活动和功能组件进行一定的约束，才能维护行业稳定运作，才能促进国家安全体制下网络化信息服务行业的发展。

7.3 网络化信息服务基础标准的作用

基础标准是社会生产技术活动中最基本的、有广泛的指导意义又能起到重大统一协调作用的技术标准。它是各行各业进行产品设计、系统设计和制定各项其他层次标准的共同依据，开展基础标准的标准化工作，有利于消除网络化信息服务工作中存在的各种矛盾，避免产生重复性劳动，并能简化一定的工作。基础标准是网络化信息服务的共性抽象，亦是整个信息服务标准体系的基础和依据，其具体作用如下所述：

7.3.1 规范市场秩序与保障服务质量

在计算机与网络化信息技术充斥着人们生活的今天，网络信息化服务渗透于市场之中，管理者如何有效地对信息服务加强管理、市场秩序能否得以保障以维持体系的正常运转等问题至关重要。网络化信息服务基础标准中，分类与代码标准为网络化信息服务体系的构建提供了范围基础，其范围的建立亦界定了服务边界。合理的界限规范以及领域分类能够规范行业业务的市场秩序，在虚拟的互联网平台上保障了信息服务能够有效进行。

随着大数据时代的来临，我国的信息化标准建设体系已经步入一个趋于成熟的阶段，历经二十多年来的不断进步与完善，我国已建立七十多个相关行业以及三十余省级的信息化机构，构建了遍布全国的信息化服务体系。良好的网络化市场秩序依赖基础规则维护，所以要完善市场准入规则、市场竞争规则以及自愿、平等、公平、诚实守信的网络化市场信息交易规则，建立和完善良好的市场秩序。当今应利用数字化以及信息服务网络化来最大限度地传递信息本身、信息应用技术等，在一定程度内满足我国网络信息市场发展的前沿要求，同时构建法律化、标准化的网络化信息服务市场秩序。

此外，"以人为本"不仅仅应当渗透于国家的治理制度之中，还应当体现在各个领域的服务之中。当信息化技术应用于服务行业之中时，不难发现，我国的服务质量不仅能得到明显提升与改善，还能够规范服务人员的管理，提升其工作积极性与责任意识。当前网络化信息服务的模式较以往以图书馆等机构为主体的信息服务模式更加多元化，传统的服务质量衡量标准与管理标准显然已经不再适应于当下信息增值服务这一特殊的服务模式，故而应制定新型的网络化信息服务评价体系。

首先，通过研究制定网络化信息服务基础标准、构建质量评价指标体系标准，对我国信息服务质量评价相关的研究工作起到了促进作用，为信息服务的质量评价提供了标准支持。服务质量是网络化信息服务业务的核心，通过鉴定信息服务提供者和实施者能力合格与否，以及他们的优劣程度、水平高低等实际价值的功效和能力，亦能够激发和维持被评价主体的内在动力，调动被评价主体的内部潜力，提高其积极性和创造力。其次，评价具备反馈调控功能。通过及时反馈，帮助服务主体及时发现、弥补、矫正网络化信息服务中存在的缺陷和不当，及时调整和改进服务方法，提高网络化信息服务的效能。最后，评价体系的构建与实施能有效保障信息消费者在信息服务中所应得到的服务质量，而服务质量被信息用户识别、认可，并作出相应评价以及向他人展示才能保证服务的质量。网络化信息服务基础标准能够推动信息服务的各项业务活动向合规化与高效化方向发展，从而保证信息服务的质量。

7.3.2 开发服务系统与规范工具全景

从网络化信息服务标准的定义来看，其作用在于建立基础标准与其他类别标准之间的联系，促进基础标准与其他类别标准相互协调并进。也就是说，信息技术与通信技术作为全球发展的根基，在某种程度上来说极大地促进了全世界经济、文化、科学技术、医疗事业领域的技术发展，尤其是交通、网络技术的发展极大地促进了各国沟通以及促进各国家之间的经济交流与合作，而网络化信息服务基础标准就是这个"根基"，它在一定程度上促进了整个网络化信息服务标准体系的构建与服务系统的开发。然而，支撑网络化信息服务标准体系各项标准的互通化，不仅需要自身的可持续化发展以及基础标准的协调，还需要一定的监管措施以及监察活动的实施。

网络化信息服务基础标准指导各项其他类别标准的构建，亦是其他标准的基础和依据。通过构建基础标准，网络化信息服务标准体系的建立、网络化信息服务系统的开发，以及网络化信息服务标准制定、实施、实施的监察等活动能够有所依据和支撑。

然而，无论是传统的线下服务工具还是先进的线上服务工具，没有根据实际情况而规范的服务工具都未必能符合服务工作的要求。服务工具的本质不仅仅在于高端化、科技化，更重要的是在于人性化、便捷化。例如，根据通信服务工具"后台实名，前台自愿"的原则，用户在填写信息注册相关账号时，完全可以避免对个人真实信息的填写。因此，信息服务工具一方面的作用在于人性化，能够更好地保护用户的隐私安全问题；另一方面的作用是便捷化，能够更好地便于用户使用。

相对传统服务业而言，网络化信息服务是脱离实物存在的一种数据服务，其形成过程中服务工具必不可少。基础标准不但规范了网络化信息服务中所需用到的各项工具，保证服务流程的有效性、标准性和安全性，而且能根据服务中存在的不同问题和业务内容来引导服务工具的集成，从而使得服务体系得以更加完善。

7.3.3　培养从业人员及增强科学管理

基础标准的内容包含对网络化信息服务从业人员的规范要求，为从业人员的培养提供了依据和方法。加强职业道德修养，是从业人员自我完善的需要。只有提高职业素质，掌握网络化信息服务业界各项流程和内容，才能不断提高各项流程的效率。通过规定从业人员能力鉴定和职业培训的方法，为信息服务从业人员的职业发展和职业培训提供指导，为信息服务组织提供规范化、科学化、专业化和标准化的从业人员能力管理准则。

提升服务从业人员的素质需要从专业能力以及思想活动两个方面着手。工作人员作为支撑行业长久发展的关键因素，是否对工作具有积极性能够对行业的发展起到非常关键的作用，也反映出一个行业的发展现状以及企业形象。网络化信息服务基础标准中网络化信息服务工作指南通过规定网络化信息服务从业人员的素质要求、培训要求及专业要求等，达到促进网络化信息服务从业人员专业化、优质化的效果。

加强科学管理工作，有利于提高网络化信息服务的工作效率，其核心在于流程的简化以及基础标准的构建。而基础标准的构建，可以减少网络化信息服务工作量、简化网络化信息服务流程设计。对各项服务流程的规定，能够有效地提高服务过程中各项工作的效率。简而言之，其功用可以用"删繁就简"这一词汇来予以概括。基础标准作为制定各项标准的依据，不仅使得网络化信息服务标准化工作得到保证，而且可以增强科学管理，消除矛盾，避免重复劳动，简化网络化信息服务工作。

综上所述，网络化信息服务基础标准的作用涉及多个方面，例如规范市场秩序规范、构建标准服务体系、保障网络化信息服务质量、提升从业人员素质、规范信息服务工具全景以及提高网络信息化服务的工作效率等。

8　国家安全体制下网络化信息服务数据标准

　　最早的标准化出自商鞅变法下的秦朝，车同轨、书同文、行同伦是秦朝中央集权下的政治文化标准，而度量衡和货币的统一则是最早出现的数据标准，该数据标准的出现无疑为当时的经济、政治、文化带来了巨大的推动作用。到了20世纪60年代，随着网络的诞生，美国意识到数据标准化在国防信息服务交互中的重要性，美军开始在军内执行统一的数据元素标准，并建立了标准数据库，满足了当时不同部门与系统之间的信息互联互通。21世纪初期，美国国防部基于全球网络信息栅格系统建立了新的数据标准体系，同时兼顾了数据标准化工作及可视化功能，极大地增加了军事信息服务的可利用性。为全面贯彻党的十九大和十九届二中、三中、四中全会精神，根据《全国人民代表大会常务委员会关于加强网络信息保护的决定》《电信和互联网用户个人信息保护规定》①等法律法规要求，本书建立信息服务数据标准目的如下：建立有效数据标准体系，保障信息服务数据安全；加强国家标准统筹规划，符合信息服务领域行业需求；鼓励创新技术成果向标准转化，强化标准的实施与应用；加强信息服务数据标准的国际交流与合作，适应该行业发展需求。②

8.1　网络化信息服务数据标准的含义与目标

　　本章首先对网络化信息服务数据标准的内涵与目标进行阐述，结合信息服务和信息服务行业的定义、特点、划分等内容，对网络化信息服务数据标准进

---

　　①　中华人民共和国工业和信息化部. 电信和互联网用户个人信息保护规定[EB/OL].
[2012-7-29]. http://www.cac.gov.cn/2012-07/29/c_133142088.htm
　　②　向维良. 数据标准化的探讨[C]. 中国电子学会电子系统工程分会指挥自动化情报与标准化学术研讨会论文集，2000.

行概念辨析，并根据本书的标准体系框架，确定数据标准在整体标准中的具体定位，在此基础上，结合一定的市场环境需求，总结建立网络化信息服务数据标准的目标。

8.1.1　网络化信息服务数据标准的含义

现今，互联网技术的迅猛发展使得信息服务的提供者们有了更广阔的信息来源，信息服务产品也可以通过网络的形式提供给客户，然而信息服务需求的满足往往不是单方向的简单传递，如果没有统一的数据标准，信息服务企业与信息渠道之间、信息服务提供方与信息需求者之间、信息需求者之间将存在诸多问题，包括系统之间数据接口不一致、统计口径和加工方法不一致等，进而导致数据可信度大幅降低，信息共享与分析需求难以得到满足，也无法实现信息服务的互联互通与协同操作等。① 基于上述现实问题，由信息服务所涉及的利益群体共同制定并执行的数据互联互通范式就尤为重要，即信息服务的数据标准。只有合理制定数据标准并严格执行，从而保障承载信息数据的一致性和严密性，才能确保信息传递链路上的每一方都可以无障碍地进行信息交流，促进信息资源的共享与交换。

8.1.2　网络化信息服务数据标准的目标

为深入贯彻工信部《网络数据安全标准体系建设指南》精神，针对用户数据被过度收集、滥用、非法共享的严峻形势，为保护用户合法权益、保障国家信息安全，结合万物互联、区块链等新兴行业发展支撑需要，本书将网络信息化服务数据标准的目标细化如下：

（1）高承载信息的完整性、准确性及安全性

通过建立翔实的数据标准，可以有效减少数据在生产、加工、传递中的丢失、泄露以及片面性，而完整安全的数据传递是信息服务的基础。数据的完整性及安全性被破坏会影响信息服务的质量，甚至造成信息服务提供方和接收方之间产生纠纷。需要注意的是，不能盲目地追求信息服务的高标准、零风险，不同用途的信息服务系统应有不同的安全要求，在对系统进行详细分析的基础上，应允许系统存在一定的可以接受的风险，具体情况应具体分

---

① 武昊，张俊，陈军. 地表覆盖信息服务标准研究［J］. 地理信息世界，2018，25（5）：29-3.

析。同时该标准不仅仅是信息服务提供方需要自觉遵守的，更应该由政府将监督和管理职责细化到监管部门，保障信息服务产业的合规合法运行，促进行业的有序发展。

（2）减少数据转换及数据冗余

所有服务在保障质量的同时，也要考虑经济效益，针对信息系统，首先要解决的问题是要根据信息系统的建立目的确定系统处理对象、系统与外界的接口、系统的功能与性能、系统所处的环境以及有关的约束条件和限制。如果没有一个行业统一的数据标准，那么企业不仅会在起步阶段无从着手，在运行阶段也会因为与外界接口、系统所处环境不同，造成数据转换和利用效率低下，从而增加系统的开发维护成本。

（3）实现信息服务一体化进程

目前，信息互联互通的主要障碍就是缺乏统一的标准，各信息服务的提供者纷纷提出了自己所谓的互联互通标准，诸如索贝的媒体服务总线、新奥特的集中数据共享交换平台等。但是，目前国内还没有任何一个服务提供商拥有绝对的控制地位。统一标准的受益者不仅仅是信息服务的提供者，最大的受益者应是信息服务的需求者。通过制定行业内统一的标准，可以实现互联互通，而无需依赖某一特定的厂家，从而拥有更方便的服务和更高的安全性。在标准的制定过程中应充分发挥用户的积极性，在充分调研行业现状与客户意见后，由某一行业协会牵头，联合该地区的相关信息服务提供商，共同制定统一数据标准并且严格按照其执行，取得成效与认可后再全面推广开来，最终达到各地区数据接口等的统一，实现信息服务一体化进程。①②

制定数据标准的目的并不是为网络信息服务行业套上枷锁，而是在规范行业的基础上引导行业发展。依据推动产业融合、技术融合，利用互联网新技术新应用对传统产业进行全方位、全角度、全链条的改造，不断催生新产业新业态新模式的新发展理念的文件精神，③ 只有结合互联网新技术手段来支撑网络

① 向维良. 数据标准化的探讨[C]. 中国电子学会电子系统工程分会指挥自动化情报与标准化学术研讨会论文集，2000.

② 曹海忠. 建立会计数据标准化的意义及目标[J]. 山西财政税务专科学校学报，2003(4)：36-39.

③ 加速推动信息领域核心技术突破[EB/OL]. [2021-4-18]. https://baijiahao.baidu.com/s? id=1598353410769080860&wfr=spider&for=pc.

信息服务数据应用才能紧跟时代发展需要，更好地服务用户。

8.2 网络化信息服务数据标准的内容与特征

为了能够满足用户更高的服务要求，信息服务行业人员的信息化建设理念应该由管理型向服务型转变。随着移动终端的普及，各大信息服务提供商纷纷建立起 PC 端和移动端一体化的信息服务平台，提供全面覆盖、全生命周期的信息服务，实现数据共享及避免数据孤岛，基于统一的底层数据体系，规范数据标准与数据模型，为客户提供统一的网络化信息服务入口。但是网络化信息服务形式的改革对数据标准、数据质量有更高层次的要求，涉及更多的权限分配、消息推送的问题。目前各信息服务提供机构主要是以功能为核心，体现的是部门级的管理要求和管理水平，缺乏更高的数据标准，各系统建设难免出现异构现象。数据格式、类型不一致，数据质量问题突出，难以实现信息共享和业务协同的数据支撑。建立完整、系统、准确、合规的多层级数据标准是实现信息系统逻辑集中、有效深度智能挖掘的必要条件，充分发挥标准化建设的"统一规范"作用，能够有效瓦解并防范"信息孤岛"和条块分割的重复信息系统建设。

数据标准体系建设涉及的部门多，且存在跨部门、跨系统的数据交换，各系统建设难免出现异构现象。统一标准是各系统之间互联互通、信息共享、业务协同的基础，它结合当前网络化信息服务的建设实践，运用先进适用的信息技术建设数据中心，通过顶层设计和统筹规划，建立针对数据中心的系统化数据标准体系，从根本上解决各部门各系统数据存在的不标准、不完整、重复、错误、不一致等数据质量问题，使数据在整合、应用的过程中实现统一标准的管理，达到提升整体数据质量、实现信息共享、信息交换、信息关联的目的。值得指出的是，管理组织和制度文件是其中的关键因素。值得指出的是，管理组织和制度文件是其中的关键因素。首先数据标准建设需要有相应的数据标准管理组织，负责数据标准的统一管理，承担数据的制定、维护、应用和监督等工作。一般数据标准管理组织包括：数据标准决策层、数据标准管理部门和数据标准工作组。另外数据标准管理工作的展开还需要一系列关于数据标准管理制度的文件，包括数据标准管理办法文件、数据标准规范文件、数据标准管理操作文件等。

国外数据标准化工作起步较早，不少国际大型企业已将数据视作企业的重要资产，其中大部分企业均以数据标准为核心，确保数据标准能够融入企业的每个业务环节中。但国内企业大多数系统的建设都是直接依据业务需求建立，整体性规划较少，另外，不同系统的建设厂商可能也不同，所以不同系统之间数据的不一致情况难以避免，究其根源是没有一套统一的数据标准来进行约束。因此，企业在对数据的使用过程中出现问题，源于缺乏标准约束和整体规划设计。如：数据存储结构不一致，调用多系统的数据时，由于某些数据在不同系统中数据存储结构不同，导致数据无法直接关联，不同系统之间的数据共享受到影响。数据定义不一致，不同系统对数据的命名、业务含义、取值范围等定义不同，比如同名不同义、同义不同名等数据不一致，不同人员对数据的理解不一致，导致在数据使用时需要增加沟通时间。数据来源不一致，数据存在多个来源，在数据使用时，不清楚应该采取哪个系统的数据。

通过数据标准的建设，可消除数据跨系统的非一致性，从根源上解决数据定义和使用的不一致问题，为数据建设带来诸多好处。对企业来说，数据标准的统一制定与管理，可保证数据定义和使用的一致性，促进企业级单一数据视图的形成，及时发现现有系统标准问题，支撑系统改造，减少数据转换，促进系统集成，提高数据质量。数据标准可作为新建系统的参考依据，为企业系统建设整体规划设计打好基础，减少系统建设工作量，保障新建系统完全符合标准。同时，数据标准建设也为企业各类人员提供相应的支撑；对业务人员而言，数据标准建设可提升业务规范性，保障人员对数据业务含义理解一致，支撑业务数据分析挖掘以及信息共享；对技术人员而言，有数据标准作为支撑，可提升系统实施的工作效率，保障系统建设符合规范，同时降低出错概率，提升数据质量；对管理人员而言，数据标准建设可提供更加完整、准确的数据，更好地支撑经营决策、精细化管理。

有了相应的数据标准管理组织和制度作为保障，即可推动数据标准建设的实施，其流程如下：

①标准规划。从实际情况出发，结合业界经验，收集国家标准、现行标准、新系统需求标准以及行业通行标准等，梳理出数据标准建设的整体范围，定义数据标准体系框架和分类，并制订数据标准的实施计划。

②标准编制。根据数据标准体系框架和分类，先确定各分类数据标准模板，然后由相关人员依据国标、行标、技术业务需求等调研结果，进行数据标准的编制，形成数据标准初稿。

③标准评审发布。标准编制完成后，为保证数据标准的完整、规范，还需要对数据标准进行评审，在充分征求专家意见以及各相关部门人员意见后，对

数据标准进行修订和完善。完善后的数据标准经过领导审批通过后，即可发布到全组织或机构，形成正式的数据标准。

④标准落地执行。不是所有的数据标准都能够完全落地，实际工作中可能会存在历史系统无法改造的情况，所以应首先确定数据标准落地策略和落地范围，并制订相应的落地方案，然后推动数据标准落地方案的执行，对标准落地情况进行跟踪并评估成效。

⑤标准维护。数据标准后续可能会随着业务的发展变化、国标行标的变化以及监管要求的变化而不断更新和完善。在数据标准维护阶段，需要对标准变更建立相应的管理流程，并做好标准版本管理。

数据标准建设工作量较大，完全依靠人工不现实，所以需要一套完善、易用的数据标准管理工具将数据标准建设工作落地，包括标准分类管理、标准增删改查、标准导入导出、标准评审、标准发布、标准版本管理、标准落地映射、标准落地评估、标准监控等。同时为更好地保障数据标准的落地，最好结合元数据管理工具一起使用。

8.2.1　网络化信息服务数据标准的内容

数据标准主要包括元数据、分类与编码、数据库、信息资源目录、数据格式、数据风险管理、数据生命周期管理等标准。其中，元数据标准、分类与编码标准、信息资源目录标准、数据格式标准作为信息服务标准的基础类标准，为各类数据库及信息系统的建立提供依据，为网络化信息服务的完整性、有效性等提供保障，以上标准也是信息资源共享交换的基础。同时针对数据生命周期中的采集、传输、存储、处理、交换到销毁的整个过程，也该有相应的规范，这有利于明确网络化信息服务数据管理步骤，优化信息服务数据开发流程。数据的采集阶段是信息服务数据生命周期的开始，在信息服务业务中产生的大量数据需要被严格筛选。在数据的处理阶段对数据类目、元数据元素、数据格式等加以组织与统一。① 随后将处理过的数据存放到数据库中，即数据存储。数据的交换与传输指信息服务终端与获得许可的外界之间进行单向或者互连互通信息传递。当网络化信息服务终止时，已完成使命的数据尤其是涉密的数据将被彻底删除，并使之无法复原，以免造成信息泄露。

数据标准规范了数据开放共享以及开发利用的过程，在保障数据安全的同

---

① 黄如花，赖彤. 数据生命周期视角下我国政府数据开放的障碍研究[J]. 情报理论与实践，2018，41（2）：7-13.

时充分发挥数据价值作用,深化了数据共享程度及提高了数据管理效率。数据风险管理标准为预防信息服务中潜在的风险及应对突发事件而设立,旨在保障信息服务安全。国家制定并施行的相关数据标准如表 8-1 所示。

表 8-1　网络化信息服务数据标准

序号	标准类型	标准名称	主要内容	标准级别
1	网络技术	使用 cookie 进行互联网数据采集的安全性要求	本标准对使用 cookie 进行互联网数据采集的安全性提出了要求。	国家标准
2		公共安全大数据 数据采集与预处理	本标准针对大数据采集与预处理阶段的安全性给出了标准草案。	国家标准
3		信息安全技术 电子文档加密与签名消息语法	本标准规定了电子文档加密与签名消息语法,此语法可用于对任意消息内容进行数字签名、摘要、鉴别或加密。本标准适用于电子商务和电子政务中电子文档加密与签名消息的产生、处理以及验证。	国家标准
4		信息安全技术 XML 数字签名语法与处理规范	本标准规定了创建和表示 XML 数字签名的语法和处理规则。XML 数字签名为任何类型的数据提供了完整性、消息鉴别和签名者鉴别服务。本标准适用于制作和处理 XML 数字签名的应用程序、系统或服务。	国家标准
5		信息安全技术 信息系统安全审计产品技术要求和测试评价方法	本标准规定了信息系统安全审计产品的技术要求和测试评价方法,提出了信息系统安全审计产品的分级要求。本标准适用于信息系统安全审计产品的设计、开发、测试和评价。	国家标准

序号	标准类型	标准名称	主要内容	标准级别
6	网络技术	信息安全技术 网络存储安全技术要求	本标准规定了网络存储的安全技术要求，本标准适用于网络存储的设计和实现，网络存储的安全测试和管理可参照使用。	国家标准
7		信息安全技术 数据库管理系统安全技术要求	本标准规定了数据库管理系统评估对象描述，不同评估保障级的数据库管理系统安全问题定义、安全目的和安全要求等。本标准适用于数据库管理系统的测试、评估和采购，也可用于指导数据库管理系统的研发。	国家标准
8		通信存储介质(SSD)加密安全技术要求	本标准规定了固态硬盘(SSD, Solid State Disk)加解密系统架构、加解密流程、身份认证模块要求、加解密算法模块要求和密钥管理模块要求等。本标准适用于固态硬盘产品。	国家标准
9		电信网数据泄露防护系统(DLP)技术要求	本标准规定了电信网数据泄露防护系统(DLP)技术要求，具体包括功能要求、性能要求、安全要求。	国家标准
10		大数据环境下数据库审计系统技术要求	本标准规定了大数据环境下数据库审计的系统技术要求。	国家标准
11		信息安全技术 个人信息去标识化指南	本标准描述了个人信息去标识化的目标和原则，提出了去标识化过程和管理措施。本标准针对微数据提供具体的个人信息去标识化指导，适用于组织开展个人信息去标识化工作，也适用于网络安全相关主管部门、第三方评估机构等组织开展个人信息安全监督管理、评估等工作。	国家标准

续表

序号	标准类型	标准名称	主要内容	标准级别
12	网络技术	信息安全技术 数据交易服务安全要求	本标准规定了通过数据交易服务机构进行数据交易服务的安全要求,包括数据交易参与方、交易对象和交易过程的安全要求。本标准适用于数据交易服务机构进行安全自评估,也可供第三方测评机构对数据交易服务机构进行安全评估时参考。	国家标准
13		信息安全技术 政务信息共享 数据安全技术要求	本标准对政务信息共享背景下数据安全技术提出了要求。	国家标准
14		互联网基础资源支撑系统信息数据共享接口技术要求	本标准规定了互联网基础资源支撑系统数据共享与交换接口的技术要求。	国家标准

(1)元数据标准

元数据即数据的数据,建立元数据子标准的作用是描述数据属性,该标准建立的目的是旨在对网络化信息服务数据属性的理解、命名、取值度量、变化要求等进行规范。这一过程重点解决网络化信息服务数据质量中的规范性、一致性、唯一性、准确性,① 为后续数据质量检查、数据安全管理等提供标准依据。

与国外相比,我国元数据尤其是科学元数据研究与实践起步较晚,但发展迅速。2003 年在科技部主导下,正式启动实施科学数据共享工程,力图整合全国科技信息资源。目前试点建立了 9 个学科领域的科学元数据。

(2)数据库标准

数据库是按照数据结构来组织、存储和管理数据的仓库,该子体系标准

---

① 周艳会,曾荣仁. 基于元数据的数据质量管理研究[J]. 信息技术与信息化,2020(7):26-29.

的建立是为了规范数据库内数据项构成、数据采集渠道、数据比对的基本原则等，保障数据的质量与提高信息服务的管理水平。最后还要建立良好的更新机制和校核机制，以达到各个时期网络化信息服务业务对数据质量的要求。①

(3)信息资源服务目录标准

信息资源服务目录涵盖了网络化信息服务行业所能提供的服务资源，该子体系标准应响应国务院《政务信息系统整合共享实施方案》文件号召，通过该标准的建立可以整合信息服务资源，推进信息服务业务共享，实现对不同来源数据和服务的跨平台查询，形成信息资源服务集成平台。②

(4)数据应用管理标准

数据应用管理标准与传统数据管理不同，它对元数据以及记录各类数据变化结果的档案、记录运行状态的日志等非直接面向业务的数据进行管理规范，以实现对各类应用业务需求的加载、变化、记录、复用等过程的规范管理。

(5)分类与编码标准

分类与编码目的在于通过识别数据集的内容主题，将不同主题数据进行分类，并将结果转化为编码语言，实现对数据的有效管理。分类与编码标准的意义在于使数据具有良好的可读性，最大限度地提高数据的可维护性与团队的合作效率。该子体系标准旨在建立网络化信息服务行业一致的编码规范，从而实现数据的互通共享，进而实现网络化信息服务的共享。

8.2.2　网络化信息服务数据标准的特征

①一致性。在数据标准的制定过程中，在考虑行业现状的基础上，尽量做到数据标准的一致，避免不必要的数据转换等，可以有效减少用户获得信息服务的时间，提升网络化信息服务的质量。

②隔离性。该标准通常体现在数据处理的过程中，信息系统内部对数据的

---

① 刘晓丽，李海刚. 金人工程全员人口数据库标准与规范研究[J]. 管理观察，2020(3)：120-121，126.

② 唐志贤，金紫薇. 信息资源目录集成与服务关键技术研究[J]. 信息化研究，2019，45(1)：23-27.

操作及调用对其他并发事务应当是互不干扰的，这维护了数据处理过程中的秩序，提升了数据处理的效率。

③约束性。网络化信息服务数据标准是对多样化的数据格式、接口格式、元数据格式等的有效限制，在数据包的网络传输中，规范了数据的封装与分发，达到令数据包可靠、准确及高效传输的目的。

④互联互通性。本书中的网络化信息服务数据标准应当适用于不同的信息系统、数据库以及信息服务平台，实现各信息系统、各层级数据信息互联互通、充分共享，有效减少信息交流对接困难及信息孤岛的存在。

8.3　网络化信息服务数据标准的作用

数据标准是网络化信息服务标准的基础，该标准的建立继承了国家标准化管理委员会《关于进一步加强行业标准管理的指导意见》（国标委发〔2020〕18号）有关文件的精神，对加快信息服务数据规范、提高信息服务能力、便利信息需求群体、激发市场活力具有重要作用。

8.3.1　推动数据整合与开放

建立数据标准，执行统一的数据业务规范，通过信息数据的各环节联动简化服务流程，保障信息服务的质量和效率。数据标准建设须目标准确，建设内容清晰，技术方案设计具体可行，充分保障了数据标准实施效果。具体作用如下：

（1）整合数据资源及指导行业工作

一方面，网络化信息服务数据标准解决了网络化信息服务数据研究松散、成果零碎、缺乏宏观指导的问题，指导该工作规范化、步骤化地高效率推行。另一方面，网络化信息服务数据标准帮助有关工作人员理清思路并快速转化传统工作模式，以便更好地形成信息服务的网络思维模式。

数据标准体系能有效整合数据资源，形成从上至下的数据对接、收集、利用和开发的标准模式。数据标准的最终目的是优化信息服务中的信息流转和对接，减少不必要的业务环节和业务流程，尽可能地精简程序，做到两个信息服务平台的无缝对接，甚至是一个平台解决所有问题。

(2)推动数据共享和信息资源交换

信息服务业务繁多、关系复杂，亟须标准化规范推动实际工作的落地施行。打通数据壁垒，实现各信息系统、各层级数据信息互联互通、充分共享。特别是国家平台要按需开放业务系统实时数据接口，支撑整体信息服务资源的跨地区、跨平台、跨类别的互认共享。数据标准体系为数据共享提供了一致的数据处理规则，支撑信息服务资源的整合与交换。从行业角度对数据类型、数据模型、数据接口、流程运转进行标准化规定，有效地推动了信息服务资源的互联互通，打破了不同平台间的数据壁垒，加快了面向各类人群的信息服务系统建设。

(3)推动开放数据集建设

开放数据集是信息服务重要的数据来源，也是我国重要的信息资源。数据标准的建立，能有助于开放数据集的建设，加强运行机制研究与建设，逐步建立分层管理、安全可控的信息服务开放数据集，进而推进信息服务机构信息资源共享，推动国家基础数据安全可控、开放共享，为大数据发展提供基础，促进大数据成果广泛应用。

8.3.2 实现服务智能化与精准化

网络化信息服务系统以数据应用为前提，利用现代化手段提供便捷、高效的信息服务。

(1)推动服务智能化与保障安全

目前各信息服务平台搭建的后台不同、系统不同、技术不同，难免出现不同系统之间兼容性差、数据流转不畅、业务对接滞后等问题，为智能化信息服务模式的实际施行带来了现实困难。数据标准的建立能够从根本上规避由于技术壁垒而造成的现实障碍，并设定统一的技术路线，为集成化、整合式的智能化服务模式铺路，也带动了信息服务市场的发展，并为信息服务市场带来了活力。

网络化信息服务的智能化以数据应用为前提，利用现代化手段提供便捷、高效的信息服务，其中保障数据安全是实现这些功能的前提，从涉密信息到个人隐私，信息服务数据与个人及企业利益、公共安全等密切相关。

（2）助力实现精准的信息服务

精准服务是在准确了解用户需求基础上的差异化服务，有效做到需求与网络化信息服务资源高效投放的双向融合，实现信息服务的精准供给，并集中资源、节约人力，使有限的资源最大化地发挥自身的作用。在网络化信息服务中，要依托大数据精确分析，通过实际工作中积累的数据，精准匹配最迫切的信息服务需求，从而提供精准的网络化信息服务。标准体系和核心标准的构建就是在数据层对有关技术、路径与模式进行合理规范，精准对接不同用户群的差异化要求，提升网络化信息服务质量。

9 国家安全体制下网络化信息服务安全标准

网络化信息服务安全标准与数据标准不可分割，以数据安全为基础，并且以信息系统为核心、以安全技术为工具，注重加强数据安全事件监测和事态发展信息搜集工作，积极开展应急处置、风险评估和安全控制的能力建设，提升数据安全保障能力，释放数据活力。网络化信息服务安全标准从安全技术和风险管理两个方面，对信息服务保护提出了规范性要求。该标准适用于信息服务的相关行业及机构，并为安全评估机构开展安全检查与评估工作提供参考。

9.1 网络化信息服务安全标准的含义与目标

本章将首先对网络化信息服务安全标准的内涵进行阐述，对网络化信息服务安全标准进行辨析，并根据本书的标准体系框架，确定安全标准在整体标准中的具体定位，在此基础上，结合一定的市场环境需求，总结建立网络化信息服务安全标准的目标。

9.1.1 网络化信息服务安全标准的含义

在信息服务行业如雨后春笋般涌现时，有关信息服务的安全事故也层出不穷，例如 360 网络摄像头视频泄露，客户隐私被公之于网络；由于数据库 MongoDB 无人看管，2 亿多条中国求职者简历信息被泄露，其中不乏个人住址、手机号、婚姻状况等隐私；个人 PC 或企业系统遭遇勒索软件攻击，数据安全受到威胁；等等。面对层出不穷的信息安全事故，对信息服务安全的保障显得尤为重要。当前来看，信息服务安全不仅涉及诸如加密算法、入侵检测之类的技术问题，而且涉及很多非技术因素。信息服务安全是在信息服务过程中为信息系统建立的规章制度、信息周期规范和安全保护技术的统称，① 为之制定的统一标准就是信息服务安全标准。早在 20 世纪 90 年代，以美国为首的六个国家协商制定了公共信息技术安全标准 CCITSE（Common Criteria of Information Technical Security Evaluation），简称 CC（ISO/IEC15408-1），其针对的信息技术范围较广，但只局限在软件技术层面，没有深入信息服务的整个标准体系。

我国 2018 年 9 月发布了（GB/T 36618-2018《信息安全技术金融信息服务安全规范》）②，针对网络化信息服务安全中的金融信息服务安全制定了较为完备的标准，其对规章制度、信息周期和软硬件技术规范都制定了较为完整的标准。2019 年 10 月，以中国科学院信息工程研究所（以下简称信工所）作为标准牵头单位，我国开始了《信息安全技术互联网信息服务安全通用要求》国家标准的研制工作，用于指导互联网信息服务提供者开展安全建设和安全评估。该标准填补了我国在网络化信息服务安全领域标准规范的空白，也为本书对网络化信息服务安全标准的探索提供了思路。

本书认为网络化信息服务安全标准是以软硬件安全技术为支撑、信息系统为核心、风险管理为目的的综合管控标准，对落实法律法规对网络信息安全的管理、引领信息服务行业良好有序发展，具有关键作用。

9.1.2 网络化信息服务安全标准的目标

随着信息化的快速发展，大量个人、企业因为没有相关安全标准保障，导致信息从各个渠道被泄露，被不法分子收集、滥用等。因此，网络化信息服务安全时刻面临着来自多方面的威胁。在这样的大背景下，本书旨在通过网络化信息服务安全标准的研究，降低网络化信息服务中的系统性安全风险，并从标准层面保障信息系统的正常运转，达到如下目标：

（1）增进对信息服务安全风险的了解

随着信息技术的迅速发展，机构（如企业）在越来越依赖信息服务的同时，也会面临着诸多安全风险，国家也对行业的信息安全提出了更高要求，企业需要迅速转变思想、重视网络安全，防止被淘汰。但安全建设的起步并不容易，

---

① 李天目. 信息安全管理标准及综合应用[J]. 现代管理科学，2006(6)：51-52, 57.

② 国家标准化管理委员会. 信息安全技术金融信息服务安全规范[EB/OL]. [2018-09-17]. http://www.gb688.cn/bzgk/gb/newGbInfo? hcno=BC17E995F09FE94E71FF7F25B5DC3BE2

较多企业想着手安全建设却因为没有既往经验而无从下手。企业的信息安全涉及多个方面，其风险控制是一个复杂的过程，既要兼顾软件及硬件安全维护，也要重视信息系统风险及管理的制度建设。因此建立一个切实可行并能随行业发展现状修订的网络化信息服务安全标准，能够为相关机构提供可参照的改进方向，大大降低服务机构的压力，帮助整个信息服务行业良性发展。

(2)增强信息系统抗风险能力

网络化信息服务的核心是信息系统，为了保障信息系统的连续可靠运行，提供的网络化信息服务不受任何形式破坏、更改、泄露，需要增强信息系统的抗风险能力。首先做好数据的备份，在信息服务系统遭到攻击、数据丢失时，使用备用信息保障信息服务的连续性。其次，在防止非法入侵时，有严格的访问控制，并能利用防火墙等技术及时检测入侵行为，同时做好系统的优化升级，弥补安全漏洞。①

(3)规范信息系统的内部使用机制

通过信息服务安全标准的建立，强化信息服务行业风险意识，规范日常操作，在内部构筑坚固的风险防范壁垒。具体操作中需要严格遵守安全标准规范，不在完全开放的环境下处理涉密信息、不随意接入外接设备、不安装来路不明的软件等。在硬件设备需要更换时，需要有专业人员彻底消除存储介质中的涉密信息后，再妥善处理淘汰设备。

9.2 网络化信息服务安全标准的内容与特征

本节将根据前文国家安全体制下网络化信息服务的定义，提出适应当前经济发展态势与国际竞争环境的安全标准构建内容，并分析网络化信息服务安全标准需要具备的特征。

网络化信息服务安全是信息安全产业和 IT 服务产业的子类。安全管理和安全服务的水平决定了信息安全技术最终发挥的保障作用程度，信息技术的效用最大化和风险最小化间的平衡，取决于 IT 服务中信息安全和个人隐私是否

---

① 张晔. 构筑网络安全壁垒增强系统抵御风险能力[J]. 中国外汇管理，2005(12)：72.

得到有效的安全管控。目前，网络化信息服务安全对产业发展的主导地位，在国家信息安全产业"十二五"规划中得到了充分体现，但网络化信息服务安全仍存在一些问题，如在信息化总投入中信息服务安全的投入占比与其重要性不匹配，需求方对专业服务外包的认知、认可、认同和认购尚未成熟，尚未出现业务专注于信息服务安全的特大企业，以及信息服务安全资质不统一、服务采购缺乏计费标准等。总体上，不可否认，网络化信息服务安全将日益成为信息安全产业和 IT 服务产业的核心。

目前国家已认识到上述有关信息服务安全发展过程中的问题，且达成了以"标准化"为主要解决思路的共识。我国信息安全管理和服务的国家标准已经形成，由全国信息安全标准化技术委员会制定和执行，主要包括信息安全管理体系、风险评估、事件管理、应急响应、灾难恢复、安全工程等；信息服务安全国家标准正处于研制中，主要包括服务的定义和分类、服务资质评估、服务管理规范、数据恢复服务、电子认证服务等。

在概念界定上，《信息技术 安全技术 安全保障框架》指出，信息服务安全是由提供商、相关机构或人员所执行的一个安全过程或任务。《信息安全技术术语》认为安全服务是依据安全策略，为用户提供的某种安全功能及相关的保障。上述对信息服务安全的理解各有侧重，前者主要集中于对服务主体及过程特点的描述，后者则侧重于服务的依据和交付特点，两者均指出了服务的本质要素和要求，但尚未具体指导信息服务安全产业的发展。《信息安全服务定义和分类》作为国家标准，在研制过程中所给出的有关信息服务安全的定义则较为完整和明确：面向组织或个人的各类信息安全保障需求，由服务提供方按照服务协议所执行的一个信息安全过程或任务，通常是基于信息安全技术、产品或管理体系的，通过外包的形式由专业信息安全人员所提供的支持和帮助。在这个定义中，"人"是网络化信息服务安全中的第一要素，"服务协议"是维系服务供需双方的基本约定，同时安全技术、安全产品、安全管理体系和安全服务之间的依赖关系也得到了阐释。

上述定义多有融合和交叉，在网络化信息服务安全实践的应用中，其主体和客体、内容和形式均存在差异，因此网络化信息服务安全的分类需要进一步明确，进而达到为需求方采购服务、提供方开发服务和行业规范管理提供便利的目的。目前行业已对安全分类达成了初步共识，即包括安全咨询、安全集成、安全运维、安全培训、风险评估、安全测评、安全监理、安全审计、应急处理、灾难恢复等。单独地看这些安全分类均有明确所指，但整体来看其分类原则又缺乏统一性，表现在实践中，则有不同服务之间存在交叉、同一服务中提供的内容存在差异等问题。以医疗服务为例，医患双方都应该清楚在当前就医服务中所做的检查有哪些、药剂及用法如何、最后效果是否达到，两者都应基于同一标准；与之相应，网络化信息服务安全的相关内容，提供方和需求方也都应能看懂。基于此，《信息安全服务定义和分类》确立了两个原则：将相对独立的(或可独立采购的)服务尽量细分为"服务组件"；将具有相同或相近服务界面的服务组件归并为同一"服务类别"，服务目标对象、服务供需关系、服务特征和服务质量要素等共同组成服务界面。这样，网络化信息服务安全则可以划分为三大类别：网络化信息安全咨询服务、网络化信息安全培训服务和网络化信息安全实施服务。

9.2.1 网络化信息服务安全标准的内容

信息服务安全包括但不局限于软硬件安全技术、信息系统、风险管理等及其交叉领域，为了建立一套完备的安全标准体系，我们需要多学科结合，以信息系统为核心、软硬件技术为主要手段、规章管理制度为辅助思想，同时结合现有的标准文件，以制定一个能真正保障信息服务的安全标准。本书认为它的大体框架内容应该包括但不局限于：标明该标准的规定及适用的行业范围与规范性引用文件，增加该标准体系的合理性；对标准中出现的术语、定义及基本原则进行解释，确保标准的内容与精神准确传达；对信息服务的完整过程，包括信息的采集、信息的加工处理、信息服务的提供等提出细致的要求及标准处理方法；对作为信息服务安全涉及的技术包括软硬件安全技术、数据安全技术、信息系统的运行与恢复技术进行标准化要求；对管理制度进行标准化要求，包括但不局限于安全制度、职责分包、人员培训、风险管控等。结合当前的信息服务安全标准，本书将网络化信息服务安全标准的具体内容阐释为以下五个方面：

（1）解释性文件

解释性文件应当对信息服务安全标准中所涉及的专业术语、定义，尤其对争议的部分做出确定且翔尽的解释，并标明该标准的适用范围，及标准制定中所参考及引用的规范性文件，做到不留缺漏，有据可依，能得到行业的一致认同，并保障其可执行性。

（2）信息系统安全

信息系统安全对信息完整的生命周期进行规范性指导，与数据标准体系中数据的生命周期相似，但该子体系是对信息层面的规范，从信息资源的获取到最终信息服务的提供都处在规范化监管下，降低安全风险。

（3）管理制度保障

管理制度保障作为制度层面的保障，是除了技术以外的另一手段，通过建立长效的安全管理规章，将安全职责分包到组、到个人，可以有效消除风险预防上的空缺，以及安全事故发生时的推诿现象。同时规范化和周期性的人员培训，可以提高个人及团体的安全风险警觉性及技能水平，为风险管控和应急响应作出必要的准备。

（4）技术支撑

技术支撑包括软硬件运维、信息系统运行保障以及数据安全等。软硬件运维包括线上支持、现场支持、系统巡检、性能诊断与优化、硬件备用及更换等，确保信息系统内每一个软硬件的安全运行以及整体信息系统的正常运转。作为信息服务安全的基础，数据安全同样需要技术支持，有必要结合上一章节的网络信息服务数据标准开展安全技术手段的分析。

（5）网络化信息服务安全新兴技术

网络化信息服务并非处在一个一成不变的大环境中，而是处在互联网环境与技术日新月异的时代，网络化信息服务安全时刻面临着来自新时期的威胁挑战，固守陈旧的安全防护手段将无法有效保障服务安全。因此结合互联网新技术，保障网络化信息服务安全才能紧跟时代发展需要。相关的现行信息服务安全标准可见表 9-1 所示。

表 9-1　信息服务安全现行相关标准

标准名称	主要内容	性质
信息安全技术 灾难恢复服务要求	本标准规定了灾难恢复服务资源配置、灾难恢复服务过程和灾难恢复服务项目管理三个方面的灾难恢复服务要求。本标准适用于灾难恢复服务需求方对灾难恢复服务提供方提出服务要求，可供相关行业和企事业单位选择灾难恢复服务时参考。本标准也可用于规范服务提供方开展的灾难恢复服务工作。	标准

续表

标准名称	主要内容	性质
信息安全技术 存储介质数据恢复服务要求	本标准规定了实施存储介质数据恢复服务所需的服务原则、服务条件、服务过程要求及管理要求。本标准适用于指导提供存储介质数据恢复服务机构针对非涉及国家秘密的数据恢复服务实施和管理。	标准
第三方灾备数据交换技术要求	本标准规定了第三方灾难备份中心与生产中心之间的数据交换的基本要求、应用场景、交换对象、交换流程和可靠性要求。本标准适用于第三方灾难备份中心与生产中心之间的连接与数据交换。	标准
电信网和互联网灾难备份及恢复实施指南	本标准对电信网和互联网灾难备份及恢复工作的目标和原则进行了描述和规范。同时,规定了电信网和互联网灾难备份及恢复工作的基本实施方法。本标准适用于电信网和互联网的灾难设备及恢复工作。	标准
信息安全技术 大数据服务安全能力要求	本标准规定了大数据服务提供者应具有的组织相关基础安全能力和数据生命周期相关的数据服务安全能力。本标准适用于对政府部门和企事业单位建设大数据服务安全能力,也适用于第三方机构对大数据服务提供者的大数据服务安全能力进行审查和评估。	标准
信息安全技术 灾难恢复服务能力评估准则	本标准规定了灾难恢复服务能力评估准则。	标准
信息安全技术 数据备份与恢复产品技术要求与测试评价方法	本标准规定了数据备份与恢复产品的技术要求与测试评价方法。本标准适用于对数据备份与恢复产品的研制、生产、测试、评价。本标准所指的数据备份与恢复产品是指实现和管理信息系统数据备份和恢复过程的产品,不包括数据复制产品和持续数据保护产品。	标准
信息安全技术 数据安全能力成熟度模型	本标准给出了组织数据安全能力的成熟度模型架构,规定了数据采集安全、数据传输安全、数据存储安全、数据处理安全、数据交换安全、数据销毁安全、通用安全的成熟度等级要求。本标准适用于对组织数据安全能力进行评估,也可作为组织开展数据安全能力建设时的依据。	标准

续表

标准名称	主要内容	性质
面向互联网的数据安全能力技术框架	本标准定义了互联网行业的数据安全能力技术框架,该框架基于互联网行业的业务特点,在分析了覆盖数据全生命周期的数据安全威胁的基础上,提炼了数据安全能力建设的技术框架,并对框架内容进行了详细的描述。本标准适用于互联网行业的组织机构进行自身的数据安全管理,提升自身的数据安全能力。	标准

9.2.2 网络化信息服务安全标准的特征

信息服务安全标准以风险管理为核心,围绕信息服务的整个生命周期,从技术层面到管理制度层面获得行业中所有机构的一致性认同并严格落实,同时它也作为风险漏洞自查的主要参考依据,使整个行业形成安全建设的合力,实现共同发展的目标。因此它具有行业标准规范特征及风险预防与处置特征。

(1)行业标准规范特征

①规范性。规定了网络化信息服务安全的术语与定义及名词性解释,标明了引用的规范性文件,保障标准制定过程中的内容清晰与有据可依。在标准的制定与修订中认真评估论证,广泛征求意见,严格审核把关,并经过主管部门的批准、编号、发布,全程公开透明,接受社会监督。

②可执行性。标准的可执行性首先是能够获得网络化信息服务行业的一致认同,它的标准条例应当明确细化,不能模棱两可,不能有过多缺漏。需要注意的是该标准不能苛求绝对的完美,要调研参考行业现状,并追求可以达到高于现状的程度。在标准既定后,要严格执行,不能流于形式。

③可扩展性。网络化信息服务安全标准与其他所有标准一样,无法做到一步到位与永恒不变,而是在拟订可拓展的体系框架之后,在行业内推广实践的过程中积极听取行业内的诉求声音并不断完善,紧跟时代潮流与行业发展的需要,及时删除老旧过时的标准,按照新时期的急需与焦点问题调整标准体系,在网络信息化服务标准体系的动态平衡中守护行业的秩序稳定。

④推动性。网络化信息服务安全标准是出于针对现有的安全问题,出于推动信息服务良性发展的目的而制定的,为各相关企业及部门提供风险管理的可

执行参考，而绝不是为了给信息服务的提供过程设置枷锁，所以应当将不必要的条条框框摒除在信息服务安全标准之外，但其制定过程始终要在保障信息安全的前提下。

（2）风险预防及处置特征

①完整性。保障信息在传输、交换、存储和处理过程中保持非修改、非破坏和非丢失的特性，即保持信息原样性，使信息能正确生成、存储、传输，这是最基本的网络化信息服务安全特征。

②保密性。保障信息按给定要求不被泄露给非授权的个人、实体，不为其所用，即杜绝将有用信息泄露给非授权个人或实体，强调有用信息只被授权对象使用的特征。

③可用性。保障信息服务被授权实体正确访问，并按要求能正常使用或在非正常情况下能恢复使用的特征，即在系统运行时能正确存取所需信息，当系统遭受攻击或破坏时，能迅速恢复并投入使用。

④不可否认性。保障通信双方在信息交互过程中，确信参与者本身，以及参与者所提供信息的真实同一性，即所有参与者都不可能否认或抵赖本人的真实身份，以及保证提供信息的原样性。

⑤可控性。保障对流通在信息服务系统中的信息内容能够实现有效控制的特性，即信息服务系统中的任何信息要在一定传输范围和存放空间内可控。当加密算法交由第三方管理时，最典型的如密码托管政策，必须严格按规定可控执行。

⑥可追责性。网络信息化服务安全标准对安全责任进行严格划分，并对信息服务的流程进行严格把控，使每一次的安全问题都能及时地暴露在聚光灯下，并能迅速应对并事后定位追责个人与部门。

9.3 网络化信息服务安全标准的作用

服务安全重在防患于未然，标准可通过统一规范来规避和降低风险，因而建立健全安全标准是贯彻"安全第一"理念的有力措施。信息服务行业领域的各层级标准应涵盖对信息服务安全性的保障。如果信息服务安全标准无法全面覆盖，或者标准内容更新滞后，那么潜在的服务数据篡改、遗失、泄露、破坏风险也如影随形，进而威胁服务供需方的信息隐私和财产安全，① 并对国家信息产业部署与发展造成不利影响。

9.3.1 保障与推动服务的安全生产与管理

在信息服务行业领域，安全标准的作用是保证信息安全产品或服务设计、开发、生产、施工、可持续发展评估的可靠性，为它们提供技术控制规范和技术基础。同时信息服务安全标准也作为建立信息安全体系的技术支撑，用以维护国家利益及国家安全，② 由此引申出网络化信息服务安全标准的以下作用。

（1）保障信息服务产品的安全生产

标准是法律法规的延伸。在国内的安全生产法律体系中，安全标准是其中的重要组成部分，包含安全生产技术性规定的相关内容。于 2014 年修正的《中华人民共和国安全生产法》第二章第十七条中明确写到"生产经营单位应当具备本法和有关法律、行政法规和国家标准或行业标准规定的安全生产条件，不具备安全生产条件的，不得从事生产经营活动"③。该项规定对于以服务为主要产品的信息服务业同样具有约束力。网络化信息服务安全标准对信息服务的生产场地、设备设施、技术工艺、数据信息等对象的安全性提出了强制性或推荐性要求。信息服务机构需要尊重并贯彻落实信息服务安全标准的相关规定，参照标准提供的工具方法与实践范例，保障信息服务产品的安全生产。

（2）推动信息服务主体的安全管理

安全标准是主体实施内外部安全管理的有力支撑。不遵循安全标准可能诱发机构安全管理的滑坡，使得机构及用户的利益蒙受损失，进而损害机构形象，或造成恶劣的社会影响。信息服务相关方对于信息服务安全管理具备一定需求：对于信息服务提供方而言，需要保障服务数据的安全存储与隐私保护，维护内部信息系统的安全运行，制定风险评估和应急响应规范等；而对于应用外部方提供信息服务的组织，则需要保护组织内部信息系统的访问安全，对外

---

① 朱立恩. 第六讲：服务安全——顾客满意服务准则之五[J]. 中国标准化，2010（6）：67-69.

② 柳宏. 我国信息安全标准化发展现状与发展趋势[C]. 中国标准化协会. 标准化改革与发展之机遇——第十二届中国标准化论坛论文集，2015：160-166.

③ 中国人大网. 中华人民共和国安全生产法[EB/OL]. [2020-11-4]. http://www.npc.gov.cn/wxzl/gongbao/2014-11/13/content_1892156.htm.

部方提供服务的质量、服务交付和服务安全实施有效、可控的管理，并对相关管理流程的规范性与安全性提出要求。网络化信息服务安全标准覆盖软硬件设备设施、数据信息、技术、管理制度等方面的安全性规定及其实施方式，与信息服务相关方的安全管理需求相对接。

9.3.2 规范服务市场与维护行业发展

完善信息服务安全标准既是行业发展的需求，也是国家信息安全战略的重要组成部分。

(1)规范信息服务业市场的安全准入

安全是市场准入的必要条件，安全标准则是市场准入在安全性方面的参照尺度。网络化信息服务安全标准对于提高信息服务安全生产与安全管理水平、促进信息服务安全技术发展，以及规范信息服务市场具有重要意义。信息服务业组织可借助该类标准完善内部的安全管理体系，更为有效和可控地实施服务过程中的应急管理、事件管理、数据备份与恢复等，从而符合信息服务规范所规定的安全能力要求，带动信息服务业的健康发展。

(2)维护信息安全和信息行业发展

网络化信息服务安全标准的作用体现在宏观与微观层面。网络化信息服务安全标准的宏观作用是对信息服务行业安全管理、安全技术方法的规范和指导，强化和保证国家在信息服务产品、工程等方面的技术自主可控，进一步保障国家的信息安全。① 网络化信息服务安全标准的微观作用是确保信息服务机构相关产品、设施安全技术的先进性、可靠性和一致性；确保其信息服务安全框架的整体合理性、可用性、互联互通性和互操作性；保障服务数据在信息服务业务流中的安全可控传输，保护用户信息隐私，促进信息服务行业的健康发展。

---

① 黄伟庆. 信息安全标准化战略对国家核心利益的重要作用研究——从中美两国的比较视角[J]. 北京电子科技学院学报，2013，21(1)：5-13.

10 国家安全体制下网络化信息服务管理标准

我国正处于数字经济发展的转型时期，信息公开、共享与服务成为新时代主题。信息的潜在社会经济价值受到重视和肯定，以开发和利用信息资源为目的的经济活动迅速扩大。① 尤其是软件和信息技术服务业凭借技术更新快、产品附加值高、应用领域广、渗透能力强、资源消耗低、人力资源利用充分等优势，成为当前关系国民经济和社会发展全局的基础性、战略性、先导性产业。② 然而，通信技术与互联网行业的高速发展在促进信息服务业变革、释放数字经济潜力的同时，其汇聚的海量数据及在此基础上的信息服务业面临着严峻的安全挑战。日趋复杂的网络安全形势，对信息服务业的管控提出了新的要求。为此，国家互联网信息办公室出台了一系列信息服务管理规定。如规定强调了信息服务提供者在其服务供应过程中，对用户数据信息负有安全管理责任；要求相关服务主体通过管理制度和风险防控措施保障信息安全；并提出将推动行业内部监督管理的深化。与此同时，为了促进规范管理在行业内部的推行，国家支持符合国家战略、遵守国家网络安全管理要求的企业利用资本市场发展信息服务业。③

信息服务管理标准应用实施与合规认证的需求程度不断提升，信息服务机构基于管理标准实施规范化管理和能力认证，不仅能够明确各类管控事项和流程、搭建高效的内部管理体系，提高长远的经营效益，而且可以彰显机构的市

---

① 中国电子技术标准化研究院. 大数据标准化白皮书（2018）［R］. 北京：全国信息技术标准化技术委员会大数据标准工作组，2018.

② 盛晨媛. 软件和信息服务业人才培养模式的创新与实践［J］. 工业和信息化教育，2020（6）：9-12，22.

③ 中国国家互联网信息办公室. 关于推动资本市场服务网络强国建设的指导意见［EB/OL］.［2020-8-8］. http://www.cac.gov.cn/2018-04/13/c_1122676837.htm.

场竞争力，获得国家政策倾斜与扶持。近年来，针对信息服务产业的高质量发展和信息安全管理需要，我国的信息化标准在制定、更替、采用、实施等方面取得了进展，但就目前的建设情况而言，高层标准的制定方面仍存在着重引进轻创新、重技术轻管理等问题，标准的应用效力亟待提升。① 建构适用于信息服务各应用领域和业务场景、面向信息服务管理全过程管控和管理活动规范化②的网络化信息服务管理标准体系，成为保障信息技术与信息服务业发展的有力手段。

10.1 网络化信息服务管理标准的含义与目标

本章的内容围绕网络化信息服务管理标准的含义与目标展开。首先通过对管理与管理标准相关定义的归纳，逐步明确网络化信息服务管理标准的具体含义；继而基于国家的行业发展需求和机构的管理需要，总结网络化信息服务管理标准的目标。

10.1.1 网络化信息服务管理标准的含义

管理是一个复杂且宽泛的概念，目前对于管理的含义尚无统一的定义。管理学领域中对管理较早的定义是："管理指的是计划、组织、指挥、协调、控制"③，这一认识成为后来人们对管理一词作定义诠释时仍广泛沿用的基本依据。例如国内学者在该观点的基础上将管理的概念扩充为：通过有效的计划、组织、领导、控制、创新等职能对组织的人力、物力、信息等资源进行有效的配置和转换，以实现组织预定目标的过程。④ 总的来说，就管理无法抛开主体、职能、资源、范围和目标等要素而言，其原理是通过对管理过程中各顺序流程及其关联要素的集成整合，实现一定持续时间内组织或系统内部的有序、高效运作，

---

① 中国电子工业标准化技术协会信息技术服务分会. 中国信息技术服务标准体系建设报告 4.0+[R/OL]. [2020-7-12]. http://www.itss.cn/itssNew_webmap/itssNew_Bookreport/2016/06/13/bd31a090531645d184b9d8dj8b615906.html.

② 王薇，邵熠星. 政务信息资源标准体系框架研究[J]. 信息技术与标准化，2010 (11)：26-29.

③ [法]亨利·法约尔. 工业管理与一般管理[M]. 周安华，等译. 北京：中国社会科学出版社，1998：2-5.

④ 于本海. 管理信息系统[M]. 北京：高等教育出版社，2009：3-4.

从而获取更高的业务处理效率和经济成本效益。而组织在开展相关管理工作前往往需要对其各应用场景下的管理框架进行设计和制定，由此带动了管理标准与相关技术报告的出台与完善。

管理标准一般用于帮助组织明确管理的定义范围和相关概念、了解管理环节中的规范要求、分析管理要素间的关联和集成协作以及参照管理实践范例和建议等。国际标准化组织(ISO)针对组织的管理决策出台了一系列指导性标准，其中管理体系标准(Management System Standard，简称MSS)是其中的重要组成部分。在其定义中，管理体系标准是组织管理其业务的相关部分以实现其目标的方式，而这些目标依照实践的关注面涉及产品和服务质量、经营效率、人员绩效等方面。

行业的发展与微观层面的机构管理息息相关，按照各部分标准在整体中担当的功能结构视角来看，管理标准在标准体系中属于支持性标准，而在整个标准体系建设的优先级中是位于第二优先级的重要标准，它直接影响标准化整体对象的发展、效率和质量。该类标准设置的主要目的是规范网络化信息服务的管理环节，指导管理的策划、集成实施、运维等程序，保障服务组织内部的设施、技术等都能为服务运作效率和服务供应质量提供有力支持，因而是行业或机构标准、信息化标准等标准体系中重要的组成部分。在不同的应用场景和主体对象中，管理标准的内涵也有所差异。例如，在旧有的国家推荐性标准GB/T15498-2003《企业标准体系 管理标准和工作标准体系》①中，管理标准被概括为对企业标准化领域中需要协调统一的管理事项所撰写的标准，按照管理对象可细分为技术管理标准、生产组织标准、经济管理标准、行政管理标准、管理业务标准和工作标准；在政务信息资源标准体系框架的相关研究中，管理标准被定义为对政务信息资源开发利用各环节所需的管理要求与管理活动标准；在工业互联网标准化体系中，管理标准是指规范工业互联网系统建设运行相关责任主体管理行为的要求。管理的定义会随着认识和管理实践的发展而限定或延伸，但管理实质上是一种"过程"这一观点获得了国内外学者广泛的认同，②也体现在了各类管理标准的定义范围中：尽管在不同的情境中管理标准有着不同的诠释与理念倾向，但是它们具有核心的共性：都是在一定环境与范围内管

① 中华人民共和国国家质量监督检验检疫总局和中国国家标准化管理委员会. GB/T15498-2003 企业标准体系 管理标准和工作标准体系[S]. 北京：中国标准出版社，2003.

② 聂法良. 不同管理定义的分析与启示[J]. 青岛科技大学学报(社会科学版)，2013，29(2)：74-76.

理活动过程中对其管理要素的规范要求。

据此可给出以下定义,网络化信息服务管理标准是指网络环境下对信息服务的规划、筹备、运行、监控与改进等环节管理活动的要求与规范。它从网络化信息服务的管理视角出发,通过描述网络化信息服务相关人员、组织、技术、服务内容、服务过程、服务质量等方面的重要因素和管理要求,指导行业机构设计与完善网络化信息服务的管理框架,并落实法律法规关于网络信息安全管理、服务质量保障等方面的条文规定。

10.1.2 网络化信息服务管理标准的目标

网络化信息服务管理标准的主要目的是指导不同网络化信息服务项目的服务主体利用经过科学验证的管理方式,建立起一套规范的管理体系,落实需求导向、质量至上、精细化的管理思想,进而推动组织机构强化自身的管理效果和服务能力,使其符合行业监管要求和信息服务市场需求。网络化信息服务管理标准目的的实现依赖于具体管理行为与活动目标的实现。本书从以下两个视角对网络化信息服务管理标准的目标进行阐述。

①按照抽象程度视角划分。参照管理学理论,组织的目标依照抽象程度可划分为宗旨、使命与具体目标。其中,宗旨是抽象的基本目标,使命是宗旨的实现途径,具体目标则是对使命实现的具体表述。将该框架应用至网络化信息服务管理的目标分类中可得出:网络化信息服务管理标准的宗旨可归纳为支撑网络化信息服务行业管理;网络化信息服务管理标准的使命则是通过管理活动的规范性文件(包含术语界定、规范、规程、实践指南等),指导信息服务组织建立高效的管理体系,从而提高生产经营效率、提升服务与产品质量;网络化信息服务管理标准的具体目标可以划分为两个方面:一方面是确保信息服务管理标准的建设符合实效、整体最优、全面性等原则,促进标准模块在体系中的协调运作,保障标准的科学性、先进性与实用性;另一方面完善信息服务管理标准认证实施的程序与规则,推广标准在信息服务组织的应用。

②按照时间跨度视角划分。网络化信息服务管理标准的目标可划分为前期目标与后期目标。网络化信息服务管理标准的前期目标:初步建立起网络环境下的信息服务管控标准,有效落实管理各阶段与环节的服务安全管理要求,基本满足行业信息服务的全程管控需要,推进标准在重点企业、重要领域中的应用和改进。网络化信息服务管理标准的后期目标:健全完善网络环境下信息服务的支撑标准体系,提高标准技术水平、应用水平和国际化水平,切实促进行

业信息服务能力和服务安全防护能力的提升。①

综上，网络化信息服务管理标准的目标体系应参考国家政策要求和企业管理需要，对信息服务标准化管理的预期成效进行不同层面和阶段的具象化，有助于更切实地推进信息服务管理的标准化建设。

10.2　网络化信息服务管理标准的内容与特征

目前国内相关的信息服务管理标准或规范出台数量逐步增加，涵盖面趋于广泛。从标准层级上来看，信息服务管理标准包含国家、行业和地方三类级别的管理类规范，对不同层次领域的信息服务规范管理提供了强制性约束或自愿性建议。从专业门类上来看，它涵盖 GB/T4754-2017《国民经济行业分类》中第64 类"互联网及相关信息服务"，例如互联网通信、数据检索、网络音视频等，也包含分类中的第 65 大类"软件与信息技术服务业"和其他行业大类下技术相关的小类，例如云服务、在线系统平台集成运行、数字内容生产等。② 在此背景下，需要从系统化视角对现有信息服务标准或规范进行整合，以更好地揭示标准间的联系，填补当前网络化信息服务管理标准化建设的薄弱环节与缺失之处。

内容是标准三大要素之一，标准内容与标准化对象、标准级别密切相关，对标准体系的内容架构需要科学的联合逻辑与分析方法。网络化信息服务管理标准以信息服务的全方位和全过程为标准化对象。本节基于信息服务管理标准建设概况和标准化理论，参照管理应用层级、管理对象范围、管理科目三种分类视角，阐述现行和现有研究中信息服务管理类标准的内容，并归纳了该类标准的总体特征，为网络化信息服务管理标准子体系的构建提供内容支撑。

10.2.1　应用层级视角下的信息服务管理标准内容

网络化信息服务管理标准的内容依照服务活动性质的统一性进行划分。由

---

① 中国电子技术标准化研究院. 大数据标准化白皮书（2018）［R］. 北京：全国信息技术标准化技术委员会大数据标准工作组，2018.

② 中华人民共和国国家质量监督检验检疫总局和中国国家标准化管理委员会. GB/T4754-2017. 国民经济行业分类［S］. 北京：中国标准出版社，2017.

于在标准体系中需要注重各项事务和概念的协调，一方面需要在高层次、大范围内设置适用面广的、合理简化的网络化信息服务管理共性标准，以避免标准体系中基础管理类标准在不同层次、技术领域中的重复设计；另一方面又需要考虑不同的层级领域、应用主体及其标准化对象（资源、人员和过程）适用的专用标准，以达到所有与网络化信息服务管理有关的标准在一定领域范围内的成套性。

因此在网络化信息服务管理标准体系中，从标准应用适用范围的视角来看，同样存在着通用性管理标准和专用性管理标准。前者包含对信息服务供应组织及相关方内部管控体系构建、组织间服务外包项目对接的规范要求、技术条件、实施方法和建议指南等。例如，在国内的信息技术服务标准体系中，支撑层的管理标准主要包含对信息技术服务的服务业态、服务监理和服务机构内部管理体系构建事项的阐释说明和推荐方案，考虑到通用需求以及信息技术变革迅速的背景，该部分标准的内容趋于简明扼要，对于一些具体流程不作详细框定或明确定义。后者主要针对的是特定应用领域的对象特征和管理流程。例如，在云数据模块，管理活动的重复性对象主要分为分布式关系数据库应用接口、基于 Key-Value 的云数据服务管理应用接口和分布式数据仓库应用接口。①如果编制相应的云数据服务管理标准，那么标准内容会主要围绕这三个部分展开。相对于云服务或信息服务行业的整体性管理标准，云数据服务管理标准属于专用标准，其作用对象的概念内涵更为具体，标准应用范畴更窄，内容更具有专业性。

从标准体系的层级结构来看，网络化信息服务管理标准可分为宏观的总体性管理规范和微观的局部性领域管理要求（如图 10-1 所示）。管理类标准的宏观内容主要体现在位于体系支撑层②或保障层③的管理规范中，面向更为概括和更具有共性的管理范畴；管理类标准的微观内容分散在体系层级结构的各下位类中，面向具体的领域与管理对象。需要注意的是，在标准体系的层次结构

---

① 王洁萍，李海波，宋杰，等. 云数据存储和管理标准化研究[J]. 信息技术与标准化，2011(9)：28-31.

② 中国电子工业标准化技术协会信息技术服务分会. 中国信息技术服务标准体系建设报告 4.0+[R/OL]. [2020-7-12]. http://www.itss.cn/itssNew_webmap/itssNew_Bookreport/2016/06/13/bd31a090531645d184b9d8dj8b615906.html.

③ 周顺骥. 数字福建信息化标准体系框架研究[J]. 标准科学，2017(12)：151-154.

中，宏观与微观的判定是相对的，例如在微观层次的下级标准层级中也可根据标准适用范围和内容继续划分整体性标准和部分性标准。本节主要讨论网络化信息服务管理标准顶层设计下的宏观支撑性管理标准内容与微观关键技术领域管理标准内容。

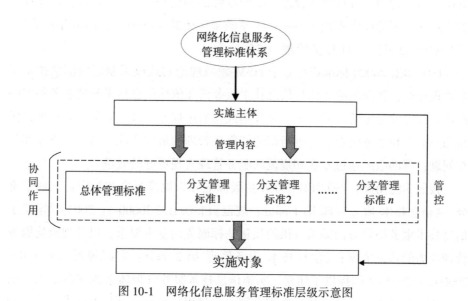

图 10-1　网络化信息服务管理标准层级示意图

（1）宏观层面的通用管理标准内容

宏观性的管理标准内容有两类形式，一类是管理体系标准，该类标准往往在不断的改进与丰富中形成标准族。由于其具有较强的通用性，因此会被其他标准体系所吸收借鉴进支撑层的标准内容中，例如 ISO/IEC 20000 信息技术服务管理标准。

ISO/IEC 20000 标准诞生于 20 世纪末期，由国际标准化组织（ISO）和国际电工协会（IEC）共同发布制定和更新。20 世纪 80—90 年代，随着信息化进程的深入，世界上多数信息技术企业已经跨越了以硬件和软件采购为主的基础设施建设阶段，信息服务也逐渐向网络化、智能化等方向发展。金融、电信、制造等信息密集度较高的行业、企业面临更为复杂的 IT 环境，传统的系统管理、网络管理等手段无法满足新阶段中 IT 运维管理流程化、自动化和规范化方面的要求。在此背景下，信息技术服务管理(IT Service Management，简称 ITSM)的概念被提出。① 依照 IT 领域的权威研究机构 Gartner 对其的定义："ITSM 是一套通过服务级别协议来保证 IT 服务质量的协同流程，它融合了系统管理、网络管理、系统开发管理等管理活动，构建了服务能力管理、变更管理、资产管理、问题管理、可持续性管理等系列流程的理论和实践"。此后，该管理理念模式领域下的最佳实践之一——IT 基础架构标准库(ITIL)于 1980 年被开发，成为欧洲 20 世纪末 IT 服务管理的事实标准。

ISO /IEC 20000 标准族是基于 ITSM 领域理论实践成果制定的信息技术服务管理标准，其面向的主体是信息技术服务商和依赖信息技术开展业务的组织机构。该标准制定的目的在于：推荐集成化的过程方法进行服务交付管理，满足用户需求和业务要求；促进组织理解服务管理的最佳实践、目标、收益和潜在问题；帮助组织通过专业和规范的服务管理实现更好的效益。

按照功能角度，ISO/IEC 20000 初版标准分为规范标准和指南标准两个部分。《信息技术 服务管理 第 1 部分：规范》(ISO/IEC 20000-1：2005)②定义了信息技术服务提供方向需求方供给质量达标服务的基本要求，以及规范化服务管理能力的认证依据；《信息技术 服务管理 第 2 部分：实践规则》(ISO/IEC 20000-2：2005)③则提供了建立、实施信息技术服务管理体系的实践指南。从标准类型角度来看，该系列标准则可划分为过程标准和认证标准两类：前者涵盖 3 个总体管理过程(管理体系、服务管理策划与实施、服务更新与变更的策划与实施)和 13 个服务管理过程(涉及服务交付、关系、解决、控制和发布的过程管控)；后者包含对信息技术服务提供方在服务管理能力方面的验证要求。ISO/IEC 20000 初版标准与事实标准 ITIL(第二版、第三版)的内容模块比较可见表 10-1。

---

① 张亚军，张金隆，陈江涛. IT 服务管理研究述评及未来展望[J]. 情报杂志，2013，32(6)：95-99.

② Information Technology-Service Management-Part 1：Specification：ISO/IEC 20000-1：2005 [S/OL]. [2020-8-8]. https://doc. mbalib. com/view/83291ba9c06804be32ad742daa09b08b.html.

③ Information Technology-Service Management-Part 2：Code of Practice：ISO/IEC 20000-2：2005 [S/OL]. [2020-8-8]. https://doc. mbalib. com/view/112cca22ef0bb100351467246ddec90c.html.

表 10-1 **ITSM 系列标准规范 管理流程内容模块比较**①

内容	ITIL v2	ITIL v3	ISO /IEC 20000
事件管理、请求实现	√	√	√
问题管理	√	√	√
配置管理	√	√	√
问题管理	√	√	√
发布管理	√	√	√
服务级别管理	√	√	√
IT 服务财务管理	√	√	√
能力管理	√	√	√
IT 服务持续性管理	√	√	√
可用性管理	√	√	√
服务报告	—	√	√
信息安全管理	—	√	√
业务关系管理	—	√	√
供应商管理	—	√	√
知识管理	—	√	—
服务目录	—	√	—

总体来看，ISO/IEC 20000 标准的核心是通过建立、实施、运行、监督、评审和改进信息技术服务管理体系，来为信息技术服务管理实践提供通用管理框架和规范性指导建议。ISO/IEC 20000 标准出台至今被数次修订并扩充，目前的现行和制定中的相关标准文件清单如表 10-2 所示。2009—2010 年，国家标准化委员会参照其初版标准出台了同名采标标准。此后几年里，国内的信息技术标准体系在网络环境动态变化、云计算、大数据等新兴信息技术不断发展和应用的背景下逐步扩充，标准层级中涵盖的重点技术行业领域数量增加、标准间相关联系更为密切；标准序列中子标准的适用对象和规范面设置趋于细化，标准体系整体向着全面、系统、精准的方向进行构建与完善。

---

① 张亚军，张金隆，陈江涛. IT 服务管理研究述评及未来展望［J］. 情报杂志，2013，32(6)：95-99.

10 国家安全体制下网络化信息服务管理标准

表 10-2 ISO/IEC 20000 族标准的主要内容

标准名称	主要内容	性质
信息技术 服务管理 第 1 部分: 服务管理系统要求	阐明对组织建立、实施、维护和持续改进服务管理系统(SMS)的要求。要求涵盖服务的规划、设计、转换、交付和改进。	标准
信息技术 服务管理 第 2 部分: 服务管理系统的应用指南	提供基于 ISO / IEC 20000-1 的服务管理系统(SMS)应用指南。包含对 ISO / IEC 20000-1 的说明、示例和应用建议。	标准
信息技术 服务管理 第 3 部分: 范围定义和适用性指南	阐明如何定义服务管理系统(SMS)的范围,进而帮助组织确定 ISO / IEC 20000-1 标准的适用性。指导组织规划和准备 ISO / IEC 20000-1 标准的合格评定。	标准
信息技术 服务管理 第 6 部分: 服务管理系统审核和认证机构的要求	规定了对服务管理认证机构的符合性要求,并为认证机构提供了依据 ISO / IEC 20000-1 进行 SMS 审核和认证的指南。	标准
信息技术 服务管理 第 10 部分: 概念和术语	介绍了 ISO / IEC 20000 族标准中的所有核心概念术语,确定了其他部分标准如何支持 ISO / IEC 20000-1:2018,并阐明了 ISO / IEC 20000-1 与其他国际标准和技术报告间的关系。	标准
信息技术 服务管理 第 5 部分: 实施计划模板	指导实施满足 ISO / IEC 20000-1:2011 要求的服务管理系统(SMS)。	技术报告
信息技术 服务管理 第 7 部分: 服务集成和关联指南	提供集成运行 ISO / IEC 20000-1 中规定的服务管理系统(SMS)、ISO 9001 中规定的质量管理系统(QMS)以及 ISO 9001 中规定的信息安全管理系统(ISMS)的实施指南。	技术报告
信息技术 服务管理 第 11 部分: 服务管理框架的关系指南:ITIL®	为 ISO/IEC 20000-1:2011 和常用的服务管理框架 ITIL 之间的关系提供参考。	技术报告

　　另一类是标准体系内部制定的支撑层管理标准，该类管理标准一般与主要的重复性管理活动相关联，可以在行业领域的管理活动中广泛应用或参照。信息服务行业领域中，服务提供方或服务实施方在信息服务生产、供给和实施过程中，都是不可或缺的行为主体，针对主体组织的管理规范是信息服务标准化的重要支撑，因而其在各信息服务标准体系中常设置在支撑层。这一类的示例是信息技术服务标准(ITSS)体系中的服务管控标准。

　　ITSS体系是在国内软件与信息技术服务业市场延伸扩大的背景下产生的，该标准体系是基于能力要素(人员People、过程Process、技术Technology、资源Resource，简称PPTR)、生存周期要素(Strategy & Planing 战略规划、Designing & Implementation 设计实现、Operation & Promotion 运营提升、Retirement & Termination 退役终止，简称SDOR)和监督管理要素原理制定的一套系统的IT服务管理标准体系，包含了IT服务的基础标准、支撑标准、供给侧标准和需求侧标准，涉及咨询设计、集成实施、运行维护等业务领域，对IT服务产品及其构成要素进行了全面规范，用于指导IT服务提供与IT服务提供实施的标准化建设和高质量管理。在该标准体系中，宏观的管理标准模块位于体系的支撑层，该模块基于服务业态原型和必要的管理领域进行内容划分，主要涉及服务管控、服务外包和服务安全三个方面。

　　服务管控标准模块分为服务管理和服务监理两个层面，一方面聚焦于信息服务供应商、信息服务开发机构和信息服务应用机构的内部管控；另一方面对实施服务行为与管理行为涉及的运行控制、监督管理和安全管理方面的规范流程、技术要求和方法指南进行了简要阐述。(详见表10-3和表10-4)[①]

表10-3　ITSS体系 服务管理标准[①]

标准名称	主要内容	性质
信息技术技术 服务管理 第1部分：通用要求	提供信息服务管理体系的建立、实施方法、保持与改进的通用性要求。	标准

　　① 中国电子工业标准化技术协会信息技术服务分会. 中国信息技术服务标准体系建设报告 4.0+[R/OL]. [2020-7-12]. http://www.itss.cn/itssNew_webmap/itssNew_Bookre port/2016/06/13/bd31a090531645d184b9d8dj8b615906.html.

续表

标准名称	主要内容	性质
信息技术服务 服务管理 第2部分：实施指南	明确了信息服务管理实施过程的组织环境、领导作用、策划、支持、运行、绩效评价、持续改进主体与责任划分。	标准
信息技术 服务管理 第3部分：技术要求	提供信息服务管理的总则、监控管理技术要求、过程管理技术要求和决策支撑技术要求。明确了满足技术要求的工具接口要求。	标准
信息技术 服务管理 第3部分：技术要求	提供信息服务管理的总则、监控管理技术要求、过程管理技术要求和决策支撑技术要求。明确了满足技术要求的工具接口要求。	标准
信息技术 服务管理 第4部分：风险管理	规定信息服务风险管理的方法。	标准

表10-4 ITSS体系 服务监理标准①

标准名称	主要内容	性质
信息技术服务监理 第1部分：总则	明确了信息系统工程和信息技术服务监理的一般原则。	标准
信息技术服务监理 第2部分：基础设施工程监理规范	明确了基础设施工程在其生命周期各阶段的监理要求、服务内容和重点。	标准
信息技术服务监理 第3部分：运行维护 监理规范	提供基础设施、软件、数据、信息安全的运行维护监理规范。	标准
信息技术服务监理 第4部分：信息安全监理规范	明确了信息系统信息安全监理的主要目标、内容与要点。	标准
信息技术服务监理 第5部分：软件工程监理规范	明确了软件工程在其生命周期各阶段的监理要求、服务内容和重点。	标准
信息技术服务监理 第6部分：应用系统：数据中心工程监理规范	明确了应用系统数据中心工程监理目标、对象、支持过程和阶段，以及相关专业技术监理工作重点。	标准

---

① 中国电子工业标准化技术协会信息技术服务分会. 中国信息技术服务标准体系建设报告 4.0+[R/OL]. [2020-7-12]. http://www.itss.cn/itssNew_webmap/itssNew_Bookreport/2016/06/13/bd31a090531645d184b9d8dj8b615906.html.

续表

标准名称	主要内容	性质
信息技术服务监理 第7部分：监理工作量度量规范	明确了信息系统工程监理工作度量方法和估算要点。	标准

服务外包标准模块规定了信息技术外包和业务流程外包过程中的相关方、场地、数据信息、服务能力评估等方面的管理事项、管理要点与合规性要求（详见表10-5）。

表 10-5　ITSS 体系 服务外包标准①

标准名称	主要内容	性质
信息技术服务 外包 第1部分： 服务提供方通用要求	明确了信息技术服务外包承接组织在服务交付活动中的过程要求。	标准
信息技术服务 外包 第2部分： 数据(信息)保护规范	提供数据保护框架(包含数据保护原则、数据主体权利、数据管理者权责、数据保护体系等)与规则。	标准
信息技术服务 外包 第3部分：交付中心规范	规定了外包服务中心的生命周期和相关管理领域的规范要求。	标准
信息技术服务外包 第4部分： 非结构化数据管理与服务规范	提供设计、开发、部署阶段下，软硬件文件处理系统对文件处理各环节的安全高效管理要求。	标准
信息技术服务 外包 第5部分： 发包方项目管理规范	提供外包管理体系，明确了外包决策的考虑因素：服务商资质、服务级别、外包人员能力等管理领域的流程和规范要求。	标准
信息技术服务 外包 第6部分： 服务需方通用要求	主要规定了服务需方在服务外包策划、实施、交付等生命周期过程中的具体管控要求。	标准

---

①　中国电子工业标准化技术协会信息技术服务分会. 中国信息技术服务标准体系建设报告 4.0+[R/OL].［2020-7-12］. http://www.itss.cn/itssNew_webmap/itssNew_Bookreport/2016/06/13/bd31a090531645d184b9d8dj8b615906.html.

标准名称	主要内容	性质
信息技术 IT 驱动服务业务流程外包(ITES-BPO)生命周期流程 第 1 部分：过程参考模型（PRM）	提供了 IT 驱动业务过程外包的服务供应商执行外包业务过程时的生命周期要求和参考模型。	标准
信息技术 IT 驱动服务业务流程外包(ITES-BPO)生命周期流程 第 2 部分：过程评估模型（PAM）	提供了 IT 驱动业务过程外包的服务供应商执行外包业务过程时的生命周期要求和评估模型。	标准
信息技术 IT 驱动服务业务流程外包(ITES-B P O)生命周期流程 第 3 部分：测量框架（MF）及组织成熟度模型（OMM）	提供了 IT 驱动业务过程外包的服务供应商执行外包业务过程时的生命周期要求，以及服务供方过程能力和组织成熟度的测量框架。	标准
信息技术 IT 驱动服务业务流程外包(ITES-BPO)生命周期流程 第 4 部分：术语和概念	描述了 IT 驱动业务过程外包标准的组合方式和应用决策指导。此外包含该模块标准的核心术语概念。	标准
信息技术 IT 驱动服务业务流程外包(ITES-BPO)生命周期流程 第 5 部分：指南	提供了 IT 驱动业务过程外包的服务供应商执行外包业务过程时的生命周期要求、流程评估模型、评估方法和应用指南。	标准

　　服务安全标准模块的主要目标在于保障管理活动各要素的安全可控，它为信息服务的安全管理提供了通用性的规范框架(详见表 10-6)。

　　相较于 ISO /IEC 20000 系列标准的内容，ITSS 体系将信息技术服务管理的目标要求划入治理类标准模块，该模块构建了通用要求、实施指南、绩效评价和监督管理的闭环，并结合具体的对象和全面风险管理要求制定了专项治理、监督等标准。由于信息技术服务治理标准应用范围相对于支撑层管理标准更窄，因而此处不将其归为宏观性管理内容。

表 10-6 ITSS 体系 服务安全标准①

标准名称	主要内容	性质
信息技术服务 服务安全规范	规定事前预防、事中监督、事后审计和持续改进阶段需要安全管控的服务要素。	标准
信息技术服务 服务数据安全	规定服务数据安全涉及的基本框架、管理范围和管理要求。	标准
信息技术服务 服务安全审计	提供了服务安全审计的原则框架、服务审计人员要求和审计关键指标。	标准

（2）微观层面的关键技术领域管理标准内容

在网络化信息服务业的软件和信息技术服务领域中，云计算、大数据、移动互联网、物联网、信息安全等技术发展趋于成熟，成为信息服务开发、提供、运行以及安全保障的重要支撑。此外人工智能、虚拟现实、区块链等技术领域的创新应用也在该服务业中受到关注与重视。② 目前的网络化信息服务管理标准也面向信息服务与各行业领域的融合发展，开展了关键技术的标准化工作，形成了各项信息技术体系内部的数据接口、应用服务等部分的管理标准。下面围绕关键技术领域中技术应用服务层面和技术实施操作层面的管理规范展开阐述。

①云服务管理标准。云计算技术是对传统 IT 建设和应用模式的替代，随着云计算技术应用的发展成熟，云服务惠及越来越多的行业、企业用户和个人用户。随着云计算产业规模的扩大，国家对云服务的服务能力、安全防范、应急处理等方面提出了诸多要求。例如国家互联网信息办公室牵头制定了《云计算服务安全评估办法》③，规定了云计算服务平台的安全评估内容和审查流程，以保障党政机关和关键信息基础设施运营者采购使用的云计算服务安全可控。

---

① 中国电子工业标准化技术协会信息技术服务分会. 中国信息技术服务标准体系建设报告 4.0+[R/OL]. [2020-7-12]. http://www.itss.cn/itssNew_webmap/itssNew_Bookreport/2016/06/13/bd31a090531645d184b9d8dj8b615906.html.

② 中华人民共和国工业和信息化部. 软件和信息技术服务业发展规划（2016—2020年）[EB/OL]. [2020-8-17]. http://www.miit.gov.cn/n1146295/n1652858/n1652930/n3757016/c5465218/content.html.

③ 中国国家互联网信息办公室. 云计算服务安全评估办法[EB/OL]. [2020-8-14]. http://www.cac.gov.cn/2019-07/22/c_1124781475.htm.

在技术发展和网络环境动态变化的背景下，云计算服务作为新兴的现代信息服务，其标准化需要适应新要求。

在信息技术服务管理标准体系中，云计算服务管理标准（简称云服务标准）归属于云计算综合标准化建设指南中的服务标准部分。① 云服务管理标准用于规范服务设计、服务部署、服务交付、服务运营、服务采购和云平台间的服务与数据迁移环节。② 现行以及制定中的五部标准：《信息技术 云计算 云服务级别协议基本要求》《信息技术 云计算 虚拟机管理通用要求》《信息技术 云计算 云资源监控通用要求》《信息技术 云计算 云服务交付要求》和《信息技术 云计算 云服务质量评价指标》分别从服务设计、部署、监控、交付、质量方面明确了相应标准化对象的管理内容与管理要求，以便服务提供商开展各项管理活动、保证服务质量，同时为服务需方与第三方机构提供服务使用和测评参考。此外，云计算综合标准化架构中的其他标准模块与服务标准相互关联，其中的管理标准模块主要涉及云计算（服务）的资源管理、质量管理、安全管理和运维管理等方面。在资源管理方面还可细分为终端资源、平台资源、数据资源、计算资源、存储资源以及网络资源六个方面的管理标准。其下现行的管理标准中，《信息技术 云计算 平台即服务（PaaS）应用程序管理要求》③提出了对 PaaS 应用程序管理流程中开发、部署、管理、配置、获取、迁移环节的管理规范要求；《信息技术 云数据存储与管理》系列标准则针对分布式关系数据库应用接口、基于 Key-Value 的云数据管理应用接口和分布式数据仓库应用接口三个主要数据管理内容的定义和通用要求展开。

此外，在云服务产品维度中，工业云服务管理标准体系的设计框架包含两个主要的管理模块：安全管理和服务管理。安全管理标准涵盖安全服务和安全技术两部分，而服务管理标准围绕服务目录、服务 SLA、服务计量与收费、服务质量、服务采购和使用指南展开。如电子政务云服务平台现行管理标准《基

---

① 中国电子工业标准化技术协会信息技术服务分会. 中国信息技术服务标准体系建设报告 4.0+[R/OL]. [2020-7-12]. http://www.itss.cn/itssNew_webmap/itssNew_Bookreport/2016/06/13/bd31a090531645d184b9d8dj8b615906.html.

② 杨丽蕴，王志鹏，刘娜. 云计算标准化工作综述[J]. 信息技术与标准化，2016(12)：4-11.

③ 中华人民共和国国家市场监督管理总局和中国国家标准化管理委员会. GB/T36327-2018. 信息技术 云计算 平台即服务（PaaS）应用程序管理要求[S]. 北京：中国标准出版社，2018.

于云计算的电子政务公共平台管理规范 第一部分 服务质量评估》①从评估体系构建，评估实施的组织、程序、结果及应用，质量与效率评测方法等方面对电子政务云平台事前、事中、事后质量监管提出了简要明确的阐述与指导要求。而其他待制定的电子政务云平台管理标准拟从服务度量计价、运行保障、平台管理和技术服务体系层面完善管理规范。

②智能服务管理标准。信息服务需方对于服务质量与体验的要求逐渐提升，通过现代信息技术和智能技术实现智能化服务有利于改善业务流程，提高服务实时反馈与运维管理效率。因此智能服务管理标准代表了目前信息服务标准中的一个极具发展潜力的标准化方向。目前智能技术的应用覆盖了农业、工业、金融、交通、教育、医疗护理、行政等十余个重大行业领域，衍生出了智慧城市、人工智能、物联网、自动驾驶、用户画像、电子健康记录等智能化服务，在国家的社会生产和政治经济发展变革中起着重大作用。

在信息技术服务标准体系中，ITSS 在能力维度上制定了智能服务通用要求标准，在业务维度上则规划了知识图谱、智能识别、智能控制和智能客户服务 4 类智能服务领域标准。该模块各标准包含的管理性内容如表 10-7 所示。

表 10-7 ITSS 体系 智能服务标准②

标准名称	主要内容	性质
信息技术服务 智能服务 第 1 部分：通用要求	明确了智能服务的总则、框架、内涵与界定，规定了智能服务的管理活动通用要求。	标准
信息技术服务 智能服务 第 2 部分：知识图谱服务要求	提供知识图谱服务管理规范的总则，定义了知识图谱的架构、方法、应用方向要求。	标准
信息技术服务 智能服务 第 3 部分：识别服务要求	提供智能识别服务管理规范的总则，定义了智能识别的架构、方法、应用方向要求。	标准

---

① 中华人民共和国国家质量监督检验检疫总局和中国国家标准化管理委员会. GB/T34077.1-2017 基于云计算的电子政务公共平台管理规范 第一部分 服务质量评估 [S]. 北京：中国标准出版社，2017.

② 中国电子工业标准化技术协会信息技术服务分会. 中国信息技术服务标准体系建设报告 4.0+ [R/OL]. [2020-7-12]. http://www.itss.cn/itssNew_webmap/itssNew_Bookreport/2016/06/13/bd31a090531645d184b9d8dj8b615906.html.

续表

标准名称	主要内容	性质
信息技术服务 智能服务 第4部分：控制服务要求	提供智能控制服务管理规范的总则，定义了智能控制的架构、方法、应用方向要求。	标准
信息技术服务 智能服务 第5部分：客户服务要求	提供利用智能手段建立客户服务管理规范的总则，定义了智能客户服务的规范与方法、应用方向要求等。	标准

在行政智能化服务智慧城市的标准体系中，管理类标准围绕提供政府信息平台的管理展开。如《智慧城市 公共信息与服务支撑平台 第2部分：目录管理与服务要求》①聚焦于公共信息资源的目录管理和目录服务，前者包含元数据管理、目录编制、目录发布、目录信息维护；后者包含目录订阅、服务管理（服务质量、服务满意度、服务报告、服务改进）、组织人员，标准用于为城市管理信息服务平台的设计、开发以及测试提供依据。

③其他信息技术服务标准。微观层面的网络化信息服务关键技术管理标准，除云服务和智能服务等面向技术应用服务的管理标准外，还有面向具体技术操作实施的管理规范，如移动互联网的服务管理标准和数据服务管理标准。

首先，移动互联网服务管理标准。国家工业与信息化部于2017年制定了《移动互联网综合标准化体系检索指南》②，提出要构建科学开放、协调配套、重点突出、融合创新的移动互联网标准体系，移动业务与应用标准是其中的重要组成部分，涵盖移动互联网应用、业务平台、服务等方面的标准用于规范移动互联网的服务应用、业务平台的架构以及数据接口的统一。2019年，全国信息安全标准化技术委员会提出的《信息安全技术 移动互联网应用（APP）收集个人信息基本规范（草案）》③中规定了对APP收集用户信息过程应满足的信息

① 中华人民共和国国家市场监督管理总局和中国国家标准化管理委员会. GB/T36622.2-2018. 智慧城市 公共信息与服务支撑平台 第2部分：目录管理与服务要求［S］. 北京：中国标准出版社，2018.

② 中国电子工业标准化技术协会信息技术服务分会. 中国信息技术服务标准体系建设报告4.0+［R/OL］.［2020-7-12］. http://www.itss.cn/itssNew_webmap/itssNew_Bookreport/2016/06/13/bd31a090531645d184b9d8dj8b615906.html.

③ 中国国家互联网信息办公室. 信息安全技术 移动互联网应用（APP）收集个人信息基本规范（草案）［EB/OL］.［2020-8-14］. http://www.cac.gov.cn/2019-08/08/c_1124853418.htm.

安全管理总体要求。其次，大数据服务管理标准。《信息技术 大数据 系统运维和管理功能要求》针对大数据系统化组件的服务化能力提出了服务管理功能层面的要求。SOA 技术标准《信息技术 SOA 技术实现规范 第 3 部分：服务管理》①涉及服务的资源管理、访问管理、监控管理和评价管理，对服务资源生命周期的管理控制，服务访问用户的身份鉴别，服务的授权管理和访问控制，服务运行期间的状态信息获取与配置操作管理，服务资源访问记录的审计和统计分析以及服务影响评价。

10.2.2 应用对象视角下的信息服务管理标准内容

服务管理活动中标准化对象包括资源对象、人员对象和过程对象三类（如图 10-2 所示）。其中，资源对象的范畴涵盖数据信息、IT 基础设施和应用系统等实体或数字资源，过程对象的范畴则包含事件、问题、变更、配置和发布管理等过程要素。在各行业领域，管理类标准在编制时针对不同的标准化对象会选择与之相适应的建设原则与方法框架，其标准内容也往往参照不同的要素进行编排，且根据各部分内容的重要程度在描述和分类细化上有所侧重。

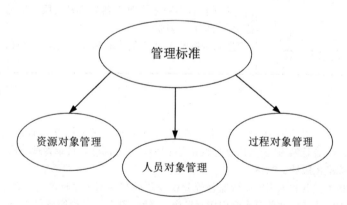

图 10-2 按照标准化对象划分的服务管理标准内容

在网络化信息服务管理类标准中，人员对象管理内容常被嵌入资源管理和

① 中华人民共和国国家质量监督检验检疫总局和中国国家标准化管理委员会. GB/T32419.3-2016. 信息技术 SOA 技术实现规范 第 3 部分：服务管理 [S]. 北京：中国标准出版社，2016.

过程管理标准中，或被划入机构内部工作标准和治理标准的范畴，因此本节集中讨论网络化信息服务管理标准中的资源对象管理内容与过程对象管理内容。

(1) 资源对象的管理标准内容

网络化信息服务管理标准面向的资源对象主要为外部的信息服务平台和应用软件，行业机构内部的生产业务类信息系统和数据中心，以及数据、文书档案等信息资源。该类对象管理标准涵盖的主要内容如表10-8所示。

表 10-8　信息服务管理标准 资源对象管理内容

管理对象	内容维度	相关标准文件
服务平台	平台门户管理 平台资源管理 平台传输管理 平台服务管理 平台运维管理 应用程序管理	《政府网站建设与管理规范》 《智慧城市 公共信息与服务支撑平台 第2部分：目录管理与服务要求》① 《物流公共信息平台应用开发指南 第7部分：平台服务管理》② 《基于公用通信网络的汽车信息化服务支撑平台总体要求》③
业务系统	系统建设管理 系统运维管控 系统性能测试 信息安全管理	《信息技术 社会服务管理 三维数字社会服务管理系统技术规范 第1部分：总则》④ 《信息安全技术 灾难恢复中心建设与运维管理规范》⑤

① 中华人民共和国国家市场监督管理总局和中国国家标准化管理委员会. GB/T36622.2-2018. 智慧城市 公共信息与服务支撑平台 第2部分：目录管理与服务要求［S］. 北京：中国标准出版社，2018.

② 中华人民共和国国家质量监督检验检疫总局和中国国家标准化管理委员会. GB/T22263.7-2010. 物流公共信息平台应用开发指南 第7部分：平台服务管理［S］. 北京：中国标准出版社，2010.

③ 中华人民共和国工业和信息化部. YD/T 2886-2015 基于公用通信网络的汽车信息化服务支撑平台总体要求［S］. 北京：中国邮电出版社，2015.

④ 中华人民共和国工业和信息化部. SJ/T11548.1-2015 信息技术 社会服务管理 三维数字社会服务管理系统技术规范 第1部分：总则［S］. 北京：中国邮电出版社，2015.

⑤ 中华人民共和国国家质量监督检验检疫总局和中国国家标准化管理委员会. GB/T30285-2013 信息安全技术 灾难恢复中心建设与运维管理规范［S］. 北京：中国标准出版社，2013.

续表

管理对象	内容维度	相关标准文件
信息资源	数据资产管理 数据治理管理 数据安全管理 数据评估	《信息技术服务 外包 第4部分：非结构化数据管理与服务规范》① 《信息技术服务 治理 第5部分：数据治理规范》② 《信息技术服务 数据资产 管理规范》(制定中) 《信息技术服务 数据服务 数据流通管理规范》(计划) 《气象信息服务单位服务文件归档管理规范》③

(2)过程对象的管理标准内容

网络化信息服务管理标准面向的过程对象主要为信息服务供应方的内部组织管理、信息服务外包项目管理以及信息服务供给过程中的服务管理。该类对象的信息服务管理标准包含的主要内容如表10-9所示。

表10-9 信息服务管理标准 过程对象管理内容

管理对象	内容维度	相关标准文件
组织管理	管理制度与体系 人员与资金管理 设施管理 文档与介质管理 保密管理	《信息安全技术 信息安全服务提供方管理要求》④ 《信息服务外包企业技术与管理规范》 《信息安全技术 电子认证服务机构运营管理规范》⑤

---

① 中华人民共和国工业和信息化部. SJ/T11445.4-2017 信息技术服务 外包 第4部分：非结构化数据管理与服务规范[S]. 北京：人民邮电出版社，2017.

② 中华人民共和国国家市场监督管理总局和中国国家标准化管理委员会. GB/T34960.5-2018 信息技术服务 治理 第5部分：数据治理规范[S]. 北京：中国标准出版社，2018.

③ 中国气象局. QX/T352-2016 气象信息服务单位服务文件归档管理规范[S]. 北京：中国标准出版社，2016.

④ 中华人民共和国国家质量监督检验检疫总局和中国国家标准化管理委员会. GB/T32914-2016. 信息安全技术 信息安全服务提供方管理要求[S]. 北京：中国标准出版社，2016.

⑤ 中华人民共和国国家质量监督检验检疫总局和中国国家标准化管理委员会. GB/T28447-2012 信息安全技术 电子认证服务机构运营管理规范[S]. 北京：中国标准出版社，2012.

续表

管理对象	内容维度	相关标准文件
	技术要求 协议管理 服务组合 供应链管理	《信息技术服务　服务管理　第 2 部分：实施指南》① 《农业社会化服务　农业信息服务组织（站点）基本要求》②
项目 管理	项目规划 项目执行 工具与平台 项目监控 项目变更与控制 项目沟通 项目交付与收尾	《信息安全技术　政府部门信息技术服务外包信息安全管理规范》③ 《信息技术服务　外包　第 4 部分：非结构化数据管理与服务规范》④ 《信息技术服务　外包　第 5 部分：发包方项目管理规范》⑤ 《烟草行业信息化工程监理服务管理规范》⑥
服务 管理	服务定义与原则 服务管理框架 服务策划 服务支持	《信息技术服务　服务管理　第 1 部分：通用要求》⑦ 《信息技术　服务管理　第 2 部分：作业规范》

---

①　中华人民共和国国家质量监督检验检疫总局和中国国家标准化管理委员会. GB/T36074.2-2018 信息技术服务　服务管理　第 2 部分：实施指南[S]. 北京：中国标准出版社，2018.

②　中华人民共和国国家质量监督检验检疫总局和中国国家标准化管理委员会. GB/T34804-2017 农业社会化服务　农业信息服务组织（站点）基本要求[S]. 北京：中国标准出版社，2017.

③　中华人民共和国国家质量监督检验检疫总局和中国国家标准化管理委员会. GB/T32926-2016. 信息安全技术　政府部门信息技术服务外包信息安全管理规范[S]. 北京：中国标准出版社，2016.

④　中华人民共和国工业和信息化部. SJ/T11445.4-2017 信息技术服务　外包　第 4 部分：非结构化数据管理与服务规范[S]. 北京：人民邮电出版社，2017.

⑤　中华人民共和国工业和信息化部. SJ/T11445.5-2018 信息技术服务　外包　第 5 部分：发包方项目管理规范[S]. 北京：人民邮电出版社，2018.

⑥　国家烟草专卖局. YC/T533-2015 烟草行业信息化工程监理服务管理规范[S]. 北京：中国标准出版社，2015.

⑦　中华人民共和国工业和信息化部. SJ/T11693.1-2017 信息技术服务　服务管理　第 1 部分：通用要求[S]. 北京：人民邮电出版社，2017.

续表

管理对象	内容维度	相关标准文件
	服务运营 服务监控 服务评估与改进	《信息技术服务 服务管理 第3部分：技术要求》① 《IT运维服务管理技术要求 第1部分：体系架构》②

10.2.3 应用科目视角下的信息服务管理标准内容

管理科目是对管理活动范畴的横向类目划分，是管理标准外部体系构建的重要依据。对于特定场景与对象，其必要或主要管理活动的标准化优先级较高，这一点可体现在标准体系的类目层级设置上。在标准体系建设的相关研究中，参照企业的生产经营管理活动，可将管理标准细分为管理基础标准、技术管理标准、经济管理标准、工作标准以及生产经营管理标准五类，继而从管理业务、管理程序、管理方法、管理成果评价与考核四个方面，综合分析管理标准的主要内容;③ 进而参照大数据信息价值链框架和数据生命周期，将管理标准划分为数据管理、运维管理和评估三大类目。④ 其中，数据管理标准包含数据管理能力模型和大数据生命周期处理过程的管理规范;运维管理标准包含大数据系统、技术产品等方面的运维及服务管理标准;评估标准则涵盖大数据解决方案的评估设计、数据管理能力成熟度的评估等。⑤ 在信息安全技术标准体系中，管理标准划分为管理基础、管理要素、管理技巧、工程与服务四个内容维度;⑥ 而在工业互联网综合标准化体系中，管理标准的作用对象是工业互联

---

① 国家市场监督管理总局和中国国家标准化管理委员会. GB/T36074.3-2019 信息技术服务 服务管理 第3部分：技术要求[S]. 北京：中国标准出版社，2019.

② 中华人民共和国工业和信息化部. YD/T1926.1-2009 IT运维服务管理技术要求 第1部分：体系架构[S]. 北京：人民邮电出版社，2009.

③ 李春田. 第四讲：标准化与管理——推动社会与自然和谐发展的艺术[J]. 中国标准化，2004(4)：64-68.

④ 张群，吴东亚，赵菁华. 大数据标准体系[J]. 大数据，2017，3(4)：11-19.

⑤ 中国电子技术标准化研究院. 大数据标准化白皮书（2018）[R]. 北京：全国信息技术标准化技术委员会大数据标准工作组，2018.

⑥ 李晓玉. 国内外信息安全标准研究现状综述[C]. 现代通信国家重点实验室、《信息安全与通信保密》杂志社. 第十一届保密通信与信息安全现状研讨会论文集. 现代通信国家重点实验室、《信息安全与通信保密》杂志社：四川信息安全与通信保密杂志社，2009：57-61.

网系统，因而其内容涵盖系统运行、服务、交易、分配、绩效等环节的管理活动规范。①

从管理科目的视角来看，信息服务管理标准的内容往往涉及采购管理、生产管理、安全管理、质量管理、人事管理、财务管理、风险管理、知识管理等多个方面，并依照不同的管理对象和管理事项进一步细化。以安全管理和质量管理为例，表 10-10 对其通常涵盖的内容维度进行了简要归纳。

表 10-10　信息服务管理标准 外部内容体系

管理对象	内容维度	相关标准文件
安全管理	数据安全 网络安全 服务安全 安全治理 安全审计	《信息技术服务 监理 部 4 部分：信息安全监理规范》② 《信息技术服务 服务数据安全》 《信息技术服务 服务安全审计》 《信息技术服务 数据管理 数据共享》(计划) 《信息技术　安全技术　信息安全事件管理　第 1 部分：事件管理原理》③ 《信息安全技术 金融信息服务安全规范》④ 《电信互联网数据中心(IDC)安全生产管理要求》⑤ 《信息安全技术 政府部门信息技术服务外包信息安全管理规范》⑥

①　中华人民共和国工业和信息化部. 国家标准化管理委员会. 工业互联网综合标准化体系建设指南［EB/OL］.［2020-8-14］. http://www. miit. gov. cn/n1146295/n1652858/n1652930/n3757016/c6667001/content.html.

②　中华人民共和国国家质量监督检验检疫总局和中国国家标准化管理委员会. GB/T19668.4-2017 信息技术服务 监理 第 4 部分：信息安全监理规范［S］. 北京：中国标准出版社，2017.

③　中华人民共和国国家质量监督检验检疫总局和中国国家标准化管理委员会. GB/T20985.1-2017 信息技术 安全技术 信息安全事件管理 第 1 部分：事件管理原理［S］. 北京：中国标准出版社，2017.

④　国家市场监督管理总局和中国国家标准化管理委员会. GB/T36618-2018 信息安全技术 金融信息服务安全规范［S］. 北京：中国标准出版社，2018.

⑤　中华人民共和国工业和信息化部. YD/T2949-2015 电信互联网数据中心(IDC)安全生产管理要求［S］. 北京：人民邮电出版社，2015.

⑥　中华人民共和国国家质量监督检验检疫总局和中国国家标准化管理委员会. GB/T32926-2016 信息安全技术 政府部门信息技术服务外包信息安全管理规范［S］. 北京：中国标准出版社，2016.

续表

管理对象	内容维度	相关标准文件
质量 管理	数据质量 服务质量 系统与软件质量	《信息技术服务 质量评价指标体系》① 《信息技术 云计算 云服务质量评价指标》② 《信息技术服务 数据资产 评估指南》(计划) 《农业社会化服务 农业科技信息服务质量要求》③

10.2.4　网络化信息服务管理标准内容的通用架构

通常在设计管理标准内部结构时，管理类别、内涵和管理活动要素是主要的考虑因素。如在《信息安全技术 信息安全服务提供方管理要求》④中，信息安全服务的管理要求分为通用管理原则、组织管理和项目管理三个部分：组织管理侧重于对服务供应机构内部的制度、资源、技术、供应链等方面的管理，项目管理聚焦于服务过程中的方案制订、工具与平台开发、变更与交付等关键节点的统筹。而在《信息安全技术 政府部门信息技术服务外包信息安全管理规范》⑤中，标准参照政府机构管理角色与职责，从外包服务管理活动的四个阶段：规划准备、机构与人员选择、运行监督、改进与完成方面提出信息安全管理要求。

管理标准会因为标准化对象的不同而设置不同的策划与运行控制内容模

---

① 中华人民共和国国家质量监督检验检疫总局和中国国家标准化管理委员会. GB/T33850-2017 信息技术服务 质量评价指标体系[S]. 北京：中国标准出版社，2017.

② 国家市场监督管理总局和中国国家标准化管理委员会. GB/T37738-2019 信息技术 云计算 云服务质量评价指标[S]. 北京：中国标准出版社，2019.

③ 中华人民共和国国家质量监督检验检疫总局和中国国家标准化管理委员会. GB/T33747-2017 农业社会化服务 农业科技信息服务质量要求[S]. 北京：中国标准出版社，2017.

④ 中华人民共和国国家质量监督检验检疫总局和中国国家标准化管理委员会. GB/T32914-2016. 信息安全技术 信息安全服务提供方管理要求[S/OL]. [2020-8-8]. http://www.gb688.cn/bzgk/gb/newGbInfo? hcno=14AFC709BDFE9E5EDCA4A991C9F93 938.

⑤ 中华人民共和国国家质量监督检验检疫总局和中国国家标准化管理委员会. GB/T32926-2016. 信息安全技术 政府部门信息技术服务外包信息安全管理规范[S/OL]. [2020-8-8]. http://www.gb688.cn/bzgk/gb/newGbInfo? hcno=3A93B0264FE28EA3E85C008 F98A3E7E8.

块，但一些常规要素是普遍相通的。本书通过分析在国际管理体系标准中广泛应用的典型架构——HLS 来阐述网络化信息服务管理标准的通用架构建设思路。目前超过半数的 ISO 管理体系标准部分或整体采用了 HLS 来帮助整合与编制标准内容，该架构也被国内信息服务管理标准所参照与采纳。

基于管理的共性和标准应用的一致性考虑，ISO MSS 于 2012 年在其附件 SL 中提出了一套管理体系标准的统一结构形式，该统一结构形式也被称作管理体系标准的高阶架构（High Level Structure，简称 HLS），该框架将管理标准内容划分为范围（Scope）、规范性引用文件（Normative References）、术语和定义（Terms and Definitions）、组织所处的环境（Context of the Organization）、领导作用和员工参与（Leadership and Worker Participation）、策划（Planning）、支持（Support）、运行（Operations）、绩效评价（Performance Evaluation）和改进（Improvement）10 个层面（详见表 10-11），并对后七个层面的 21 个核心概念进行了明确定义，以确保其在不同管理体系间含义一致和规范使用。目前 ISO MSS 计划基于用户调查对 HLS 实行进一步的修订，以保障其在揭示、归纳管理实践层面上的全面性、有效性和先进性。

表 10-11 HLS 核心框架

层级	主要内容范畴
背景	了解组织及其背景 了解相关方的需求和期望 确定管理体系的作用范围 确定管理体系框架
领导	领导与管理能力 策略方针 作用、职责与权力
策划	目标与实现目标的行动规划 应对风险和机遇所采取的措施
支持	资源 能力 专业认识 文件化信息
运行	运行的规划与控制 变更管理 外包管理

续表

层级	主要内容范畴
检查	监控、检测、分析与评估 内部审计 管理审查
改进	符合性与纠正措施 持续改进

ITSS 体系中的服务管理类标准《信息技术服务 服务管理 第2部分：实施指南》①是参照该高阶架构进行内容编排的典型案例（详见图 10-3）。

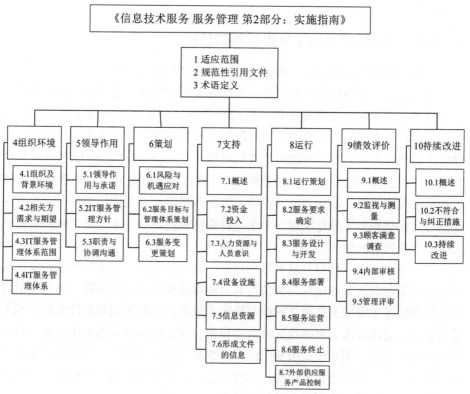

图 10-3 采用 HLS 的信息服务管理标准内容

---

① 中华人民共和国国家质量监督检验检疫总局和中国国家标准化管理委员会. GB/T36074.2-2018 信息技术服务 服务管理 第2部分：实施指南[S]. 北京：中国标准出版社，2018.

除了上述划分依据外，网络化信息服务管理标准的内容还可基于下列依据进行划分，例如按照标准内容的类型，可划分为管理术语和定义、管理规范性内容、管理规程性内容、管理指南、管理技术方法等；按照内容的应用环境，可划分为内部管理要求与外部管理要求；按照管理要素框架，可划分为管理主体要求、管理对象要求、管理行为要求、管理业务流要求。

总结而言，网络化信息服务管理标准的内容框架需要融合宏观与微观两个视角，明确信息服务涉及的管理领域和科目、确保对重点管理对象的全面覆盖，并借助一定的原则与逻辑对标准内容结构进行架构。基于文献调研和信息服务标准化建设现状调查，本书参照现有的信息服务标准体系和标准化理论，架构了网络化信息服务管理标准的层级框架，该框架的构建过程与内涵将在后文中详细阐述。

10.2.5　网络化信息服务管理标准的特征

现有的网络化信息服务管理标准可归纳出以下四点共性特征：

①指向性。管理标准一般是指达成高效管理工作的参考范例，其内容在尽量全面涵盖标准化对象管理事项的同时，会选择性地优先和着重阐述突出环节，以及具有重要发展潜力的管理对象或领域。该特征一方面体现为网络化信息服务管理标准对覆盖的管理对象及标准作用范围的明确区分。服务过程管理要求相关管理标准清楚地识别过程外部/内部的服务相关方。着眼于服务管理过程中资源的使用，追求人员、设备、方法和材料的有效使用。另一方面表现在网络化信息服务管理标准通过对重点管理活动的规范要求，为主体提供管理工作各事项的方向引领。①

②有效性。网络化信息服务管理标准一般与信息服务主体的管理业务层相对接，注重与信息服务流程的契合性和对服务管理活动的适用性。网络化信息服务管理标准中形成文件程序的强制性要求较少，粗略说明规范性流程、相关要素要求、适用方法工具的指导性内容较多，这给标准遵从的主体留出了较大的自由发展空间。例如信息服务组织可以根据其自身的服务产品和服务实施过程的特点，结合实际运作能力和内部管理水平，确定其策划、实施运行、控制信息服务管理体系过程所需的具体事项和工作安排。

③全程性。网络化信息服务管理标准是由相互关联和相互作用的过程构成的一个系统，因此管理标准的核心在于"过程"，需要特别关注各过程间的联

---

① 谢建方. 关于科研劳动测评的探讨[J]. 科研管理，1985(3)：65-73.

系性和相互作用。网络化信息服务管理标准在通用管理要求和具体技术、工具、系统平台管理要求中都倾向于覆盖其所处管理(子)环节的全流程,使得管理标准内容的逻辑性更强,相关性更好,从而达成信息服务全过程闭合管控的目的与需要。

　　④兼容性。网络化信息服务管理标准强调各分支管理体系只是组织管理体系的一个组成部分,因而其下管理类标准的内容需充分考虑与其他管理标准与管理标准体系的相容性,以期在标准参考采纳以及实际工作的标准遵从上与其他部分标准能够协调一致,共同指导相关主体的管理工作。

10.3　网络化信息服务管理标准的作用

　　在网络强国战略背景下,构建统一权威、科学高效的网络化信息服务管理标准体系和标准化工作机制是当前深化网络化服务、推动国家信息化建设与产业变革的重要保障。只有通过对信息服务各节点、各环节进行体系化和规范化管理,保证网络化信息服务管理标准体系内部与外部标准间的协调配套,才能促进服务业市场向稳定有序的方向健康发展,同时切实保障国家的重要信息与技术安全。

10.3.1　提高服务生产效率与保障质量

　　网络化信息服务管理标准的作用可从生产效率、服务质量、产业布局发展和管理水平的角度进行归纳。

(1)提高信息服务的生产效率

　　以企业的生产过程为例,往往存在具有重复性和规律性的生产步骤,而步骤的标准化管理,即通过标准来规定"什么时间开展什么事项",可以提高生产效率,降低管理成本。遵循信息服务管理标准有助于提高信息服务生产的管理水平与工作效率,并通过精简流程节省管理成本与开支。此外,在现有的信息服务管理标准中,还规定了信息服务外包情境下,不同生产部门或经营主体之间协作的方式。这样有助于提高信息服务产品生产与运行过程中的协作效率,明确多方的分工与责任划分,降低信息服务产品生产与运行过程中可能出现的摩擦与损失风险。

(2)保障信息服务的产品质量

服务质量是产品生产服务或服务业满足规定或潜在要求的特征和特性总和，同时也是消费者预期质量与感知质量的比较。如果企业在与客户的服务接触与交易过程中没有展现出良好的技术质量与职能质量，可能会降低客户对于服务质量的感知，并对企业的口碑与形象造成不良影响。生产和服务提供过程直接影响产品或服务的质量，因此服务质量的提高需要内部建立起有效的管理和支持体系。信息服务生产方通过遵循信息服务管理标准实施高质量的统一规范管理，有助于改善服务产品生产和传送计划与流程，确保信息服务产品生产与运行过程中执行的高效有序，提高客户对于服务供应方的信任度，从而保障信息服务产品质量。

10.3.2 建立服务秩序与促进产业发展

良好的服务秩序是网络信息资源组织与服务的重要保障，不仅关系到网络安全，而且直接影响信息服务的有序发展。

(1)建立协调高效的信息服务组织管理秩序

管理标准有利于管理经验的归纳、增加、普及和延续。网络化信息服务管理标准涉及具体信息服务活动的多个管理单元与环节，主要包含数据管理、服务管控、信息基础设施管理、机构治理、能力与治理评估等，其中的每一部分都对信息服务中特定类型对象的管理提出了规范性框架与必要要求。例如，数据管理标准用于帮助相关方厘清不同类型数据在采集、处理、存储、开放等环节中的责任主体，明确数据管理的程序、评估、考核等规范要求，为数据跨域共享和开发利用提供有效保障；服务管控类标准为信息服务的供应方和实施方的管理活动提供了规范和实践指南，并为服务生命周期全过程中的监督、风险防范与应急处理、质量评估等方面提供了指导和要求。

(2)促进信息服务产业的稳健发展

产业发展，标准先行。从国家层面来看，网络化信息服务管理标准与国家信息经济发展与数据安全的战略部署息息相关。网络化信息服务管理标准的制定与完善，可以对国家网络安全与信息服务相关法律法规的管理要求进行补充与细化，为信息技术行业的服务数据安全管理提供有力支撑，促进行业健康发展。从行业机构层面出发，网络化信息服务管理标准是引领信息服务相关方开展管理活动的实践指南,同时也是衡量服务能力与服务质量的尺度标杆。信息服务管理标准一方面可为信息服务供给方的服务管理环节提供适用性基准与参照依据,使其便于对内部与合作机构的管理与统筹工作进行规划;另一方面也可为信息服务需求方及第三方评审机构提供信息服务机构管理能力的考评框架,进而优化其信息服务的采选决策。① 网络化信息服务管理标准体系中的各部分标准,共同致力于通过科学完善的管理体系来推动主体服务能力与服务质量的提升,进而保障服务业市场的良好运作和国家的信息安全战略实施。

---

① 中国电子工业标准化技术协会信息技术服务分会. 中国信息技术服务标准体系建设报告 4.0+[R/OL]. [2020-7-12]. http://www.itss.cn/itssNew_webmap/itssNew_Bookre port/2016/06/13/bd31a090531645d184b9d8dj8b615906.html.

11　国家安全体制下网络化信息服务技术标准

当前社会对信息技术及信息产品的需求剧增，同时，动态网络环境下的信息技术结构趋于复杂、应用日益多元,① 大数据、云计算、物联网、人工智能、移动互联网等新一代信息技术作为通用技术在信息服务业领域被广泛应用，工业互联网、智慧城市等日趋成熟。在全球产业、技术竞争的态势下，技术标准尤其是兼容性/互操作性标准的重要性和作用日益凸显。技术标准的发展能够促进信息服务支撑技术的创新与转化应用，同时其对信息服务关键技术应用过程及其赋能维度的标准化管理，能有效提高行业机构的产品服务质量和生产率，进而降低服务成本，提升竞争力。

标准规范代表着信息技术的主流。在此背景下，制定适应技术发展和产业需求的信息服务技术标准、推进落实信息服务过程中技术标准化工作成为国家大力发展数字经济、建立国际信息产业竞争优势的重要手段。对于依托于网络技术环境的信息服务业而言，一方面，出于通过标准遵从提高自身服务、产品竞争力的考虑，信息服务机构积极参与推动相关标准的制定与变革；另一方面，信息服务的数据管理、服务实施、信息互联需要技术作为支撑，其服务数据的安全性、保密性、可控性也需要技术手段来实现和提升，因而建设紧跟信息技术发展前沿的信息服务技术标准具备现实意义和应用价值。

11.1　网络化信息服务技术标准的含义与目标

本章内容围绕网络化信息服务技术标准的含义与目标展开。首先通过对技

---

① 胡潜，曹高辉. 行业信息资源组织与服务技术的协调规划[J]. 信息资源管理学报，2013, 3(1)：32-37, 45.

术与技术标准相关定义的阐述，逐步明确网络化信息服务技术标准的具体含义；继而基于国家政策文件和标准化指南，对网络化信息服务技术标准的目标进行归纳。

11.1.1 网络化信息服务技术标准的含义

在信息服务领域，技术是指满足质量要求的信息服务应用的技术、具备的技术能力，以及支撑服务供给所需的技术分析方法、框架和流程。技术要素与"高效"紧密连接，是提高信息服务质量的重点考虑因素。在信息服务供给过程中，组织面临前沿技术和新技术应用、信息安全风险防范等多方面的新要求，服务提供方需要顺应技术发展趋势和用户需求，基于风险思维，使其服务各环节的核心技术储备、研发、应用符合一定的规范要求。

技术标准在国际标准化组织 ISO 的相关定义中是指"一种或一系列具有强制性要求或指导性功能，内容含有细节性技术要求和有关技术方案的文件，其目的是让相关的产品或者服务达到一定的安全标准或者进入市场的要求"。技术标准一般可分为"法定标准"和"事实标准"两类：前者是指由国际或国家标准化组织批准和发布的标准，后者是指由广泛实际应用所认可但未经任何标准化组织批准和发布的标准。目前，在信息技术领域中"事实标准"通常由一个或几个在信息产业界具有主导地位的服务商共同制定和遵守，① 是用于解决科学、技术或经济领域中常规问题的公认参考方案。事实性的技术标准由行业领域内多种经过大量实践验证的先进专利技术叠加而成，具有优越性和权威性，因而其提供的关键技术信息能够持续地引导行业开展生产活动、进行各环节的技术创新，进而加快生产环节的速率。而"法定标准"或称正式标准，是由官方或准官方标准设定机构批准制定实施的标准，也就是日常所说的国家标准、地区标准、行业标准等，是本书提及并讨论的标准类型。

在网络化信息服务业领域中，互联网、大数据等信息技术是主要的基础性支撑技术，该类技术不仅在服务过程中应用广泛，还衍生出了多种产品/服务实现形式。因而在已有的信息服务相关标准中，技术标准通常作为基础标准或其他标准的重要部分。例如《大数据标准化白皮书》中，大数据技术标准被总结为对大数据相关技术的规范，具体涵盖大数据集描述及评估、大数据处理生命周期技术、大数据开放与互操作、面向领域的大数据技术四个技术类层面的

---

① 相丽玲，马晓慧. 基于技术标准的信息产业竞争政策分析[J]. 情报杂志，2007 (5)：95-97.

标准集。在《人工智能标准化白皮书》①中设置了下分的关键技术标准体系，主要涵盖对机器学习、自然语言处理、人机交互、计算机视觉、虚拟现实、生物特征识别等相关人工智能关键技术的规范要求。

总的来说，技术标准一般借助主体、对象、服务行为、业务流构成的技术框架，围绕数据集描述、数字交换的互操作、数据生命周期处置等重要环节对主体或管理对象提出技术层面的基本要求、方法与指导建议。综合实际情况、相关标准体系的定义以及标准建设期望，网络化信息服务技术标准可以定义为在复杂的网络环境中，对机构在提供信息服务或支持第三方信息服务过程中应用技术的描述、要求、规范程序、方法和指导建议。

11.1.2 网络化信息服务技术标准的目标

基于《国家创新驱动发展战略纲要》《国家标准化体系建设发展规划（2016—2020 年）》等政策文件，国家在 2017 年出台了《"十三五"技术标准科技创新规划》②，并提出对国内技术标准研制发展的期望：加强科技对于技术标准水平提升的引领支撑作用，以技术标准切实促进科技成果转化应用、培育中国标准国际竞争新优势等。将技术标准发展蓝图转化为实践，往往需要完备的目标体系作为支撑。网络化信息服务技术标准的目标可基于以下分类视角进行阐述。

①按照宏观与微观视角划分。从宏观层面来看，网络化信息服务技术标准的目标是通过技术性规范的建设，促进信息服务业的技术研发与应用创新；提高信息服务组织的技术管理水平；督促信息服务相关方形成科学的技术安全观，改进安全技术和安全措施，对信息服务过程中的技术开发应用风险进行防控。从微观层面来看，网络化信息服务技术标准的目标建立在具体的标准建设过程中，表现为注重信息服务技术标准的创新性，保障相关技术标准与信息服务产业实践的结合性和兼容性。

②按照时间跨度视角划分。网络化信息服务技术标准的前期目标是建设起网络环境下信息服务的技术规范框架，对各信息服务的技术方案选择与实际应用提出指导建议与基础规范要求，并提出信息服务各环节技术方法实施效果的

① 中国电子技术标准化研究院. 人工智能标准化白皮书[R/OL]. [2020-8-12]. http://www.cesi.cn/201801/3545.html.

② 中国国家标准化管理委员会. "十三五"技术标准科技创新规划[EB/OL]. [2020-8-14]. http://http://www.sac.gov.cn/szhywb/sytz/201706/t20170622_247129.htm.

测试评估方法。基本满足行业信息服务开展的安全和管理需要，推进标准在重点企业、重要技术领域中的应用、实施与改进。网络化信息服务技术标准的后期目标是健全完善网络环境下的信息服务的技术基础标准体系，提高标准技术水平、应用水平和国际化水平,① 切实促进行业信息服务相关技术的成熟应用，进而推动其服务能力和管理能力的提升。

网络化信息服务技术标准的目标体系与信息业技术发展紧密联系，有力推动了信息服务技术标准的发展与建设。

11.2　网络化信息服务技术标准的内容与特征

技术标准是针对技术领域制定的标准，它规定了一系列关于产品、相关技术以及工艺的特性与参数规范，并在一定范围的行业内得到广泛认可与达成遵循的共识。② 因此，网络化信息服务技术标准的内容须与现下的产业经济状况紧密相连，与当前正得到普遍运用的技术手段紧密相连，与决定未来科技发展方向的前沿技术紧密相连。

相较于大多数已经经历过较长时间发展更新的传统产业来说，信息服务产业作为互联网时代新兴的一个庞大产业，无论在生产工具、生产关系还是产出品方面，都具有其独特性，并且信息服务产业的发展方向与竞争重心正逐步由提供"产品和技术"向提供"应用和服务"转变，随着技术升级的迅速进行，技术业务创新引发产业价值链不断延伸，涌现了越来越多基于信息服务的跨界业务模式，基于创新业务模式的技术整合越来越明显地发挥了行业和产业改造中坚力量的作用,③ 信息服务产业已然与其他各产业进行着愈加紧密的深度融合。这就决定了网络化信息服务技术标准的内容需要从当前的产业信息化与网络化现状出发，并将标准内容的技术导向提高到信息服务产业标准战略的高度。

信息服务产业正在步入快速迭代的加速发展时期，信息服务技术标准的制

---

① 中国电子工业标准化技术协会信息技术服务分会. 中国信息技术服务标准体系建设报告 4.0+[R/OL]. [2020-7-12]. http://www.itss.cn/itssNew_webmap/itssNew_Bookrep-ort/2016/06/13/bd31a090531645d184b9d8dj8b615906.html.

② 吕铁. 论技术标准化与产业标准战略[J]. 中国工业经济，2005(7)：43-49.

③ 中国电子工业标准化技术协会信息技术服务分会. ITSS 体系建设报告[EB/OL]. [2020-7-25]. http://www.itss.cn/itssNew_webmap/itssNew_Bookreport/2016/06/13/bd31a090531645d184b9d8dj8b615906.htm.

定和实施是实现信息服务质量目标化、服务方法规范化、服务过程程序化，以及确立竞争优势的重要手段。① 结合当前我国已有和正在进行的有关信息服务产业的技术标准研制成果与计划，以及第四次工业革命的国际竞争环境，本节总结了网络化信息服务技术标准应当包含的主要内容，对于把握新一代信息技术标准发展态势，制定信息服务产业技术标准战略，促进我国信息服务行业稳定、安全、可靠发展具有纲领性意义。

一般来讲，技术标准主要按照国家标准与行业标准来进行区分，两者在内容涵盖上各有侧重，具备不同层面上的指导意义。技术标准归根结底是对生产公共物品的经济活动全过程进行技术层面的规范约束，根据公共物品的属性和形成过程可将技术标准分为非产品类标准和产品要素标准：非产品类标准主要是对基于公共利益的技术基础设施提出的标准，这类标准往往是由政府或相关标准化组织制定，而且大多数属于强制性标准；产品要素标准则常常是在某一领域的技术升级与市场竞争过程中，出现了某一个或数个强势厂商主导了整个行业的标准制定，从而迫使其他厂商接受其专有技术，进而形成事实标准。② 由科技部、质检总局、国家标准委联合发布的《"十三五"技术标准科技创新规划》（国科发基［2017］175 号）③文件中，也将当前科技革命与产业变革环境下的技术标准分为两大类，一类是基础通用与公益标准，围绕国家基础保障和治理能力提升对技术标准的需求，开展能源与资源节约、环境保护、卫生健康、重要领域安全、社会管理和公共服务等方面技术标准研制工作；另一类则是重大产业共性技术标准，包括农业、制造业、战略性新兴产业等领域共性技术标准研制，开展重要产业领域综合标准化研究。

虽然目前还没有正式文件对网络化信息服务技术标准的内容框架作出规定，学术界也还未针对这一问题的具体内涵达成共识，但根据常用的标准分类方式和现有的技术标准创新规划文件，以及学者的相关概念辨析与理论探索，结合信息服务产业的技术应用特点，可以将网络化信息服务技术标准的内容分为三大部分：基础设施标准、信息处理过程中的关键共性技术标准以及重点领域层面的热门技术标准。

---

① 中国电子工业标准化技术协会信息技术服务分会. ITSS 体系建设报告［EB/OL］.
［2020-7-25］. http://www.itss.cn/itssNew_webmap/itssNew_Bookreport/2016/06/13/bd31a090
531645d184b9d8dj8b615906.html.

② 吕铁. 论技术标准化与产业标准战略［J］. 中国工业经济，2005（7）：43-49.

③ 中华人民共和国中央人民政府.《"十三五"技术标准科技创新规划》解读［EB/OL］.
［2020-8-10］. http://www.gov.cn/zhengce/2017-06/27/content_5205900.htm.

11.2.1 技术标准体系中的基础设施标准

在 2014 年 2 月 27 日召开的中央网络安全和信息化领导小组第一次会议上，国家正式提出了关键信息基础设施的概念，并在 2017 年 6 月 1 日正式实施的《网络安全法》中第三章第二节规定了关键信息基础设施的运行安全，包括关键信息基础设施的范围、保护的主要内容等。2019 年 12 月 3 日，全国信息安全标准化技术委员会秘书处在北京组织召开了国家标准《信息安全技术 关键信息基础设施网络安全保护基本要求》(报批稿)①试点工作启动会，该标准是国家在网络安全等级保护制度的基础上，对公共通信和信息服务、能源、交通、水利、金融、公共服务、电子政务等重要行业和领域，以及其他一旦遭到破坏、丧失功能或者数据泄露，可能严重危害国家安全、国计民生、公共利益的关键信息基础设施，实行重点保护的详细标准措施。

关键信息基础设施的安全保护应遵循重点保护、整体防护、动态风控、协同参与的基本原则，建立网络安全综合防御体系，主要包括识别认定、安全防护、检测评估、监测预警和事件处置五个环节。

①识别认定，指服务运营者配合保护工作部门，按照相关规定开展关键信息基础设施识别和认定活动，围绕关键信息基础设施承载的关键业务，开展业务依赖性识别、风险识别等活动；②安全防护，指服务运营者根据已识别的安全风险，实施安全管理制度、安全管理机构、安全管理人员、安全通信网络、安全计算环境、安全建设管理、安全运维管理等方面的安全控制措施，确保关键信息基础设施的运行安全；③检测评估，指为检验安全防护措施的有效性、发现网络安全风险隐患，服务运营者制定相应的检测评估制度，确定检测评估的流程及内容等要素，并分析潜在安全风险可能引起的安全事件；④监测预警，指服务运营者制定并实施网络安全监测预警和信息通报制度，针对即将发生或正在发生的网络安全事件或威胁，提前或及时发出安全警示；⑤事件处置，指对网络安全事件进行处置，并根据检测评估、监测预警环节发现的问题，服务运营者制定并实施适当的应对措施，恢复由于网络安全事件而受损的功能或服务。

基础设施标准作为网络化信息服务技术标准体系中的基层标准，规定了信息服务技术应用场景中的设备条件、网络体系、工程环境等多方面的衡量与管

---

① "国家标准《信息安全技术 关键信息基础设施网络安全保护基本要求》(报批稿)试点工作启动会"在京召开[J]. 信息网络安全, 2020, 20(1): 96.

理标准，目的是实现利用信息技术开展服务过程中设备接口统一、信息交流通畅以及网络生态和谐。在网络化信息服务技术标准中，根据信息服务技术的特征和实际应用环境，基础设施标准应包含以下三个方面的内容，分别是硬件设备标准、网络技术标准和软件设备标准。

（1）硬件设备标准

网络化信息服务技术涉及的硬件设备可在广义上理解为计算机硬件，即开展信息服务需要依托的计算机系统中有形的物理设备，是由电子、机械和光电元件等组成的各种物理装置的总称。这些物理装置按系统结构的要求构成一个有机整体，为计算机软件运行提供物质基础，其构成主要包括运算器、控制器、存储器、输入设备和输出设备等五个逻辑部件，其整体功能是输入并存储程序和数据，并执行程序，将数据加工成可以利用的形式。

对于网络化信息服务技术基础设施标准中的硬件标准，在常规计算机硬件系统的理解上，结合网络化信息服务技术应用的实际特点，除了关注到硬件设备内在的组件构成部分，如前文提及的输入设备、存储设备、输出设备、网络安全设备等，还要考虑到硬件设备所处的外在环境方面的标准管控，如机房的布置和灾备中心的建设等。

我国在信息服务技术相关的硬件设备标准方面已做出了一些工作，对硬件设备进行了基础标准的布局。2019年12月29日，中国电子在海南发布了《PK体系标准（2019年版）》及《PKS安全体系》，工信部、中国工程院、公安部、中国科学院信息工程研究所等专业机构院士和专家评审鉴定认为，《PK体系标准（2019年版）》应是国内首个中国计算机软硬件基础体系标准。PK体系，指以飞腾"Phytium处理器"和麒麟"Kylin操作系统"为核心的中国计算机软硬件基础体系，被誉为"中国芯片"和"最强大脑"联合建立的具有时代性、安全性、可靠性的"中国构架"。中国电子科技委委员王定健表示，PK体系标准化是发展完善"中国构架"的必由之路，其最大价值在于制定了行业自我约束规范与技术路线，为网络强国提供战略支撑。

PK体系标准具体包含参考框架、参考板、操作系统、外设接口、工程服务、安全等方面4大类8小类15项标准，为基于PK体系在板卡设计、软件开发、项目实施等方面的操作与应用，提供参考指南。其中，参考板、外设接口、工程服务等类子标准对计算机硬件部分的设置与安全管理作出了详细规定，形成了计算机硬件体系部分的基本标准框架。

另外，在信息服务技术应用的多个环节与场景，国家都制定并施行了有关计算机与服务器等硬件设备的标准，如表 11-1 所示：

表 11-1　硬件设备标准

序号	标准名称	主要内容	标准级别
1	信息安全技术 信息技术产品安全可控评价指标 第 5 部分：通用计算机①	本标准规定了通用计算机产品的相关概念，并给出了安全可控评价的指标项及相应的评价方法。	国家标准
2	硬件产品与操作系统兼容性规范②	本标准定义了硬件产品与操作系统的兼容级别、驱动程序要求、兼容性要求与测试报告要求。	国家标准
3	信息安全技术 计算机终端核心配置基线结构规范③	本标准规定了计算机终端核心配置基线的基本要素，规范了基于 XML 的核心配置基线标记规则，并给出了核心配置基线应用方法实例。本标准适用于计算机终端的核心配置自动化工作，包括计算机终端核心配置自动化工具的设计、开发和应用。	国家标准
4	计算机通用规范 第 3 部分：服务器④	本标准规定了含 1 个至 4 个中央处理器服务器的技术要求、试验方法、质量评定程序及标志、包装、运输、贮存等要求。	国家标准
5	信息安全技术 政府联网计算机终端安全管理基本要求⑤	本标准规定了计算机终端安全总体要求、人员管理要求、资产管理要求、软件管理要求、接入安全要求、运行安全要求	国家标准

---

① 国家标准化管理委员会. GB/T36630. 5-2018 信息安全技术　信息技术产品安全可控评价指标　第 5 部分：通用计算机［S/OL］. 北京：中国标准出版社，2018.

② 国家标准化管理委员会. GB/T36441-2018 硬件产品与操作系统兼容性规范［S/OL］. 北京：中国标准出版社，2018.

③ 国家标准化管理委员会. GB/T35283-2017 信息安全技术　计算机终端核心配置基线结构规范［S/OL］. 北京：中国标准出版社，2018.

④ 国家标准化管理委员会. GB/T9813. 3-2017 计算机通用规范第 3 部分：服务器［S/OL］. 北京：中国标准出版社，2018.

⑤ 国家标准化管理委员会. GB/T32925-2016 信息安全技术 政府联网计算机终端安全管理基本要求［S/OL］. 北京：中国标准出版社，2018.

续表

序号	标准名称	主要内容	标准级别
6	计算机通用规范 第1部分：台式微型计算机①	本标准规定了台式微型计算机的技术要求、试验方法、质量评定程序及标志、包装、运输和贮存等	国家标准
7	计算机通用规范 第2部分：便携式微型计算机②	本标准规定了便携式微型计算机的技术要求、试验方法、质量评定程序及标志、包装、运输和贮存等	国家标准

（2）网络技术标准

基础设施标准体系中的网络技术标准，是信息服务技术应用环境中涉及计算机网络技术的标准。计算机网络技术是通信技术与计算机技术的结合，计算机网络将按照网络协议，将地理位置不同的多台计算机系统及其外部网络通过通信介质互联，在网络操作系统和网络管理软件及通信协议的管理和协调下，实现资源共享和信息传递的系统。制定信息服务技术标准下的网络技术标准，需要从网络技术的关键点出发，如网络结构、网络节点、网络协议、网络接入、网络安全、资源管理、信息集成等方面。目前我国在网络体系结构、网络工程建设、网络安全技术等方面皆有标准化工作布局，如表11-2所示：

表 11-2 网络技术标准

序号	标准名称	主要内容	标准级别
1	信息安全技术 可信计算 可信计算体系结构③	本标准首次以标准化、体系化的形式定义了可信计算体系结构，描述了可信计算节点构成、节点中可信防护部件功能和工作模式，其主要目标是指导可信计算节点的设计、开发和应用。	国家标准

---

① 国家标准化管理委员会. GB/T9813.1-2016 计算机通用规范 第1部分：台式微型计算机[S/OL]. 北京：中国标准出版社，2018.

② 国家标准化管理委员会. GB/T9813.2-2016 计算机通用规范 第2部分：便携式微型计算机 [S/OL]. 北京：中国标准出版社，2018.

③ 国家标准化管理委员会. GB/T38638-2020 信息安全技术 可信计算 可信计算体系结构[S/OL]. 北京：中国标准出版社，2018.

续表

序号	标准名称	主要内容	标准级别
2	信息技术 传感器网络 第1部分：参考体系结构和通用技术要求①	本标准给出了传感器网络的系统参考体系结构，规定了传感器网络通用技术要求。本部分适用于指导传感器网络系统的设计、开发和应用。	国家标准
3	信息技术 面向服务的体系结构(SOA) 术语②	本标准界定了信息技术中面向服务的体系结构领域通用术语及其定义。	国家标准
4	信息安全技术 网络安全等级保护定级指南③	本标准规定了网络安全等级保护的定级方法和定级流程。本标准适用于指导网络运营者开展等级保护对象的定级工作。	国家标准
5	信息安全技术 网络安全管理支撑系统技术要求④	本标准规定了网络安全管理支撑系统的技术要求，包括系统功能要求、自身安全性要求和安全保障要求。本标准适用于网络安全管理工作的支撑系统的规划、设计、开发和测试。	国家标准
6	信息安全技术 基于IPSec的IP存储网络安全技术要求⑤	本标准规定了利用IPSec保护IP存储网络安全的技术要求，主要涉及了iSCSI、iFCP、FCIP等协议和因特网存储名称服务。本标准适用于IP存储网络安全设备的研制、生产和测试。	国家标准

---

① 国家标准化管理委员会. GB/T30269.1-2015 信息技术 传感器网络 第1部分：参考体系结构和通用技术要求[S/OL]. 北京：中国标准出版社，2018.

② 国家标准化管理委员会. GB/T29262-2012 信息技术 面向服务的体系结构(SOA)术语 [S/OL]. 北京：中国标准出版社，2018.

③ 国家标准化管理委员会. GB/T22240-2020 信息安全技术 网络安全等级保护定级指南[S/OL]. 北京：中国标准出版社，2018.

④ 国家标准化管理委员会. GB/T38561-2020 信息安全技术 网络安全管理支撑系统技术要求[S/OL]. 北京：中国标准出版社，2018.

⑤ 国家标准化管理委员会. GB/T33131-2016 信息安全技术 基于IPSec的IP存储网络安全技术要求[S/OL]. 北京：中国标准出版社，2018.

续表

序号	标准名称	主要内容	标准级别
7	信息技术 安全技术 IT 网络安全 第 2 部分：网络安全体系结构①	本标准规定了用于提供端到端网络安全的网络安全体系结构。	国家标准

（3）软件设备标准

与硬件设备相对，网络化信息服务技术应用过程中涉及的软件设备或工程是一系列按照特定顺序组织的数据和指令，是计算机基础设施中的非有形部分。软件设备标准围绕着软件工程的建设流程展开，包括软件工程的系统规划、需求编制、开发测试、质量检测、运行维护等多个环节，对于当前兴起的软件工程外包服务项目也要进行整个过程的标准化管理。

软件工程标准化的工作首先是从军事领域开始，逐渐发展到民用软件。在国际上，国际组织 ISOTC97 设立了专业的委员会，率先开展软件工程标准制定研究，美国电气和电子工程师学会最早进行软件工程标准体系的探索。而我国的软件工程标准化工作在 1984 年起步，成立了全国计算机信息技术处理委员会，目前已构建了成熟的软件工程国家标准体系。

软件工程国家标准分为六大类：①专业基础标准，包括软件工程术语、计算机软件分类与代码、软件工程标准分类法等部分；②过程标准，包括信息技术软件生存周期过程、计算机软件产品开发文件编制指南、需求说明和测试文件编制指南规范、软件维护指南等内容；③软件质量，包括计算机软件质量保证计划规范、信息技术软件包质量要求和测试、信息技术系统及软件完整性级别等内容；④技术与管理，包括软件工程产品评价中的策划和管理、开发者用的过程、需方用的过程、评价者用的过程等内容；⑤工具与方法，包括软件支持环境、信息技术软件工程 CASE 工具的采用指南等内容；⑥数据，包含信息处理数据流程图、程序流程图、系统流程图、程序网络图等文件编制符号及约定等内容。部分标准详情如表 11-3 所示：

---

① 国家标准化管理委员会. GB/T25068. 2-2012 信息技术 安全技术 IT 网络安全 第 2 部分：网络安全体系结构［S/OL］. 北京：中国标准出版社，2018.

表 11-3 软件工程标准

序号	标准名称	主要内容	标准级别
1	系统与软件工程 软件测试 第1部分：概念和定义①	本标准规定了软件测试的概念和定义。	国家标准
2	系统与软件工程 软件测试 第2部分：测试过程②	本标准规定了用于治理、管理和实施任何组织、项目或较小规模测试活动的软件测试的测试过程，定义了软件测试通用过程，给出了描述过程的支持信息图表。	国家标准
3	信息安全技术 应用软件安全编程指南③	本标准提出应用软件安全编程的通用框架，从提升软件安全性的角度对应用软件编程过程进行指导。本标准适用于客户端/服务器架构的应用软件开发。	国家标准
4	系统与软件工程 系统与软件质量要求和评价(SQuaRE)第23部分：系统与软件产品质量测量④	本标准基于 GB/T25000.10-2016 定义的特性和子特性，规定了用于量化评价系统与软件产品质量的测度。	国家标准
5	信息技术服务 监理 第5部分：软件工程监理规范⑤	本标准规定了软件工程监理在规划设计、招标、设计、实施、验收阶段的监理要求、监理服务内容和要点以及监理文档要求。	国家标准

---

① 国家标准化管理委员会. GB/T38634.1-2020 系统与软件工程 软件测试 第1部分：概念和定义[S/OL]. 北京：中国标准出版社，2018.

② 国家标准化管理委员会. GB/T38634.2-2020 系统与软件工程 软件测试 第2部分：测试过程[S/OL]. 北京：中国标准出版社，2018.

③ 国家标准化管理委员会. GB/T38674-2020 信息安全技术 应用软件安全编程指南[S/OL]. 北京：中国标准出版社，2018.

④ 国家标准化管理委员会. GB/T25000.23-2019 系统与软件工程 系统与软件质量要求和评价(SQuaRE) 第23部分：系统与软件产品质量测量[S/OL]. 北京：中国标准出版社，2018.

⑤ 国家标准化管理委员会. GB/T19668.5-2018 信息技术服务 监理 第5部分：软件工程监理规范[S/OL]. 北京：中国标准出版社，2018.

续表

序号	标准名称	主要内容	标准级别
6	信息技术服务 外包 第 1 部分：服务 提 供 方 通 用 要 求①	本标准规定了对信息技术外包服务提供方的外包服务能力、人员、资源、技术和过程等方面的通用要求。	国家标准
7	信息技术服务 外包 第 2 部分：数据保护要求②	本标准规定了信息技术外包服务中数据保护所涉及的数据生命周期、数据主体权利、数据管理者、数据管理、管理机制、数据获取、数据处理、安全管理、过程管理、应急管理等方面的基本规则和要求。	国家标准

11.2.2　技术标准体系中的信息技术标准

信息技术也称信息通信技术，是以电子计算机和现代通信为主要手段，实现信息的获取、存储、加工、传递和利用等功能的技术总和。信息技术标准化则是围绕信息技术开发、信息产品的研制和信息系统建设、运行与管理而开展的一系列标准化工作。随着互联网时代的深入发展，软件和信息技术服务业逐渐成为我国基础性、支撑性产业之一，因此，我国一向重视信息技术标准化工作，大力推动实施标准化战略，尤其在全面建成小康社会和"十三五"规划收官之年的 2020 年，国家标准委发文强调要持续深化标准化工作改革，大力推进标准制度型开放，加快构建推动高质量发展的标准体系。

我国在《中华人民共和国标准化法》《中华人民共和国标准化法实施条例》《国家标准管理办法》《行业标准管理办法》等法律法规指导下，形成了以政府为引导、企业为主体的标准化运行机制，并且，在标准研制过程中遵循世界贸易组织的规则，积极借鉴国际标准和国外先进标准，坚持公平、公开、协商一致的原则，组建了统筹管理组织与各分部的专业技术小组，由国家标准化管理委员会统一管理和发布国家标准，信息产业部则负责信息产业行业标准的制定

---

①　国家标准化管理委员会. GB/T33770.1-2017 信息技术服务 外包 第 1 部分：服务提供方通用要求［S/OL］. 北京：中国标准出版社，2018.

②　国家标准化管理委员会. GB/T33770.2-2019 信息技术服务 外包 第 2 部分：数据保护要求［S/OL］. 北京：中国标准出版社，2018.

管理和发布，中国电子技术标准化研究所和中国电子技术标准化协会负责组织信息技术领域的国家标准和行业标准起草，另外，还有各专业技术委员会和信息产业部电子标准工作组提供信息技术标准体系构建的技术支持，包括 Linux 标准工作组、数据库标准工作组、AVS 标准工作组、RFID 标准工作组等。我国信息技术标准化工作的目标是紧密围绕国家信息化建设，建立资源节约型和环境友好型社会，在信息技术领域内建设成体系的具有自主知识产权的技术标准，提升产业自主创新能力。

信息技术内涵复杂且分类角度多样，其标准的制定主要按照由粗到细、由面到点的逻辑展开组织。本节将从交互技术标准、数据标准、信息安全技术标准等方面来阐述当前信息技术标准的主要内容和现有的代表性标准。

（1）交互技术标准

信息交互即发出信息和接收信息的活动，一般涉及六个组成部分：信息源、信息、信息传递的通道或网络、接收者、反馈、干扰。在信息技术领域中，信息交互可以是人和智能人造物之间的文本识别、语音识别、语义识别、视觉识别、脑神经识别等，也可统称为 AI 人机交互技术。根据人与系统之间进行交流操作所使用的自然感官类型，交互技术可分为触控交互、声控交互、动作交互、眼动交互、虚拟现实输入、多模式交互等技术内容。从 AI 人机交互的处理流程来看，人机交互的关键技术主要有：①信息采集技术，涉及的信息源有语音、图形、脑电波等；②输入信息的处理技术，即对语音的发音、语种、音调、语法，图形物体的静态与动态特征，脑电波信号的频率、波形、强度等信息特征的识别和描述；③意图分析和理解技术，对识别出来的信息特征进行带有目的性的推理和分析；④知识构建和学习体系，包括搜索技术、数据挖掘、知识获取、机器学习等技术内容；⑤整合通信技术，通过跨平台和移动客户端等方式处理并展示信息消息集群；⑥云计算技术，即海量数据的分布式存储和统计分析。

在《国家新一代人工智能标准体系建设指南》①中指出，人机交互标准应规范人与信息系统多通道、多模式和多维度的交互途径、方法和技术要求，解决语音、手势、体感、脑机等多模态交互的融合协调和高效应用问题，确保高

---

① 中华人民共和国中央人民政府. 五部门关于印发《国家新一代人工智能标准体系建设指南》的通知［EB/OL］.［2020-8-10］. http://www.gov.cn/zhengce/zhengceku/2020-08/09/content_5533454.htm.

可靠性和安全性交互模式，标准要包含智能感知、动态识别、多模态交互三个部分的内容。另外，在交互技术的上游技术领域，如自然语言处理、智能语音识别、计算机视觉、生物特征识别、虚拟现实/增强现实等，交互技术标准也作出了整体的内容要求把控。

例如，自然语言处理标准要规定自然语言处理基础、信息提取、文本内容分析等方面的技术要求，解决计算机理解和表达自然语言过程中的数据、分析方法和语义描述的一致性问题，标准内容需包括语言信息提取、文本处理、语义处理、应用扩展四个部分；智能语音标准要规范人机语言通信的技术和方法，确保语音识别、语音合成及其应用的准确性、一致性和高效可用性，标准内容需包括语音设施设备、语音处理、语音识别、语音合成、语音接口五个部分；计算机视觉标准要规定计算机及视觉感知设备对目标进行检测、识别、跟踪的技术要求，标准内容需包括视觉设施设备、数据及模型、图像识别与处理三个部分；生物特征识别标准要规范计算机利用人体固有生理特征或行为特征进行个人身份鉴定的技术要求；虚拟现实/增强现实标准要规范为用户提供视觉、触觉、听觉等多感官信息一致性体验的通用技术要求。部分标准情况如表11-4所示：

表 11-4 交互技术标准

序号	标准类型	标准名称	主要内容	标准级别
1	智能语音	信息技术 智能语音交互系统 第1部分：通用规范①	本标准给出了智能语音交互系统通用功能框架，规定了语音交互界面、数据资源、前端处理、语音处理、服务接口、应用业务处理等功能单元要求。	国家标准
2		信息技术 智能语音交互系统 第2部分：智能家居②	本标准规定了智能家居语音交互系统的术语和定义、系统框架、要求和测试方法。	国家标准

---

① 国家标准化管理委员会. GB/T36464.1-2020 信息技术 智能语音交互系统 第1部分：通用规范[S/OL]. 北京：中国标准出版社，2018.

② 国家标准化管理委员会. GB/T36464.2-2018 信息技术 智能语音交互系统 第2部分：智能家居[S/OL]. 北京：中国标准出版社，2018.

序号	标准类型	标准名称	主要内容	标准级别
3	智能语音	中文语音识别互联网服务接口规范①	本标准规定了中文语音识别系统在互联网环境下提供服务的能力范围、输入数据、输出数据、服务接口、接口返回值要求等。	国家标准
4	计算机视觉	人-系统交互工效学 第307部分：电子视觉显示器的分析和符合性试验方法②	本标准规定了多种视觉显示技术、显示任务和使用环境的分析和符合性试验方法。	国家标准
5	生物特征识别	信息安全技术 基于生物特征识别的移动智能终端身份鉴别技术框架③	本标准规定了基于生物特征识别的移动智能终端身份鉴别的技术框架，包括技术架构、业务流程、功能要求和安全要求。	国家标准
6		信息技术 移动设备生物特征识别 第3部分：人脸④	本标准给出了移动设备人脸识别系统的技术架构，规定了移动设备人脸识别的业务流程、功能要求、性能要求和安全要求。	国家标准
7		信息技术 移动设备生物特征识别 第1部分：通用要求⑤	本标准规定了移动设备生物特征识别的技术架构、通用流程、功能要求和安全要求。	国家标准

---

① 国家标准化管理委员会. GB/T34083-2017 中文语音识别互联网服务接口规范［S/OL］. 北京：中国标准出版社，2018.

② 国家标准化管理委员会. GB/T18978.307-2015 人-系统交互工效学 第307部分：电子视觉显示器的分析和符合性试验方法［S/OL］. 北京：中国标准出版社，2018.

③ 国家标准化管理委员会. GB/T38542-2020 信息安全技术基于生物特征识别的移动智能终端身份鉴别技术框架［S/OL］. 北京：中国标准出版社，2018.

④ 国家标准化管理委员会. GB/T37036.3-2019 信息技术 移动设备生物特征识别 第3部分：人脸［S/OL］. 北京：中国标准出版社，2018.

⑤ 国家标准化管理委员会. GB/T37036.1-2018 信息技术 移动设备生物特征识别 第1部分：通用要求［S/OL］. 北京：中国标准出版社，2018.

（2）数据标准

数据标准是保障数据的内外部使用和交换的一致性和准确性的规范性约束。① "数据标准"并不是一个专有名词，而是一系列"规范性约束"的抽象。但是，数据标准的具体形态通常是一个或多个数据元的集合，数据元是用一组属性描述定义、标识、表示和允许值的数据单元，即数据元是数据标准的基本单元。②

数据标准是进行数据标准化、消除数据业务歧义的主要参考和依据。本节中的数据标准，是指在网络化信息服务技术标准环境下的数据标准，主要对信息技术应用各环节中有关数据互操和数据接口等内容方面进行标准化研究。现行的数据标准分布于信息技术、信息安全技术以及各行业信息服务模块等相关标准体系之中，如表 11-5 所示：

表 11-5　数据标准

序号	标准名称	主要内容	标准级别
1	信息技术 实时定位 多源融合定位数据接口③	本标准规定了多源融合定位系统中的定位引擎接口与参数定义。	国家标准
2	物联网 信息交换和共享 第4部分：数据接口④	本标准规定了物联网系统与外部物联网系统进行信息交换和共享时数据接口的数据推送请求、推送数据、数据获取请求、获取数据、目录获取请求、获取目录数据、目录数据推送请求和推送目录数据等接口参数。	国家标准

---

① 中国信息通信研究院. 数据资产管理实践白皮书 4.0[EB/OL]. ［2020-8-3］. http://www.caict.ac.cn/kxyj/qwfb/bps/201906/t20190604_200629.htm.

② 中国信息通信研究院. 数据标准管理实践白皮书［EB/OL］. ［2020-8-3］. http://www.caict.ac.cn/kxyj/qwfb/bps/201906/P020190604471240563279.pdf.

③ 国家标准化管理委员会. GB/T38630-2020 信息技术 实时定位 多源融合定位数据接口[S/OL]. 北京：中国标准出版社，2018.

④ 国家标准化管理委员会. GB/T36478.4-2019 物联网 信息交换和共享 第 4 部分：数据接口[S/OL]. 北京：中国标准出版社，2018.

序号	标准名称	主要内容	标准级别
3	基于云计算的电子政务公共平台技术规范 第3部分：系统和数据接口①	本标准规定了电子政务公共平台之间的系统和数据接口的接口功能、访问协议、访问方式等技术要求。	国家标准

(3)信息安全技术标准

信息安全技术是指保证己方正常获取、传递、处理和利用信息，而不被无权享用的他方获取和利用己方信息的一系列技术的统称。信息安全技术标准化则是维护网络安全、推动网络空间治理体系变革的基础性、规范化和引领性的工作。作为国家网络安全保障体系建设的重要组成部分，网络安全标准在保障国家网络空间安全、推动社会治理体系变革方面发挥着基础性、规范性、引领性作用。在技术层面，网络安全标准是固化技术创新成果、推动新技术产业化的重要手段。

我国信息安全技术标准化工作由全国信息安全标准化技术委员会(简称"信安标委")负责，信安标委成立于2002年4月，其成员来自网络安全主管及监管部门，以及从事信息安全研究的各单位。我国的信息安全技术标准化工作分成七个小组进行研制，分别负责信息安全标准体系与协调工作、密码技术工作、鉴别与授权工作、信息安全评估工作、通信安全标准工作、信息安全管理工作和大数据安全特别工作。信安标委自成立以来，跟随科技进步与时代环境发展，陆续发布了多个纲领性意见文件与标准化白皮书，指导各个时期阶段的信息安全技术标准体系的研究与顶层设计。截至目前，信安标委已组织制定并发布了268项网络安全技术国家标准，主要涉及密码、鉴别与授权、安全评估、通信安全、安全管理、大数据安全等领域，初步构建了国家网络安全技术标准体系框架。部分现行或即将实施的相关标准如表11-6。

---

① 国家标准化管理委员会. GB/T33780.3-2017 基于云计算的电子政务公共平台技术规范 第3部分：系统和数据接口[S/OL]. 北京：中国标准出版社，2018.

表 11-6　信息安全技术标准

序号	标准名称	主要内容	标准级别
1	信息技术 安全技术 信息安全管理体系审核和认证机构要求①	本标准对信息安全管理体系审核和认证的机构规定了要求并提供了指南。	国家标准
2	信息安全技术 密码模块安全检测要求②	本标准对密码模块规定了安全要求，为密码模块定义了四个安全等级，并分别给出了四个安全等级的对应要求。	国家标准
3	信息安全技术 SM9 标识密码算法 第 1 部分：总则③	本标准规定了 SM9 标识密码算法涉及的必要相关数学基础知识、密码技术和具体参数。	国家标准
4	信息安全技术 电子文件密码应用指南④	本标准提出了电子文件的密码应用技术框架和安全目标，描述了对电子文件进行密码操作的方法和电子文件应用系统使用密码技术的方法。	国家标准
5	信息安全技术 数据库管理系统安全评估准则⑤	本标准规定了数据库管理系统安全评估总则、评估内容和评估方法。本标准适用于数据库管理系统的测试和评估，也可用于指导数据库管理系统的研发。	国家标准
6	信息安全技术 Web 应用安全检测系统安全技术要求和测试评价方法⑥	本标准规定了 Web 应用安全检测系统的安全技术要求、测评方法及等级划分。	国家标准

---

①　国家标准化管理委员会. GB/T25067-2020 信息技术 安全技术 信息安全管理体系审核和认证机构要求[S/OL]. 北京：中国标准出版社，2018.

②　国家标准化管理委员会. GB/T38625-2020 信息安全技术 密码模块安全检测要求[S/OL]. 北京：中国标准出版社，2018.

③　国家标准化管理委员会. GB/T38635.1-2020 信息安全技术 SM9 标识密码算法 第 1 部分：总则[S/OL]. 北京：中国标准出版社，2018.

④　国家标准化管理委员会. GB/T38541-2020 信息安全技术 电子文件密码应用指南[S/OL]. 北京：中国标准出版社，2018.

⑤　国家标准化管理委员会. GB/T20009-2019 信息安全技术 数据库管理系统安全评估准则[S/OL]. 北京：中国标准出版社，2018.

⑥　国家标准化管理委员会. GB/T37931-2019 信息安全技术 Web 应用安全检测系统安全技术要求和测试评价方法[S/OL]. 北京：中国标准出版社，2018.

续表

序号	标准名称	主要内容	标准级别
7	信息安全技术 网络存储安全技术要求①	本标准规定了网络存储的安全技术要求，包括安全功能要求、安全保障要求。	国家标准

11.2.3 技术标准体系中的关键领域技术标准

进一步明确新一代信息技术的关键共性技术领域，是当前国家网络化信息服务技术标准化工作的重点。在工信部发布的《产业关键共性技术发展指南（2017 年）》②中，对于其中的电子信息与通信业部分，在已有大数据和工业互联网的内容基础上，重点增加人工智能、区块链、无人机、物联网、机器人、4G、5G、智能终端等新一代信息技术的内容，指导行业的技术创新与标准研发。重点领域层面的关键共性技术标准是网络化信息服务技术标准体系的核心内容，这部分内容主要围绕当前被信息服务业广泛应用的新技术展开针对性的标准研制。

我国一直高度重视新一代信息技术发展与信息技术标准的战略规划。在2010 年 10 月发布的《国务院关于加快培育和发展战略性新兴产业的决定》③中，正式确立了新一代信息技术产业为战略性新兴产业，并且明确提出要加快建立有利于战略性新兴产业发展的行业标准和重要产品技术标准体系，其基本原则之一就是要坚持整体推进与重点领域跨越发展相结合，对发展战略性新兴产业进行统筹规划、系统布局，明确发展时序，促进协调发展，同时还要选择最有基础和条件的领域作为突破口，重点推进。④ 为准确反映"十三五"国家

---

① 国家标准化管理委员会. GB/T37939-2019 信息安全技术 网络存储安全技术要求［S/OL］. 北京：中国标准出版社，2018.

② 中华人民共和国工业和信息化部. 工业和信息化部关于印发《产业关键共性技术发展指南（2017 年）》的通知［EB/OL］. ［2020-8-3］. http://www.miit.gov.cn/n1146295/n1652858/n1652930/n3757016/c5884704/content.html.

③ 中华人民共和国国务院新闻办公室.《国务院关于加快培育和发展战略性新兴产业的决定》解读［EB/OL］. ［2020-8-10］. http://www.scio.gov.cn/xwfbh/xwbfbh/wqfbh/2010/1213/xgzc/Document/823649/823649.htm.

④ 中华人民共和国中央人民政府. 国务院关于加快培育和发展战略性新兴产业的决定［EB/OL］. ［2020-8-10］. http://www.gov.cn/zwgk/2010-10/18/content_1724848.htm.

战略性新兴产业发展规划情况，国家统计局在 2018 年 11 月发布的《战略性新兴产业分类（2018）》①中，制定了适用于对"十三五"国家战略性新兴产业发展规划进行宏观监测和管理的产业分类标准，将战略性新兴产业定义为以重大技术突破和重大发展需求为基础，对经济社会全局和长远发展具有重大引领带动作用的产业。知识技术密集、物质资源消耗少、成长潜力大、综合效益好的产业中，新一代信息技术产业便列其首位，其中包括网络运营服务、新兴软件和新型信息技术服务、互联网与云计算、大数据服务、人工智能系统服务等信息服务相关产业。

在前期的政策引领下，我国新一代信息技术领域发布标准文件和实施标准近万项，尤其在大数据、物联网、云计算、人工智能等新一代信息技术多个细分领域成立了专门的标准工作组，建立和完善标准研发与制定的组织机构，与中国电子技术标准化研究院、地方经信委、华为公司、腾讯公司、北京大学、清华大学等社会各界团体展开标准研制的合作，初步形成了政产学研用五位一体的标准化研发体系；从细分领域来看，涵盖了基础标准、技术标准、平台标准、应用标准、服务标准等，并且在安全、伦理、道德标准方面也取得了一定的进展。② 具体情况如表 11-7 所示：

表 11-7　中国新一代信息技术重要技术领域的标准发展状况

技术领域	标准制定组织	主要成员	标准体系框架
大数据	全国信标委大数据标准工作组、全国信安委大数据安全标准工作组等	中国电子技术标准化研究院、成都标准化院、江苏经信委、华为、中兴、浪潮、九次方、北京大学等	基础标准、数据标准、技术标准、平台和工具标准、管理标准、安全和隐私标准、行业应用标准
物联网	国家传感器网络标准工作组、国家物联网基础标准工作组等	中国电子技术标准化研究院、公安部、华为公司、京东方、同济大学等	基础类、感知类、网络传输类、服务支撑类、业务应用类、共性技术类

① 国家统计局.《战略性新兴产业分类（2018）》（国家统计局令第 23 号）[EB/OL].[2020-8-10]. http://www.stats.gov.cn/tjgz/tzgb/201811/t20181126_1635848.html.

② 杜传忠，陈维宣. 全球新一代信息技术标准竞争态势及中国的应对战略[J]. 社会科学战线，2019(6)：89-100，282.

续表

技术领域	标准制定组织	主要成员	标准体系框架
云计算	全国信标会云计算标准工作组	北京经信委、腾讯、华为、清华大学、北京大学等	基础、网络、整机装备、软件、服务、安全、其他
人工智能	全国信标委用户界面分委会人工智能工作组、国家人工智能标准化总体组和专家咨询组等	中国电子技术标准化研究院、科大讯飞、华为、阿里巴巴、腾讯、商汤科技、清华大学、北京大学等	基础标准、平台/支撑标准、关键技术标准、产品及服务标准、应用标准、安全/伦理标准

　　新一代信息技术主要包括互联网、大数据、云计算、人工智能、物联网、3D 打印等，其中，人工智能等新一代信息技术具有较强的数字性、网络性和智能性，技术标准在其发展中的作用十分突出，① 越来越成为引领新一轮科技革命和产业变革的战略性技术，具有溢出带动性很强的"头雁"效应。②

　　当前世界主要发达国家的新一代信息技术标准化工作在各领域已广泛开展，如大数据、开放数据、云计算、物联网、智慧城市等领域。第一，大数据领域，典型如欧盟，数据价值链战略已如期展开，欧洲数据生态系统将得到重塑。第二，开放数据领域，陆续开展了第七框架计划、地平线 2020 计划和科研基础设施资金计划等，重点支撑开放数据访问研究，拓展数据标准、准则和应用。第三，云计算领域，33 个标准化组织和协会开展了云计算标准化工作，涉及通用和基础标准、互操作和可移植标准、服务标准、安全标准、应用场景和案例分析五个方面，且协同成立了战略实施工作小组，在云标准协调、服务标准协议、通用和基础标准、互操作和可移植标准等方面取得了实质性进展。③ 第四，物联网领域，中国、韩国、美国和德国主导了此领域的国际标准制定和实施，特别是 EPCglobal 标准(美国)的国际主导地位更为突出。当前，

---

　　① 杜传忠，陈维宜. 全球新一代信息技术标准竞争态势及中国的应对战略[J]. 社会科学战线，2019(6)：89-100，282.

　　② 中国共产党新闻网. 习近平：加强领导做好规划明确任务夯实基础 推动我国新一代人工智能健康发展 [EB/OL]. [2020-7-2]. http://cpc.people.com.cn/n1/2018/1101/c64094-30374958.html.

　　③ 中国电子技术标准化研究院. 云计算标准化白皮书[EB/OL]. [2020-8-10]. http://www.cesi.cn/page/index.html.

物联网的相关标准发展并不均衡，其中相对完善的是网络传输类标准，而仍亟待探索和突破的是基础类标准、感知类标准、服务支撑类标准和业务应用类标准等。第五，智慧城市领域，标准制定和实施的竞争也已展开，发达国家如韩国、日本、英国、美国、德国等相继成立了标准化研发或管理机构，加紧实施标准化战略。

　　表11-8展示了各关键技术领域主要标准化组织及其重点工作，表内信息根据《人工智能标准化白皮书（2018 版）》①《大数据标准化白皮书（2018版）》②《物联网标准化白皮书》③《云计算标准化白皮书》④《中国机器人标准化白皮书(2017)》⑤等资料整理得到：

表 11-8　各关键技术领域国际主要标准化组织及其工作重点

相关领域	标准化组织	标准化工作重点领域
人工智能	ISO/IEC JTC 1；ISO；IEC；ITU-T；IEEE；NIST；ETSI	人工智能词汇标准、人机交互标准、生物特征识别标准、计算机图像处理标准；服务质量标准；道德伦理标准；数据采集分析、集体生产质量；认知技术
大数据	ISO/IEC JTC 1；ITU－T；IEEE BDGMM；NIST	大数据通用性标准，数据管理和交换标准；网络基础设施标准，汇聚数据机和匿名标准，网络数据分析标准，互操作标准，开放数据标准；大数据治理和交换标准；大数据互操作性框架，大数据参考架构

---

　　①　中国电子技术标准化研究院. 人工智能标准化白皮书（2018 版）［EB/OL］.［2020-7-2］. http：//www.cesi.cn/201801/3545.html.
　　②　中国电子技术标准化研究院. 大数据标准化白皮书（2018 版）［EB/OL］.［2020-7-2］. http：//www.cesi.cn/201803/3709.html.
　　③　全国信息安全标准化技术委员会.《物联网安全标准化白皮书（2019 版）》发布［EB/OL］.［2020-7-2］. https：//www.tc260.org.cn/front/postDetail.html? id＝20191029165928.
　　④　中国电子技术标准化研究院. 云计算标准化白皮书 V3.0［EB/OL］.［2020-7-2］. http：//www.cesi.cn/201612/1680.html.
　　⑤　国脉物联网.《中国机器人标准化白皮书（2017）》正式发布［EB/OL］.［2020-7-2］. http：//www.im2m.com.cn/info/175288

续表

相关领域	标准化组织	标准化工作重点领域
物联网	ISO/IEC JTC 1；IEEE；ISO；ETS；ITU-T；3GPP；3GPP2	传感网与物联网标准；设备底层通信协议；物联网、传感网的体系结构及安全；M2M；泛在网总体技术；通信网络技术
云计算	ISO/IEC JTC 1；NIST；OASIS；CSA；OCC	云计算通用基础标准、互操作标准、可移植标准、云服务、应用场景、案例分析、云安全等
机器人	ISO；IEC；OMG；ASTM；IEEE	词汇和特性、各类机器人的安全与性能标准；工业与服务机器人安全与性能标准；机器人服务规范；特种机器人的术语、接口、性能、测试标准；机器人本体定义标准、数据表达标准等

因此，网络化信息服务技术标准内容体系中，重点环节就是围绕当前具有极强应用广泛性和前沿引领性的关键共性技术，展开标准研究制定，紧跟信息服务技术创新发展的快节奏，满足技术创新对标准规范的迫切需求。

国家标准委在《2020 年全国标准化工作要点》①中提及，要重点推进物联网、新型云计算、大数据、5G、新一代人工智能等重点领域标准体系建设，编制发布相关指南文件，构建新一代信息技术和生物技术标准体系。当前国际环境下新一代信息技术标准的竞争态势明显，在众多新一代信息技术中，受到各国普遍重视且取得阶段性进展的主要技术领域是新一代人工智能。② 由此，本书将对当前经济环境下具有较强战略意义且开展较好的新一代信息服务技术的标准化工作，进行要点总结与分析，为整个网络化信息服务技术标准体系的构建提供关键内容支撑，即人工智能技术、云计算、物联网和大数据。

---

① 《2020 年全国标准化工作要点》发布 构建新一代信息技术标准体系[J]. 信息技术与标准化，2020(Z1)：4.

② 杜传忠，陈维宣. 全球新一代信息技术标准竞争态势及中国的应对战略[J]. 社会科学战线，2019(6)：89-100，282.

（1）人工智能技术应用的标准化工作

由中国电子技术标准化研究院领衔编写的《人工智能标准化白皮书（2018版）》①将人工智能技术定义为："利用数字计算机或者数字计算机控制的机器模拟、延伸和扩展人的智能，感知环境、获取知识并使用知识获得最佳结果的理论、方法、技术及应用系统。"国家统计局发布的《战略性新兴产业分类（2018）》②将人工智能划分为新一代信息技术产业下的二级产业，包括人工智能软件开发、智能消费相关设备制造、人工智能系统服务等方面内容，确立了人工智能技术在信息技术服务产业中的重要地位。作为一项驱动产业变革的战略技术，人工智能不仅催生了信息服务业的全新领域，也以极强的赋能作用推动着传统服务业的转型，它在信息服务技术手段中的重要性不可忽视。

我国开展人工智能技术的标准化工作时间较晚，于 2018 年国家标准化委员会才正式成立专门小组，开始人工智能技术标准化工作的统筹与研究。国家人工智能标准化总体小组以掌握人工智能技术与产业生态作为开展标准化工作的重要前提，首先对人工智能关键技术进行分析，将人工智能的关键技术总结为机器学习、知识图谱、自然语言处理、人机交互、计算机视觉、生物特征识别、虚拟现实与增强现实等七大内容；其次对人工智能技术的产业应用现状进行研究，将当前的人工智能产业生态分为核心业态、关联业态、衍生业态三个层次，每个层次所包含的细分行业都涉及信息服务业的相关内容，可以说，人工智能产业生态结构展现了信息服务业利用人工智能技术能够提供的服务产品以及相应需要的基础设施与生产手段。人工智能技术细分行业如表 11-9 所示。

从国家战略层面来看，我国目前对人工智能技术的标准化工作规划已较为成熟。国务院在《新一代人工智能发展规划》③中提出："加强人工智能标准框架体系研究。坚持安全性、可用性、互操作性、可追溯性原则，逐步建立并完

---

① 中国电子技术标准化研究院. 人工智能标准化白皮书（2018 版）[EB/OL]. [2020-7-2]. http://www.cesi.cn/201801/3545.html.

② 国家统计局. 战略性新兴产业分类（2018）[EB/OL]. [2020-8-28]. http://www.stats.gov.cn/tjgz/tzgb/201811/t20181126_1635848.html.

③ 中华人民共和国中央人民政府. 国务院关于印发《新一代人工智能发展规划》的通知[EB/OL]. [2020-8-28]. http://www.gov.cn/zhengce/content/2017-07/20/content_5211996.htm.

善人工智能基础共性、互联互通、行业应用、网络安全、隐私保护等技术标准。"工信部在《促进新一代人工智能产业发展三年行动计划（2018—2020年）》①中指出："要建设人工智能产业标准规范体系，建立并完善基础共性、互联互通、安全隐私、行业应用等技术标准；同时构建人工智能产品评估评测体系。"

表 11-9 人工智能产业生态结构

人工智能产业 业态分层	包含的细分行业
核心业态	智能基础设施、智能信息及数据、智能技术服务、智能产品
关联业态	软件产品开发、信息技术咨询、电子信息材料、信息系统集成、互联网信息服务、集成电路设计、电子计算机、电子元器件等
衍生业态	智能制造、智能家居、智能金融、智能教育、智能交通、智能安防、智能医疗、智能物流等

从标准化工作现状来看，我国目前关于人工智能技术的标准化工作由全国信息技术标准化技术委员会、全国自动化系统与集成标准化技术委员会、全国音频视频和多媒体标准化技术委员会、全国信息安全标准化技术委员会、全国智能运输系统标准化技术委员会等组织，构建了人工智能标准体系框架，并围绕人工智能的关键技术，展开面向产业和应用的标准研制，形成了一定的工作成果。

全国信息技术标准化技术委员会主要在术语词汇、人机交互、生物特征识别、计算机图形图像处理等领域开展了标准化工作，具体包括以下内容：①术语词汇领域，目前发布了《信息技术 词汇 第 28 部分：人工智能基本概念与专家系统》②《信息技术 词汇 第 29 部分：人工智能语音识别与合成》③

---

① 中华人民共和国工业和信息化部. 关于印发《促进新一代人工智能产业发展三年行动计划（2018—2020 年）》的通知 [EB/OL]. ［2020-8-28］. http://www.miit.gov.cn/n1146295/n1652858/n1652930/n3757016/c5960820/content.html.

② 国家标准化管理委员会. GB/T5271.28-2001 信息技术 词汇 第 28 部分：人工智能基本概念与专家系统 [S/OL]. 北京：中国标准出版社，2018.

③ 国家标准化管理委员会. GB/T5271.29-2006 信息技术 词汇 第 29 部分：人工智能语音识别与合成 [S/OL]. 北京：中国标准出版社，2018.

《信息技术 词汇 第 31 部分：人工智能机器学习》①《信息技术 词汇 第 34 部分：人工智能神经网络》②四项基础国家标准；②人机交互技术领域，目前已发布的标准有《中文语音识别系统通用技术规范》③《中文语音合成系统通用技术规范》④《中文语音识别互联网服务接口规范》⑤《中文语音合成互联网服务接口规范》⑥《信息技术 中文语音识别终端服务接口规范》⑦《信息技术 智能语音交互系统》⑧等系列标准、《智能客服语义库技术要求》⑨等国家标准；③生物特征识别技术领域，已开展的标准有《信息安全技术 指纹识别系统技术要求》⑩《信息安全技术 远程人脸识别系统技术要求》⑪《信息技术 生物特征样本质量 第 4 部分：指纹图像数据》⑫《信息技术 生物特征样本质量 第 5 部分：人脸图像数据》⑬等；④计算机图形图像处理及环境数据领域，已开展研制的标

---

① 国家标准化管理委员会. GB/T5271.31-2006 信息技术 词汇 第 31 部分：人工智能机器学习[S/OL]. 北京：中国标准出版社，2018.

② 国家标准化管理委员会. GB/T5271.34-2006 信息技术 词汇 第 34 部分：人工智能神经网络[S/OL]. 北京：中国标准出版社，2018.

③ 国家标准化管理委员会. GB/T21023-2007 中文语音识别系统通用技术规范[S/OL]. 北京：中国标准出版社，2018.

④ 国家标准化管理委员会. GB/T21024-2007 中文语音合成系统通用技术规范[S/OL]. 北京：中国标准出版社，2018.

⑤ 国家标准化管理委员会. GB/T34083-2017 中文语音识别互联网服务接口规范[S/OL]. 北京：中国标准出版社，2018.

⑥ 国家标准化管理委员会. GB/T34145-2017 中文语音合成互联网服务接口规范[S/OL]. 北京：中国标准出版社，2018.

⑦ 国家标准化管理委员会. GB/T35312-2017 信息技术 中文语音识别终端服务接口规范[S/OL]. 北京：中国标准出版社，2018.

⑧ 国家标准化管理委员会. GB/T36464.1-2020 信息技术 智能语音交互系统[S/OL]. 北京：中国标准出版社，2018.

⑨ 国家标准化管理委员会. GB/T36339-2018 智能客服语义库技术要求[S/OL]. 北京：中国标准出版社，2018.

⑩ 国家标准化管理委员会. GB/T37076-2018 信息安全技术 指纹识别系统技术要求[S/OL]. 北京：中国标准出版社，2018.

⑪ 国家标准化管理委员会. GB/T38671-2020 信息安全技术 远程人脸识别系统技术要求[S/OL]. 北京：中国标准出版社，2018.

⑫ 国家标准化管理委员会. GB/T33767.4-2018 信息技术 生物特征样本质量 第 4 部分：指纹图像数据[S/OL]. 北京：中国标准出版社，2018.

⑬ 国家标准化管理委员会. GB/T33767.5-2018 信息技术 生物特征样本质量 第 5 部分：人脸图像数据[S/OL]. 北京：中国标准出版社，2018.

准有《信息技术 增强现实 第 1 部分：术语》①。

目前，人工智能技术标准化工作的基础还比较薄弱，由于应用领域交叉较多，且本身处于快速发展阶段，想要进一步完善信息服务技术领域应用人工智能技术的标准体系还有众多现实问题需要解决，如达成信息服务利用人工智能的概念、内涵、模式的共识，明确标准化工作的领域边界、伦理道德标准和安全标准等当前讨论较多的焦点问题。

（2）云计算技术应用的标准化工作

云计算服务即云服务，目前已替代传统信息技术行业的建设和应用模式，成为广受接纳的一种新型数据信息计算方式以及业务应用模式，对于信息服务业来说，云计算服务技术无疑是重要的信息支撑技术，对其展开标准化工作更是重中之重。

我国自 2012 年 9 月成立云计算标准工作组，在全国信息技术标准化技术委员会的领导下，共承担云计算领域国家标准研制任务数十项，这些标准主要涉及云计算基础、资源、服务等领域，同时结合国家战略向工业云领域延伸。②

针对云服务应用领域，中国电子技术标准化研究院在 ITSS 标准工作组云服务专业组的工作基础上，构建了云服务标准体系的结构，主要分为核心标准和支撑标准两大方向，在核心标准中对云服务的分类、服务之间的接口、服务的交付过程、服务的运营四个方向进行标准制定，在支撑标准中对云服务安全和云服务评测两类标准展开研究。③

目前云计算服务的技术标准化工作已取得了一定成果，其规划思路主要遵循云服务的生命周期与服务流程来进行，可从设计、部署、质量、监控、交付等环节分别入手，④ 另外，针对云计算安全这一重点需求，也有专门的标准体

---

① 国家标准化管理委员会. GB/T38247-2019 信息技术 增强现实 第 1 部分：术语[S/OL]. 北京：中国标准出版社，2018.

② 杨丽蕴，王志鹏，刘娜. 云计算标准化工作综述[J]. 信息技术与标准化，2016（12）：4-11.

③ 刘娜，王宝艾，王志鹏，等. 云服务标准体系研究[J]. 信息技术与标准化，2013（6）：43-46.

④ 中国电子工业标准化技术协会信息技术服务分会. ITSS 体系建设报告[EB/OL].[2020-7-25]. http://www.itss.cn/itssNew_webmap/itssNew_Bookreport/2016/06/13/bd31a090531645d184b9d8dj8b615906.html.

系在构建当中。①

下面将具体阐述当前已发布及正在研制中的部分标准内容。①在通用要求方面，已出台了国家标准《信息技术 云计算 云服务 运营通用要求》②，给出了云服务的总体描述、规定云服务提供者在人员、流程、技术及资源方面应具备的条件和能力；②在设计环节，已发布国家标准《信息技术 云计算 云服务 级别协议基本要求》③，给出了云服务级别协议的构成要素，明确了云服务级别协议的管理要求，并提供了云服务级别协议中的常用指标；③在部署环节，已发布国家标准《信息技术 云计算 虚拟机 管理通用要求》④，规定了虚拟机的基本管理，以及虚拟机的生命周期、配置与调度、监控与告警、可用性和可靠性、安全性等技术要求；④在质量评价环节，已实施国家标准《信息技术 云计算 云服务 质量评价指标》⑤，该标准规定了云服务质量的评价指标；⑤在监控环节，已实施国家标准《信息技术 云计算 云资源 监控通用要求》⑥，该标准规定了对云资源进行监控的技术要求和管理要求；⑥在交付环节，已实施国家标准《信息技术 云计算 云服务 交付要求》⑦，该标准指明了云服务交付所包含的内容，服务交付的主要过程及其应遵循的要求，明确云服务交付的质量要求以及交付过程中的管理活动。

针对云计算安全需求，目前已发布施行的相关标准有以下四项：①《信息安全技术 云计算 服务安全指南》⑧，用于指导政府部门采用云计算服务，选择云服务商，对云计算服务进行运行监管，退出云计算服务以及更换云服务商

---

① 董贞良. 云计算安全相关标准解析[J]. 中国质量与标准导报，2018(8)：14-17.

② 国家标准化管理委员会. GB/T36326-2018 信息技术 云计算 云服务运营通用要求[S/OL]. 北京：中国标准出版社，2018.

③ 国家标准化管理委员会. GB/T36325-2018 信息技术 云计算 云服务 级别协议基本要求[S/OL]. 北京：中国标准出版社，2018.

④ 国家标准化管理委员会. GB/T35293-2017 信息技术 云计算 虚拟机管理通用要求[S/OL]. 北京：中国标准出版社，2018.

⑤ 国家标准化管理委员会. GB/T37738-2019 信息技术 云计算 云服务质量评价指标[S/OL]. 北京：中国标准出版社，2018.

⑥ 国家标准化管理委员会. GB/T37736-2019 信息技术 云计算 云资源监控通用要求[S/OL]. 北京：中国标准出版社，2018.

⑦ 国家标准化管理委员会. GB/T37741-2019 信息技术 云计算 云服务交付要求[S/OL]. 北京：中国标准出版社，2018.

⑧ 国家标准化管理委员会. GB/T31167-2014 信息安全技术 云计算 服务安全指南[S/OL]. 北京：中国标准出版社，2018.

安全风险提出的安全技术和管理措施；②《信息安全技术 云计算 服务安全能力要求》①，适用于对政府部门使用的云计算服务进行安全管理，也可供重点行业和其他企事业单位使用云计算服务时参考，还适用于指导云服务商建设安全的云计算平台和提供安全的云计算服务；③《信息安全技术 云计算 服务安全能力评估方法》②，用于指导政府部门、重点行业和其他企业使用的云计算服务安全管理，主要用于第三方评估机构对云服务商提供云计算服务时具备的安全能力进行评估，云服务商在对自身云计算安全能力进行自评估时也可参考；④《信息安全技术 云计算安全参考架构》③，该标准清晰地描述云服务中各种参与角色的安全责任，构建的云计算安全参考架构，提出云计算角色、角色安全责任、安全功能组件以及它们之间的关系。标准详情见表11-10：

表 11-10　云计算服务标准

序号	服务环节	标准名称	主要内容	标准级别
1	通用要求	信息技术 云计算 云服务运营通用要求④	本标准给出了云服务总体描述，规定了云服务提供者在人员、流程、技术及资源方面应具备的条件和能力	国家标准
2	设计	信息技术 云计算 云服务级别协议基本要求⑤	本标准给出了云服务级别协议的构成要素，明确了云服务级别协议的管理要求，并提供了云服务级别协议中的常用指标	国家标准

① 国家标准化管理委员会. GB/T31168-2014 信息安全技术 云计算 服务安全能力要求[S/OL]. 北京：中国标准出版社，2018.
② 国家标准化管理委员会. GB/T34942-2017 信息安全技术 云计算服务安全能力评估方法[S/OL]. 北京：中国标准出版社，2018.
③ 国家标准化管理委员会. GB/T35279-2017 信息安全技术 云计算安全参考架构[S/OL]. 北京：中国标准出版社，2018.
④ 国家标准化管理委员会. GB/T36326-2018 信息技术 云计算 云服务运营通用要求[S/OL]. 北京：中国标准出版社，2018.
⑤ 国家标准化管理委员会. GB/T36325-2018 信息技术 云计算 云服务级别协议基本要求[S/OL]. 北京：中国标准出版社，2018.

续表

序号	服务环节	标准名称	主要内容	标准级别
3	部署	信息技术 云计算 虚拟机管理通用要求①	本标准规定了虚拟机的基本管理，以及虚拟机的生命周期、配置与调度、监控与告警、可用性和可靠性、安全性等管理通用技术要求	国家标准
4	质量	信息技术 云计算 云服务质量评价指标②	本标准规定云服务质量的评价指标	国家标准
5	监控	信息技术 云计算 云资源监控通用要求③	本标准规定对云资源进行监控的技术要求和管理要求	国家标准
6	交付	信息技术 云计算 云服务交付要求④	本标准给出云服务交付所包含的内容，服务交付的主要过程及其应遵循的要求，明确了云服务交付的质量要求及交付过程中的管理活动	国家标准

(3)物联网技术应用的标准化工作

物联网技术已进入产业化发展阶段，在各行各业的渗透过程中，已孕育出大量的新技术、新产品、新应用和新模式，极大地促进了信息利用效率，对信息服务业来说是一项需要重点关注的技术手段。

物联网技术应用的标准化工作是技术迈向产业化发展阶段的必要环节，为了尽早解决设备间互通相联与数据交互使用的问题，我国于 2013 年就由国家物联网基础标准工作组发布了物联网标准化白皮书，首先对国内外物联网技术标准化情况进行了整体梳理，总结当前物联网标准工作的主要任务。2016 年 1

---

① 国家标准化管理委员会. GB/T35293-2017 信息技术 云计算 虚拟机管理通用要求[S/OL]. 北京：中国标准出版社，2018.

② 国家标准化管理委员会. GB/T37738-2019 信息技术 云计算 云服务质量评价指标[S/OL]. 北京：中国标准出版社，2018.

③ 国家标准化管理委员会. GB/T37736-2019 信息技术 云计算 云资源监控通用要求[S/OL]. 北京：中国标准出版社，2018.

④ 国家标准化管理委员会. GB/T37741-2019 信息技术 云计算 云服务交付要求[S/OL]. 北京：中国标准出版社，2018.

月，再次发布《物联网标准化白皮书(2016版)》①，对当前物联网技术演化的新进展进行分析，总结当前物联网标准体系结构，提出未来标准化的新需求。

国家物联网基础标准工作组按照物联网应用生态系统和运行涵盖的领域，将物联网标准体系划分为六个大类，分别为基础类、感知类、网络传输类、服务支撑类、业务应用类和共性技术类。

在信息安全方面，目前已发布的标准主要阐述了物联网的安全对象和安全责任，重点对感知层、物联网网关、接入通信网和数据传输等方面提出了相关要求，应用层和网络层使用等级保护相关标准。①《信息安全技术 物联网安全参考模型及通用要求》②给出了物联网安全参考模型，包括物联网安全对象及各对象的安全责任，并围绕物理、网络、系统和应用安全等技术要求以及运维安全和安全管理等管理要求，规定了物联网系统的安全通用要求；②《信息安全技术 物联网感知终端应用安全技术要求》③规定了物联网信息系统中感知终端应用的物理安全、接入安全、通信安全、设备安全、数据安全等安全技术要求；③《信息安全技术 物联网感知层网关安全技术要求》④规定了应用在物联网信息系统中感知层网关的安全技术要求，主要包括安全技术要求级别划分及其物理安全、安全功能和安全保障等要求；④《信息安全技术 物联网感知层接入通信网的安全要求》⑤规定了物联网感知层接入通信网的结构，提出了通信网接入系统、感知信息传输网络及感知层接入的安全技术要求；⑤《信息安全技术 物联网数据 传输安全技术要求》⑥规定了物联网(工控终端除外)数据传输安全分级及其基本级和增强级安全技术要求，范围涉及从设备采集数据开始到应用场景过程中所使用的数据传输技术的集合，包括数据传输完整性、数据传输可用性、传输保密性、数据传输隐私、数据传输信任、传输策略、传输协

---

① 全国信息安全标准化技术委员会.《物联网安全标准化白皮书(2016版)》发布[EB/OL].[2020-7-2].https://www.tc260.org.cn/front/postDetail.html?id=20191029165928.

② 国家标准化管理委员会.GB/T37044-2018 信息安全技术 物联网安全 参考模型及通用要求[S/OL].北京：中国标准出版社，2018.

③ 国家标准化管理委员会.GB/T36951-2018 信息安全技术 物联网感知终端应用安全技术要求[S/OL].北京：中国标准出版社，2018.

④ 国家标准化管理委员会.GB/T37024-2018 信息安全技术 物联网感知层网关安全技术要求[S/OL].北京：中国标准出版社，2018.

⑤ 国家标准化管理委员会.GB/T37093-2018 信息安全技术 物联网感知层接入通信网的安全要求[S/OL].北京：中国标准出版社，2018.

⑥ 国家标准化管理委员会.GB/T37025-2018 信息安全技术 物联网数据 传输安全技术要求[S/OL].北京：中国标准出版社，2018.

议等方面。

（4）大数据技术应用的标准化工作

在《信息技术　大数据　术语》①中，大数据的定义为"具有数量巨大、种类多样、流动速度快、特征多变等特性，并且难以用传统数据体系结构和数据处理技术进行有效组织、存储、计算、分析和管理的数据集"。该定义从信息技术角度指出了大数据处理活动中的4V（大体量、多样性、速度快和多变性）特征。在当前产业大环境向信息化转型的背景下，大数据技术的应用已经开始对信息服务行业产生重要影响，信息服务的开展基本建立在大数据技术的基础之上。因此，国家也十分重视对大数据技术发展现状、关键技术、焦点问题等方面的研究，并以紧跟国际大数据标准化工作进展为目标，以优先解决应用实践问题为原则，加快推进大数据技术标准体系的构建。在《大数据安全标准化白皮书（2018版）》②中，提出了大数据产业化发展面临的三大安全挑战：法律法规与相关标准挑战、数据安全与个人信息保护挑战、大数据技术与平台安全挑战。③在《大数据标准化白皮书（2018版）》④中，确立大数据核心技术包括数据准备技术、数据存储技术、数据平台技术、数据处理技术等四大方面内容，并且结合数据全周期管理、数据自身标准化特点、当前各领域推动大数据应用的初步实践，以及未来大数据发展的趋势，形成了大数据标准体系框架。

我国的大数据标准化工作主要集中在全国信息技术标准化技术委员会大数据标准工作组，该工作组主要负责制定和完善我国大数据领域标准体系，组织开展大数据相关技术和标准的研究，申报国家、行业标准，承担国家、行业标准制定和修订计划任务，宣传、推广标准实施，组织推动国际标准化活动，对口WG9大数据工作组。其下设7个专题组：总体专题组、国际专题组、技术专题组、产品和平台专题组、安全专题组、工业大数据专题组、电子商务大数

---

① 国家标准化管理委员会. GB/T35295-2017 信息技术　大数据　术语［S/OL］. 北京：中国标准出版社，2018.

② 全国信息安全标准化技术委员会.《大数据安全标准化白皮书（2018版）》发布［EB/OL］.［2020-7-25］. https://www.tc260.org.cn/front/postDetail.html? id=20180416000921.

③ 叶晓俊，金涛，刘璘. 大数据安全标准现状和思考［J］. 科技导报，2020，38（3）：94-102.

④ 中国电子技术标准化研究院.《大数据标准化白皮书（2018版）》发布［EB/OL］.［2020-8-29］. http://www.cesi.cn/201803/3709.html.

据专题组，负责大数据领域不同方向的标准化工作。① 大数据技术标准详情如表 11-11 所示：

表 11-11 大数据技术标准

序号	标准名称	主要内容	标准级别
1	信息技术 大数据 系统运维和管理功能要求②	本标准规定了大数据系统的运维和管理功能要求	国家标准
2	信息技术 大数据 分析系统功能测试要求③	本标准规定了大数据分析系统的数据准备模块、分析支撑模块、数据分析模块和流程编排模块的功能要求	国家标准
3	信息技术 大数据 存储与处理系统功能测试要求④	本标准规定了大数据存储与处理系统的分布式文件存储、分布式结构化数据存储、分布式列式数据存储、分布式图数据存储、批处理框架、流处理框架、图计算框架、内存计算框架和批流融合计算框架等的功能要求	国家标准
4	信息技术 大数据 数据分类指南⑤	本标准规定了大数据分类过程及其分类视角、分类维度和分类方法	国家标准
5	信息安全技术 大数据安全管理指南⑥	本标准提出了大数据安全管理基本原则，规定了大数据安全需求、数据分类分级、大数据活动的安全要求、评估大数据安全风险	国家标准

---

① 张群，吴东亚，赵菁华.大数据标准体系[J].大数据，2017，3(4)：11-19.

② 国家标准化管理委员会.GB/T38633-2020 信息技术 大数据 系统运维和管理功能要求[S/OL].北京：中国标准出版社，2018.

③ 国家标准化管理委员会.GB/T38643-2020 信息技术 大数据 分析系统功能测试要求[S/OL].北京：中国标准出版社，2018.

④ 国家标准化管理委员会.GB/T38676-2020 信息技术 大数据 存储与处理系统功能测试要求[S/OL].北京：中国标准出版社，2018.

⑤ 国家标准化管理委员会.GB/T38667-2020 信息技术 大数据 数据分类指南[S/OL].北京：中国标准出版社，2018.

⑥ 国家标准化管理委员会.GB/T37973-2019 信息安全技术 大数据安全管理指南[S/OL].北京：中国标准出版社，2018.

近年来，以大数据、人工智能为代表的新一代信息技术，在全球范围内迅速应用并持续拓展，引发了一场影响广泛而深远的新产业革命(第四次工业革命)。在新一代信息技术发展、应用的多元影响因素中，标准制定及框架体系的完善程度是其中的重要方面，是保障新一代信息技术更好地实现互操作性目标的关键，有利于提高技术应用的可靠性、安全性和广泛性。特别是标准的发展水平及完善性越高，越有助于推动国家新一代信息技术及产业发展的水平及国际竞争地位的提升。因此，目前我国已将新一代信息技术标准的发展作为重要国家战略，积极推动新一代信息技术标准内容体系的制定与实施，力图快速推动我国新一代信息技术的创新与产业化发展，抢占未来国际竞争的制高点。①。

11.2.4　网络化信息服务技术标准的特征

对网络化信息服务技术标准特征的理解不能仅仅按照一般化的标准体系特点进行总结，由于网络化信息服务技术具有网络系统的特征，这就导致网络化信息服务技术标准尤其要关注相关技术的兼容性与互用性。因此，按照网络化信息服务技术标准的外在框架和内在逻辑，可以将其特征描述为以下六个方面。

①目的性。指技术标准以推进各项信息服务质量提升与推动安全管理为目的。虽然一般传统产业的技术标准也是以促进产业发展为目的，但是对于网络化信息服务产业来说，这种为了规范和把控整个产业发展方向与管理模式的目的性更为强烈，因此目的性也成为其重要特征之一。

②层次性。指技术标准的结构遵循相关新技术的内容结构与层次逻辑。网络化信息服务技术标准与新技术本身密不可分，与此同时，当前的网络化信息服务技术正处在不断创新和加速迭代的爆发期，再加上信息服务所应用的技术本身具有鲜明的专业特性与科学特性，这就使得其技术标准的结构设定需要与其技术内容极度适配。

③系统性。指技术标准最终以一个完整体系呈现。虽然，网络化信息服务技术的专业科学特性要求网络化信息服务技术标准需要具备与之匹配的层次结构，但是研制网络化信息服务技术标准的重要目标之一是要推进信息服务产业与其他传统产业的信息化融合，使新兴业务模式的运行与发展得到技术指导与

---

①　杜传忠，陈维宣．全球新一代信息技术标准竞争态势及中国的应对战略[J]．社会科学战线，2019(6)：89-100，282．

安全保障。因此，网络化信息服务技术标准的最终落脚点依然是要形成体系，将与各行各业存在交叉关联的整个信息服务产业都囊括进来，实现各技术层次的有机融合。

④核心性。指要涉及该技术领域的核心技术，并且涉及基础性专利。技术是技术标准的实质性内容和基础，随着知识产权保护意识的增强，处于技术前沿的核心研究成果往往申请了专利保护。技术标准要想反映技术发展的新要求，就必然要包含相关专利技术的内容。核心技术标准专利化是一个必然的趋势，一方面，在标准化组织制定的正式标准中包含的专利技术越来越多；另一方面，受专利保护的企业私有技术，通过竞争获得市场主导地位并成为产业的事实标准。因此，网络化信息服务技术标准必须保证其核心技术的重要地位，在标准研制与后续使用过程中都要站在专利战略的高度来进行。

⑤领先性。指技术标准相对于国际同行必须有时间领先性和技术领先性，并且相较于原有的技术或者标准要有颠覆性的革新；技术创新是技术发展的决定因素，网络化信息服务技术标准的一大作用就是引领技术革新与产业升级，这就要求技术标准必须具备行业前瞻性与技术进阶性。

⑥开放性。指技术标准在构思、研制、投入使用、更新的全过程中需要保持一定的开放程度和市场竞争允许度。开放性既是技术标准的本质属性要求，也是决定技术标准竞争优势的基本因素。一般来说，通过市场竞争脱颖而出的技术标准都具有很高的开放度。

总的来说，网络化信息服务技术标准的目标定位特征表现为指向鲜明的目的性，整个体系结构特征表现为层次性和系统性的统一，内容特征表现为较强的核心性和领先性，技术标准的研制与运行特征表现为较高的开放性。

11.3　网络化信息服务技术标准的作用

网络化信息服务技术标准主要用于规范信息服务活动中的技术环节，不论是从信息服务的供应方还是需求方、行业的宏观角度还是机构企业的微观角度，其作用意义都十分重大。

从信息服务的供应方来说，设立网络化信息服务技术标准有利于其完善提供服务产品的质量水平与安全水平，降低提供信息服务活动中的风险；从信息服务的需求方来说，在网络化信息服务技术标准的规范下，可以获取更安全的服务产品，明确各环节的技术关键点，有利于获得更深入化、精细化的信息服务体验。

11.3.1 规范与支撑信息服务行业管理

从信息服务行业的宏观角度来说，网络化信息服务技术标准的建立与施行可以有助于信息服务行业的安全管理，协调多重技术的复合使用，为增强信息化产业融合能力保驾护航。

下面将具体分析网络化信息服务技术标准对于信息服务行业的积极作用。

(1)规范信息服务行业的市场行为

随着新技术的不断涌现与迅速发展，信息服务行业结构随之发生变动，旧有的传统规则面临被打破与革新的挑战。新技术本身处于自我完善与自我成长的阶段，并且各应用领域的性质不同、定位不同、环境不同，又导致对技术的利用各成章法，不得统一，难以在国家层面上进行约束与管理。

因此，制定网络化环境下的信息服务技术标准，明确服务范围与流程，明确关键技术点的应用规范，使提供信息服务的整个周期可通过科学量化指标来进行管控，既为今后技术的发展留有余地，又能以良好的可扩充性保证其各要素之间的相关性、环境条件的统一性、结构的有序性、形态的整体性、内涵的功能性、实施的可控性和明确的目的性，从而发挥技术标准在信息服务行业中的纲领性作用，不致使先进的技术因杂乱的结构而黯然失色。

(2)支撑信息服务行业的安全管理

随着新技术的发展与应用，传统信息安全防护技术已暴露出手段单一、功能分散、自动化程度较低等问题，不能适应信息安全防护的新需求。信息服务行业又具有范围广、影响大、前景远等特点，其信息安全工作尤其值得注意。构建网络化信息服务技术标准是当前增强网络信息安全防护能力的重要基础工作，只有对各项技术进行了具体而深入的剖析解读，形成体系化的标准规范，才能为网络信息安全防护工作的开展提供依据和手段。

11.3.2 协调与引领信息服务行业技术发展

从机构企业的微观角度来说，网络化信息服务技术标准的建立与施行能够根据网络化信息服务技术标准的科学性规范与前瞻性指引，开拓未来广阔的技术应用市场。

(1)协调信息服务行业的多重技术

由于信息服务行业具有跨行业渗透性与多技术融合性，各行业的各个生产环节都需要信息服务行业的参与，这也导致各行业的技术应用需求与目的不尽相同，加深了信息服务行业技术结构的复杂程度。在对网络化信息服务技术标准内容的研究过程中，也提及了关于加强落实关键共性技术标准的重要意义，新一代信息服务技术是技术标准的核心主体，利用完善科学的标准体系对其应用与发展进行规范和引导是网络化信息服务技术标准的关键任务。

构建网络化信息服务技术标准有助于整合各项新技术的应用标准，使信息服务行业对其利用达到协调性、配套性和动态性。

(2)引领信息服务行业的未来发展

标准的制定有利于保障新一代信息技术更好地实现互操作性目标，提高技术应用的可靠性、安全性和广泛性，标准的发展水平及其完善性直接关系一个国家新一代信息技术及产业发展的水平及国际竞争地位。信息服务技术标准及标准化的发展与科技进步是互相促进的。一方面，信息服务技术标准的出现是应信息服务产业所应用的技术发展到规模化大生产后的经济社会需求而产生的，当技术水平发展到可以显著提高微观经济主体的生产经营效率的情况时，经济活动主体将更多的资源投入研发活动，继而新技术、新工艺的应用推广使更高水平的技术标准的制定和实施在技术上和经济上得到支持；另一方面，微观经济主体的竞争、合作交互作用令技术标准和科技研发活动在整个社会范围内互相促进，从而在宏观层面上显示出标准发展水平与科技进步水平的互动发展。

网络化信息服务技术标准具有一定的先进性，其所规定的技术指标水平高于现有的实际水平，在制定技术标准的过程中，信息服务行业将会对自身的发展道路有更加清晰科学的规划，通过推行技术标准，促进信息服务行业内部逐步达到预期规划的技术水平，从而继续推动信息服务向数字化、智能化、融合化的方向发展。

12 国家安全体制下网络化信息服务应用领域标准

网络化信息服务应用领域标准是国家安全体制下信息服务标准体系的最后一层子标准，其位置特点也反映出应用领域标准是整个标准体系中最贴近实践的一层，其上的一系列标准都从不同角度对应用领域标准作出了范围划定与基本约束，因此，本章将主要从实践应用角度，分析网络化信息服务在应用领域方面的标准内涵、目标、内容、特征与作用。

12.1 网络化信息服务应用领域标准的含义与目标

本章将首先对网络化信息服务应用领域标准的内涵进行阐述，对网络化信息服务应用领域标准作出概念上的辨析，并根据本书的标准体系框架，确定应用领域标准在整体标准中的具体定位，在此基础上，结合一定的市场环境需求，总结建立网络化信息服务应用领域标准的目标。

12.1.1 网络化信息服务应用领域标准的含义

要确定网络化信息服务应用领域标准的含义，首先要明确网络化信息服务应用领域的内涵。根据字面意思的理解，网络化信息服务应用领域是指主要以提供信息服务的形式进行经济生产，并同时应用到网络化信息技术的行业领域，可以将其看作现在常用的"信息服务产业"。而要充分理解信息服务产业，就要从现代服务业的概念开始梳理。

(1)信息服务行业发展与应用领域标准

"现代服务业"概念的正式提出是在我国，最早出现在 1997 年 9 月的"十

320

五大"报告中,认为现代服务业是"在工业化比较发达的阶段产生的,主要依托信息技术和现代管理理念发展起来的服务部门,信息和知识相对密集"。后来,在 2000 年 10 月中国共产党十五届五中全会关于"十五"计划的建议中也提出"要发展现代服务业,改组和改造传统服务业"。

2012 年,科技部发布的《现代服务业科技发展"十二五"专项规划》①明确将现代服务业定义为:"以现代科学技术特别是信息网络技术为主要支撑,建立在新的商业模式、服务方式和管理方法基础上的服务产业。它既包括随着技术发展而产生的新兴服务业态,也包括运用现代技术对传统服务业的改造和提升。"2017 年,科技部发布的《"十三五"现代服务业科技创新专项规划》②中,进一步将其定义为"现代服务业是指在工业化比较发达的阶段产生的、主要依托信息技术和现代管理理念发展起来的、信息和知识相对密集的服务业,包括传统服务业通过技术改造升级和经营模式更新而形成的服务业,以及伴随信息网络技术发展而产生的新兴服务业"。

由此能够看出,信息服务业即为政府层面正式定义的现代服务业,本章所讨论的对网络化信息服务应用领域标准的研制,也可看作现代服务业相关标准的研制。然而,既然涉及行业与领域的标准,就必然要面对行业与领域具体划分的问题。在我国现行的统计制度和对服务业的分类中,并没有"现代服务业"以及与之相对应的具体分类条目。自政府文件明确提出发展现代服务业以来,国内学者就现代服务业含义形成了以下三种主流观点:第一,现代服务业即现代生产性服务业。由于生产性服务业在国内影响较大,持此观点的学者较多,其主要观点为发展现代服务业的本质是实现服务业的现代化,现代服务业特指经济在后工业化阶段所产生的现代生产性服务业。第二,现代服务业是以高科技为主的新兴服务业。第三,现代服务业是新兴服务业与经过现代技术改造后的传统服务业的总和。③

---

① 中华人民共和国科学技术部. 关于印发《现代服务业科技发展"十二五"专项规划》的通知 [EB/OL]. [2020-8-11]. http://www.safea.gov.cn/fggw/zfwj/zfwj2012/201202/t20120222_92619.htm.

② 中华人民共和国科学技术部. 科技部关于印发《"十三五"现代服务业科技创新专项规划》的通知[EB/OL]. [2020-8-11]. http://www.most.gov.cn/xxgk/xinxifenlei/fdzdgknr/fgzc/gfxwj/gfxwj2017/201704/t20170426_132497.html.

③ 张赤东. 发展现代服务业:界定、特征、分类与趋势[J]. 科技中国, 2020(3):58-61.

网络化信息服务应用领域这一研究对象的关键部分即信息服务，即对分散在不同载体上的信息进行收集、评价、选择、组织、存贮，使之有序化，成为方便利用的形式；对用户及信息需求进行研究，以便向他们提供有价值的信息。而信息服务产业是利用计算机和通信网络等现代科学技术对信息进行生产、收集、处理、加工、存储、传输、检索和利用，并以信息产品为社会提供服务的专门行业的综合体，主要分为三大类：信息传输服务业、IT 服务业（信息技术服务业）和信息资源产业（主要指信息内容产业）。

信息服务业可以理解为，利用信息技术为社会经济发展提供服务活动的现代服务业，具有"信息"和"服务"两种基本特质。信息服务的应用领域可以涵盖科技、经济、政策法规、文化、市场、金融、投资、证券、旅游、娱乐、影视、生活等多个方面。信息技术在经济社会各领域中的不断渗透作用，推动信息服务业与国民经济其他产业部门之间的互动融合，使得信息服务业发展成为服务支撑经济社会发展的战略性新兴服务业。随着我国数字经济的蓬勃发展，信息服务业正在成为推动数字经济发展的关键驱动力量。①

由此，信息服务行业应用领域标准可以定义为"应用信息服务的各行业进行定制化应用落地的实施指南，以及结合行业特点的相关标准"。

（2）网络化信息服务的应用领域标准划分

我国政府高度重视信息服务业的发展，《2006—2020 年国家信息化发展战略》明确提出"发展信息服务业，推动经济结构战略性调整"的战略目标。在互联网经济和信息消费的带动下，信息服务业持续快速发展，我国信息传输、软件和信息技术服务业增长速度在国民经济各行业中位列第一。② 信息技术在经济社会各领域中的不断渗透作用，推动了信息服务业与国民经济其他产业部门之间的互动融合，使得信息服务业发展成为服务支撑经济社会发展的战略性新兴服务业。③ 随着我国数字经济的蓬勃发展，信息服务业正在成为推动数字经

---

① 冯居易，魏修建. 数字经济时代下中国信息服务业的投入产出效应研究[J]. 情报科学，2020，38(5)：112-119.

② 冯居易，魏修建. 数字经济时代下中国信息服务业的投入产出效应研究[J]. 情报科学，2020，38(5)：112-119.

③ 张少杰，张雷. 中国信息技术与信息服务业国际竞争力多维分析[J]. 情报科学，2018，36(6)：118-125.

济发展的关键驱动力量。① 深化信息服务业与其他产业的融合发展,有利于拓展传统产业数字化转型的深度和广度,从而扩大融合型数字经济的规模。

要确定网络化信息服务应用领域标准的内容,需要从两大角度进行考虑。首先,要解决好网络化信息服务应用领域标准的顶层设计问题,这是制定相应细分领域标准的重要前提,是保证整个网络化信息服务应用领域标准立足实践、结构科学、发展长远的重要前提。顶层设计方面的内容应包括两个方面,一是网络化信息服务应用领域的划分标准,二是网络化信息服务应用领域标准的制定规划。其次,要面向信息服务应用各细分行业领域展开标准定制,尤其要将研究重点放在当前覆盖范围广、信息化程度高的相关行业,针对现有经济活动中已出现的管理、安全、技术等问题的改善,进行标准化的规范与指导。

本章主要从网络化信息服务应用领域分类标准和重点应用领域细分标准两个方面,对当前信息服务应用领域的相关标准化工作实践进行介绍和分析,为后续构建网络化信息服务应用领域标准体系提供经验指导。

网络化信息服务应用领域的划分标准是构建信息服务应用领域标准的指导方针,是组成网络化信息服务应用领域标准体系中基础通用标准的重要部分。只有先明确了应用信息技术展开服务生产活动的领域划分,才能进一步搭建信息服务应用领域标准的基本框架和进一步确立各细分领域下的专用标准内容。

目前适用的可以为网络化信息服务应用领域划分提供参考的政府文件之一,是国家统计局2017年发布的《2017年国民经济行业分类》标准②,其中在I类信息传输、软件和信息技术服务业对信息服务应用领域作出了划分,将其分为电信、广播电视和卫星传输服务、互联网和相关服务、软件和信息技术服务业。

表12-1展示了围绕信息数据等提供服务的产业在当前国民经济中的正式分类情况,是目前能够确定的对信息服务应用领域进行划分的标准之一。

---

① 中国信息通信研究院. 中国数字经济发展与就业白皮书(2019年)[R]. 中国信息通信研究院,2019:21-23.

② 国家统计局. 2017年国民经济行业分类(GB/T4754-2017)[EB/OL]. [2020-8-10]. http://www.stats.gov.cn/tjsj/tjbz/hyflbz/201710/t20171012_1541679.html.

表 12-1　《2017 年国民经济行业分类》中有关信息服务应用领域的类别详情

代码				类别名称
门类	大类	中类	小类	
I				信息传输、软件和信息技术服务业
	63			电信、广播电视和卫星传输服务
		631		电信
			6311/6312/6319	固定/移动/其他电信服务
		632		广播电视传输服务
			6321/6322	有线/无线广播电视传输服务
		633		卫星传输服务
			6331/6339	广播电视/其他卫星传输服务
	64			互联网和相关服务
		641	6410	互联网接入及相关服务
		642		互联网信息服务
			6421	互联网搜索服务
			6422	互联网游戏服务
			6429	互联网其他信息服务
		643		互联网平台
			6431	互联网生产服务平台
			6432	互联网生活服务平台
			6433	互联网科技创新平台
			6434	互联网公共服务平台
			6439	其他互联网平台
		644	6440	互联网安全服务
		645	6450	互联网数据服务
		649	6490	其他互联网服务
	65			软件和信息技术服务业
		651		软件开发
			6511	基础软件开发

续表

代码				类别名称
门类	大类	中类	小类	
			6512	支撑软件开发
			6513	应用软件开发
			6519	其他软件开发
		652	6520	集成电路设计
		653		信息系统集成和物联网技术服务
			6531	信息系统集成服务
			6532	物联网技术
		654	6540	运行维护服务
		655	6550	信息处理和存储支持服务
		656	6560	信息技术咨询服务
		657		数字内容服务
			6571	地理遥感信息服务
			6572	动漫、游戏数字内容服务
			6579	其他数字内容服务
		659		其他信息技术服务业
			6591	呼叫中心
			6599	其他未列明信息技术服务

首先,64 互联网和相关服务中的具体服务。第一,641 互联网接入及相关服务,以基础电信运营商为支撑,通过基础传输网络提供接入互联网的有关应用设施的服务,支撑对象包括存储数据、数据处理及相关活动等。第二,642 互联网信息服务,以基础电信运营商为支撑,通过互联网提供相应的信息服务,包括网上新闻、在线信息、网络游戏、网上音乐、电子邮箱、数据检索等;不包括互联网金融的相关服务,如基于互联网的支付、基金销售、保险、信托和消费,这些内容已列入相应的金融行业中。第三,6431 互联网生产服务平台,其服务具有专指性,即通过互联网平台为生产服务提供第三方服务,如基于互联网的大宗商品交易平台、货物运输平台等。第四,6432 互联网生活服务平台,专门针对居民生活,通过互联网平台提供第三方服务,如基于互

联网的销售、约车服务、旅游出行服务、体育等。第五，6433 互联网科技创新平台，专门针对科技创新、创业等，通过互联网平台提供第三方服务，包括基于互联网的众创、众包、网络众扶、技术创新、技术交易、科技成果推广、知识产权交易、开源社区等。第六，6434 互联网公共服务平台，专门针对公共服务，通过互联网平台提供第三方服务。第七，644 互联网安全服务，专门针对网络安全监控、网络服务质量以及可信度和安全等评估测评活动在内的服务。第八，645 互联网数据服务，指以互联网技术为基础的大数据处理、云计算、云加工、云存储等服务。

其次，65 软件和信息技术服务业中的具体服务。第一，6511 基础软件开发，调度和管理硬件资源，支撑应用软件运行，包括操作系统、数据库、中间件、各类固件等。第二，6512 支撑软件开发，使用软件开发的工具和集成环境、测试工具软件等以支撑软件开发过程。第三，6513 应用软件开发，面向应用需求的软件和解决方案软件且独立销售，包括通用软件、嵌入式应用软件、工业软件、行业软件等。第四，6531 信息系统集成服务，按业务需求分析信息系统需求和设计系统，通过软件技术和计算机网络技术、结构化的综合布缆技术，将多个分离的设备、功能和信息等集成到相互关联的、协调和统一的系统之中，支持信息系统的正常运行；包括信息系统设计、集成实施、运行维护等服务。第五，6532 物联网技术服务，即提供各种物联网技术支持的服务。第六，654 运行维护服务，包括基础环境运行维护、软件运行维护、硬件运行维护、网络运行维护和其他运行维护服务。第七，655 信息处理和存储支持服务，按要求提供信息和数据的分析、整理、计算、编辑、存储等加工处理服务，以及应用软件、信息系统基础设施等租用服务；包括在线企业资源规划（ERP）、服务器托管、虚拟主机、在线杀毒等。第八，656 信息技术咨询服务，按需求提供的管理或技术咨询评估服务，包括信息资源开发利用、工程建设、人员培训、管理体系建设、技术支撑等方面，涉及信息化规划、信息技术管理咨询、信息系统工程监理、测试评估、信息技术培训等内容。第九，657 数字内容服务，即加工处理数字内容的服务，运用数字化技术加工处理图片、文字、视频、音频等信息内容并整合应用。第十，6571 地理遥感信息服务，包括地理信息系统软件、测绘软件、遥感软件、地图制图软件、导航与位置服务软件、互联网地图服务软件等，以及地理信息加工处理(包括导航电子地图制作、遥感影像处理等)、地理信息系统工程服务、导航及位置服务等。第十一，6591 呼叫中心服务，按照企事业单位要求，利用互联网连接呼叫中心系统和数据库的相关技术，建立能够开展信息采集、加工、存储等工作的信息库，基于互联网向用户提供有关该企事业单位的业务咨询、信息咨询和数据查询等服务。

随后，国家统计局又于 2018 年发布了《高技术产业（服务业）分类（2018）》①标准文件，参照了国际相关分类标准，并以《2017 年国民经济行业分类》②为基础，以《国务院办公厅关于加快发展高技术服务业的指导意见》③为指导，结合了《中华人民共和国国民经济和社会发展第十三个五年规划纲要》的要求，对国民经济行业分类中符合高技术服务业范畴的相关活动进行再分类。

在本次分类中，国家统计局对高技术产业的含义作出了规定，即采用高技术手段为社会提供服务活动的集合，包括信息服务、电子商务服务、检验检测服务、专业技术服务业的高技术服务、研发与设计服务、科技成果转化服务、知识产权及相关法律服务、环境监测及治理服务和其他高技术服务等 9 大类，下设共计 25 个中类和 97 个小类。表 12-2 展示了具体分类情况。

表 12-2 《高技术产业（服务业）分类（2018）》列表

代码			名称	行业分类代码
大类	中类	小类		
1			信息服务	
	11		信息传输服务	
		1101	固定电信服务	6311
		1102	移动电信服务	6312
		1103	其他电信服务	6319
		1104	有线广播电视传输服务	6321
		1105	无线广播电视传输服务	6322

---

① 国家统计局.《高技术产业（服务业）分类（2018）》[EB/OL].［2020-8-19］. http://www.stats.gov.cn/statsinfo/auto2073/201805/t20180509_1598331.html.

② 国家统计局. 2017 年国民经济行业分类（GB/T4754—2017）[EB/OL].［2020-8-10］. http://www.stats.gov.cn/tjsj/tjbz/hyflbz/201710/t20171012_1541679.html.

③ 中华人民共和国中央人民政府. 国务院办公厅关于加快发展高技术服务业的指导意见[EB/OL].［2020-8-19］. http://www.gov.cn/zhengce/content/2011-12/16/content_5553.htm.

代码			名称	行业分类代码
大类	中类	小类		
		1106	广播电视卫星传输服务	6331
		1107	其他卫星传输服务	6339
	12		信息技术服务	
		1201	互联网接入及相关服务	6410
		1202	互联网搜索服务	6421
		1203	其他互联网服务	6490
		1204	基础软件开发	6511
		1205	支撑软件开发	6512
		1206	应用软件开发	6513
		1207	其他软件开发	6519
		1208	信息系统集成服务	6531
		1209	物联网技术服务	6532
		1210	运行维护服务	6540
		1211	信息技术咨询服务	6560
		1212	互联网安全服务	6440
		1213	互联网数据服务	6450
		1214	信息处理和存储支持服务	6550
		1215	集成电路设计	6520
		1216	呼叫中心	6591
		1299	其他未列明信息技术服务业	6599
	13		数字内容及相关服务	
		1301	地理遥感信息服务	6571
		1302	动漫、游戏数字内容服务	6572
		1303	其他数字内容服务	6579

代码			名称	行业分类代码
大类	中类	小类		
		1304	互联网游戏服务	6422
		1305	互联网其他信息服务	6429
		1306	电子出版物出版	8625
		1307	数字出版	8626
		1308	互联网广播	8710*
		1309	互联网电视	8720*
		1310	广播电视集成播控	8740
		1311	其他文化艺术	8890*
2			电子商务服务	
	21		互联网平台	
		2101	互联网生产服务平台	6431
		2102	互联网生活服务平台	6432
		2103	互联网科技创新平台	6433
		2104	互联网公共服务平台	6434
		2199	其他互联网平台	6439
	22		电子商务支付服务	
		2200	非金融机构网络支付服务	6930*
	23		电子商务信用服务	
		2300	电子商务信用服务	7295*
3			检验检测服务	
	31		质检技术服务	
		3101	检验检疫服务	7451
		3102	检测服务	7452
		3103	计量服务	7453

代码			名称	行业分类代码
大类	中类	小类		
		3104	标准化服务	7454
		3105	认证认可服务	7455
		3199	其他质检技术服务	7459
4			专业技术服务业的高技术服务	
	41		气象服务	
		4100	气象服务	7410
	42		地震服务	
		4200	地震服务	7420
	43		海洋服务	
		4301	海洋气象服务	7431
		4302	海洋环境服务	7432
		4399	其他海洋服务	7439
	44		测绘地理信息服务	
		4401	遥感测绘服务	7441
		4499	其他测绘地理信息服务	7449
	45		地质勘查	
		4501	能源矿产地质勘查	7471
		4502	固体矿产地质勘查	7472
		4503	水、二氧化碳等矿产地质勘查	7473
		4504	基础地质勘查	7474
		4505	地质勘查技术服务	7475
	46		工程技术	
		4601	工程管理服务	7481
		4602	工程监理服务	7482

代码			名称	行业分类代码
大类	中类	小类		
		4603	工程勘察活动	7483
		4604	工程设计活动	7484
		4605	规划设计管理	7485
		4606	土地规划服务	7486
5			研发与设计服务	
	51		自然科学研究和试验发展	
		5100	自然科学研究和试验发展	7310
	52		工程和技术研究和试验发展	
		5200	工程和技术研究和试验发展	7320
	53		农业科学研究和试验发展	
		5300	农业科学研究和试验发展	7330
	54		医学研究和试验发展	
		5400	医学研究和试验发展	7340
	55		设计服务	
		5501	工业设计服务	7491
		5502	专业设计服务	7492
6			科技成果转化服务	
	61		技术推广服务	
		6101	农林牧渔技术推广服务	7511
		6102	生物技术推广服务	7512
		6103	新材料技术推广服务	7513
		6104	节能技术推广服务	7514
		6105	新能源技术推广服务	7515
		6106	环保技术推广服务	7516

代码			名称	行业分类代码
大类	中类	小类		
		6107	三维(3D)打印技术推广服务	7517
		6199	其他技术推广服务	7519
	62		科技中介服务	
		6201	科技中介服务	7530
		6202	创业空间服务	7540
	63		其他科技推广服务业	
		6300	其他科技推广服务业	7590
7			知识产权及相关法律服务	
	71		知识产权服务	
		7100	知识产权服务	7520
	72		知识产权相关法律服务	
		7201	知识产权律师及相关法律服务	7231 *
		7299	其他知识产权法律服务	7239 *
8			环境监测及治理服务	
	81		环境与生态监测	
		8101	环境保护监测	7461
		8102	生态资源监测	7462
		8103	野生动物疫源疫病防控监测	7463
	82		环境治理业	
		8201	水污染治理	7721
		8202	大气污染治理	7722
		8203	固体废物治理	7723
		8204	危险废物治理	7724
		8205	放射性废物治理	7725
		8206	土壤污染治理与修复服务	7726
		8207	噪声与振动控制服务	7727
		8299	其他污染治理	7729
9			其他高技术服务	

　　根据分类详情以及与国民经济行业的对应情况可以看出，与《2017 年国民经济行业分类》相比，《高技术产业（服务业）分类（2018）》①更加注重信息技术在服务业中的不同领域应用，从中区分出传统信息服务领域、电商领域、质检领域、技术服务领域、研发设计领域、科研转化领域、产权法律领域和环境保护领域等，这更加接近本节所探讨的信息服务应用领域划分标准的内容，为最终形成信息服务应用领域的划分提供了参考。

　　参考以上两部国家统计局对国民经济行业分类中涉及信息技术与信息服务的行业分类，以及针对其中高技术产业的分类，可以总结出划分网络化信息服务应用领域的依据与原则。

　　①划分要符合当前对信息服务产业的一般认识。按照提供信息服务的不同手段，可分为传统信息服务业、电子信息服务业与网络化信息服务业；②按照对于信息服务方式的不同需要，可分为定题信息服务与回溯信息服务；根据对于信息处理过程中加工深度的不同需要，可分为一次、二次与三次信息服务；根据信息服务提供的不同内容，可分为科技信息服务、经济信息服务、技术信息服务与法律信息服务等；根据提供信息服务的不同业务形式，可以分为信息提供服务、信息传输服务、信息发布服务、信息宣传报道服务与信息出版服务等。③日本科学技术与经济协会认为，信息服务业是与信息的生产、获取、加工、存储、流通等活动相关的一切产业之和，因此将信息服务业具体划分为五大类：信息处理服务，主要包含网络增值、联机及脱机信息处理、远程计算和数据录入服务；软件业，包括根据各用户需求提供的用户软件和为大众需求而开发的通用软件等，便于消费者在市场定购一切软件产品；设施管理服务，即根据用户的要求，派出人员管理或运作某一信息系统或计算机系统；数据库相关服务，即按照市场需求，连续有效地收集、存储、分析和向用户输出满足客户需求的数据，此类数据的提供也分为联机和脱机两种；其他服务，包括咨询、培训及市场研究与调查等。④

　　虽然在不同的经济发展环境和技术发展环境下，学界对信息服务业的界定与产业划分存在一定程度上的差异，但是，其划分的基础都是建立在当下信息

　　①　国家统计局. 高技术产业（服务业）分类（2018）[EB/OL]. [2020-8-19]. http://www.stats.gov.cn/statsinfo/auto2073/201805/t20180509_1598331.html.

　　②　朱红，王素荣. 信息资源管理导论[M]. 北京：国防工业出版社，2006：122-125.

　　③　张雷. 中美英德日韩信息技术与信息服务业国际竞争力分析[D]. 长春：吉林大学，2018.

　　④　夏昉. 中国信息服务业集聚效应研究[D]. 长春：吉林大学，2017.

服务产业链条的形成特征之上的。因此，在对网络化信息服务应用领域进行划分时，要对当前信息服务产业结构有足够的认识，在此基础上选择最符合产业链条形成规律的角度来进行信息服务应用领域的划分。

②划分要符合当前各行业经济规模的一般规律。信息服务的应用领域涉及信息服务产业的全局，而每个细分行业之间必然存在着发展不平衡的现象，具体体现在产业规模的大小上，因此，在制定信息服务应用领域划分标准时，还要保证领域分类所代表的经济价值和规模达到平衡，分类标准要能够体现当前信息服务产业发展的现状与态势。

由于应用领域标准具有跨行业、跨专业的特征，除了按照一定的原则对信息服务应用领域进行系统划分，还需要在标准中对相关专业术语和行业用语进行解释：

一是从技术角度进行说明，即该行业领域所应用的具体信息技术名称、基本情况、呈现形态等，有的信息技术涉及多种领域的应用，因此需要在每个细分领域对该领域的技术应用作出特别说明。从信息技术本身对应用领域加以区分是划分信息服务应用领域的基本要求。

二是从提供服务的环节进行说明，即该行业领域利用相关信息技术提供服务的整个生产流程，包含对信息进行收集、整理、加工、传输、存储等各个环节。从服务环节进行说明可以在技术应用层面上使对该领域的划分标准更加明晰。

三是从产出品的角度进行说明，即该行业领域利用相关信息技术所提供的相关服务产品的功能描述，以及供给的对象描述。从产出品的角度进行说明是信息服务应用领域标准最终面向生产实践的要求。

《中国信息技术服务标准体系建设报告 4.0》①将行业和领域标准定义为需求侧标准，即信息服务产业标准体系的需求侧在治理运营自身服务业务时应当遵循的规律与规范。面向行业和领域的标准研制是 ITSS 关注的重点，也是 ITSS 中基础标准、支撑标准、供给侧标准在行业领域应用的最佳实践。作为当前已发展较为成熟的信息技术服务标准体系，ITSS 结合标准体系需求侧的治理能力、数字化转型能力、数据管理能力，融合金融、司法、政务、电信、医疗等行业领域的实际需求，形成了行业和领域标准的架构设计图，该架构设计图对本小节制定网络化信息服务应用领域的行业细分标准，有重要的参考价值。

---

① 中国电子工业标准化技术协会信息技术服务分会. 中国信息技术服务标准（ITSS）体系建设报告 4.0［EB/OL］.［2020-8-19］. http://www. itss. cn/itssNew＿webmap/itssNew＿Bookreport/2016/06/13/bd31a090531645d184b9d8dj8b615906.html.

如图 12-1 所示，在信息技术服务行业领域标准体系中，当前已发布的标准为《GB/T33136 信息技术服务 数据中心服务能力成熟度模型》①，围绕数据中心服务业务展开计划制定的标准还有关于数据中心业务连续性等级评价的准则，以及针对医疗信息服务展开计划制定的医院信息系统实施指南，除此以外，关于面向具体行业和领域的信息技术服务标准体系仍在计划制定中。

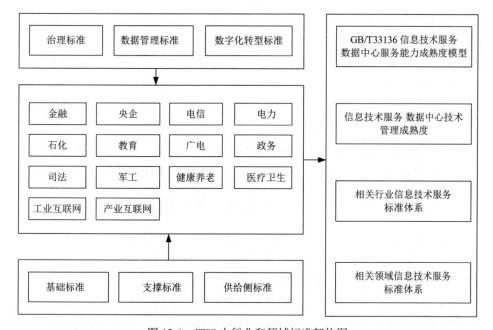

图 12-1 ITSS 中行业和领域标准架构图

当前信息服务应用领域的细分行业标准化工作正处于起步阶段，在明确了行业和领域标准的研制需紧跟制造强国和网络强国建设战略，兼顾数字化、网络化、智能化转型与融合、安全可靠等需求，以及信息服务应用领域划分标准的基础上，各相关政府部门与相关专业科研团体已经开始对具有较大经济规模与重要战略地位的行业，展开了标准化工作的详细规划与标准体系的建设工作要点研究。下面将对当前已有的重点信息服务应用领域标准构建内容进行阐述，总结经验并提取要点，为网络化信息服务应用领域行业细分标准的制定提供指导。

---

① 国家标准化管理委员会. GB/T33136-2016 信息技术服务 数据中心服务能力成熟度模型[S/OL]. 北京：中国标准出版社，2018.

12.1.2　网络化信息服务应用领域标准的目标

网络化信息服务应用领域标准按应用环节进行制定，主要涉及以下几个方面内容。

(1)持续推进重点应用领域标准化工作

构建网络化信息服务应用领域标准的一项首要原则就是重点突破与协调推进相统一。要聚焦我国信息服务应用领域发展中的关键问题，突出重点领域标准建设，提升重点领域的标准创新能力，优先制定并落实当前关键应用领域的标准设计与实施，紧跟技术变化的脚步，及时更新完善现有的标准体系。同时，要全面落实深化标准化工作改革的要求，加快信息服务应用行业技术创新、产品创新、模式创新等相关标准修订，推进形成政府主导制定的标准和市场自主制定的标准协同发展、协调配套的新型标准体系，做到统筹规划、分步实施，强化各部门、各地区相关政策措施制定和落实的协调推进。

(2)满足数字化、网络化、智能化的市场需求

网络化信息服务应用领域标准的制定要紧贴各应用领域发展对标准化的实际需求，重点关注当前数字化、网络化、智能化发展的普遍性市场需求，鼓励企业主体发挥身处市场的敏锐洞察力，突出企业主体地位，推动服务于数字化、网络化、智能化产业发展趋势的标准体系的构建与优化，加强信息服务应用领域生态系统中各环节、各领域标准体系的顶层设计，加快网络化信息服务应用领域标准与社会经济发展的深度融合。

(3)推动跨产业融合与智能制造等国家战略实施

我国经济目前正处在由高速增长转向高质量发展的关键阶段，构建满足产业高质量发展需求的新型标准体系的需求日益紧迫，发挥互联网新时代行业标准引领作用的重要性日益凸显。新一代信息技术飞速发展，且加速与制造业融合，这一融合趋势为传统制造业的转型升级带来了新的机遇。我国产学用研各个主体因势利导，初步形成了推进智能制造的热潮。智能制造作为我国制造业创新发展的主要抓手，是制造业转型升级的主要路径，是建设制造强国的主攻方向。融合发展已然成为实体经济高质量发展的必然选择，在此背景下，构建产业融合发展的通用语言，制订各产业领域应用信息技术开展新实践的标准规划，促进融合技术的固化和推广，成为网络化信息服务应用领域标准的重要目

标之一。

12.2 网络化信息服务应用领域标准的内容与特征

网络化信息服务应用领域标准的研制是国家安全体制下网络化信息服务标准体系落地的主要目标,特别是面向具体应用领域的标准研制,也是有关数据、安全、管理、技术等方面标准框架与方法论在行业领域应用的最佳实践。

针对生产性服务业标准化工作,国家市场监督管理总局、国家发改委、科技部等九部门于 2019 年印发了《生产性服务业标准化三年行动计划(2019—2021 年)》①(以下简称《计划》),对整个生产性服务业的标准化全面推进作出了指导,要求聚焦我国生产性服务业发展中的关键问题和重点领域标准建设、标准化创新能力提升,其中提到的第一项重点领域就是信息技术服务领域,并指出了三点标准化建设要求。

一是要围绕制造强国和网络强国战略部署,以推动信息技术服务业高质量发展为目标,建设政府主导和市场自主相结合的新型标准体系,内容包括:基础标准,即信息服务相关技术分类与代码标准、服务生存周期标准、成本度量标准、产品要求标准等;支撑标准,即服务外包标准、服务监理系列标准、服务风险标准、服务安全标准、信息系统造价定额标准等;供给侧标准,即数据资源规划和知识库设计等咨询设计服务标准、云计算和大数据等新型信息系统建设标准、集成实施和运行维护标准等;需求侧标准,即数据中心管理和服务标准、数据资产管理和数据运营服务标准、企业数字化转型服务标准,以及金融、电力、广电、医疗等行业信息服务标准。

二是要开展信息技术服务标准验证与应用试点工作,结合以上各方面的标准情况,选择多个产业发展形成聚集效应的城市或区域,进行标准验证与应用试点,在此基础上将经过实践证明的服务应用领域标准通过行业协会、行业中介机构和标准化技术组织进行面向全部市场的应用推广。

三是要关注信息技术服务标准的国际化,鼓励标准化技术组织、研究机构和领军企业充分参与服务质量、服务外包、云计算服务、数据治理等关键领域

---

① 国家市场监督管理总局标准技术管理司. 市场监管总局等九部门关于印发《生产性服务业标准化三年行动计划(2019—2021 年)》的通知[EB/OL]. [2020-8-19]. http://www.samr.gov.cn/bzjss/tzgg/201909/t20190918_306831.html.

的国际标准制定中，推动我国自主标准向国际标准靠拢。

本节将分析总结目前信息化进展较为成熟的服务行业中标准制定的工作成果，如政务、教育、电力、交通等行业领域，深入展现网络化信息服务应用领域标准的具体内容。

12.2.1　应用领域标准体系中的政务领域标准

电子政务是深化"放管服"改革和建设服务型政府的战略举措，也是政府部门提升管理能力的重要手段。标准化是电子政务落实推广的基础和前提，是整个电子政务发展的重要组成部分。

针对政务领域的信息服务应用，《国家电子政务标准体系建设指南》①（以下简称《指南》）于 2020 年 6 月由市场监管总局等六部门联合发布。《指南》要求电子政务标准体系的建设以"急用先行，循序渐进"为原则，先研制一批能够支撑政务信息资源开放共享、业务协同、政务服务一体化、安全保障所需的基础标准和关键共性标准，进而带动行业应用标准的研制。《指南》构建了电子政务标准体系总体的结构，主要分为总体标准、基础设施标注、数据标准、业务标准、服务标准、管理标准、安全标准等七个部分。

其中，总体标准主要包括电子政务总体性、框架性、基础性的标准规范，如术语、标准化指南、参考模型等标准内容；基础设施标准包括政务硬件设施和软件设施标准，以及政务网络标准等内容；数据标准主要包括元数据、分类与编码、数据格式、数据库、信息资源目录、数据管理标准等标准内容；业务标准主要包括业务流程、业务系统等标准内容；服务标准主要包括政务服务基础标准、服务应用标准等内容；管理标准主要包括运维运营标准以及测试评估标准等内容；安全标准主要包括安全管理标准、安全技术标准和安全产品和服务标准等内容。

同时，《指南》针对电子政务当前发展过程中的一些突出问题构建了相应的子标准体系，包括政务数据开放共享标准子体系、公共信息资源开发利用标准子体系、电子文件标准子体系、"互联网+政务"标准子体系等四个子标准，这四个子标准体系仍由国家电子政务标准体系引导，《指南》还选取了国家电子政务标准体系中的相关类目，重新组合成各重点工作领域的标准子体系。

部分电子政务服务领域标准如表 12-3 所示：

---

① 中国电子技术标准化研究院. 市场监管总局等六部门发布《国家电子政务标准体系建设指南》[EB/OL]. [2020-8-19]. http://www.cesi.cn/202006/6524.html.

表 12-3 电子政务服务领域标准

序号	标准类型	标准名称	主要内容	标准级别	标准状态
1	总体	电子政务术语①	本标准规定了电子政务领域中常用的基本术语和定义。本标准适用于电子政务系统的设计、开发、应用和维护等方面。	国家标准	现行
2		电子政务标准化指南 第 5 部分：支撑技术②	本标准规定了电子政务技术支撑层的模型、结构体系，提供了电子政务应用系统中的共性应用支撑技术体系及其相关的技术标准和技术规范。	国家标准	现行
3		电子政务标准化指南 第 4 部分：信息共享③	本标准描述了电子政务标准技术参考模型应用支撑层中的共享交换相关的技术要求，规范了信息共享的特征、基本模型、网络要求、数据要求、系统要求、安全要求和信息管理要求。	国家标准	现行
4	基础设施	基于云计算的电子政务公共平台技术规范 第 1 部分：系统架构④	本标准规定基于云计算的电子政务公共平台的系统架构，包括服务管理架构、服务资源架构、服务实施架构、服务保障架构、服务安全架构五个方面的内容。	国家标准	现行

---

① 国家标准化管理委员会. GB/T25647-2010 电子政务术语[S/OL]. 北京：中国标准出版社，2018.

② 国家标准化管理委员会. GB/T30850.5-2014 电子政务标准化指南 第 5 部分：支撑技术[S/OL]. 北京：中国标准出版社，2018.

③ 国家标准化管理委员会. GB/T30850.4-2017 电子政务标准化指南 第 4 部分：信息共享[S/OL]. 北京：中国标准出版社，2018.

④ 国家标准化管理委员会. GB/T33780.1-2017 基于云计算的电子政务公共平台技术规范 第 1 部分：系统架构[S/OL]. 北京：中国标准出版社，2018.

序号	标准类型	标准名称	主要内容	标准级别	标准状态
5	数据	基于云计算的电子政务公共平台服务规范 第3部分：数据管理①	本标准规定了基于云计算的电子政务公共平台上和受电子政务公共平台管理的所有政务数据的采集技术、存储技术、集成技术、处理技术和服务技术等五个环节的技术要求，以及数据管理目录技术、数据交换共享技术和数据质量管理技术等三个通用支撑技术的要求。	国家标准	现行
6	业务	政务服务中心信息公开业务规范②	本标准规定了政务服务中心信息公开的机构和职责、范围、方式、信息公开业务流程及其描述等。	国家标准	现行
7	服务	政务服务平台基本功能规范③	本标准规定了政务服务平台的通用术语和定义、基本功能与要求。	国家标准	现行
8	管理	基于云计算的电子政务公共平台管理规范 第1部分：服务质量评估④	本标准规定了基于云计算的电子政务公共平台服务质量评价指标体系、评估实施组织、评估实施程序、评估结果及应用、服务提供质量评测方法、基础设施资源利用率评测方法等。	国家标准	现行

---

① 国家标准化管理委员会. GB/T34079.3-2017 基于云计算的电子政务公共平台服务规范 第3部分：数据管理［S/OL］. 北京：中国标准出版社，2018.

② 国家标准化管理委员会. GB/T32618-2016 政务服务中心信息公开业务规范［S/OL］. 北京：中国标准出版社，2018.

③ 国家标准化管理委员会. GB/T39047-2020 政务服务平台基本功能规范［S/OL］. 北京：中国标准出版社，2018.

④ 国家标准化管理委员会. GB/T34077.1-2017 基于云计算的电子政务公共平台管理规范 第1部分：服务质量评估［S/OL］. 北京：中国标准出版社，2018.

续表

序号	标准类型	标准名称	主要内容	标准级别	标准状态
9	安全	基于云计算的电子政务公共平台安全规范 第1部分：总体要求①	本标准规定了基于云计算的电子政务公共平台的安全体系框架，规定了电子政务公共平台资源安全保障、服务安全实施、安全运维、安全管理四个方面的要求。	国家标准	现行

12.2.2　应用领域标准体系中的教育行业标准

教育行业的信息化发展一直是国家重点项目，教育部发布的《教育信息化十年发展规划（2011—2020年）》②、《教育信息化"十三五"规划》③等文件中都提出，在云计算、大数据、物联网、移动计算等新信息技术逐步广泛应用的新时代背景下，经济社会各行业信息化步伐不断加快，社会整体信息化程度不断加深，信息技术对教育的革命性影响日趋明显。强调要建设覆盖城乡各级各类学校的教育信息化体系，促进优质教育资源普及共享，推进信息技术与教育教学深度融合，实现教育思想、理念、方法和手段全方位创新，对于提高教育质量、促进教育公平、构建学习型社会和人力资源强国具有重大意义。

2018年，教育部发布了《教育信息化2.0行动计划》④，以努力构建"互联网+"条件下的人才培养新模式、发展基于互联网的教育服务新模式、探索信

---

① 国家标准化管理委员会. GB/T34080.1-2017 基于云计算的电子政务公共平台安全规范 第1部分：总体要求[S/OL]. 北京：中国标准出版社，2018.

② 中华人民共和国教育部. 教育部关于印发《教育信息化十年发展规划（2011—2020年）》的通知[EB/OL].［2020-8-19］. http://old. moe. gov. cn//publicfiles/business/htmlfiles/moe/s3342/201203/xxgk_133322.html.

③ 中华人民共和国教育部. 教育部关于印发《教育信息化"十三五"规划》的通知[EB/OL].［2020-8-19］. http://www. moe. gov. cn/srcsite/A16/s3342/201606/t20160622_269367. html.

④ 中华人民共和国教育部. 教育部关于印发《教育信息化2.0行动计划》的通知[EB/OL].［2020-8-19］. http://www. moe. gov. cn/srcsite/A16/s3342/201804/t20180425_334188. html.

息时代教育治理新模式为最终目标，提出继续深入推进"三通两平台"、持续推动信息技术与教育深度融合、构建一体化的"互联网+教育"大平台三大任务要求。2019 年，又发布了《2019 年教育信息化和网络安全工作要点》①，强调深入实施《教育信息化 2.0 行动计划》，全面落实党中央国务院对教育领域网络安全和信息化的战略部署，并指出要落实《教育部关于完善教育标准化工作的指导意见》②，进一步规范教育信息化标准化工作，加强对教育部教育信息化技术标准委员会的管理和指导，组织制订教育信息化标准规划，有序推进教育信息化标准规范研制。

构建信息服务在教育行业的融合发展标准体系，主要任务是研制教育信息化设施与设备标准、软件与数据标准、运行维护与技术服务标准、教育网络安全标准、教育信息化业务标准、在线教育和数字教育资源标准、教师信息技术应用能力标准、学生信息素养评价标准。教育部先后研究制定了教育管理信息标准体系下的教育信息化相关标准，包括教育管理基础代码、教育管理基础信息、教育行政管理信息、普通中小学校管理信息、中职学校管理信息、高等学校管理信息、教育统计信息等内容，现已作为教育部行业标准发布。③ 2017年又研究制定了使用交互式电子白板的两项行业标准，包括教学功能和教学资源通用文件格式两部分内容，④ 以及与基础教育教学资源元数据相关的系列标准，包括信息模型、基础教育教学资源元数据 XML 绑定、实践指南等三部分内容。⑤

---

① 中华人民共和国教育部. 教育部办公厅关于印发《2019 年教育信息化和网络安全工作要点》的通知 [EB/OL]. [2020-8-19]. http://www.moe.gov.cn/srcsite/A16/s3342/201903/t20190312_373147.html.

② 中华人民共和国教育部. 教育部关于完善教育标准化工作的指导意见 [EB/OL]. [2020-8-19]. http://www.moe.gov.cn/srcsite/A02/s7049/201811/t20181126_361499.html.

③ 中华人民共和国教育部. 教育部关于发布《教育管理信息教育管理基础代码》等七个教育信息化行业标准的通知 [EB/OL]. [2020-8-19]. http://www.moe.gov.cn/srcsite/A16/s3342/201203/t20120315_133140.html.

④ 中华人民共和国教育部. 教育部关于发布《交互式电子白板》系列两项教育行业标准的通知 [EB/OL]. [2020-8-19]. http://www.moe.gov.cn/srcsite/A16/s3342/201709/t20170911_314176.html.

⑤ 中华人民共和国教育部. 教育部关于发布《基础教育教学资源元数据》系列教育行业标准的通知 [EB/OL]. [2020-8-19]. http://www.moe.gov.cn/srcsite/A16/s3342/201706/t20170622_307711.html.

另外，在线教育作为运用互联网、人工智能等现代信息技术进行教与学互动的新型教育方式，已成为教育服务的重要组成部分。面对目前在线教育服务发展迅速的态势，教育部等 11 个部门发布了关于促进在线教育健康发展的指导意见，① 要求加速推广新一代信息通信技术在教育领域的应用，实现现代信息技术与教育的深度融合，推动在线教育质量不断提升，以及资源和服务标准体系全面建立。

部分电子政务服务领域标准如表 12-4 所示：

表 12-4　教育信息化服务领域标准

序号	标准名称	主要内容	标准级别
1	信息技术 学习、教育和培训 电子课本与电子书包术语②	本标准界定了电子课本与电子书包相关的术语。本标准适用于对电子课本与电子书包相关的标准制定。	国家标准
2	信息技术 学习、教育和培训 在线课程③	本标准给出了在线课程和评价方案的信息模型和要素、在线课程的评价原则，规定了各要素的功能和属性以及相应的 XML 绑定。	国家标准
3	信息技术 学习、教育和培训 数字化学习资源语义描述④	本标准规定了数字化学习资源语义描述的内容、流程、方法和要求。本标准适用于数字化学习资源、在线教育平台的设计和开发。	国家标准

---

① 中华人民共和国教育部. 教育部等十一部门关于促进在线教育健康发展的指导意见[EB/OL]. [2020-8-19]. http://www.moe.gov.cn/srcsite/A03/moe_1892/moe_630/201909/t20190930_401825.html.

② 国家标准化管理委员会. GB/T37716-2019 信息技术 学习、教育和培训 电子课本与电子书包术语[S/OL]. 北京：中国标准出版社，2018.

③ 国家标准化管理委员会. GB/T36642-2018 信息技术 学习、教育和培训 在线课程[S/OL]. 北京：中国标准出版社，2018.

④ 国家标准化管理委员会. GB/T36350-2018 信息技术 学习、教育和培训 数字化学习资源语义描述[S/OL]. 北京：中国标准出版社，2018.

续表

序号	标准名称	主要内容	标准级别
4	信息技术 学习、教育和培训 教育云服务：框架①	本标准规定了教育云服务的框架和模式，以及云环境中的教育管理、教学交互、内容和服务提供、网络安全保护内容和要求。	国家标准
5	信息技术 学习、教育和培训 教育管理数据元素 第1部分：设计与管理规范②	本标准规定了教育管理数据元素的结构、教育管理数据元素的表示规范及属性的提取规则和方法，并给出了教育管理数据元素的维护管理方法。	国家标准
6	信息技术 学习、教育和培训 教育管理数据元素 第2部分：公共数据元素③	本标准规定了教育管理活动中涉及的通用数据元素及其表示形式。本部分适用于教育管理相关信息处理系统之间的信息交换与共享，以及编制各种专用数据元素集合目录。	国家标准

12.2.3 应用领域标准体系中的电力行业标准

电力行业的信息化服务发展是指各类电力企业在电力生产和经营、管理和决策、研究和开发、市场和营销等各方面，应用信息技术建设应用系统和网络，通过对信息和知识资源的有效开发和利用，调整和重构企业组织结构和业务模式，提高企业竞争力的过程。电力信息化服务主要包含信息设备装备化、信息技术利用化、信息内容数字化、信息服务完善化服务等内容。

电力信息化服务行业是软件和信息技术服务业的细分领域，是典型的技术密集和装备密集型产业，其独特的生产经营方式决定了其信息化发展的模式。目前，信息技术已渗透到电网企业运营的各个环节，在新形势下，电网企业将

---

① 国家标准化管理委员会. GB/T36352-2018 信息技术 学习、教育和培训 教育云服务：框架[S/OL]. 北京：中国标准出版社，2018.

② 国家标准化管理委员会. GB/T36351.1-2018 信息技术 学习、教育和培训 教育管理数据元素 第1部分：设计与管理规范[S/OL]. 北京：中国标准出版社，2018.

③ 国家标准化管理委员会. GB/T36351.2-2018 信息技术 学习、教育和培训 教育管理数据元素 第2部分：公共数据元素[S/OL]. 北京：中国标准出版社，2018.

重点加强各类业务系统的协同性，实现系统的智能性，提升信息服务能力和服务质量，满足国家对电力运营的需求，同时对电力信息化服务的行业标准研制提出了更高要求。

电力行业信息化服务标准应用体系的建立，是在国家信息化服务标准体系的框架内，结合我国电力行业系统的特点，提出的具有本行业自身特点的信息化服务标准体系。其参考引用的标准依据主要有电力行业标准框架、国家信息化建设规范、现行的信息化标准、其他行业有关信息化规范的公共部分等。

部分电子政务服务领域标准如表 12-5 所示。

表 12-5　电力信息化服务领域标准

序号	标准名称	主要内容	标准级别
1	电力信息系统安全等级保护实施指南①	本标准规定了电力信息系统安全等级保护实施的基本原则、角色和职责，以及定级与备案、测评与评估、安全整改、退运等基本活动。	国家标准
2	电力系统通用服务协议②	本标准规定了电力系统通用服务的体系结构、交互方式、服务原语及通信协议。	国家标准
3	电力系统简单服务接口规范③	本标准规定了用于电力系统生产控制及管理业务简单服务的文本型接口规范，包括文本型服务接口的语法及语义规则，服务体系结构及流程、服务定义、服务管理、服务访问等技术内容。	国家标准
4	电力信息安全水平评价指标④	本标准规定了电力信息安全水平评价指标，描述了评价指标量化方法。	国家标准

---

①　国家标准化管理委员会. GB/T37138-2018 电力信息系统安全等级保护实施指南[S/OL]. 北京：中国标准出版社，2018.

②　国家标准化管理委员会. GB/T33602-2017 电力系统通用服务协议[S/OL]. 北京：中国标准出版社，2018.

③　国家标准化管理委员会. GB/T33604-2017 电力系统简单服务接口规范[S/OL]. 北京：中国标准出版社，2018.

④　国家标准化管理委员会. GB/T32351-2015 电力信息安全水平评价指标[S/OL]. 北京：中国标准出版社，2018.

续表

序号	标准名称	主要内容	标准级别
5	信息技术 信息设备资源共享协同服务 第 305 部分：电力线通信接口①	本标准规定了 IGRS 应用程序与高速 IGRS 电力线通信设备之间的接口。	国家标准

12.2.4　应用领域标准体系中的交通行业标准

　　针对交通运输信息化服务应用领域，我国交通运输部于 2019 年 5 月发布了《交通运输信息化标准体系（2019 年）》②文件，目标是解决目前部分标准滞后且引领性不强的问题，重新明确未来一段时期交通运输信息化服务发展的标准修订任务。文件中对交通运输信息化服务标准的定义为，交通运输行业在信息化咨询、设计、建设、实施、运行、维护等活动中，为满足管理需要和用户需求，结合行业特点，制定可重复使用的规则、准则、规范或要求。在标准体系的构建过程中，继续遵循该定义中交通运输信息服务业的运行逻辑，按照交通运输行业在信息化活动中产生和制定的信息化标准内容及其内在联系进行划分，划分为基础通用标准、基础设施标准、数据资源标准、信息应用标准、网络安全标准和工程规范标准六个部分。其中，基础通用标准包括术语及符号、分类与代码、数据元与元数据和通用规则四类，基础设施标准包括硬件设备、网络与通信两类，数据资源标准包括数据表示、数据采集、数据交换和数据管理四类，信息应用标准包括技术要求和测试维护两类，网络安全标准包括安全技术、安全管理、网络信任和安全服务四类，工程规范标准包括工程建设、工程管理、工程运维三类。

　　部分道路交通服务领域标准如表 12-6 所示。

---

　　①　国家标准化管理委员会. GB/T29265. 305-2012 信息技术 信息设备资源共享协同服务 第 305 部分：电力线通信接口［S/OL］. 北京：中国标准出版社，2018.

　　②　中华人民共和国交通运输部.《交通运输信息化标准体系（2019 年）》解读［EB/OL］.［2020-8-19］. http://www.mot.gov.cn/zhengcejiedu/jtysxxhbztx/.

表 12-6　道路交通信息服务领域标准

序号	标准名称	主要内容	标准级别
1	道路交通信息服务 交通事件分类与编码①	本标准规定了道路交通信息服务中各类交通事件的编码。本标准适用于道路交通信息服务领域的信息处理和信息交换。	国家标准
2	道路交通信息服务 术语②	本标准规定了道路交通信息服务领域所涉及的术语，包括基本术语、交通信息与服务术语、交通信息采集术语、交通信息处理术语、交通信息传输与发布术语。	国家标准
3	道路交通信息服务 通过可变情报板发布的交通信息③	本标准规定了道路交通管理中通过可变情报板发布的交通信息的结构、内容和方式。本标准适用于城市道路交通和公众信息发布。	国家标准
4	道路交通信息服务 数据服务质量规范④	本标准规定了面向公众出行的动态道路交通信息服务质量水平、数据质量评测的基本方法、要求、测试参数和测试项。	国家标准
5	道路交通信息服务 道路编码规则⑤	本标准规定了道路交通信息服务中所涉及的道路选取规则、道路分割原则、路段编码结构、参考点编码方法及路段编码规则。	国家标准

12.2.5　网络化信息服务应用领域标准的特征

目前，从上述信息服务应用的重要领域相关标准化工作规划与进展来看，

---

① 国家标准化管理委员会. GB/T29100-2012 道路交通信息服务交通事件分类与编码 [S/OL]. 北京：中国标准出版社，2018.

② 国家标准化管理委员会. GB/T29108-2012 道路交通信息服务术语[S/OL]. 北京：中国标准出版社，2018.

③ 国家标准化管理委员会. GB/T29103-2012 道路交通信息服务通过可变情报板发布的交通信息[S/OL]. 北京：中国标准出版社，2018.

④ 国家标准化管理委员会. GB/T29101-2012 道路交通信息服务数据服务质量规范[S/OL]. 北京：中国标准出版社，2018.

⑤ 国家标准化管理委员会. GB/T29744-2013 道路交通信息服务道路编码规则[S/OL]. 北京：中国标准出版社，2018.

网络化信息服务应用领域的细分行业标准具体取决于该应用领域的实践情况，可以总结出其标准制定过程中应当符合的要求：以"急用先行"为重要原则，确定目前行业中最需要解决和规范的主要矛盾和重点问题，并展开针对性的标准研制工作，在总标准体系下设置相应的子标准；明确该应用领域的相关概念界定与术语规范，制定该应用领域标准化适用范围的基础标准，这对于许多本就处在快速发展更新阶段的新兴行业领域来说尤为重要，是其完成标准化工作的基石；按照该应用领域信息服务的业务流程或服务生命周期的规律和逻辑来开展标准化建设，确保标准制定紧密贴合信息服务的各个应用环节，发挥信息服务应用领域标准对推动信息服务行业稳定发展的最大效用。

根据现有的部分行业开展信息服务活动制定的应用标准，可将网络化信息服务应用领域标准的特征概括为以下三点：

①基础标准的共通性。网络化信息服务应用领域标准体系是整个网络化信息服务标准体系中的落地标准部分，是从各个行业领域的经济实践视角出发，对各行业领域如何更好地利用信息服务技术开展产业升级与模式优化等关键问题进行标准化指导与规范。因此，网络化信息服务应用领域标准中也包含着围绕信息服务技术生命周期产生的一系列通用标准，并且在信息服务应用领域划分、信息服务应用主要流程、数据管理和安全管理等方面，具有基础标准的共通性。

②行业标准的特色性。作为信息服务应用领域的具体标准，其重要特征之一即为行业标准所具备的行业特色性。虽然各行业应用信息服务技术需要遵循一定的通用基础标准，但是各行业在开展相关信息服务业务的实践中具备不同的行业特征，信息服务应用领域标准的制定同时也要依照各行业实际的生产方式与生产环节来进行。因此，网络化信息服务应用领域标准体系势必具备不同的行业特色性。

③紧贴需求的实用性。网络化信息服务应用领域标准是落地标准，对整个信息服务标准体系的推行和实施具有重要的指导作用。因此，应用领域标准将重点关注行业应用过程中的关键需求，针对应用难点进行研究突破和标准引导，着重解决实际问题，凸显应用领域标准的实用性。

12.3　网络化信息服务应用领域标准的作用

本节主要从信息服务行业的宏观层面分析网络化信息服务应用领域标准的作用，结合当前市场环境特征以及信息服务技术应用的现状与未来发展趋势，构建科学的网络化信息服务应用领域标准，将有助于共性基础技术的突破与布局、推动产业融合与升级、提升传统行业信息化水平与服务质量、促进信息服务产业体系构建与完善。

12.3.1 推动技术突破与产业升级

网络化信息服务在各行业开展应用离不开共性基础技术的支撑，数据模型、应用系统、基础平台、信息安全等多个方面都存在共同的技术需求。网络化信息服务应用领域标准的研制，能够促进各项新技术以信息服务的形式展开跨行业融合应用，引导传统产业体系与信息技术服务产业的有序融合，推动信息技术应用产业的升级。

(1)助力共性基础技术的突破与布局

一方面，从行业应用标准对信息技术的作用来看，研制网络化信息服务应用领域标准，是对各行业领域开展信息服务活动过程中所需的信息技术与关键环节进行梳理，结合各行业的业务目标与实际生产特点，扩充与完善共性基础信息技术的内容。因此，网络化信息服务应用领域标准的研制，可以对信息技术在行业环境中的落地实现提供助力，推动其中共性基础技术的发展与突破。

另一方面，网络化信息服务应用领域标准的研制，面向重大行业领域应用和信息安全保障需求，立足于信息服务产业发展的顶层设计层面，行业应用标准可以凭借前瞻性的优势，指导共性基础信息技术在行业内的落地规划，推动面向新型智能终端、智能装备等的基础软件平台以及面向行业应用的重大集成应用平台的建设，助力共性基础信息技术在各行业领域中的总体布局。

(2)推动信息技术应用产业融合与升级

当前，世界新一轮科技革命和产业变革加速推进，产业跨界融合发展愈发明显，新模式、新业态层出不穷，产品更新步伐加快，科技创新从"科学"到"技术"再到"市场"的演进周期正在缩短，成果转化更加迅捷。与此同时，技术标准研制正在逐步嵌入科技活动的各个环节，与科技创新同步，甚至形成引领的趋势愈发明显。中央提出创新、协调、绿色、开放、共享的新发展理念，要求实施创新驱动发展战略，加强科技与经济的联系，推进供给侧结构性改革，对增强技术标准创新能力、增加标准有效供给、提升技术标准创新服务水平提出了更高要求。

推动产业关键新技术领域标准发展，推动实施"互联网+"、"智能+"等战略，以技术标准促进科技成果转化应用，加快新一代信息技术对传统产业的数字化、网络化和智能化改造升级，在这一过程中建立适合我国产业、技术发展要求的新一代信息技术兼容性标准，并借助这一标准，进一步深化新一代信息技术对现有产业的改造升级和融合发展。

12.3.2 提升服务水平与完善产业体系

网络化信息服务应用领域标准的研制有利于信息服务技术的标准化、规范化发展，确立信息服务技术在各行业的应用落地指南，有利于信息服务行业在实践中提升创新应用、融合发展、安全防护等能力，推进信息服务产业体系的构建。

(1)提升服务行业信息化水平与质量

随着我国产业信息化建设的不断深入，政务、电力、能源、交通、电信、金融等细分行业的信息化需求不断提高，移动互联网、云计算、大数据、物联网、人工智能等信息技术也不断发展，这些细分行业领域在向互联网转型、建立新型服务模式等方面的信息化投入将迎来更快的增长。

对此，研制信息服务应用领域标准将起到促进各细分行业信息化水平提升和服务质量提升的作用，在科学完备的行业应用标准指导下，各行业的信息化建设将更加适应当前信息技术的快速发展，更能把握好信息技术对本行业发展的关键助力点，优化行业信息化建设布局，提升信息化水平。

(2)促进信息服务产业体系构建与完善

当前我国的信息服务产业体系正处于加快构建和持续优化的过程中，各细分产业领域的生产工作和技术升级亟待一套科学标准的指导，对于各细分产业之间存在跨行业技术交叉和业务交叉的部分，也需要专门的具体标准来进行统筹规划。网络化信息服务应用领域标准体系的服务对象是众多应用信息服务的重要行业与信息化持续深入推进的重点行业，该标准体系针对各行业经营和信息化过程中的各个环节，以及具有行业特殊性的关键环节中的关键问题，给出全面详细的技术指导和流程规范，各行业可以按照本行业信息服务应用标准的指导，有序开展信息服务业务制定与优化，进而共同推进我国信息服务产业体系的不断完善。

13　国家安全体制下网络化信息服务标准体系的推广与实施

标准不是标本，标准的生命力在于实施，必须创新思维，加强标准实施，确保标准落地见效。[①] 网络化信息服务标准体系的实施是有组织、有计划、有措施地贯彻执行标准体系的活动，是标准体系的制定部门、实施部门将标准体系规定的内容贯彻到网络化信息服务领域中的过程，是一个复杂的系统工程。体系的落实和真正产生作用，不仅需要正确的指导思想、规定的基本步骤，也需要培养基础条件，为标准体系的推广与实施提供保障，方便后续的评估和改进。

13.1　标准体系推广与实施的指导思想

网络化信息服务标准体系对规范和发展网络化信息服务具有重要的现实意义。当前随着计算机和网络通信技术的引入和发展，越来越多的领域和行业开始针对特定信息需求，以信息技术为手段，以计算机和通信网络为媒介，向用户提供经加工整理的有效信息、知识与智能，逐步形成整体化的网络化信息服务体系。一方面，当前网络化信息服务正在以前所未有的速度和规模向前发展，但同时要注意到我国网络化信息服务发展的滞后性、复杂性和综合性，需要在国家安全体制这一大环境下考虑信息安全、网络安全和国家安全三者间的关系。此外，由于服务资源有限、信息服务意识不足、服务人员素质参差不齐，相关服务改进技术和工具尚处于研究和试验阶段。另一方面，信息化时代的全面到来和需求使得改进网络化信息服务十分必要，迫切需要体系化的标

---

① 杨阳. 标准的生命力在于实施[J]. 中国机关后勤，2019(8)：16-17.

准。但我国的标准化意识还不够强，系统规范化的标准数量较少，在采用国际标准方面也明显低于发达国家水平。因此，遵循标准化指导思想，推广和实施国家安全体制下的网络化信息服务标准体系是当前信息化服务发展工作的关键一步。网络化信息服务标准体系推广与实施的指导思想包括如下方面：

13.1.1　强化顶层设计与循序渐进实施

从全面提升我国网络化信息服务的视角出发，对国家安全体制下的网络化信息服务进行总体设计和路径规划，充分发挥体系管理者对整体实施的统筹作用，调动标准体系规范对象的实施积极性，做好两者的协调沟通，强化顶层设计并鼓励大众参与，以及实施循序渐进及推动试点先行。

一方面，实施主体要始终坚持标准实施是标准化工作的重要环节，但其与标准的制定和改进等工作并不是割裂的，实施中发现的问题有利于标准体系的再完善，因此需要在整体层面上将其视为闭环。另一方面，推广和实施标准体系，既要注重从上到下的总体布局，也要注重自下而上的信息反馈，既要上层狠抓实施和监督，又离不开标准化对象和公众的积极响应与参与，后者需要注重标准体系的宣传贯彻工作，培养网络化信息服务提供人员的标准化意识，从根本上让标准体系为大众所认识、理解并愿意参与到推广与实施中，这样才能保证标准体系的实施效果。

立足于国内的各种资源和环境状况，在国家安全体制背景下，综合考虑现有网络化信息服务的建设和运营情况，从构建标准化体系框架入手，首先，制定和实施网络化信息服务术语标准、分类标准、信息数据代码标准等基础性标准和标准系列，其次，制定和推广网络化信息服务系统或平台标准、网络化信息服务应用服务标准等核心标准和标准系列、网络化信息服务管理体系等支持类标准，以及众多的覆盖网络化信息服务环境、人员、用语、信息公开、测量、评价等环节的主体类标准，最后，推广与实施行业应用标准，即抓住重点、分清主次地开展标准实施工作。完成后再实施质量评估，形成连贯的网络化信息服务标准体系，从而为标准化工作提供重要指引，推进网络化信息服务质量整体提升。在渐进式推进的同时，因为标准体系针对网络化信息服务，辐射面广，可以选取积极性高且能力强的信息化服务方作为试点，为其他标准化对象提供实施经验和参考模板，减轻标准体系实施工作的整体难度。

13.1.2　遵循政策法规及保持动态兼容

网络化信息服务标准体系的推广与实施应符合我国的相关法律法规以及有

关国际准则，即有相应的政策和标准依托，如实施过程中就要遵循《中华人民共和国网络安全法》①，不得对信息服务安全造成影响。标准体系的实施要立足当前、关注长远，立足国情、面向国际，保持体系的开放性和可扩充性，结合网络化信息服务发展变化，适时调整完善，不断提高标准体系的引导性与适用性。

　　此外，在推广和实施网络化信息服务标准体系的过程中还要遵循标准化的基本原则，符合"统一、简化、协调、优选"的步调。② 其中统一是指网络化信息服务标准体系具有整体性，为相同的目标服务，科学梳理网络化信息服务各领域、各要素，构建内容全面、结构完整、层次清晰的标准体系。简化是指标准体系在合理表达相应的规范和准则时应尽可能简洁，如精炼提取子维度和指标，正确使用标准体系结构图和体系表。协调是指使标准体系的整体功能达到最佳，并产生实际效果，必须通过有效的方式协调好系统内外相关因素之间的关系。优选是指按照特定的目标，在一定的限制条件下，对标准系统的构成因素及其关系进行选择、设计或调整，使之达到最理想的效果。

13.2　标准体系推广与实施的基本步骤

　　网络化信息服务标准体系的建立是一个长期的过程，如果说国家安全体制下的网络化信息服务是一个动态发展的庞大系统，那么它的规范系统——标准体系也是动态发展的，因此其推广与实施同样也是一个长期、复杂且动态的工程，应基于有限的资源和实际应用情况分阶段开展，③ 本书将标准体系的实施分六个阶段进行：规划阶段，对推广与实施活动进行前期规划；宣传阶段，对标准体系进行相关的宣传贯彻，对相关人员给予标准知识和标准意识的培训；实施阶段，推动标准体系的落地实施；检查阶段，监督标准体系实际的推广与实施情况；反馈阶段，就实施过程中存在的问题予以反馈；维护阶段，根据实际应用情况和存在的问题进行修订更新。

---

　　① 全国人大常委会办公厅. 中华人民共和国网络安全法[M]. 北京：中国民主法制出版社，2016.

　　② 盛立新，龚贺，赵杰. 美丽乡村建设标准研究[J]. 中国标准化，2015(1)：98-101.

　　③ 钱毅. 中国电子文件管理标准体系现状与实施战略[J]. 档案学通讯，2009(6)：10-12.

13.2.1　前期规划

在实施项目前实施部门往往会拟订执行规划书，网络化信息服务标准体系因为涉及更加庞大复杂的对象和细致复杂的各类子标准，更需要尽可能详尽地罗列各类影响标准体系推广与实施的因素，以保证标准体系的顺利实施。前期规划是标准实施前各层级人员研究编制工作计划（方案）、明确实施目标、选择最佳路径的周密部署过程。计划（方案）主要包括实施主体、范围、内容、预期目标、方案、进度安排、实施过程分析等。同时，实施规划要随实施情况及时作出调整。

①实施主体。在国家安全体制下网络化信息服务标准体系的实施阶段，实施主体可以分为两类：一是发布、宣传、推广标准体系和监督标准体系实施的体系管理者；二是把网络化信息服务标准体系纳入网络化信息服务活动中的体系使用者。其中体系的管理者以国家标准化管理委员会、中央网络安全和信息化委员会等国家有关行政主管部门的专业工作人员为主；体系的使用者以各行业网络化信息服务供给方为主。前者可以通过政府管理机构各个部门的相互紧密配合、明确分工，利用政府的强制执行力和监管力，高效地组织、指导、保障网络化信息服务标准体系的贯彻实施。后者则是标准体系实施的"前线"，需要对使用者进行良好的标准化培训、科学引导以及推广普及，才能实现国家安全体制下网络化信息服务标准体系应达到的目标，实现对网络化信息服务的引导、约束、支撑和保障作用。

②实施范围。本书中的标准体系被用于规范在我国境内提供网络化信息服务的所有单位和个人。这里的信息服务指利用计算机和通信网络等现代科学技术对信息进行生产、收集、处理加工、存储、传输、检索和利用，并以信息产品为社会提供服务的服务形态，包括信息传输服务、计算机系统服务、数据处理、软件服务、增值服务、数字内容服务、信息技术教育与培训、信息技术咨询服务（咨询、规划等）、信息技术监理等。①

③计划安排。前期准备工作中需要详细计划为实施标准体系所需要准备的各项内容，在本书中主要集中体现在组织机构建立、人员准备、技术准备、物质准备等方面。在实际计划中按表13-1进行梳理：

---

①　李南南，孙秋碧. 信息服务业的概念及范围初探［J］. 现代情报，2007（12）：69-70，74.

表 13-1 准备工作各项内容

计划工作	细分	作用
组建标准实施机构	一级负责机构(实施主体一)	整体统一规划
	二级负责机构(实施主体二)	结合所供给服务指导具体标准的落实
人员准备	标准体系制定人员	负责前期标准的制定,在推广与实施阶段负责标准化知识培训和标准讲解
	标准体系推广人员	负责标准体系宣传,主要针对各网络化信息服务供应方
	标准体系监管评估人员	负责监督标准化体系落实情况,对实施效果进行评估
技术准备	专有技术和专利的引进、转让与签约等	支撑各类标准的相关技术准备
物质准备	资金准备	保障支撑标准体系推进与落实的相应资金投入
	设备投入	如互联网设备、信息服务平台设施的准备

④预期目标。在实施计划中要明确预期成果,有利于后续计划安排围绕项目目标展开。在本书中,预期目标就是推动网络化信息服务标准体系的全面落地,涵盖政府教育、医疗、公共卫生、金融规范化等行业和国家、社会和个人层面的网络化信息服务,在国家安全体制的背景下帮助营造良好的网络化信息服务环境,在实践上提升大数据环境下的网络化信息服务质量。

⑤实施方案。先是推广基础性、通用性标准,以用于指导各个门类具体标准的研究,如先推广基础标准下的术语与定义、分类与代码,在完成基础性标准后再按照标准的性质、轻重缓急来推广安全、技术和管理标准。最后根据标准的使用者、使用条件和环境成熟情况,制订行业应用标准的分年度推广计划。具体的推广顺序如图 13-1 所示。此外,可以采用行业试点示范的推广实施方式,先在政府信息服务中进行示范并及时总结推广经验,为其他行业提供参考。

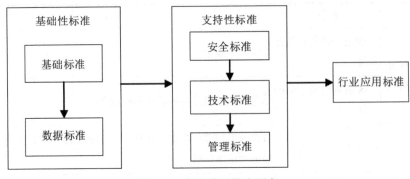

图 13-1 标准体系推广顺序

　　⑥进度安排。网络化信息服务标准体系的推广不是一蹴而就的，需要分阶段分步骤实施，因而可以将标准体系的推广与实施看成一个项目，在其进度安排上可以参考项目管理所用的方法，可参考甘特图法。甘特图是 1917 年亨利·甘特提出的一种表现任务从属关系和时间排列顺序的图表，也称条状图。① 横轴表示时间，横条的起始坐标及跨度反映各阶段推广计划的开始时间、跨度、结束时间，并可以通过横条的不同图像特征（实心条、空心条等）来反映推广任务的不同状态，通过用带箭头的线来反映推广任务间的逻辑关系。而甘特图进度控制的作用则体现在可以将计划进度与实际进度展现在同一图表中，以直观对比标准体系实际实施完成情况与预期的差异，从而及时对实施方案和进度进行调整。同时，结合网络化信息服务标准体系推广实施体量大、范围广的特点，在标准体系实施的进度控制中引入甘特图，可以有效帮助高层管理者了解全局，并为基层及时调控进度提供支持。

　　⑦过程分析。网络化信息服务标准体系推广实施中还需要考虑动态改进，可以借用 PDCA 循环相关理论。PDCA 循环理论由美国现代质量管理的奠基人休哈特博士首先提出，后被质量管理专家戴明采纳完善并加以推广，包括计划（Plan）、实施（Do）、检查（Check）、改进（Action）四个阶段，核心思想就是通过持续改进使管理系统更加高效、优化。② 本书认为网络化信息服务的标准体

----

　　①　王硕，曹莉敏，尚民强，等. 甘特图在大型软件研发项目管理中的应用[J]. 石油地球物理勘探，2018，53(S1)：310-315，19-20.

　　②　Rober S. Kaplan，David P. Norton. Putting the Balanced Score Card to Work[J]. Harvard Business Review，1993，71(5)：134-147.

系推广中可以引入 PDCA 循环理论来正向推进其实施进程，即在实施中及时检查实施情况，对成功的经验加以肯定并适当推广，及时改进存在的问题并及时调整实施计划，必要情况下根据实践情况对标准体系进行微调。通过对标准体系推广过程进行分析，有利于标准体系实施处于正向反馈，使实施绩效持续、逐步地提高。

13.2.2 宣贯培训

网络化信息服务供给人员的标准化思想和标准化知识对标准体系的实施尤为重要，所以本书重点阐释网络化信息服务标准化中的宣贯培训。虽然我国标准化已有一定的基础，但在推广国家安全体制下网络化信息服务标准体系的过程中依然会面临许多问题，要解决这些问题不仅需要有形的物质、人力资源，也需要加大对标准基本知识、网络化信息服务有关标准以及建设中标准体系的宣传力度，否则构建的标准体系会因为不为大众所理解接受而难以起到应有的作用。

(1)宣贯培训的任务目标

加强宣传引导，首要任务就是增强网络化信息服务供给相关主体的标准化意识。一方面，我国网络化信息服务处在不断发展中，① 大部分网络化信息服务供给人员还尚未把服务标准化作为一种工作规范，对网络信息安全的认知也不足。但实际上国家层面上已经开始重视对网络化信息服务的规范，自习总书记强调信息化建设和依法管网治网以来，相继发布了《金融信息服务管理规定》②和《区块链信息服务管理规定》③，旨在加强金融信息服务内容管理，明确区块链信息服务提供者的信息安全管理责任，④ 总体上旨在规范信息化服务、提升信息服务质量。另一方面，更高效更便捷的网络化信息服务能更好地满足人民日益增长的美好生活需要，随着社会发展日趋信息化、智能化，

---

① 姜永常. 我国网络化信息服务发展研究[J]. 情报杂志，2001(1)：13-14.
② 中共中央网络安全和信息化委员会办公室，国家互联网信息办公室. 金融信息服务管理规定[EB/OL]. [2020-8-14]. http://www.cac.gov.cn/2018-12/26/c_1123908386.htm.
③ 中共中央网络安全和信息化委员会办公室，国家互联网信息办公室. 区块链信息服务管理规定[EB/OL]. [2020-8-14]. http://www.cac.gov.cn/2019-01/10/c_1123971164.htm.
④ 在通向网络强国的征程上稳步前进——写在中央网络安全和信息化委员会成立一周年之际[J]. 网信军民融合，2019(3)：16-18.

大众越来越希望获得高质量的信息服务，这也就要求供给方能在一种共同认可的标准界定下提供信息服务。综上，在国家要求、公众需要的情况下，要重视在标准体系实施中对标准化意识的宣传贯彻，宣传的对象不仅包括政府各级公共服务部门、同为标准化对象的其他信息服务组织，也包括享受服务的公众，只有当社会普遍了解到网络化信息服务及其标准化事业，才能充分推广这个标准体系。

(2) 宣贯培训的方法

加强贯彻标准体系宣传力度的方式方法，可参考公共服务实施的过程中政府服务部门总结出的方法，如登门宣讲、网络定向宣传、媒体宣传等。① 其中登门宣讲主要针对大型的相关服务组织和企业，把国家安全体制下网络化信息服务方面的相关标准、服务现状，以及开展服务标准化可能产生的效益等整理成宣讲材料，上门开设宣传讲座并发放材料。实际操作案例如山东省质监局及青岛市委和市政府为加强服务标准化管理，从 1999 年起，每年选择 3~5 个重点企业登门宣讲，在达成共识的基础上，研究开展标准化工作的方法步骤。通过与青岛市有关服务管理部门和重点服务企业建立固定联系，把服务标准化列为企业宣传教育的重要内容，从而提高企业对服务标准化的认识。② 此种方法的另一个优点在于，可以将标准体系宣传效果好且有影响力的服务方设置为标杆，供其他标准化实施对象参考学习。网络定向宣传适用面更广，可以包揽大中小型标准化对象，标准体系面向的信息服务领域众多，信息服务供给方也多种多样，完全依靠上门宣传不符合人力、时间和效率的要求，此时就可以借助网络信息推送，对有备案的网络化信息服务供给方定向推送标准化宣传，可以有效提高宣传效率并降低宣传成本。而媒体宣传，主要依赖标准体系推广一级负责机构(如专门组建的推广和实施指挥小组)与媒体沟通，同时发动新闻媒介对国家网络安全、网络化信息服务标准等主题进行积极宣传报道，让除了信息服务提供方、潜在信息服务提供方等标准化对象以外的社会公众也能够有所了解，从而扩大服务标准化的社会影响，争取社会舆论的支持，增强服务组织、机构与个人的标准化意识，提高国家安全体制下的网络化信息服务标准体系制定和实施的自觉性。

---

　　① 钟瑛. 政府公共服务标准体系研究[M]. 上海：上海图书出版公司，2011.
　　② 高善武，潘青，杨春福. 加强服务标准化管理促进城市文明建设[J]. 中国标准化，2006(9)：6-8.

在标准体系发布之后，网络化信息服务标准化体系一级负责部门还应当继续组织标准体系实施培训班，邀请标准起草单位或标准起草人讲解标准体系的主要内容、编制过程以及实施标准的范例，特别是侧重针对人员的标准知识传递和实施指导。

13.2.3　实施标准与实施监督

网络化信息服务标准体系的实施环节主要是按照实施计划（方案）要求，严格落实岗位责任执行标准，将标准落实到各个工作环节，重点做到"四个确认"：一是环境条件的确认，即确认标准实施所涉及的场地、技术、设备、用品、工具等物资技术条件达到标准要求后再投入使用；二是实施人员的确认，即通过考核或其他第三方认定的方式，确认其工作技能能满足标准规定要求再予以上岗；三是任务要求的确认，即确认标准规定的质量要求、管理服务和技术细节要求等转化为各个岗位的具体工作要求后再加以实施；四是安全要求的确认，即把标准中有关国家安全、信息安全、数据安全等方面的要求落实到关键点上，并有相应的保障措施。此外，还要实时监控问题并及时解决，确保标准实施的连贯性；及时记载并妥善保管实施数据，供后续完善改进。

在国家安全体制下的网络化信息服务标准体系的实施过程中，监督检查是标准化工作的一个中心任务。只有充分发挥体系管理者的强制监督职能，建立行之有效的监督机制，才能保障体系的有效贯彻实施。参考标准实施监督检查的相关研究，其监督主体可以分为 3 类，① 如图 13-2 所示。

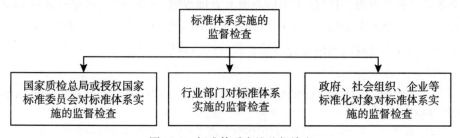

图 13-2　标准体系实施监督检查

①标准化管理者监督。标准化管理者指国家质量监督检验检疫总局、国家

---

① 白桦，洪生伟.法律和标准实施监督检查的比较分析和研究——法律与标准生命周期过程比较分析研究之三[J].标准科学，2010（3）：52-59.

标准化管理委员会，其作为标准发布、管理的一级机构，主管标准体系的实施及其监督工作。标准化管理者要根据标准体系的特征和实施计划，制定指导全局的顶层要求和符合实际需求的监管体制。如在具体实施中，由国家质检总局统一管理协调，对国务院有关行业主管部门的行业监督实行垂直管理，形成树状监督体系。标准化管理者的监督更像是一种再监督机制，即监督行业部门的监督。① 同时，要建立科学有效的监督评估体系，让下级监管单位能有所依托，对监管不力的单位或个人，给予通报批评等监管措施。标准管理者还可以制定相应的规章制度，把标准的贯彻实施纳入法制化管理轨道，明确各类标准实施及其监督的关系、职责分工等，② 目前已有的法律法规有《中华人民共和国标准化法》③和《中华人民共和国标准化法实施条例》④等，但这些政策法规是从标准层面进行约束，为了确保标准体系落实到细节，在信息服务监督方面，需要行政规章做进一步要求，如产品质量监督下的《产品质量监督试行办法》⑤，即有关网络化信息服务标准体系下的规章制度有待进一步完善，这就依赖于一级管理机构的重视。综上，网络化信息服务标准体系管理者既要发挥一级监管作用，更要利用法规强制约束，从而加大标准体系实施的执行监管力度，建立体系监督管理的长效机制，推进体系实施绩效的稳步提升。

　　②行业部门监督。我国的行业部门需依据上级监管单位要求及有关规定，对本行业内相关的网络化信息服务标准体系实施进行监督检查，建立固定的检查、监督队伍和科学的检查、监督手段，形成一套针对本行业的监督流程。如金融信息服务方面，依据《金融信息服务管理规定》⑥第三条"国家互联网信息办公室负责全国金融信息服务的监督管理执法工作，地方互联网信息办公室依据职责负责本行政区域内的金融信息服务的监督管理执法工作"可知，当前金

　　① 谢松瑜，王宏. 技术监督助力标准实施的再监督机制研析[J]. 中国标准化，2020（7）：63-66.
　　② 尚燕丽，李云刚，商兴华. 我国标准实施及其监督工作模式与运行机制分析[J]. 中国标准化，2011(8)：55-59.
　　③ 法律出版社法规出版中心. 中华人民共和国标准化法[M]. 北京：法律出版社，2003.
　　④ 法律出版社法规出版中心. 中华人民共和国标准化法实施条例[M]. 北京：法律出版社，2003.
　　⑤ 法律出版社法规出版中心. 产品质量监督试行办法[M]. 北京：法律出版社，2003.
　　⑥ 中共中央网络安全和信息化委员会办公室，国家互联网信息办公室. 金融信息服务管理规定[EB/OL]. [2020-8-14]. http://www.cac.gov.cn/2018-12/26/c_1123908386.htm.

融信息服务的监督管理负责机构是各级互联网办公室，但本书认为该领域内的网络化信息服务标准的编撰与实施需要该领域的资源支撑，因而标准体系的实施监督需由主管金融业的金融办和各级互联网办公室联合开展，再依据《金融信息服务管理规定》①和相关的标准化法律法规，检查行业下相关信息服务标准体系中各项标准的具体落实情况。除了进行实际监督工作，行业部门应制定行业内信息服务标准化工作指南，指导行业内标准化对象内部的自我监督。此外，在标准体系全面落实后，还需要通过抽检和定期检查的形式保证标准体系的长久落实，以有关社会团体、新闻媒体、用户的监督为辅助，开通行业内的辅助监督反馈通道，从而形成较为完善的标准体系行业监督体系。

③标准化对象内部监督。提供网络化信息服务的各类组织、机构、单位和个人是信息服务的责任主体，需要通过自我约束和自我监督确保其提供的服务符合国家相关法律法规及强制性标准要求，因此也是标准体系实施监督检查的主体。以企业内部标准实施监督为例，国家曾出台相应的管理办法来要求企业在其内部进行标准化审查，国家市场监督管理总局于 2019 年 3 月 13 日发布的《企业标准化管理办法》②规定："企业标准化工作的基本任务，是执行国家有关标准化的法律、法规，实施国家标准、行业标准和地方标准，制定和实施企业标准，并对标准的实施进行检查"。国家质量监督检验检疫总局和国家标准化管理委员则发布了《企业标准化工作指南》③具体指导标准体系的实施监督，要求企业内部监督检查内容至少包括："实施标准的资源与满足标准实施要求的符合情况；关键点各项控制措施的完备情况；员工对标准的掌握程度；岗位人员作用过程与标准的符合情况；作业活动产生的结果与标准的符合情况"。而具体到行业内，则有诸如《邮政业从业企业标准化工作指南》④等标准来指导具体行业下企业服务的标准化实施与监督工作，如要求"企业应通过自我公开声明、内部监督检查、满意度调查等方式加强标准化实施，并定期予以通报"。除规范文件和标准，企业中比较普遍采用的、与标准相关的具有检查性

---

① 中共中央网络安全和信息化委员会办公室，国家互联网信息办公室. 金融信息服务管理规定[EB/OL]. [2020-8-14]. http://www.cac.gov.cn/2018-12/26/c_1123908386.htm.

② 国家市场监督管理总局. 企业标准化管理办法[EB/OL]. [2020-8-15]. http://gkml.samr.gov.cn/nsjg/bzcxs/201903/t20190313_291966.html.

③ 国家质量监督检验检疫总局，国家标准化管理委员. GBT 35778-2017 企业标准化工作指南[S]. 北京：中国标准出版社，2017.

④ 国家邮政局. YZ/T0138-2015 邮政业从业企业标准化工作指南[S]. 北京：中国标准出版社，2015.

质的活动，也可为其他企业标准实施监督提供参考。当然，上述内容主要以企业为主要研究对象，而本书所提网络化信息服务标准体系的标准化对象更为广泛，两者虽然整体思路一致，但具体的方法要根据服务提供方的实际情况量体裁衣，制定适合其体量和资源的标准监督检查制度。

任何工作都需要强有力的制度和完善的管理体系来约束，标准体系实施的监督检查也一样，依赖国家管理者、行业部门和标准化对象的共同努力，围绕实施实际情况，制定合适的监督体系和方针，推动监督落实和检查常态化，从而支持标准体系的实现与持续改进。

13.2.4 信息反馈与总结改进

标准实施过程灵活性较大、不确定因素较多、过程管理难以控制、实施的问题不易及时发现和纠正，网络化信息服务标准体系的推广与实施需要及时的信息反馈和总结改进。

(1) 信息反馈

为了加强网络化信息服务标准实施工作、解决标准化工作难点，有必要在标准体系实施过程中进行信息采集反馈与分析，实现标准体系实施与监督信息发布、传递和反馈的闭环管理。① 标准体系整体闭环情况如图 13-3，其中标准体系实施的每一步都应及时进行信息的收集与反馈。

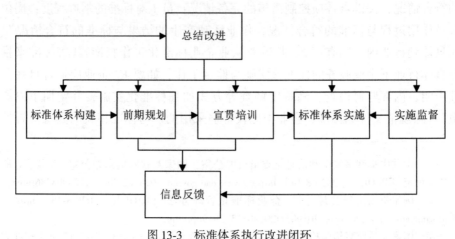

图 13-3 标准体系执行改进闭环

---

① 谭书怡，李晓涵，王红艳. 探索军工企业标准实施信息采集反馈与分析的手段 [J]. 航天标准化，2018(1)：28-31.

为了推动信息反馈工作，建议包含以下措施：

①成立标准实施信息采集反馈与分析工作专项组，包括：标准实施信息采集与反馈工作的管理牵头部门(负责工作的策划与管理)和信息处理部门(负责标准实施反馈信息跟踪、收集、处理及信息文档的存储和传递)。

②建立标准实施信息采集反馈与分析的规章制度。

③确定标准实施信息采集反馈与分析的技术途径。

④组织标准实施信息采集反馈与分析试点工作。

⑤强调标准实施信息采集反馈与分析在标准立项及修订工作中的作用。

⑥开展标准实施信息采集反馈与分析的宣传和培训工作。

在信息收集中，各级确定的专项组要依据标准体系实施进度节点和任务节点，及时对当前标准体系实施监督过程中的数据进行记录和采集，如标准体系实施中遇到的障碍、问题的解决、标准的不适应性等内容，然后对收集到的原始信息进行甄别筛选，对错误或不规范的信息应与责任人确认并进行修改，以保证信息的真实性、正确性、规范性。信息的汇总统计可以根据实施点工作布置任务的要求定期开展，也可以根据工作需要不定期开展。记录、采集和汇总的流程之后是信息的反馈，信息反馈路径指标准化对象将标准体系实施过程中收集到的信息反馈给机构内部标准化实施制导小组，实施制导小组再以此调整内部的相关工作，反馈给上一级的行业部门，而行业部门根据行业整体实施的各环节情况来调整行业内标准体系实施计划和监督体系，并生成汇总信息和报告上交给国家管理部门，由国家部门从全局上进行调控，为后续针对标准体系的完善改进提供实践依托。

(2)总结改进

在网络化信息服务供给中，信息服务供给的结构变革、互联网技术的发展所导致的信息服务供给的技术进步、信息服务范围的扩大，以及民众需求的不断变化和相关政策的出台，都要求网络化信息服务标准体系做出响应的调整。对标准体系进行管理的一个很重要的任务就是经常地、及时地洞察这些环境因素的变化情况、变化趋势，不失时机地对标准体系进行修订和调整，使之适应环境的变化，始终发挥最大的作用。如通过对网络化信息服务各个具体标准的编制、实施，及时反馈相关标准的实施效果，及时了解需求，协调好标准制定人员、政府宏观管理者、网络化信息服务的基层供给者之间的关系，修订完善标准体系，促进这个体系的不断进步。

而在本书中，根据图 13-3 可知，对标准体系的改进依赖于信息反馈，即根据各阶段反馈的信息有针对性地调整各个环节。以实施监督环节为例，当某一行业下的众多信息服务供应方，在推行某一标准时遇到了与实际操作环节不符合的情况时，行业部门对该情况进行集中反馈，由上一级负责机构及时对标准体系中针对该行业的内容进行调整和修改。此外，根据实施进度调整实施计划、根据标准体系接受情况调整宣传措施、根据监督实效调整监督举措都应该被归纳到总结改进的范围内。以上是根据实际实施情况进行的局部完善改进，而系统层面上，还有标准体系的复审，其由标准化管理部门负责，原标准起草部门或起草人参加，复审除检查标准体系是否继续适用外，还应检查标准能否进一步完善和改进，确定其是否继续有效、修订或废止。

在总结改进中积极对标国际标准，引用更新国际标准，提高国家安全体制下网络化信息服务标准体系的权威性，保证标准体系的生命力。《中华人民共和国标准化法实施条例》①第四条规定："鼓励采用国际标准和国外先进标准，积极参与制定国际标准。"这为网络化信息服务标准体系积极采用国际标准提供了法律保障。在采用国际标准中应当注意：一是在目前的情况下，必须在可通融的范围内，尽可能与现行国际标准靠拢；二是采用国际标准要与国家的实际情况相结合，考虑效益问题，即应有利于我国经济、政治的发展。在广泛收集现有标准与规范的基础上，与国内外同行进行深入的研究与协商，对现有标准与规范进行补充和完善，从而形成一套适用于我国国情的网络化信息服务标准体系规范。

综上，总结改进涉及外顾内修，既要根据推广与实施情况进行完善与改进，也要保持开放对接国际标准，只有这样才能充分完善信息服务标准体系，实现标准体系的可持续发展。

13.3　标准体系推广与实施的条件

标准体系是标准发展的蓝图和规划，其推广与实施更是一项复杂的系统工程，涉及标准化活动的方方面面，既需要国家层面发挥宏观管理、指导和支撑的作用，又需要全社会相关利益团体共同参与标准化活动。具体来说，既要考虑网络化信息服务标准体系推广的环境要素，包括政治、经济和社会，又要涵

---

　　① 国家标准化管理委员会. 中华人民共和国标准化法实施条例［EB/OL］.［2020-8-15］. http://www.sac.gov.cn/sbgs/flfg/fg/xzfg/201505/t20150513_187892.htm.

盖主观的人员要素和客观的技术要素,多方保障才能有效推广与实施网络化信息服务标准体系。

13.3.1 信息服务人员标准化准备

无论是标准化过程还是标准以及标准体系的实施和推广,相关的人力资源是确保以上过程顺利的基本条件之一。从微观上说,信息服务供给方的业务水平对标准实施效果有直接影响,标准推广者如果不能充分理解标准体系的内容和预期目标,则难以高质量地执行标准,导致标准体系的实施达不到预期效果,因此有必要进行人员的相关准备。

标准化过程依赖信息化服务人员的专业性。尽管标准化专家精通编写标准,但是他们对网络化信息服务情况和公众需求的把握不可能超过网络化信息服务供给人员。所以为了起草的标准能有效规范网络化信息服务并提升其服务质量,需要提供相关服务的人员既了解标准化知识又熟悉网络化信息服务,然后以标准化的视角提供相关需求和实际操作中的需求,这样才能使标准体系的建立更有实践意义。而对于推广和实施过程,更需要对网络化信息服务相关人员进行标准化培训,因为只有服务提供人员具备标准化认知、提升标准化意识、掌握标准化知识,才能保证标准体系的有效推行。标准化的推广是一种自上向下的过程,实际实施还是需要依赖各组织中提供网络化信息服务的服务人员,他们是实施标准化体系的前线人员,通过规范化操作将标准化落实到日常服务中。但是,目前没有与标准有关的正规教育,也没有正规的标准化人才资格制度,导致标准化人才缺乏,相关人员标准化意识不足,这不利于标准体系的推广与实施。

因此,应该为网络化信息服务的各种组织培养标准化人才,既需要将法律规定、政府要求等作为主要内容,还可以通过以下方式实现:

①建立健全标准化人员培训机制。培训对象包括网络化信息服务开发设计人员、一线管理人员(即网络化信息服务平台或系统的后台操作人员)和各组织推广标准化的负责人。对上述对象的培训主要针对标准化意识的提高,培训的重点是使得工作人员了解获得信息的方法、提高标准适用性和服务质量的方法。让相关人员了解国家安全体制下的网络化信息服务标准体系的理论基础——标准化理论、信息服务理论和国家安全理论,从而感知网络化信息服务标准化的内涵、标准化的目的、信息服务标准的类型与作用以及标准体系的结构与内容,使得相关人员从本质上认识网络化信息服务标准化及推行标准体系的意义。其中对一线管理人员、服务开发设计人员的培训是一个双向

提升的过程，既可以通过提升服务供给人员的标准化知识来帮助其参与标准的制定，也可以使得其更好地参照标准体系来提供高质量服务。而关于负责人的培训对组织标准化的实施也具有重要意义，因为培训限于资源和人数限制，不可能针对全部人员，而针对标准体系负责人的培训则可以起到以点带面的效果，负责人掌握标准体系相关内容和实施要素，对组织内标准体系的推广与实施起到重要的推动作用。

②形成标准体系实施手册。通过制定和发放实施手册的方式来推广与实施网络化信息服务标准体系。知识手册包含但不仅限于记录各标准的编写格式、标准术语等内容，还需要包括将选定的、以公众语言表达的"功能要求"转化为以技术语言表述的定量化的质量特性等技术和工具，即不同需求下对应的服务及相应标准。前者是最直观的参考标准，后者是情境下的服务质量提升手段。这样，工作人员就可以减少对标准体系构建者的指导的依赖。

综上，人员作为标准体系推广与实施的"施动方"，是任何网络化信息服务提升的基本条件，所以要在意识、认知和操作上予以培养。当然，正如前文所提到的，人员准备的作用不仅体现在网络化信息服务标准体系推广与实施的环节中，在标准体系制定阶段也可以向开发人员、工作人员传播标准化知识，从实践层面获取制定标准相关的信息。因此，人员准备是网络化信息服务标准体系推广与实施的重要条件之一。

13.3.2 政策保障与机构保障

本节主要从政治层面出发，说明国家需要从政策、机构两个角度来保障网络化信息服务标准体系的落实。政策为网络化信息服务标准体系的推广与实施提供了有力的制度保障，而相关机构的建立则为标准体系的推广与实施提供了直接的指导与监督。

（1）政策保障

任何决策的部署和行动的落实都离不开政策保障，标准体系的推广与实施同样如此，因此需要国家信息政策作保障。所谓信息政策是国家用以调节和控制信息化及相关信息活动的方针、指南、准则等。① 而网络化信息服务标准方面的政策就包含在国家的信息政策之中。它的制定必须立足于网络化信息服务技术、社会基础和社会的信息需求，从实际情况出发，同时又要考虑到网络化

---

① 武学振. 中国省级政府信息政策创新扩散研究［D］. 南京：南京大学，2016.

信息服务的发展趋势。①

信息政策中关于网络化信息服务标准的部分应包括：明确国家安全、网络安全、信息安全三者间的关联；明确网络化信息服务标准的对象和内容；规定信息服务网络化工作的方针和总任务；确定国家对信息网络的管理体制和组织建设原则等诸多方面。具体而言，应含有下述内容：

①信息安全政策。包括网络信息传输安全、数据安全、账户安全、共享与保密政策等。

②信息资源政策。有关信息资源的开发利用、网络化配置、管理、存储与利用等，是网络化信息服务的基础。

③信息机构管理政策。信息服务网络化形势下，信息机构内部改革与建设、服务形势和模式的变革等都要有相应的政策作出明确的规定。

④信息服务政策。明确国家安全体制下网络化信息服务的宗旨、指导思想、内容、服务方式等。规定网络化信息网络服务中有偿服务与无偿服务的范围与要求。

⑤信息技术政策。涉及我国信息服务所依赖的技术、工具与平台，明确信息工作现代化发展的方法、途径与步骤。

⑥信息服务领域政策。针对不同应用领域的网络化信息服务制定领域环境下的政策方针，如教育、医疗、公共卫生、金融等应用领域下的信息服务政策。如果说人员是微观因素，直接影响着标准体系执行的效果，那么政策层面就是从宏观上把控着标准体系实施的走向。② 将政策法规纳入我国信息服务标准化体系，可以借助行政法规的力量强制标准的贯彻执行，达到"依法行文"的目的，给贯彻标准工作带来有力的制度保障。

(2)机构保障

网络化信息服务标准体系的推广实施除了需要政策保障，还需要标准化组织机构的保障，因为这一过程涉及标准化工作和网络化信息服务两方面的协调发展，也就是说，必须得到以上两方面相关领导机构的支持。我国标准化工作实行统一管理与分工负责相结合的管理体制，按照国务院授权，由国家标准化管理委员会统一管理全国标准化工作。为了推广和实施网络化信息服务标准体

---

① 韩灵. 我国网络化信息服务发展对策分析[D]. 武汉：华中师范大学，2002.

② 杨戎. 十年回眸话标准——GB9704-88《国家机关公文格式》试行十周年有感[J]. 北京档案，1999(7)：3-5.

系，建议在国家标准化管理委员会下属专门组建推广和实施指挥小组。

指挥小组的成立不仅有利于政府相关部门正视标准化工作，同时，还能够密切关注社会组织、企业和个人在网络化信息服务标准实施和标准体系推广中的作用，将对标准体系的推广产生良性作用。首先，有效的标准必然来自标准制定机构与规范对象的共同推介，只有得到了两方面的肯定，网络化信息服务标准以及由标准组成的标准体系才可能产生效应。其次，标准体系制定方和标准体系使用者(规范对象)均是标准体系的实施主体，需要建立相应的实施监管机构/组织来推动标准体系的实现。最后，指挥小组作为一级负责机构，负责标准体系的整体统一规划布控，同时与负责具体应用下标准实施的二级负责机构相沟通、协调，形成上下联动的有利局面。

总的来说，成功的标准推广必然形成合力。网络化信息服务标准体系推广过程中，多元主体相对单元主体而言，资源更加丰富，宣传更加广泛，实施更加到位。本书提出的实施负责机构可以有效规范主体活动，使其符合标准化活动的规律，使得多主体的功效远远大于单个机构的推广。

13.3.3　经济与社会环境的优化

经济与社会方面的优化对于网络化信息服务标准体系的推广与实施也同样重要。

(1)经济环境与优化

经济因素包括人均国内生产总值、经济增长速度、公共服务产业结构等。2020年全年我国人均国内生产总值达到了72447元，[①] 结合当前我国社会的主要矛盾是人民日益增长的美好生活需要和不平衡不充分的发展之间的矛盾这一情况来看，这个经济现状既是发展网络化信息服务的压力也是动力，因而当前是响应公众需求改进服务质量的有利时机，也是网络化信息化社会发展的必然要求。不仅如此，我国国内经济增长速度为6%～9%，可以为网络化信息服务提供持续的经济支撑，有利于发展网络化信息服务，是推广网络化信息服务标准体系的有利因素。

总体经济环境向好为网络化信息服务体系的完善与实施提供了经济基础条件，有利于加大配套的资金投入。提供资金支持前，相关部门可以依据网络化

---

① 国家统计局. 中华人民共和国 2020 年国民经济和社会发展统计公报［EB/OL］.［2021-2-28］. http://www.stats.gov.cn/tjsj/zxfb/202102/t20210227_1814154.html.

信息服务应用的领域，综合评估标准体系规定下的软硬件设施、系统平台运维等需要资金投入的部分，做进一步的资金划分。比如政府部门提供的公共服务与社会组织、企业或个人提供的网络化信息服务不同，政府的网络化信息服务是由国家投入和运营的，根据公民需求提供的纯服务型公共服务。而社会组织、企业或个人提供的网络化信息服务可能会涉及其他资金投入，此时要考虑信息机构从单纯的服务型向服务经营型转变，解决网络化信息服务所需要的先期投入资金，可以通过相应的服务类型争取国家拨款、贷款减息、减免税收等经济辅助手段。此外，可以尝试构建网络化信息服务经济市场，利用标准体系促进市场成熟化，又可以利用市场促进网络化信息服务经济的发展。

(2) 社会环境与优化

社会文化因素包括教育、道德与宗教、价值观念、传统文化、家庭结构、社会标准化认知以及政府相关部门采纳标准化意愿等。[①] 本书则针对网络化信息服务这一主题，结合网络化信息服务的特征，针对文化教育水平、社会标准化认知两个主要指标进行详细说明。

①文化教育水平。文化教育水平正向影响着互联网产业的发展，而互联网是提供信息服务的载体，网络化信息服务标准体系下也有很多与互联网及相关技术相关的内容。文化教育水平对网络化信息服务的影响具体表现在，网络化信息服务中的硬件和软件产业的设计与研发，均需要较高知识含量的劳动力支撑，另外网络化信息服务业以及网络化信息服务的普及也需要一定文化程度的支撑。此外，居民的文化教育水平越高，相应的网络化信息服务使用意愿也越高，网络化信息服务标准体系提高服务质量的意义才能得到彰显。因此，需要提高社会文化教育水平来帮助支撑网络化信息服务标准体系，具体措施如增加与信息服务有关的技术培训、增强整体信息知识水平。

②社会标准化认知。目前我国标准化社会意识并不强，对于标准化，企业的理解就是认证，认证之后就有了资格；政府标准化的重点主要是技术，而且主要是制定标准化规范企业的行为；而普通公众对于标准化的知识十分匮乏，对标准化的重要性和网络化信息服务标准化的前景也没有较多理性认识。现有社会标准化认知的严重不足将不利于网络化信息标准体系的推广与实施，同时需要制定针对标准体系实施质量的评估标准，来帮助推广者以及公众准确把握

---

① 何菊香，赖世茜，廖小伟. 互联网产业发展影响因素的实证分析[J]. 管理评论，2015，27(1)：138-147.

标准体系的实施情况与具体效用。

13.3.4 技术因素提升

技术因素包括信息化水平、网络化信息服务质量和数量以及技术标准化程度等，① 而技术因素是网络化信息服务体系推广与实施的关键依托。如就信息化水平而言，信息化应用是信息化发展的直接动力，信息化应用水平反映人们对信息化产品和服务的需求程度。经过调研发现，国外信息化水平整体较高，其信息服务拥有多元化的信息资源、灵活的信息服务策略、② 多样的信息服务类型，信息服务机构也有着完善的数据管理政策，③ 甚至早在 1976 年便有研究人员提出了利用标准化来增强特有信息服务质量的思路。我国各区域信息化呈不断上升态势，但发展速度整体放缓，且区域信息化发展存在不平衡状况，④ 不同领域信息服务标准体系的研究也主要集中在近几年。根据当前国内信息化水平和信息服务标准化情况，我国的网络化信息服务发展仍处在发展中，只有尽快推动信息化水平提升和网络化信息服务普及，才能推动标准化研究，推动标准体系的落实。

就技术水平而言，当前无论是政府公共信息服务领域还是社会组织信息服务领域，其技术含量都有待持续提升。如社会组织信息服务中的图书馆信息服务，同样面临服务内容有限、服务模式传统单一、服务手段落后等问题，⑤ 具体的技术问题包括跨平台信息检索技术的实现等，因此只有完善技术支撑才能有效保障信息服务的统一高效。在诸多服务领域里，开发部门往往重视技术专利的申请，但仍存在技术标准领域有效覆盖不足、技术含量不高、可标准化的技术分散等问题；而在国家安全体制这一背景下，又需要加入标识与鉴别、授权与访问控制等技术标准，⑥ 这又为技术标准的制定增加了难度。因此，为了有效推广与实施国家安全体制下的网络化信息服务标准体系，技术环境亟待优

① 钟瑛. 政府公共服务标准体系研究[M]. 上海：上海图书出版公司，2011.

② 吴育良. 国外智库信息服务的分析及启示[J]. 情报杂志，2015，34(2)：188-193.

③ 张闪闪，顾立平，盖晓良. 国外信息服务机构的数据管理政策调研与分析[J]. 图书情报知识，2015(5)：99-109.

④ 茶洪旺，左鹏飞. 中国区域信息化发展水平研究——基于动态多指标评价体系实证分析[J]. 财经科学，2016(9)：53-63.

⑤ 李静丽. 全媒体时代高校图书馆信息服务模式研究[D]. 合肥：安徽大学，2013.

⑥ 李晓玉. 国内外信息安全标准研究现状综述[J]. 信息安全与通信保密，2009：167-171.

化，国家可以鼓励相关技术的提升或研发。

13.4 标准体系推广与实施的策略

国家安全体制下的网络化信息服务标准体系构建完成，紧接着要面临的环节即是推广与实施。扩大推广范围，增强标准体系制定主体与适用对象之间的交互性，同时尽可能降低推广的时间、金钱成本等是其中的关键问题，需要重点研究推广与实施的策略。

13.4.1 建设标准体系专业推广队伍

随着信息技术的飞速发展与网络边界的逐渐模糊，关键信息基础设施、重要数据和个人隐私都面临新的威胁和风险，网络安全逐步呈现出"以人为本、以数据为中心"的新特点，筑牢网络安全新防线是关键。① 因此，在国家安全体制这个大背景下，对网络化信息服务标准体系进行推广与实施，亦离不开人才队伍的建设。建设标准体系专业推广与实施队伍，是网络化信息服务标准体系推广与实施的基础策略与重要保障。

首先，根据国家安全体制对网络化信息服务标准体系建设的需要，整合现有的标准体系推广与实施队伍力量，推动企业、事业单位、研究机构与高等院校协同创新。选择有条件、有意向的重点院校开设标准化相关课程，培养标准化专业人才队伍。鼓励企业深度参与标准体系推广与实施的人才队伍建设，确立事业单位在标准体系推广队伍建设中的主导地位，如中国国家标准化管理委员会承担起管理和指导标准化科技工作及有关的宣传、教育、培训工作的主要职责，统筹推广人才队伍建设工作。中国电子技术标准化研究院、全国信息技术标准化委员会与全国信息安全标准化委员会等事业单位则应接受国家标准化管理委员会的领导或指导，进一步落实信息技术、信息服务、信息安全领域标准化的推广工作，探索标准体系推广与实施人才队伍培养的新思路。而作为开展基础性、通用性、综合性标准化科研和服务的社会公益类科研机构（如中国标准化研究院）、从事标准化工作的组织和个人自愿参与构成的全国性法人社会团体（如中国标准化协会），则应发挥其在政府部门、事业单位、企业、高

---

① 网信中国. 人才队伍建设是国家网络安全事业的关键［EB/OL］.［2020-9-20］https://mp.weixin.qq.com/s/wEbjTqR49ayGpo6C3w_pZg.

等院校与广大标准体系用户之间的桥梁和纽带作用，推动各方协同育人，共建"产学研"基地，形成国家安全体制下网络化信息服务标准体系推广与实施人才培养、体制创新的良性生态。

其次，多形式地提升标准体系推广队伍的能力与水平。制订国家层面的标准体系中长期培训规划，加大标准体系推广队伍经费投入，落实到省、市、县，财政部应定期安排专项资金，对初步成立的标准体系推广队伍展开集中培训，实现定期轮训目标。通过学费补贴鼓励基层标准体系推广队伍参加学历提升教育。

最后，多措施调动标准体系推广队伍的积极性与创造性。完善和创新标准体系推广队伍评价制度，利用考核评价结果，增加标准体系推广队伍人员绩效，开设"网络化信息服务标准体系推广奖项"等。

13.4.2　完善标准体系推广模式

随着信息技术的飞速发展以及互联网在全世界的迅速普及，网络日渐成为当今世界必不可少的基础设施，网络化信息服务已成为当今世界信息服务的主导方式。网络推广极大地降低了标准体系及相关信息的获取成本，且辐射范围更广。故而推广模式除包括传统线下宣传方式之外，还应包括海报张贴、电视广播、LED轮放与主题展览等，同时相关部门还应当重视利用网络渠道对标准体系成果进行推广与实施。当前适用于标准体系网络推广的方法有：

①搜索引擎推广。搜索引擎营销是指围绕几大搜索引擎（例如百度、搜狗、必应、谷歌等）展开的推广方式。在推广网络化信息服务标准体系时，不妨利用人们对搜索引擎的依赖和使用习惯，将标准信息推送给目标用户。搜索引擎营销具体分为两类：一类是免费型，即 SEO（Search Engine Optimization）。一类是付费型，即 SEM（Search Engine Marketing）。SEO 是指"通过对网站内容，结构及外部链接的优化，在搜索引擎上获得一个理想的排名，进而增加客户发现并访问网站的可能性的过程。搜索引擎优化的目的是使网站在搜索引擎里有更好的表现。搜索引擎优化涉及搜索引擎登陆、连接广泛性的建立、关键字研究分析、网站面向搜索引擎友好度的改进、标题描述与标签的撰写等"①。但该方法亦存在耗时长等缺点。SEM 即搜索引擎推广，一种需要付费的推广方式。如在百度等搜索引擎查找信息时不难发现有些信息条目尾端附有"广告词"字眼。该方式相对 SEO 而言，技术门槛低，时效性好，但不足在于对资产

---

①　陈静. 搜索引擎推广——企业开展网络营销的利器[J]. 中国市场，2007(31)：56-57.

工作能力要求较高。

②社交平台推广。社交平台无疑是人们工作或生活最为频繁使用的网络工具之一。常见的社交平台有微博、微信、QQ 等。对于微博推广方式，标准体系信息可以由粉丝体量大的账号(一般是营销号或大 V)发布或更新，经过大量的评论或转发，相关博文能够迅速遍及全网，引发广泛关注。此外，该方式互动性强，在评论或转发的过程中能集思广益，发现标准体系存在的问题，及时提供反馈，为后期标准体系评估工作提供意见，减轻负担。对于微信、QQ 推广方式，这两个社交平台的用户数量庞大，且呈现出一种"熟人社交"的特征，所以相较于微博推广方式，其所需花费的成本更低，是一种更为经济的推广方式。

③视频推广。视频推广是一种既传统又创新的网络推广方式，由原先在优酷、爱奇艺、腾讯等视频平台发送带入广告词信息内容的视频，演化为现如今的抖音短视频、快手视频、火山视频等微视频推广方法。视频推广存在以下优势：相对于文字、图片两种推广方式，视频以其独特的视觉、听觉双方面的表达，能够更加明晰地进行产品表述；更有针对性和实效性；视频创作有着更高效、及时等特点，在当今瞬息万变的社会中，能够更好地为受众所接受；随着社交、视频等网站的快速发展，网络上视频传播的速度不断加快，对于标准体系的推广有着非常重要的作用。①

④电子邮件营销。又称为 EDM(Email Direct Marketing)，是指通过电子邮件进行的一种网络营销方式。它具备方便追踪、及时与准确的优势。考虑到企业与客户的关系，EDM 通常可进一步分为主动型与被动型两种。主动型 EDM 指的是网站会根据用户订阅信息的偏好将相关邮件推荐给订阅者。被动型 EDM 指的是推广方通过某种方式获知潜在的用户的邮箱，随后借助相关技术或者某种工具，在用户不知情的情况下，发布产品信息。邮件推广标准则更具定向性。

⑤软文推广。软文推广是一种以互联网为传播平台，以文字为载体的网络营销方式。软文具有网络传播的几大优点，如：传播面广、受众多、扩散迅速，又具有一般文字作品的特点，即用文字表达不同的思想或主题，用不同的文字来表现其内涵、风格。同时，网络软文又具有网络特色，主要着眼于获取点击率和转载几率，在文字原创、标题吸引度、热点追踪、创新等方面有着不

---

① 高鹏. 基于网络整合营销的互联网视频推广初探[J]. 数码设计，2017，6(15)：28-28.

同程度的要求和体现。①

13.4.3 落实推广政策性支持

在国家安全体制下网络化信息服务标准体系推广过程中，从微观层面来看，政府部门的能力对标准体系实施效果的影响非常重要，标准体系推广者若无法准确理解政策的内容和预期目标，则会阻碍标准体系推广的最大化。从宏观层面而言，政府部门内生的行政文化制约着标准体系的推广效果。因此，最大化地结合标准化活动与制度，落实标准体系推广中的政策性支持是推广标准体系的优先途径。但也有学者提出将标准体系纳入政策体系的缺陷，即"标准体系适于技术工作领域的规范化管理，强调可操作性，与管理体制的关系较为超脱；而且将标准体系纳入政策范围也有违标准化活动自主独立的本意"②。然而具体问题应当具体分析。当前实际是国家安全体制下网络化信息服务亟待标准化管理，而政府部门的标准化意识相对政策意识薄弱。在国家安全体制下网络化信息服务标准体系推广的现阶段，适当的政策性支持尤为重要。我国网络化信息服务的实施以政府及与之关系密切的单位为主，在很大程度上受政策、法规约束。故而将政策法规体系纳入网络化信息服务标准体系，可以发挥强大的制度性力量，促进标准体系的推广与实施。

① 杨柳，刘丹. 浅议网络软文推广策略[J]. 商情，2013(28)：178-178.
② 钟瑛. 政府公共服务标准体系研究[M]. 北京：世界图书出版公司，2011：103.

14 国家安全体制下网络化信息服务标准体系的评估

标准体系的评估已经成为标准化工作的重要内容。对业已建立的网络化服务标准体系进行评估，有利于促进其效果的发挥。评估也称评价、估价，通常指依据一定的标准去判断某一系统的状态或质量。判断的核心问题在于确定该系统的好坏等价值。① 标准体系评估即按照普遍认可的标准去判断某一标准体系有无价值或具体价值指向；以已制定的标准体系为研究对象，旨在研究现行标准实施效果与预期效果是否符合、尚存在哪些问题及问题的成因、针对性解决策略。本章围绕国家安全体制下网络化信息服务标准体系评估的基本原理（包括基本概念、类型、原则）、意义、目标、方法、具体步骤等方面进行阐述。

14.1 标准体系评估的基本原理

网络化信息服务标准体系评估是衡量网络化信息服务标准体系质量的重要途径，能够体现有关网络化信息服务标准体系方面的基本特征和相应水平。

14.1.1 标准体系评估的基本概念

当前我国关于网络化信息服务标准体系评估的研究较少，标准体系评估、评估标准、评估指标体系等基本概念的阐释有必要参考法律、政策评估等领域的研究成果。

---

① 应玉华，李晶. 标准化政策评估若干思考[J]. 标准科学，2018(3)：6-10.

(1)评估与标准体系评估

评估是根据一定的原则和方法对目标对象进行客观评价的一种行为，不同领域的评估定义有其特色，但其定义方式、范畴具有统一性。评估是对目标、环节和实施效果、意义与价值进行综合评价的过程，① 也是依赖于一定的政治经济制度环境，依据政策评估标准，采取一定的评估方法，对评估客体做出评价或判断的过程和结果。② 基于此，网络化信息服务标准体系的评估是指，标准体系主体在一定政治经济制度环境下，依据标准体系评估原则与方法对网络化信息服务评估客体做出评价或判断的过程和结果。国家安全体制下的网络化信息服务标准体系评估则可看成一个对标准体系的制定目标、制定环节和实施效果、意义与价值进行综合评价的过程，其评估对象是一个由标准体系内容、评估标准、评估方法等各个要素构成的有机整体。

(2)评估标准

目前我国关于评估标准的理论基础主要集中于以下三种：①价值说。在这种界定下，评估标准是衡量评价对象达到评价指标要求的尺度。"目的"和"标准"是评价的基点，"标准"指"价值的标准"，由"标准"产生具体的价值形态，进而产生评估的标准。②定量说。即对所要评价的属性或方面的质的临界点在量上的规定，也就是对所要评价属性或方面在量上的具体要求。③综合说。指评估活动中的事物或人物属性的质的临界点以及它们在质变过程中量的规定，具体地说就是指评估客体质量和数量上的基本要求。③ 综合这三种说法，网络化信息服务标准体系的评估含义可理解为，"网络化信息服务标准体系评估活动中的事物或人物属性的质的临界点以及它们在质变过程中量的规定"。网络化信息服务标准体系的评估标准是评价和衡量标准体系质量和实施效果的主要工具，是网络化信息服务标准体系评估工作的基石。

(3)评估指标体系

评估指标体系指的是根据评估对象、评估目标与评估内容等方面的要求抽

---

① 马海群，徐天雪. 我国政府数据安全政策评估体系构建研究[J]. 图书馆理论与实践，2018(1)：1-4.

② 高兴武. 公共政策评估：体系与过程[J]. 中国行政管理，2008(2)：58-62.

③ 康宏，全斌. 教育评价标准的价值反思——基于规范认识的视角[J]. 教育探索，2011(7)：13-15.

象而来的一种用于定义具体的评估指标的体系，① 网络化信息服务标准体系评
估对象包括评估方案研制、评估实施过程及结果发布等环节，其目标是监控和
修正网络化信息服务，并通过评估向所有评估利益相关者提供公开透明的循证
信息，对网络化信息服务评估的科学性、可信度和有效性作出评判。围绕该目
标，网络化信息服务评估指标体系依据网络化信息服务评估的目标，客观剖析
网络化信息服务评估活动质量优劣的可测要素，形成一组原则性的参照标准对
网络化信息服务评估活动进行价值判断。② 值得指出的是，指标体系的设计本
身是评估工作的重要目标之一。

14.1.2　标准体系评估的类型

网络化信息服务标准体系评估可以根据不同的侧重点分类，而不同类型的
评估所反映的问题也有所不同。其中根据评估主体的不同，可以把标准体系的
评估活动分为自评和他评。

（1）自评

国家安全体制下的网络化信息服务标准体系自评，指网络化信息服务标准
体系的制定者、推广与实施者等自行对标准体系的效果和影响进行评估。该类
评估存在明显的优势与不足，优势在于该标准体系的制定者、推广与实施者全
程参与，相对更为了解标准体系制定、推广与实施的具体情况，能够对某项标
准的实施效果做出比较迅捷、及时、充分的评估，并根据评估结论，对标准体
系内容或者推广与实施活动的某一环节作出相应调整，以最大效率地发挥出评
估效果。不足则在于，标准体系效果与标准体系制定者、推广与实施者的利益
密切相关，如此易影响评估的公正性、客观性与科学性，导致评估结果片面
化。此外，标准体系评估是一项复杂的工作，评估人员不仅需要具备标准化的
相关知识，还应当具备相应的评估技能，但标准体系的制定者不一定具备后
者，如此便会限制评估发挥最大的效果。

（2）他评

网络化信息服务标准体系他评可进一步分为以下两种：一种是评估专家的

① 李想，杨瑞，陈兴蜀，等.基于标准化安全指标体系的云服务安全等级评估模型
[J].工程科学与技术，2020，52（3）：159-167.
② 严芳，汪建华.我国教育元评估指标体系构建[J].上海教育评估研究，2020，9
（2）：75-80.

评估，一种是标准体系作用对象的评估，也就是标准体系用户对标准体系影响的评估。专家评估是召集专家审查各项标准及与标准相关的文件，观察标准体系在推广与实施后对用户的影响，并通过对标准化实施人员的调查和交换意见，以获得更为深入的评估。标准体系作用对象评估，即用户评估，是指网络化信息服务标准体系作用的对象在感知标准体系及其推广与实施的效果之后，再对结果予以评估的方法。标准体系用户对标准实施情况非常了解，对标准推广与实施活动的影响有切身感受，因此最具有发言权。在标准实施过程中，无论是专家评估还是标准体系推广与实施人员自评，都应该充分了解标准体系作用对象对标准及其推广与实施的评价，积极争取其对评估工作的理解和支持，这是改进评估工作不可或缺的环节，只有结合了标准化对象的评估，标准效果的评估结果才具有全面的科学性和准确性。

14.1.3　网络化信息服务标准体系评估的原则

开展网络化信息服务评估，必须以准确把握评估活动普遍规律为基础，围绕在保障国家安全体制的基础上提升网络化信息服务质量这一根本目的，创立独具特色的网络化信息服务环境评估指标体系。构建该指标体系的原则主要有全面性、规范性、效益性、科学性、系统性、独立性。

（1）全面性

全面性是国家安全体制下网络化信息服务标准体系评估的基本原则，是实现公正客观的坚实基础，主要包含评估主体多元、评估对象全面、评估过程完整这三个维度。第一，评估主体多元。国家安全体制下网络化服务标准体系是一个整体架构，牵涉到多方利益主体：政府机构、事业单位、企业、公众等。在评估时，保证各利益主体充分参与评估，是有效检验标准体系实施效果的前提。第二，评估对象全面。网络化信息服务标准体系作为一个系统性架构，是由基础标准、数据标准、安全标准、管理标准、技术标准、行业应用标准等子标准构成的，这些子标准又下辖标准，故而应将每一标准纳入评估体系。第三，评估过程完整。完整的评估过程一般应该严格遵循以下步骤：启动标准体系评估、收集标准体系相关信息、分析标准内容、构建标准体系框架、撰写标准体系评估报告、对标准体系报告进行交流。

（2）规范性

规范性指评估标准体系时应遵循一定的规矩和标准。国家安全体制下的网络化信息服务标准体系评估作为一项系统性工程，要求在评估的各个阶段均应坚持规范性原则。如在启动评估阶段，要严格筛选评估人员，保证其专业性，教育背景良好、实践经验丰富的人才应被优先考虑。如在收集标准文献阶段，应考察各标准文献是否符合党和国家的方针、政策、法律、法令和上级机关的有关规定。在标准体系撰写阶段，应注意书写与排版等是否符合相关撰稿规定，例如不同层级标准之间，相同层级标准之间逻辑结构设置是否合理，各层级标准条目表述是否严谨准确、意义清晰且不造成歧义、便于标准体系的推广对象熟练掌握和准确使用。在构建标准体系评估框架阶段，应注意采取的方法是否规范，是否符合客观现实。采取规范的方法是增强评估效果的重要条件。

（3）效益性

效益性原则即在标准体系评估时应以投入与产出比，即标准体系制定、推广与实施的成本与标准实施后获得的效益之比作为评估的标准。国家安全体制下的网络化信息服务标准体系涉及经济的诸多方面，随着我国标准化实践工作的发展，加之学术界对于标准体系评估的理论探索，产生了多样化评估方案。但不同的评估方案的经济效益是存在差异的，因此需要对其进行比较，从中挑选出最优方案，以求在既定的投入水平下实现产出水平最大化。

（4）科学性

科学性指论述内容是否与客观现实相符，是否反映出事物的本质和内在规律，即概念、原理等是否正确，论据是否充分，参考材料、计算数据、数据分析结果是否可靠等。国家安全体制下的网络化信息服务标准体系评估的科学性同样涉及多个维度。一是基础理论维度，即标准体系评估的概念、类型、特征等叙述是否清晰无歧义。二是在方法上，即数据清晰、数据分析、评估体系指标的选取、指标的层次搭配、各级指标的权重计算与赋值、整个评估体系的构建是否达到要求。三是在内容上，评估体系是否立足国家安全体制、网络化信息服务标准体系等关键问题。四是在格式上，图表绘制是否规范、符号标点是否使用正确、单位是否统一。

（5）系统性

系统性原则指的是在标准体系评估时应树立系统观念，即将国家安全体制下的网络化信息服务标准体系视为开放性系统。使用系统观念对标准体系进行评估的过程中需要从系统中各要素的内在联系（如基础类标准与管理类标准之间的内在联系)入手,同时把握系统内部要素与外部条件的广泛联系(标准体系被政策法规或其他标准引用情况等),以开展全面动态的广泛论证,克服静止地分析问题的僵化思想,提升评估的创造性与效率。

(6)独立性

网络化信息服务标准体系是一个整体性框架,由基础类标准、管理类标准、技术类标准、数据类标准、安全类标准、行业应用类标准组成,而以上每一类标准又下辖各项子标准,如基础类标准由术语标准、分类与代码标准、指南、参考模型等项组成。故当建立评估指标体系时,应坚持层次性与独立性原则,将其分为不同的层次,确保同层次的安全指标相互独立,明确不同层次标准之间的界限,尽量避免同层次指标间存在重复、交叉、包含关系,使得每个指标可以独立地评估网络化信息服务标准体系。

14.2　标准体系评估的意义

标准体系评估是形成标准化闭环管理,对体系中的各项标准推陈出新,激活各项标准的重要措施。我国十分重视标准体系的评估,2015年3月,国务院印发《深化标准化工作改革方案》提出强化标准的实施与监督,建立标准实施信息反馈和评估机制,及时开展标准复审和维护更新,有效解决标准缺失滞后老化问题。① 2017年11月,全国人大常务委员会修订的《中华人民共和国标准化法》对此则进一步明确规定"应当建立标准实施信息反馈和评估机制,根据反馈和评估情况对其制定的标准进行复审"②。另外,近年来有大量新标准出台,亦为标准评估提供了比较全面的调研数据,具备评估的可行性。

网络化信息服务标准体系评估是网络化信息服务标准化工作的重要环节,应贯穿网络化信息服务标准立项、形成、使用等全过程,是网络化信息服务标准体系质量监督保障的基础。具体而言,开展网络化信息服务标准体系的质量评估具有以下意义。

---

① 国务院. 深化标准化工作改革方案[EB/OL]. [2020-7-25] http://www.gov.cn/zhengce/content/2015-03/26/content_9557.htm.

② 全国人民代表大会. 中华人民共和国标准化法[EB/OL]. [2020-7-25] http://www.npc.gov.cn/npc/c30834/201711/04d8afd2637d4f68bea84391e46d986f.shtml.

14.2.1 检验标准实施成效

标准体系评估是监督标准体系有效推广与实施的一种纠偏和反馈机制，是检验标准体系的效果、效益和效率的基本途径。业已制定的国家安全体制下的网络化信息服务标准体系有无价值，如有价值，那么具体有何价值，理论价值为何，实践价值为何；标准体系实施效果是否与预期相符合；标准体系涉及的各部门或者领域对此反馈如何。这些情况无法通过主观臆测，而应该展开客观评估才能得出结论。

客观评估应严格遵循以下步骤才能保证网络化信息服务标准实施成效评估的科学性和正确性：

①启动标准体系评估。了解被评估标准体系的内容与背景、设计评估方案、做好标准体系评估的组织准备。

②收集标准体系相关信息。所谓相关信息既包括评估对象，即各类标准文献，又包括涉及标准体系评估基础理论的文献（如评估的定义、特征、原则等）。

③分析标准体系内容。使用各种数据分析手段，如统计分析、逻辑分析、理论分析等概括、总结标准体系的信息。构建标准体系评估框架。根据实际情况使用定性方法（如文献研究法、问卷调查法、专家意见法、实地调研法、顶层设计法等）或定量方法（统计分析法、层次分析法、模糊综合评价法、知识图谱、数学模型法等）建构系统的标准体系评估框架。

④撰写标准体系评估报告。一份完整的标准体系评估报告应该包括：标题、评估摘要、目录、图表与说明、导言、评估结果、结论建议、附录等，以便于集中体现评估成果。

⑤对标准体系评估报告进行交流。针对报告的交流可以通过座谈会、交流会、发布会的形式进行，这使得标准体系评估的结果更具有可信性、有效性和可操作性。在经过以上评估步骤后，大致能对网络化信息服务标准体系的可操作状况与使用情况有较大把握，尽早发现标准体系中的不合理因素。

14.2.2 提高标准制定水平

在经过初始阶段的调查评估后，网络化信息服务标准的操作情况、实施效果、发展趋势等情况变得明朗，整个标准体系中的问题标准得以暴露，对此应及早采取措施，尽可能将标准可能的负面影响降低到最低限度，为之后的标准制定提供数据支持与有力依据。

网络化信息服务标准评估是一项统筹性强的工作。

一方面，评估主体涉及不同单位、不同部门，各部门在评估过程中各发挥其所长，分工合作，有利于标准化工作的责任理清与落实。同时，通过评估，可以扩大公众对网络化信息服务标准体系的参与度，方便更为全面、及时、直接地了解公众对标准体系的回应，可以提升标准体系的知晓率与知名度，实现标准体系相关决策的民主化。

另一方面，网络化信息服务标准体系评估对象涉及标准发布和宣传、标准获取、标准宣贯培训、标准应用、标准引用、经济效益、社会效益、适用性、协调性等方面，内容十分丰富，全方位关联标准化工作，有利于总结网络化信息服务标准化工作经验，发现当前标准化工作存在的问题，促进标准体系更为广泛地推广与实施，为国家安全体制下网络化信息服务标准的执行提供理论支持和参考，也为今后标准体系的改进、完善提供技术依据与数据参考。

高水平的标准有助于固化网络化服务行业的经验知识，对行业性的技术规范、数据格式、操作方法进行规范，有助于推动跨行业的技术交叉创新，引导技术、产业和应用快速融合。[①]

14.2.3 合理配置信息资源

一般而言，信息资源指信息和信息载体。从广义范围来讲，信息资源还包括信息资源开发利用所需的传递加工和配置这些信息的信息技术以及参与信息资源开发、运用和管理的人。所谓信息资源配置，即为在整个社会资源有效配置条件下对信息业投入与产出的安排，信息资源配置是以人们的信息资源需求为依据、以信息资源配置的效率和效果为指针，调整当前的信息资源分布和分配预期的过程。

国家安全体制下的网络化信息服务标准体系的制定、推广、实施等各阶段均离不开一定量的人力、物力、财力资源。如在制定阶段需要标准体系牵涉的各个部门做好组织准备，合理安排各部门的人力资源。如在推广与实施阶段，需要对推广经费进行统筹安排。然而网络化信息服务标准体系推广与实施主体部门在一定时期可以调用的信息资源是有限的，所以需要对各类资源合理配置。只有通过对网络化信息服务标准体系进行质量评估，特别是通过标准体系制定、推广和实施，包括标准体系评估投入和产出的比率分析，才能理顺各类

---

① 杨磊，于浩，吴东亚. "互联网+"标准体系构建研究[J]. 中国工程科学，2020，22(4)：124-130.

资源配置的优先顺序是否得当，在标准体系周期的不同阶段资源投入量的比例分配是否恰当，在标准体系实施过程中人力、物力、财力等资源的组合是否合适。

14.3 标准体系评估的目标

国家安全体制下的网络化信息服务标准体系评估目标对评估效果具有引领作用，既指引着评估的方向，又规定着待完成的任务。其目标主要集中于两个方面，一是构建与完善网络化信息服务标准评估指标体系；二是开发网络化信息服务安全管理系统。两者紧密相关，不可分割。前者为后者提供依据，后者的实现需要前者支撑。

14.3.1 构建标准评估指标体系

网络化信息服务标准体系评估的动因是了解标准体系在推广与实施过程中获得的成效与产生的问题，分析标准体系的优势与不足，从而得出对现行网络化信息服务标准体系更为完善与系统的科学评价，并将评估结论作为网络化信息服务标准进一步修改完善的重要依据。但获得评估结论与重要依据需要依靠评估指标体系的助力。在确定评估指标方面，本书在充分考虑指标选择原则的基础上，根据以下思路对具体指标进行了筛选：

①共性指标和个性指标相结合。网络化信息服务标准的对象种类繁多，不同类型、不同层次的网络化信息服务标准在制定目的、适用对象、责任主体上的差异，决定其指标及分值上都会各有不同。当然，网络化信息服务标准的表现也有共性，这些共性可作为指标体系的基本要素，因此在设计指标体系的过程中，我们不仅要在指标上尽量囊括网络化信息服务标准的共性，而且要充分考虑不同标准体系所具有的特性。

②客观指标和主观指标相结合。客观指标，是指反映客观社会现象的指标。如：专利成果数量、网络化信息服务产业产值等。主观指标也称感觉指标，它是指反映人们对客观社会现象的主观感受、愿望、态度、评价等心理状态的指标。如：目标群体对网络化信息服务标准的知晓度与满意度等。而对于网络化信息服务标准的评估既包括对标准实施过程的客观事实进行评价，也包括专家、执法者、普通公民对标准执行效果主观感受的评价。因此，客观指标和主观指标必不可少。

14.3.2 开发网络化信息服务安全管理系统

国家安全体制下的网络化信息服务标准体系本质上是在保障国家网络安全的基础上为开展信息化工作而服务的。对网络化信息服务各项标准进行评估亦符合国家安全保障与网络化信息服务两大关键需求。标准评估的另一个目标则为指导国家部门科学、合理、有序地开发、设计网络化信息安全管理系统。当前网络化信息服务安全管理研究局限于信息安全模型设计层面，关于网络化信息服务安全管理系统开发的研究较少，本书则通过构建网络化信息服务标准体系来指导集成系统的设计与开发。网络化信息服务安全管理系统既能够明确各行各业网络化信息服务应当实现的功能，又能为国家网络安全管理提供指南。①

网络化信息服务安全管理系统应包含以下功能：

①设备管理。主要负责网络化信息服务中的设备信息管理。设备管理包含的功能有设备信息添加、设备信息查看、设备信息删除和设备信息修改。设备信息主要有设备位置、设备功耗、设备用途等，能够将数据存储在数据库中实现数据管理。

②系统管理。系统管理包含的功能有权限管理、人员管理、数据备份管理。权限管理主要进行权限信息添加、权限信息查看、权限信息删除；人员管理包含的功能有人员信息添加、人员信息删除、人员信息查看和人员信息修改；数据备份管理负责数据存储及还原。

③加密技术管理。加密管理是指采用加密算法进行数据加密，包含加密算法添加和加密算法修改。

④数据挖掘管理。是对监测数据进行挖掘管理，包含的功能有数据采集、数据过滤、数据挖掘和结果显示。

14.4 标准体系评估的方法

网络化信息服务标准体系评估方法对于标准体系评估十分关键，甚至决定评估的效果。当前标准的评估方法主要有定性和定量两大类，定性评估方法主

---

① 敖翔. 物联网信息安全管理系统设计与实现[J]. 信息与电脑（理论版），2020，32（13）：91-93.

要包括文献调研法、问卷调查法、实地调研法、案例分析法、专家评估法和意见集合法等，该类方法常注重事物性质的表征。而定量评估方法常常建立在一定的数学模型基础上，再结合统计分析，常用来表征事物的相互作用和发展趋势等。两类方法没有截然的界限，也都不能单独而完整和科学地完成事物表征，将两者结合使用是社会问题研究的常态，针对不同的研究对象和目的，多种定性方法和多种定量方法相融合，为问题的研究提供了足够的可选择性和可行性。

14.4.1 定性评估方法

定性评估方法是在自然环境下，使用实地体验、开放型访谈、参与型和非参与型观察、文献分析、个案调查等方法对网络化信息服务标准体系的质量问题进行深入细致和长期的研究。其分析方式以归纳法为主，研究者在当时当地搜集第一手资料，从当事人的视角理解他们行为的意义和他们对事物的看法；然后在此基础上建立假设和理论，通过证伪法和相关检验等方法对研究结果进行检验。研究者的个人背景及其与被研究者之间的关系对研究过程和结果的影响必须加以考虑；研究过程是研究结果中一个不可或缺的部分，必须详细加以记载和报道。①

（1）文献研究法

文献研究法也称情报研究、资料研究或文献调查，是指对文献资料的检索、搜集、鉴别、整理、分析，形成事实科学认识的方法。通过文献资料研究，可以获得新论据，找到新视角、发现新问题、提出新观点、形成新认识。研究文献，可以从前人的研究中获得某种启示、少走弯路、减少盲目性，也可以利用前人的权威观点为自己佐证，使研究增强说服力。② 文献研究法因超越时间限制、成本低、效率高等优势成为标准评估的高频研究方法。如中国环境卫生标准体系评估研究、③ 污染物排放标准评估方法研究、④ 推荐性标准立项

---

① 陈向明. 社会科学中的定性研究方法[J]. 中国社会科学，1996(6)：93-102.

② 杜晓利. 富有生命力的文献研究法[J]. 上海教育科研，2013(10)：1.

③ 宋国君，孙月阳，耿建斌. 中国环境卫生标准体系评估研究[J]. 环境污染与防治，2016(11)：99-102.

④ 孙宁，卢然，赵云皓. 污染物排放标准评估方法研究[J]. 中国人口·资源与环境，2014(24)：179-182.

评估指标体系研究中,① 均采取了文献研究法。但值得注意的是，在使用文献研究法评估网络化信息服务标准体系时应注意其不足，如所搜集的文献的价值判断受诸多主观因素影响，难以保障文献的客观性；有些文献并不属于开放获取资源，获取途径几近于无，难以保障文献的全面性。

（2）问卷调查法

问卷调查法是研究者以实证主义方法论为指导，根据研究目的，将研究问题拟成系统的问题或表格，以问卷的形式对社会动态、事实或个体行为、心理进行调查、统计、分析的方法。② 因节约人力、时间与费用，准确反映客观实际、量化与标准化等优势，使其在标准体系评估研究中的使用越来越普遍。如采用开放或封闭式的问卷开展安全生产标准化元评估理论和实践研究，其中元评估问卷调查的对象包括评审对象(企业)的管理者和标准化工作人员，以及参与评审活动的评审人员和评审专家。问卷调查法涉及自评工作、评审方案和指标、评审员和评审专家、评审实施过程和评审结果等 5 个方面。③ 但在网络化信息服务标准评估研究过程中采取问卷调查时也应注意其存在调查范围受限、不适用于深度研究、问卷设计问题容易造成歧义或者难以理解，从而降低问卷效度等问题。

（3）专家评估法

专家评估法主要是通过获取专家知识对研究问题作出评价，依据众多专家的智慧和经验进行分析和预测。国内外使用的专家评估法主要有：德尔菲法、头脑风暴法和交叉影响分析法等。④ 因其是集专家知识之大成的一种方法，故而在标准体系评估中得到广泛应用。如推荐性国家标准立项评估现状分析研究中指出专家评估的内容包括项目所在领域总体情况以及项目具体情况;⑤ 使用改进德尔菲专家咨询法建立一套科学、合理、可行的食品卫生国家标准的评价

① 殷立欣，潘薇. 推荐性标准立项评估指标体系研究[J]. 中国标准化，2020(3)：82-87.

② 郑晶晶. 问卷调查法研究综述[J]. 理论观察，2014(10)：31-32.

③ 张宏荃，张耀庭，秦言杰. 安全生产标准化元评估理论和实践研究[J]. 中国安全生产科学技术，2015(11)：185-190.

④ 刘伟涛，顾鸿，李春洪. 基于德尔菲法的专家评估方法[J]. 计算机工程，2011，37(S1)：189-191.

⑤ 侯韩芳，付强，韩冰. 推荐性国家标准立项评估现状分析研究[J]. 标准科学，2018(1)：37-39.

指标体系，规范食品卫生标准的修订和制定，促进食品卫生标准对人群健康的保护，增强其对国民经济发展的积极作用。① 但在采用专家评估法进行网络化信息服务标准体系评估研究时，应根据代表性、权威性等原则选择专家，组成专家组。

(4)顶层设计与比较分析法

顶层设计本意是统筹考虑项目各层次和各要素，追根溯源，统揽全局，在最高层次上寻求问题的解决之道。如我国科技评估标准化建设研究中指出，科技主管部门应从以下方面完善科技评估标准化工作的顶层设计：第一，重视科技评估，加强宣传推动，营造科技评估标准化氛围；第二，完善制度文件，为科技评估标准化提供保障；第三，设立标准化技术机构，对科技评估标准化工作进行归口管理；第四，制定科技评估基础性标准，为标准体系建设做好指引。②

同时通过前后对比分析得知标准实施的效果，具体包括简单"前—后"对比分析、"预测—实施"对比分析、"有—无"对比分析、"控制对象—试点对象"对比分析。③

(5)成本效益分析法

在对比基本方法的基础上，可以采取成本效益分析法进一步评估网络化信息服务标准体系。运用这一方法，首先必须了解标准化活动成本，包括：一是标准制定费用，是标准制定主体从制定标准草案、修订稿到最后标准出台生效的全过程中的资源投入；二是衔接成本，是指在新旧标准的衔接、标准体系中各项标准的衔接中的代价；三是摩擦损失，也就是指标准实施过程中与原有规范配合和协调时产生摩擦，造成标准效果的损失和社会效益的损失；四是操作费用，是指标准实施过程中因宣传、培训、解释、监督以及成立专门机构、配备专门人员操作等消耗的资源。如果预计标准化效益高于成本投入，则可以实施；如果预计标准化实施成本高于效益，则必须修改标准化活动的计划，降低

---

① 杨练，阎正民，陈理. 关于建立食品卫生标准评价指标体系的研究[J]. 预防医学情报杂志，2006(1)：25-28.

② 赵红红，朱本行，原静，等. 对我国科技评估标准化建设路径的初步探索[J]. 中国标准化，2019，537(1)：71-74.

③ 钟瑛. 政府公共服务标准体系研究[M]. 北京：世界图书出版公司，2011.

成本。最终，力图寻求标准化效果与标准成本比率的最大化。①

另外，实地调研是获取网络化信息服务标准推广与实施的第一手资料，也应值得关注。②

14.4.2 定量评估方法

定量评估方法是一种建立在实证主义理论基础之上，通过逻辑推理评估网络化信息服务标准体系质量的研究方法。这种方法讲究推理过程中的科学性与严密性，强调结果的客观、绝对。③ 本书针对网络化信息服务标准体系，重点分析统计分析法、层次分析法、模糊综合评价法、知识图谱法以及数学模型法。

（1）统计分析法

统计分析法就是在工作性质相同、生产条件相近的基础上，利用该项工作或生产的统计资料，按照制定定额的原则和要求，进行整理分析、对比研究，并结合当前水平和今后改进与发展的可能条件制定标准的方法。采用统计分析法开展网络化信息服务标准体系评估必须做好三方面工作，一是收集资料要广泛，并尽可能多；二是对收集到的资料进行审核整理、剔伪存真、科学分组，分析普遍影响标准的积极因素和条件；三是利用数理统计公式进行水平测算。④

（2）层次分析法

美国匹兹堡大学教授 Thomas Saaty 于 20 世纪 70 年代首度提出了层次分析法。这种方法将网络化信息服务标准体系评估问题的有关元素分解成目标、准则、方案等层次，用一定标度对人的主观判断进行客观量化，在此基础上进行定性分析和定量分析，为决策分析提供依据。层次分析法适用于存在不确定性和主观信息的情况，允许以合乎逻辑的方式运用经验、洞察力和直觉。层次分

① 钟瑛. 政府公共服务标准体系研究[M]. 北京：世界图书出版公司，2011.
② 鲁世林，冯用军. "双一流"大学建设的监测机制与评估标准探究[J]. 黑龙江高教研究，2018，36(10)：1-5.
③ 马爱平. 质性研究方法与量化研究方法之初步比较[EB/OL]. [2020-7-20]. https://mp.weixin.qq.com/s/Nw1APsxG2kZCGJG_b4BYCA
④ 王剑辉，郭鹏勇. 试论地质调查项目 预算标准评估工作[J]. 中国国土资源经济，2007(10)：44-45.

析法最大的优点是使得指标的相对重要性得以被考虑与衡量。层次分析法主要步骤如下：构造层次分析结构；构造两两比较判断矩阵；层次单排序；一致性检验；层次总排序。如运用层次分析法，从标准推广、标准执行、标准验证三个维度构建地方标准实施绩效评估模型，通过案例验证评价模型的科学性和可行性，为相关评价机制的建设提供参考。①

（3）模糊综合评价法

模糊综合评价是以模糊数学为基础，首先建立问题的目标集和评价集，分别确定它们的隶属度向量；然后在各个单目标评判的基础上，通过模糊映射得出网络化信息服务标准体系的多目标综合评估结果。建立模糊综合评判数学模型步骤如下：确定评价指标及其权重、单因素评价和综合评价。现在常规的评估方式是专家评审、用户意见反馈等，缺乏科学系统的方法。② 考虑到网络化信息服务标准既是信息科学领域的技术成果，又是实际工作的经验总结，其本身就是一个多层次、多要素的复杂体系，所以采取模糊综合评价法对网络化信息服务标准进行评估，能有效地将定性分析与定量计算相结合，科学评估标准质量。

（4）知识图谱法

知识图谱是显示知识发展进程与结构关系的一系列图形，即用可视化技术描述知识资源及其载体，挖掘、分析、构建、绘制和显示知识及它们之间的相互联系。具体来说，知识图谱是把应用数学、图形学、信息可视化技术、信息科学等学科的理论与方法与计量学引文分析、共现分析等方法结合，用可视化的图谱形象地展示学科的核心结构、发展历史、前沿领域以及整体知识架构的多学科融合的一种研究方法。③ 因为这种方法能将抽象的知识图谱化、静态的知识动态化，所以在标准评估实践中受到学者的青睐。可借助知识图谱梳理国内外网络化信息服务标准文件，提出一种面向多领域的网络化信息服务标准体

① 胡一俊，伍晓茜. 基于层次分析法的地方标准实施绩效评估[J]. 中国标准化，2020（5）：106-111.

② 吴玥，路文海. 海洋标准评估方法研究[J]. 海洋通报，2011，30（3）：241-245.

③ 秦长江，侯汉清. 知识图谱——信息管理与知识管理的新领域[J]. 大学图书馆学报，2009，27（1）：30-37.

系评估框架，来评估标准实施效果的一致性。①

（5）数学模型法

数学模型法是用符号、函数关系将评价目标和内容系统规定下来，并把相互的变化关系通过数学公式表达出来的一种方法。数学模型所表达的内容可以是定量的，也可以是定性的，但必须以定量的方式体现出来。因此，数学模型法的操作方式偏向于定量形式。如基于标准化安全指标体系进行云服务安全等级评估，通过构建决策矩阵、决策矩阵的标准化、安全指标权重分配、确定安全指标的理想解及相对距离、确定评估对象与理想解的相对贴近度，最终达到云服务安全标准体系优化的目的。② 数学模型法克服了传统价值评估方法存在的不足，降低了价值评估中不确定性的影响，量化了技术标准价值随时间变化的趋势，从而为技术标准开发商制定标准许可提供了依据，对促进标准成功设定与扩散、提升创新网络化信息服务竞争力具有重要作用。③

14.5 标准体系评估的实施步骤

网络化信息服务标准体系评估是一项长期性工程，需要划分步骤，以便于各阶段责任的落实，提高评估效率。标准与政策同为标准化管理的重点对象，标准体系评估的一般步骤可以借鉴政策评估过程。公共政策评估步骤一般分为启动政策评估、收集公共政策信息、分析公共政策信息、撰写公共政策评估报告、政策评估报告的交流与采纳。国家安全体制下的网络化信息服务标准体系评估步骤可借鉴其划分方法。④

14.5.1 启动标准体系评估

启动网络化信息服务标准体系评估阶段属于评估的前期准备阶段，为后续

---

① 尹榕慧，姚祖发. 面向多领域标准的数据质量评估框架研究[J]. 标准科学，2020（1）：92-95.

② 李想，杨瑞，陈兴蜀，等. 基于标准化安全指标体系的云服务安全等级评估模型[J]. 工程科学与技术，2020，52(3)：159-167.

③ 王道平，韦小彦，张志东. 基于高技术企业创新生态系统的技术标准价值评估研究[J]. 中国软科学，2013(11)：40-48.

④ 朱春奎. 公共政策学[M]. 北京：清华大学出版社，2016.

阶段提供导引,具体包括以下工作:

①了解标准评估的背景。国家标准化管理委员会印发的《2020 年全国标准化工作要点》提到 2020 年是全面建成小康社会和"十三五"规划收官之年,是"十四五"谋篇布局之年,也是提升标准化治理效能之年。2020 年亦是新型冠状病毒防控之年,故而网络化信息服务标准体系评估应以习近平新时代中国特色社会主义思想为指导,全面贯彻党的各项会议精神,认真落实经济发展与疫情防控各项工作部署,紧紧围绕国家治理体系和治理能力现代化,从而推动实施标准化战略,持续深化标准化工作改革,大力推进标准制度型开放,加快构建推动高质量发展的网络化信息服务标准体系,充分发挥网络化信息服务标准在国家治理体系和治理能力现代化建设中的基础性、战略性作用。

②做好评估前的组织准备。熟悉网络化信息服务标准制定单位的组织结构,根据评估项目规模、需求、特点等确定是应该在原有组织上进行适当调整,还是沿袭原有体系确定评估组织机构,包括各评估职能部门的设置、人员的配备,既保障合理分工,又促进密切协作,推动责任落实与任务的完成。

14.5.2 采集标准体系相关信息

采集标准体系信息具有承上启下的作用,既是上一阶段的进一步发展,又能为下一阶段工作的展开提供信息参考。通过检索与阅读专著或期刊文献,总结专题会议内容,采集国家安全体制下网络化信息服务标准体系评估项目需要的信息。

①以国家安全为主题的信息。包括国家安全定义、概念、特征、内容等,为网络化信息服务标准体系评估奠定安全理论基础;根据发布的与国家安全相关的政策性文件,把握国家安全在网络时代的新内涵、特征与内容,为网络化信息服务标准体系评估注入政策活力。

②以网络化信息服务为主题的信息。熟悉信息服务基本理论,包括定义、概念、特征、原则、方法等,为网络化信息服务标准评估奠定服务理论基础;其次根据发布与信息服务相关的政策性文件,把握信息服务在网络时代的新内涵、特征与内容,为标准评估注入政策活力。

③以标准评估为主题的信息。熟悉标准化基本理论,包括定义、概念、特征、原则、方法等,为标准评估奠定标准化理论基础;根据发布的与标准化工作相关的政策性文件,把握标准化工作的发展趋势。

14.5.3 分析标准体系相关信息

分析网络化信息服务标准体系相关信息指的是采取适当的分析方法，运用适当的数据分析工具对采集而来的大量标准体系相关信息进行详细研究，从中提取有用的信息，以形成结论。

①采取适当的分析方法。上述分析得知，当前网络化信息服务标准体系的评估方法主要有定性和定量两大类，定性评估方法常注重事物性质的表征，而定量评估方法常常建立在一定的数学模型基础上，再结合统计分析，常用来表征事物的相互作用和发展趋势等。两类方法没有截然的界限，也都不能单独而完整和科学地完成事物表征，将两者结合使用是社会问题研究的常态，针对不同的研究对象和目的，多种定性方法和多种定量方法相融合，为网络化信息服务标准体系评估问题的研究提供了可选择性和可行性。

②运用适当的数据分析工具。数据分析工具可以令抽象、复杂的网络化信息服务标准体系评估信息以形象动态的形式呈现出来。如电子表格、在线分析处理（OLAP）、统计或定量算法、规则引擎、数据挖掘工具、文本分类、遗传算法、信息提取、群智能。①

14.5.4 编写标准体系评估报告

评估报告是对上个步骤分析出来的结论，乃至于整个评估过程的具体呈现。国家安全体制下的网络化信息服务标准体系评估报告包括：

①封面。报告题目、负责人、编制单位、编制时间等。

②前言。说明标准体系评估工作的目标定位、依据、任务分配与具体要求。

③评估工作概述。即对标准体系评估项目展开全面的论证，具体包括：概述评估对象，即以基础标准、数据标准、安全标准、管理标准、技术标准等组成的国家安全体制下的网络化信息服务标准体系；介绍评估方法，如以文献调研法、问卷调查法、实地调研法、案例分析法、专家评估法和意见集合法等为代表的定性评估方法；介绍评估框架，主要层级及各层指标所占权重；说明评估各阶段取得的进展及不足，有利于推动下一阶段评估工作的开展。

---

① Devenport T. H., Harris J. G. Competing on Analytics—The New Science of Winning [M]. Harvard Business School Press, 2007.

④结论与建议。以文字、图表结合的形式展现标准体系评估的结果。

值得注意的是，国家安全体制下的网络化信息服务标准体系评估报告编写完成后，评估主体可以通过座谈会、发布会、听证会、网评等各种会议形式，说明评估的基本概念、主体、客体、目标、原则、方法、步骤、意义与结果等。此外，评估的结果应与标准体系各相关利益者互动，如此方能最大限度地保障标准体系的规范、有效。

参 考 文 献

[1] Bearman D. Strategies for Cultural Heritage Information Standards in a Networked World[J]. Archives and Museum Informatics, 1994, 8(2): 93-106.

[2] De Vries H. Standardization: A Business Approach to the Role of National Standardization Organizations [M]. Kluwer Academic Publishers, 1999.

[3] Devenport T. H., Harris J. G. Competing on Analytics-the New Science of Winning[M]. Massachusetts: Harvard Business School Press, 2007.

[4] Gaillard J. Industrial Standardization: Its Principles and Development[M]. H. W. Wilson Company, 1934.

[5] Lee H. J., Yun J. H., Yoon H. S., Lee K. H. The Right to Be Forgotten: Standard on Deleting the Exposed Personal Information on the Internet [J]. Communications in Computer and Information Science, 2015, 330: 883-889.

[6] Li D., Liu K., Bi J. Research on Internet Plus Scientific Research Information Service: A Case of NSFC[J]. Bulletin of National Natural Science Foundation of China, 2019(33): 356-362.

[7] Li D., Shen X., Chen N., Xiao Z. F. Space-based Information Service in Internet Plus Era[J]. Science China-Information Sciences, 2017, 60 (10): 102-308.

[8] Liu M. L., Lin Q. R., Liu G. L., et al. Construction of Quality Indicators of Outpatient Care Based on Delphi Method and Analytic Hierarchy Process[J]. Journal of Family Medicine and Health Care, 2020, 6(2): 31-38.

[9] Ninggui D., Hong L. Analysis of Computer Network Information Security and Protective Measures in the Era of Big Data[J]. Advances in Higher Education, 2020, 4(8): 438-442.

[10] Olmedo P. R. Technical-legal Management Standards for Digital Legislative

Information Services[J]. Revista Chilena De Derecho Y. Tecnologia, 2017, 6 (2): 57-95.

[11]Omweno L., Ondigi A., Ogolla L. Socio-Cultural Factors Influencing Access to Reproductive Health Service Information Among the Youth in Korogocho Slum of Nairobi, Kenya[J]. Research on Humanities and Social Sciences, 2015, 5 (14): 153-162.

[12]Rober S. K., David P. N. Putting the Balanced Score Card to Work[J]. Harvard Business Review, 1993, 71(5): 134-147.

[13]Rycroft S., Tully M. Building an Information Security Meta Standard[J]. BT Technology Journal, 2007, 25(1): 37-40.

[14]Saaty T. L. A Scaling Method for Priorities in Hieraechical Structures[J]. Journal of Matharnatical Psychology, 1977, 15(3): 234-281.

[15]Sim S., Choi H. A Study on Web Services Discovery System Based on the Internet of Things User Information[J]. Cluster Computing-the Journal of Networks Software Tools and Applications. 2018, 21(1SI): 1151-1160.

[16]Veintimilla-Reyes J., Vanegas P., Estrella R. Application of Standard Web Services for the Automatic Hydrometeorology Monitoring, Integrating Information from Diverse Sensors Using Ontologies[J]. Enfoque UTE, 2018, 9 (1): 34-42.

[17]Verman L. C. Standardization: A New Discipline [M]. Archon Books, 1973.

[18]Wiltz J. L., Blanck H. M., Brian L. Kocot S. L., Seeff L., McGuire L. C., Collins J. Electronic Information Standards to Support Obesity Prevention and Bridge Services Across Systems, 2010-2015[J]. Preventing Chronic Disease, 2017(14): 160-299.

[19]Youn S. Y. A Study on Regulation of Internet Information Service in China[J]. Korean-Chinese Social Science Studies, 2019, 17(2): 77-103.

[20]敖翔. 物联网信息安全管理系统设计与实现[J]. 信息与电脑(理论版), 2020, 32(13): 91-93.

[21]毕强, 史海燕. 网络信息服务现状分析[J]. 情报科学, 2003(5): 452-454.

[22]曹鹏. 数字学术资源云服务安全保障研究[D]. 武汉: 武汉大学, 2016.

[23]曾隽芳, 李然. RFID 公共服务体系标准研究[J]. 中国标准化, 2008(3): 17-19.

[24]荼洪旺，左鹏飞. 中国区域信息化发展水平研究——基于动态多指标评价体系实证分析[J]. 财经科学，2016(9)：53-63.

[25]柴德华. 以标准为基础 推动"互联网+政务服务"[J]. 信息技术与标准化，2019(Z1)：14-15.

[26]常捷. 工业企业标准化[M]. 北京：中央广播电视大学出版社，1987.

[27]陈丹. 智慧城市建设中的档案信息服务研究[J]. 黑龙江档案，2019(3)：35.

[28]陈岚. 基于公众视角的地方政府微博信息服务质量评价及差距分析[J]. 现代情报，2015，35(6)：3-8.

[29]陈瑞雯. 基层公共服务标准化问题研究[D]. 泉州：华侨大学，2016.

[30]陈文样. 标准化原理与方法[M]. 北京：标准技术出版社，1974.

[31]陈仲捷，谭伟健. 技术标准化对产业竞争优势的影响分析[J]. 中国标准化，2019(10)：236-237.

[32]陈庄，巫茜. 计算机网络安全工程师宝典[M]. 重庆：重庆出版社，2016.

[33]丁青，王家宏. 公共体育信息服务标准体系构建研究[J]. 中国体育科技，2020，56(3)：3-13.

[34]丁义行，谷鹏飞，毛从吉，等. 核安全级数字化仪控系统软件相关标准研究[J]. 自动化仪表，2015，36(11)：61-64.

[35]董贞良. 云计算安全相关标准解析[J]. 中国质量与标准导报，2018(8)：14-17.

[36]杜传忠，陈维宣. 全球新一代信息技术标准竞争态势及中国的应对战略[J]. 社会科学战线，2019(6)：89-100，282.

[37]段晋霞. 县级政府体育公共服务标准体系构建的研究[D]. 太原：山西师范大学，2014.

[38]范子谦. 新中国成立70年来科技事业的发展[J]. 党史文汇，2019(10)：31-33.

[39]冯建周. 档案信息化标准体系建设研究[D]. 郑州：郑州大学，2009.

[40]冯居易，魏修建. 数字经济时代下中国信息服务业的投入产出效应研究[J]. 情报科学，2020，38(5)：112-119.

[41]高健. 车载信息服务已搭建标准体系架构[J]. 信息技术与标准化，2012(8)：27-28.

[42]高林. 标准化工作有力支撑网络安全保障[J]. 信息安全与通信保密，2014(12)：49-50.

［43］高鹏. 基于网络整合营销的互联网视频推广初探［J］. 数码设计，2017，6（15）：28-28.

［44］高善武，潘青，杨春福. 加强服务标准化管理促进城市文明建设［J］. 中国标准化，2006（9）：6-8.

［45］高兴武. 公共政策评估：体系与过程［J］. 中国行政管理，2008（2）：58-62.

［46］韩灵. 我国网络化信息服务发展对策分析［D］. 武汉：华中师范大学，2002.

［47］郝赪. 城市公共休闲服务标准化研究［D］. 北京：中央民族大学，2011.

［48］何菊香，赖世茜，廖小伟. 互联网产业发展影响因素的实证分析［J］. 管理评论，2015，27（1）：138-147.

［49］何盛明. 财经大辞典［M］. 北京：中国财政经济出版社，1990.

［50］［法］亨利·法约尔. 工业管理与一般管理［M］. 周安华，等译，北京：中国社会科学出版社，1998.

［51］洪潇. 工业工程标准化质量体系及科学管理思路探讨［J］. 大众标准化，2020（13）：218-219.

［52］侯韩芳，付强，韩冰. 推荐性国家标准立项评估现状分析研究［J］. 标准科学，2018（1）：37-39.

［53］胡昌平，黄晓梅，贾君枝. 信息服务管理［M］. 北京：科学出版社，2003.

［54］胡昌平. 信息服务与用户［M］. 武汉：武汉大学出版社，2015.

［55］胡潜，曹高辉. 行业信息资源组织与服务技术的协调规划［J］. 信息资源管理学报，2013，3（1）：32-37，45.

［56］胡一俊，伍晓茜. 基于层次分析法的地方标准实施绩效评估［J］. 中国标准化，2020（5）：106-111.

［57］华欣. "互联网+政务服务"背景下政府网站信息服务能力提升研究［D］. 苏州：苏州大学，2018.

［58］黄骞，王尔琪，梁军. 地理信息软件标准体系建设与发展分析［J］. 地球信息科学学报，2013，15（3）：362-368.

［59］黄如花，赖彤. 数据生命周期视角下我国政府数据开放的障碍研究［J］. 情报理论与实践，2018，41（2）：7-13.

［60］黄伟庆. 信息安全标准化战略对国家核心利益的重要作用研究——从中美两国的比较视角［J］. 北京电子科技学院学报，2013，21（1）：5-13.

［61］贾铁军. 网络安全实用技术［M］. 北京：清华大学出版社，2011.

[62]贾晓芬. 农村基本社会工作标准化研究[D]. 武汉：华中师范大学，2016.

[63]江彦，李进华. 老年网站信息服务质量评价研究[J]. 现代情报，2017，37(6)：43-47.

[64]姜永常. 我国网络化信息服务发展研究[J]. 情报杂志，2001(1)：13-14.

[65]金新政，马敬东. 信息管理概论[M]. 武汉：武汉大学出版社，2014.

[66]康一梅. 软件项目管理[M]. 北京：清华大学出版社，2010.

[67]邝兵. 标准化战略的理论与实践研究[M]. 武汉：武汉大学出版社，2011.

[68]李春田. 标准化概论[M]. 北京：中国人民大学出版社，1995.

[69]李芳芳. 信息化标准体系建设发展趋势分析及经验借鉴[J]. 国土资源信息化，2012(6)：3-6.

[70]李静丽. 全媒体时代高校图书馆信息服务模式研究[D]. 合肥：安徽大学，2013.

[71]李南南，孙秋碧. 信息服务业的概念及范围初探[J]. 现代情报，2007(12)：69-70.

[72]李天目. 信息安全管理标准及综合应用[J]. 现代管理科学，2006(6)：51-52.

[73]李文良. 国家安全管理学[M]. 长春：吉林大学出版社，2014.

[74]李文良. 中国国家安全体制研究[J]. 国际安全研究，2014，32(5)：40-52.

[75]李想，杨瑞，陈兴蜀，等. 基于标准化安全指标体系的云服务安全等级评估模型[J]. 工程科学与技术，2020，52(3)：159-167.

[76]李卓璠. 大数据时代隐私权保护危机与应对[D]. 长春：吉林大学，2020.

[77]梁菲. 行政服务标准体系构建及应用研究[D]. 青岛：山东大学，2012.

[78]梁涛，马雯爽，韩超，等. 智慧水务信息化标准体系探讨[J]. 中国建设信息化，2020(10)：76-78.

[79]林崇德，姜璐，王德胜. 中国成人教育百科全书：社会·历史[M]. 海口：南海出版公司，1994.

[80]刘博，陈倩. 北斗应急救援信息服务系统标准体系研究[J]. 信息技术与标准化，2013(4)：52-55.

[81]刘歌与. 档案信息化建设过程中的信息安全问题研究[J]. 中国管理信息化，2020，23(14)：191-192.

[82]刘汉峰. 建设高素质专业化网信人才队伍[J]. 党建研究，2018(6)：43-44.

[83]刘建华，梁俊杰. 公众网络统一身份认证服务标准体系研究[J]. 西安邮电大学学报，2014，19(1)：111-114.

[84]刘琳琳. 国内外高校图书馆数字化信息服务标准规范比较研究[J]. 河南图书馆学刊，2017，37(6)：51-52，55.

[85]刘娜，王宝艾，王志鹏，等. 云服务标准体系研究[J]. 信息技术与标准化，2013(6)：43-46.

[86]刘伟涛，顾鸿，李春洪. 基于德尔菲法的专家评估方法[J]. 计算机工程，2011，37(S1)：189-191.

[87]刘玮. 农村信息化标准体系建设研究[D]. 长沙：湖南农业大学，2014.

[88]刘晓丽，李海刚. 金人工程全员人口数据库标准与规范研究[J]. 管理观察，2020(3)：120-121.

[89]刘跃进. 非传统的总体国家安全观[J]. 国际安全研究，2014，32(6)：3-25.

[90]刘跃进. 国家安全学[M]. 北京：中国政法大学出版社，2004.

[91]柳成洋，左佩兰，冯卫. 我国服务标准化的现状和发展趋势[J]. 中国标准化，2007(3)：17-19.

[92]卢新德. 构建信息安全保障新体系[M]. 北京：中国经济出版社，2007.

[93]卢耀恩，赵杰，石金铭，等. 面向精准医疗服务的信息标准体系框架构建[J]. 中国卫生资源，2020，23(1)：19-22.

[94]吕铁. 论技术标准化与产业标准战略[J]. 中国工业经济，2005(7)：43-49.

[95]马费成，宋恩梅，赵一鸣. 信息管理学基础：第三版[M]. 武汉：武汉大学出版社，2018.

[96]马海群，徐天雪. 我国政府数据安全政策评估体系构建研究[J]. 图书馆理论与实践，2018(1)：1-4.

[97]马民虎. 欧盟信息安全法律框架：条例、指令、决定、决议和公约[M]. 北京：法律出版社，2009.

[98]麦绿波. 标准的地位和性质[J]. 标准科学，2013(1)：13-16.

[99]毛振鹏，慕永通. "持续改进"视域下优化"互联网+政务服务"标准研究[J]. 社科纵横，2020，35(3)：53-56.

[100]米礼梅. 中国农村基本公共服务标准化问题研究[D]. 济南：山东师范大学，2017.

[101]倪敏，吕天阳，周维培. 审计信息化标准体系探讨[J]. 审计研究，2020

（3）：3-11.

[102]齐虹. 信息服务原理研究[J]. 档案学通讯，2004(4)：57-60.

[103]钱毅. 中国电子文件管理标准体系现状与实施战略[J]. 档案学通讯，
2009(6)：10-12.

[104]秦长江，侯汉清. 知识图谱——信息管理与知识管理的新领域[J]. 大学
图书馆学报，2009，27(1)：30-37.

[105]邱勤，张滨，吕欣 .5G 安全需求与标准体系研究[J]. 信息安全研究，
2020，6(8)：673-679.

[106]任福. 构建城市地理信息共享平台标准体系的思考[J]. 地理信息世界，
2009，7(4)：7-10.

[107][英]桑德斯. 标准化的目的与原理[M]. 北京：科学技术文献出版
社，1974.

[108]上海社会科学院信息研究所. 信息安全辞典[M]. 上海：上海辞书出版
社，2013.

[109]尚燕丽，李云刚，商兴华. 我国标准实施及其监督工作模式与运行机制
分析[J]. 中国标准化，2011(8)：55-59.

[110]沈明其. WTO 概论[M]. 北京：北京理工大学出版社，2010.

[111]盛晨媛. 软件和信息服务业人才培养模式的创新与实践[J]. 工业和信息
化教育，2020(6)：9-12，22.

[112]盛立新，龚贺，赵杰. 美丽乡村建设标准研究[J]. 中国标准化，2015(1)：
98-101.

[113]市场监管总局，中共中央办公厅，国务院办公厅，中央网信办，国家发
展改革委，工业和信息化部. 国家电子政务标准体系建设指南[J]. 电子
政务，2020(7)：2，121.

[114]宋国君，孙月阳，耿建斌. 中国环境卫生标准体系评估研究[J]. 环境污
染与防治，2016(11)：99-102.

[115]宋振超. 信息服务质量评价体系指标研究[J]. 情报科学，2017，35(6)：
25-28.

[116]孙丽伟，崔燕，费一楠，等. 知识产权强国建设背景下知识产权数据标
准体系的构建[J]. 中国发明与专利，2019，16(11)：23-29.

[117]谭福有. 标准化的形式（一）：简化和统一化[J]. 信息技术与标准化，
2005(7)：51-54.

[118]谭书怡，李晓涵，王红艳. 探索军工企业标准实施信息采集反馈与分析

的手段[J]. 航天标准化, 2018(1): 28-31.

[119] 唐志贤, 金紫薇. 信息资源目录集成与服务关键技术研究[J]. 信息化研究, 2019, 45(1): 23-27.

[120] 同杨萍, 高洁. 公众视角的政府电子信息服务质量评价概念模型构建[J]. 情报理论与实践, 2017, 40(8): 1-7.

[121] 王冰. 社区公共服务标准体系建设研究[J]. 中国标准化, 2014(1): 99-102.

[122] 王道平, 韦小彦, 张志东. 基于高技术企业创新生态系统的技术标准价值评估研究[J]. 中国软科学, 2013(11): 40-48.

[123] 王国才, 施荣华. 计算机通信网络安全[M]. 北京: 中国铁道出版社, 2016.

[124] 王剑, 马健. 数据驱动的网络信息服务评价模型研究[J]. 农业图书情报, 2019, 31(2): 30-35.

[125] 王洁萍, 李海波, 宋杰, 等. 云数据存储和管理标准化研究[J]. 信息技术与标准化, 2011(9): 28-31.

[126] 王明明. 信息管理概论[M]. 北京: 首都经济贸易大学出版社, 2007.

[127] 王世伟. 论信息安全、网络安全、网络空间安全[J]. 中国图书馆学报, 2015, 41(2): 72-84.

[128] 王同军. 中国铁路大数据应用顶层设计研究与实践[J]. 中国铁路, 2017(1): 8-16.

[129] 王薇, 邵熠星. 政务信息资源标准体系框架研究[J]. 信息技术与标准化, 2010(11): 26-29.

[130] 王晓芳, 张艳. 现代海上船联网标准体系框及体系表研究[J]. 舰船科学技术, 2017, 39(6): 147-149.

[131] 王勇. 网络信息服务产生的背景及其分析[J]. 图书情报工作, 2006(7): 89-91, 38.

[132] 王云燕, 徐美林, 李楠. 航天企业信息化标准体系建设探析[J]. 航天标准化, 2019(2): 18-21.

[133] 王征. 标准化基础概论[M]. 北京: 标准技术出版社, 1970.

[134] 魏颖. 谈网络化信息服务[J]. 电脑知识与技术(学术交流), 2007(2): 370-371.

[135] 吴砥, 彭娴, 张家琼, 等. 教育云服务标准体系研究[J]. 开放教育研究, 2015, 21(5): 92-100.

[136]吴砥，饶景阳，吴晨. 教育大数据标准体系研究[J]. 开放教育研究，2020，26(2)：75-82.

[137]吴艳华，郑金子，李平，等. 铁路大数据标准体系研究[J]. 中国铁路，2019(8)：42-49.

[138]吴育良. 国外智库信息服务的分析及启示[J]. 情报杂志，2015，34(2)：188-193.

[139]吴玥，路文海. 海洋标准评估方法研究[J]. 海洋通报，2011，30(3)：241-245.

[140]武广华，臧益秀，刘运祥，等. 中国卫生管理辞典[M]. 北京：中国科学技术出版社，2001.

[141]武昊，张俊，陈军. 地表覆盖信息服务标准研究[J]. 地理信息世界，2018，25(5)：29-3.

[142]武学振. 中国省级政府信息政策创新扩散研究[D]. 南京：南京大学，2016.

[143]夏昉. 中国信息服务业集聚效应研究[D]. 长春：吉林大学，2017.

[144]相丽玲，马晓慧. 基于技术标准的信息产业竞争政策分析[J]. 情报杂志，2007(5)：95-97.

[145]肖心民，沙睿. 核能行业推广应用信息技术服务标准建议[J]. 信息技术与标准化，2016(9)：39-41.

[146]谢松瑜，王宏. 技术监督助力标准实施的再监督机制研析[J]. 中国标准化，2020(7)：63-66.

[147]谢子浩. 信息生态视角下智慧城市公共信息服务质量评价研究[D]. 湘潭：湘潭大学，2019.

[148]徐梦菲. 农村电子商务服务标准体系的构建[D]. 舟山：浙江海洋大学，2019.

[149]徐萍，游宏梁，耿伟波. 装备采购项目管理数据标准体系构建研究[J]. 航空标准化与质量，2020(4)：3-6.

[150]徐云峰，郭正彪. 物理安全[M]. 武汉：武汉大学出版社，2010.

[151]严芳，汪建华. 我国教育元评估指标体系构建[J]. 上海教育评估研究，2020，009(2)：75-80.

[152]严红，孟德鑫. 数据中心的数据体系架构及关键技术[J]. 指挥信息系统与技术，2017，8(5)：70-75.

[153]阳军，吴东亚，徐洋，等. 软件和信息技术服务业技术标准体系研究

[J].信息技术与标准化,2014(11):4-10.

[154]杨栋枢,郭振,蔡云飞.企业数据标准及其管理体系研究[J].软件,2017,38(12):258-261.

[155]杨磊,于浩,吴东亚."互联网+"标准体系构建研究[J].中国工程科学,2020,22(4):124-130.

[156]杨丽蕴,王志鹏,刘娜.云计算标准化工作综述[J].信息技术与标准化,2016(12):4-11.

[157]杨练,阎正民,陈理.关于建立食品卫生标准评价指标体系的研究[J].预防医学情报杂志,2006(1):25-28.

[158]杨阳.标准的生命力在于实施[J].中国机关后勤,2019(8):16-17.

[159]杨志芳.信息管理基础[M].西安:西安交通大学出版社,2008.

[160]姚相振,周睿康,范科峰.网络安全标准体系研究[J].信息安全与通信保密,2015(7):53-56.

[161]姚艳敏,白玉琪.农业大数据标准体系框架研究[J].农业大数据学报,2019,1(4):76-85.

[162]叶晓俊,金涛,刘璘.大数据安全标准现状和思考[J].科技导报,2020,38(3):94-102.

[163]易骏.我国政府公共服务标准化建设问题研究[D].南京:南京师范大学,2015.

[164]殷立欣,潘薇.推荐性标准立项评估指标体系研究[J].中国标准化,2020(3):82-87.

[165]尹榕慧,姚祖发.面向多领域标准的数据质量评估框架研究[J].标准科学,2020(1):92-95.

[166]应玉华,李晶.标准化政策评估若干思考[J].标准科学,2018(3):6-10.

[167]于本海.管理信息系统[M].北京:高等教育出版社,2009.

[168]于施洋,王建冬,童楠楠.大数据环境下的政府信息服务创新:研究现状与发展对策[J].电子政务,2016(1):26-32.

[169]俞晓秋.信息时代:国家安全面临的挑战[J].紫光阁,2001(4):45-46.

[170]郁建兴,秦上人.论基本公共服务的标准化[J].中国行政管理,2015(4):47-51.

[171]袁得嵛,王小娟,万建超."互联网+"对网络空间安全影响及未来发展趋势[J].网络与信息安全学报,2017,3(5):1-9.

[172]岳雪梅,高春霞,张文塔.中国铁路总公司信息化标准体系建设研究

[J]. 中国铁路，2015(5)：11-15.

[173]张赤东. 发展现代服务业：界定、特征、分类与趋势[J]. 科技中国，2020(3)：58-61.

[174]张芳源. 公共文化机构数字服务融合标准体系研究[D]. 武汉：武汉大学，2017.

[175]张宏荃，张耀庭，秦言杰. 安全生产标准化元评估理论和实践研究[J]. 中国安全生产科学技术，2015(11)：185-190.

[176]张静. 村镇建设标准体系实施绩效评价研究[D]. 哈尔滨：东北林业大学，2013.

[177]张雷. 中美英德日韩信息技术与信息服务业国际竞争力分析[D]. 长春：吉林大学，2018.

[178]张群，吴东亚，赵菁华. 大数据标准体系[J]. 大数据，2017，3(4)：11-19.

[179]张闪闪，顾立平，盖晓良. 国外信息服务机构的数据管理政策调研与分析[J]. 图书情报知识，2015(5)：99-109.

[180]张少杰，张雷. 中国信息技术与信息服务业国际竞争力多维分析[J]. 情报科学，2018，36(6)：118-125.

[181]张晓娟，陈丹凤，邓福成. 政府信息资源管理标准化体系顶层设计研究[J]. 情报理论与实践，2017，40(4)：10-15.

[182]张晓娟，唐长乐. 我国政府信息元数据标准体系框架构建及其应用流程[J]. 信息资源管理学报，2018，8(3)：25-36.

[183]张亚军，张金隆，陈江涛. IT服务管理研究述评及未来展望[J]. 情报杂志，2013，32(6)：95-99.

[184]张晔. 构筑网络安全壁垒增强系统抵御风险能力[J]. 中国外汇管理，2005(12)：72.

[185]张媛，逄锦山，史丛丛，等. "互联网+政务服务"标准体系探索与研究[J]. 信息技术与信息化，2017(7)：123-125.

[186]张媛，杨爱迪，逄锦山，等. 山东省食品药品监管信息化标准体系建设实践与探索[J]. 信息技术与信息化，2017(8)：135-137.

[187]张正强. 基于本体的电子文件元数据：智慧档案馆建设的关键与核心[J]. 山西档案，2019(5)：5-12.

[188]赵彬，都丽萍，张波，等. 临床药学信息服务标准流程及系统开发[J]. 临床药物治疗杂志，2015，13(2)：81-83.

[189] 赵红红，朱本行，原静. 对我国科技评估标准化建设路径的初步探索[J].
中国标准化，2019，537(1)：71-74.

[190] 赵全仁，崔壬午. 标准化词典[M]. 北京：中国标准出版社，1990.

[191] 赵茹. 我国政府公共服务标准化研究[D]. 南京：南京大学，2016.

[192] 中国标准出版社. 道路交通管理信息采集规范[M]. 北京：中国标准出版社，2014.

[193] 中国标准出版社. 信息技术开放系统互连开放系统安全框架[M]. 北京：中国标准出版社，2004.

[194] 钟瑛. 政府公共服务标准体系研究[M]. 北京：世界图书出版公司，2011.

[195] 周德旺，杨国辉. 增强网络防御能力 保卫网络边界安全[J]. 新华文摘，2012(21)：138-141.

[196] 周顺骥. 数字福建信息化标准体系框架研究[J]. 标准科学，2017(12)：151-154.

[197] 周艳会，曾荣仁. 基于元数据的数据质量管理研究[J]. 信息技术与信息化，2020(7)：26-29.

[198] 朱春奎. 公共政策学[M]. 北京：清华大学出版社，2016.

[199] 朱红，王素荣. 信息资源管理导论[M]. 北京：国防工业出版社，2006.

[200] 邹凯，左珊，陈旸，等. 基于网络舆情的政府信息服务公众满意度评价研究[J]. 情报科学，2016，34(2)：45-49.